내일의 금맥

This book is the third edition with a new foreword by the author, May 2008.
The first edition of this book was published in December 2002.
The second edition with new foreword and other additions in December 2004.

이 한글 번역서 증보개정판은 영어 원서의 2판과 3판에 추가된 내용과
새로운 저자서문을 반영해 2008년 11월에 출판됐습니다.
이 한글 번역서의 1판은 영어 원서 1판의 번역으로 2003년 11월에 출판됐습니다.

**Tomorrow's Gold – Asia's Age of Discovery**
copyright © 2002, 2004, 2008 by Marc Faber
All rights reserved.

No part of this book may be used or reproduced in any manner
whatever without written permission except in the case of brief quotations
embodied in critical articles or reviews.

Korean Translation Copyright © 2003, 2008 by Philmac Publishing Co.
Korean edition is published by arrangement with the author, Marc Faber
through BC Agency, Seoul Korea.

이 책의 한국어판 저작권은 BC Agency의 중개로
저작권자와 독점계약을 한 필맥이 소유합니다.
저작권법에 의해 한국 내에서 보호를 받는 저작물이므로
무단전재와 복제를 금합니다.

# 내일의 금맥
### 증보개정판

마크 파버 지음 | 구홍표 · 이현숙 옮김

# TOMORROW'S
# GOLD

필맥

다른 모든 시대를 이해하지 않고서는 오늘날 우리가 사는 시대를 완전히 이해할 수 없다.
역사는 합창으로만 부를 수 있는 노래다.
— 오르테가 이 가세트

과거를 공부하지 않는 사람들은 똑같은 오류를 되풀이하고,
과거를 공부하는 사람들은 오류에 빠지는 다른 길을 찾아낸다.
— 찰스 울프

많이 변하는 것일수록 동일성이 더 강하다.
— 알퐁스 카르

# 차례

**머리말** | 큰 기회를 기다리며__9

**1장  변화하는 세계__25**

**2장  미래를 위한 투자테마__33**
대형 재료의 부재 | 앞으로 올 대형 재료는 무엇인가 | 미국 채권시장 |
부동산 투자 | 신흥경제국가 | 일차산품 시장

**3장  고수익 기대에 대한 경고__71**
대항해 시대의 교훈 | 네덜란드 동인도회사의 부침 | 투자열풍의 실상 |
투자의 성공과 실패 | 사회적 파급효과

**4장  신흥시장 투자에 대한 또 하나의 경고__83**
미국의 성장시대 | 1873년의 세계 경제위기 | 지리적 중심의 이동

**5장  신흥시장의 라이프사이클__113**
라이프사이클의 7국면 | 국면 위치 파악하기 | 언제 올라타고 언제 뛰어내릴 것인가

**6장  여전히 건재한 경기변동__145**
경기순환에 대한 간단한 설명 | 과소소비론 | 심리적, 금융적 과잉투자론 |
신용시스템의 질적인 실패 | 경기순환은 멈추지 않는다

**7장  경제의 장기파동__165**
콘드라티예프 파동 | 장기파동의 원인 | 지금 우리는 장기파동의 어느 위치에 있는가? |
금융시장 | 경제와 전쟁의 사이클

## 8장  새로운 시대, 열광, 거품__217

투기적 시장과 비투기적 시장 | 투기적 과잉의 징후 | 군중심리 | 국제적 파급 |
투자 붐에서 외국인 투자자가 하는 역할 | 투자 풀과 신규 발행 | 붐 기간의 가격과 거래량 변동 |
붐 시기의 언론보도, 책, 투자설명회 | 투자열풍은 언제 어떻게 끝나나

## 9장  아시아의 기회__263

초기의 아시아 | 붐 시기 | 파괴의 씨앗들 | 열풍 | 거품의 붕괴 | 특이한 위기? |
위기의 후유증 | 어둠 속 서광 | 피해복구에 걸리는 시간

## 10장  인플레이션의 경제학__301

1980년대의 중남미 | 1990년대 전반의 러시아와 초인플레이션 시기의 독일

## 11장  번영 중심의 성장과 몰락__321

고대의 부 | 문예부흥기 | 서구 제국들의 등장 | 영국과 극동 | 아시아의 발전 |
도시 성쇠의 요인들 | 위대한 도시가 쇠퇴하는 이유 | 미래는 어떨까

## 12장  미국의 리더십이 유지될 수 없는 이유__367

사우스시 거품과 미시시피 회사 | 남겨진 교훈들 | 제국에 내리는 저주 | 팍스 아메리카나

## 13장  변혁기의 아시아__413

중국의 역할

## 에필로그 | 부의 불균형, 그 거대한 그림자__435

한국어판 1판 머리말 | 긴 호흡, 큰 승부__455
원서 1판 추천사 | 새로운 아시아 붐의 예고__469
원서 2판 머리말 | 두 나라 이야기__473

표와 그림의 출처__512
참고문헌__518
찾아보기__525

## 머리말 | 큰 기회를 기다리며

내가 《내일의 금맥》의 원고를 쓰기 시작한 때부터 7년이 지났다. 그때 나는 두 가지 큰 주제를 논의했다. 첫째는 아시아가 경제적으로 세계의 중심 무대에 오르게 되고, 아시아의 주식시장이 서구 선진국의 주식시장보다 더 나은 실적을 내리라는 것이었다. 둘째는 세계의 일차산품 수요에 중국의 수요가 추가됨으로써 일차산품 수요곡선이 오른쪽으로 이동해 일차산품의 균형가격이 더 높아지리라는 것이었다.

이 책이 처음 출판된 2002년부터 2007년 여름까지 모든 자산시장에서 가격이 상당히 상승했다. 선진국과 신흥시장의 주식과 부동산, 일차산품, 예술품은 물론이고 별 가치가 없어 보이는 골동품도 가격이 올랐고, 채권의 가격도 강한 상승세를 보였다. 이와 동시에 우리는 정말로 전 세계에 걸친 동시적인 경제 붐을 처음으로 경험했다. 그동안 세계의 여기저기를 여행해본 사람이라면 그렇게 동조화된 세계적인 경제 붐을 목격했을 것이다. 베이징, 상하이, 홍콩, 싱가포르, 뭄바이, 두바이, 모스크바, 런던, 뉴욕, 로스앤젤레스, 마이애미, 상파울루, 부에노스아이레스, 시드니, 도쿄 등 세계의 어느 곳에서나 소비의 물결이 출렁였고, 기업들이 성장했고, 거대한 크레인과 건설현장이 즐비했다.

지난 200년간의 자본주의 역사에 비추어 보면 이런 시간적 동조화는 새로운 현상이라고 할 수 있다. 자본주의가 시작된 후 150년 동안은 식민주의가 지배했다. 그 기간에 서구 열강은 식민지의 산업적 발전이나 번영에는 관심도 갖지 않았다. 오히려 서구 열강은 식민지의 천연자원을 파낸 뒤 자국에서 가공해 만든 완제품을 식민지에 가져가 팔았을 뿐이다. 이로 인해 서구를 제외한 세계의 다른 지역들은 전통산업의 붕괴 내지 탈산업화를 겪었고, 특히 19세기 인도의 경우에 그 실태가 어떠했는지를 알게 해주는 기록이 잘 보존돼 있다. 식민주의 아래서는 세계경제가 결코 동시적 발전을 이룰 수 없었다.

식민주의는 2차 세계대전을 계기로 막을 내렸다. 그런데 그 뒤에 세계 인구의 40%가량이 사회주의나 공산주의 체제 아래에서, 또는 인도에서처럼 고립과 자립을 추구하는 정책 아래에서 살아가야 했다. 이런 체제들의 목적은 번영을 촉진하고 국민의 소비수준을 개선하는 것이 아니라 특히 군수산업을 확대하는 것을 통해 국가를 산업화하고 군사력을 증강하는 것이었다. 이에 따라 세계경제의 동시적 발전은 또 다시 미뤄졌다.

1978년에 덩샤오핑이 주도한 중국의 개방정책과 더불어 공산주의와 사회주의 이데올로기가 무너지기 시작했고, 그 과정은 1989년에 소련이 붕괴한 것으로 절정을 이루었다. 그런데 1980년 이후에 일차산품 가격이 폭락하면서 세계의 자원생산 지역이 심각한 시련을 겪게 됐다. 1980년대 초에는 원유 가격이 폭락하면서 미국 텍사스 지역의 은행들이 파산했고, 중동의 경제가 곤두박질했다. 중남미는 1980~1981년의 석유달러 위기에 이어 초인플레이션적 불황에 시달렸다. 이런 이유로, 당시에 중국이 비록 아주 낮은 수준에서 시작하긴 했지만 그래도 급속한 성장의 궤도에 진입하고 있었음에도 세계적인 동반성장의 합주곡은 울리지 않았다.

1980년대 말에 이르자 중남미에서 일련의 경제개혁 조치가 초인플레이션의 고삐를 잡게 되면서 마침내 경제회복이 시작됐다. 1988년부터 멕시코 경제위기가 시작된 1994년까지 중남미 주식시장에서 주가가 30배 정도로 치솟았다. 그러나 세계 2위의 규모를 자랑하던 일본의 경제가 1990년부터 동면에 빠지고 말았다. 일본의 이 경제적 동면은 거의 14년간이나 지속된다. 일본의 부동산 가격은 13년간 연속해서 떨어졌고, 주식시장의 닛케이 지수는 1989년 말의 3만 9000에서 2003년에는 8000 이하로 추락했다. 그런가 하면 옛 소련 국가들의 경제는 1990년 초반에 무너졌고, 이어 1997년 이후에는 아시아에 전대미문의 금융위기가 닥쳐 아시아의 경제가 초토화됐다. 그러나 1990년대의 10년 동안 미국의 주가는 신흥시장의 주가에 비해 줄곧 월등한 상승세를 보였다. 1990년대는 세계의 경제와 금융 흐름이 극단적으로 양극화된 시기였다.

이렇게 볼 때 최근의 세계적인 동반 경제 붐은 자본주의의 역사에서 전례가 없는 것이다. 이 점은 몇 가지 의문을 불러일으킨다. 최근의 동반 경제 붐은 어떻게 해서 이루어진 것인가? 그것은 어떻게 끝나게 됐는가? 그리고 그 뒤에는 어떤 상황이 전개될까?

이런 의문에 대한 답은 금융과 신용의 세계적인 추세를 연구해보면 찾을 수 있다. 기술·미디어·통신(TMT) 거품이 붕괴한 2000년 3월 이후에 미국의 연준은 디플레이션적 불황을 우려하기 시작했다. 이에 따라 연준은 2001년 1월부터 2003년 초에 걸쳐 연방기금 금리를 6.5%에서 1%까지 낮추었다. 1%라는 금리는 2004년 6월까지 유지됐다. 그 뒤에는 연방기금 금리가 야금야금 인상돼 2006년 8월에 5.25%까지 올랐다. 그러나 통화금융 정책은 여전히 느슨했다. 대출기준은 계속 완화됐고, 신용의 증가는 2007년까지 가속화됐다. 그래서 세계에 금융유동성이 넘쳐났다.

이와 관련해 시간적 선후관계를 살펴볼 필요가 있다. 2001년의 불황은 짧고 경미해서 그 해 11월에는 이미 마감됐다. 그런데 그 뒤에 강력한 팽창적 통화금융정책이 시작되어 신용의 증가세가 매우 가팔라졌고, 이런 조치가 밑불이 되어 미국 경제가 달아올랐다. 그 뒤 미국 경제의 팽창이 3년째 계속되고 있었던 시점에도 미국의 연방기금 금리는 여전히 1%로 유지됐다! 2004년 6월부터는 연준이 마침내 연방기금 금리를 올리기 시작했다. 하지만 그 뒤에도 연방기금 금리는 명목 국내총생산의 성장률보다는 물론이고 그 어떤 종류의 소비자물가지수 상승률보다도 훨씬 낮은 수준으로 유지됐다. 대출기준의 완화와 신용의 강한 증가세는 국내 물가의 급등을 낳았고, 이는 다시 리파이낸싱 붐으로 이어졌다. 미국인들은 마치 은행의 자동인출기에서 현금을 빼내듯 리파이낸싱을 통해 주택에 묶여있던 돈을 편리하게 빼내어 사용할 수 있게 됐다. 그 돈으로 미국인들은 상품과 서비스를 구입했다.

이에 따라 미국인들의 소비가 급증했지만 자본지출과 산업생산은 그만큼 증가하지 않았기에 미국의 무역수지 적자와 경상수지 적자가 크게 늘어났다. 특히 경상수지 적자는 1998년에는 국내총생산의 2%였으나 2007년에는 7%로 늘어났다. 만약 외부적 요소의 영향 없이 미국 경제의 내부적 기능만 작동했다면 이러한 미국의 '과잉소비'는 금융 측면에서 대가를 치러야 했을 것이다. 그러나 중국을 비롯한 아시아로부터 저가 제품의 수입이 급증한 덕분에 미국의 '과잉소비'가 계속될 수 있었다.

2001년에 중국 경제의 규모는 이미 투자자나 전문가들의 예상을 훨씬 넘는 수준으로 커졌을 뿐 아니라 빠른 속도의 성장세를 유지하고 있었다. 중국의 수출품 제조업은 물론이고 내수에도 붐이 일어남에 따라 원유를 비롯한 천연자원에 대한 중국과 세계 전체의 수요가 크게 늘어났다. 1998년에 배럴당 12달러였던 국제 원유가격이 최근에는 배럴당 100달러 이상으로 상승했다. 이런 원유가격 급등은 중동, 중앙아시아, 러시아, 나이지리아, 앙골라, 에콰도르, 베네수엘라, 멕시코와 같은 주요 원유생산 국가나 원유생산 지역을 통제하거나 지배하는 세력과 집단에 경제적 풍요를 가져다주었다.

  하지만 에너지 가격의 급등을 촉발한 것은 중국만이 아니다. 모든 산업용 일차산품의 가격이 급등하고 최근에는 농산물의 가격까지 급등하게 되면서 세계의 자원생산국들에 새로이 부가 창출됐다. 여기서 나는 자원생산국들이 1980년 이후 20년 동안 어려운 세월을 보냈음을 강조하고 싶다. 자원생산국들이 수출하는 일차산품의 가격은 대폭 떨어진 반면에 그들이 수입하는 제품의 가격은 올라 교역조건이 크게 나빠졌기 때문이었다. 그러나 2001년 이후에 자원생산국들이 번영의 시기를 맞게 되면서 자본재와 사치재에 대한 그들의 수요가 다시 늘어나기 시작했다. 이런 수요는 선진국들의 수출을 증가시키는 효과를 낳았고, 일본과 유럽의 경제성장 회복에 도움이 됐다. 갑자기 전 세계에 호황이 오고 '과잉유동성'이 초래되면서 각종 자산의 가격이 치솟게 됐다.

  요약하자면, 미국의 과도한 통화공급과 신용팽창 → 과잉소비 → 미국의 무역수지 적자와 경상수지 적자 증가 → 중국을 비롯한 아시아 국가들의 수출 증가 → 일차산품에 대한 수요 증가 → 자원생산국 경제의 강력한 회복 → 자본재와 사치재에 대한 수요 증가 → 일본과 유럽의 경제 회복

→ 세계적인 경제 붐의 과정이 진행된 것이다. 그리고 몇 가지 요소가 더 작용했다. 앞에서도 언급했지만 미국의 경상수지 적자가 1998년과 2007년 사이에 국내총생산의 2%에서 7%로 급증했고, 이에 따라 이제 미국은 일년에 8000억 달러어치의 '약속어음'을 채권과 달러의 형태로 전 세계에 발행하고 있다. 미국을 제외한 세계 각국이 보유하고 있는 달러 표시 준비자산은 7조 달러를 넘는다. 이러한 소위 '과잉유동성'은 최근까지도 투자자들 사이에서는 유행어처럼 거론됐다. 왜냐하면 규제를 피할 수 있는 복잡한 금융혁신이 레버리지의 증가를 촉진하는 상황 속에서 그러한 과잉유동성이 자산의 가격을 하늘 높은 줄 모르고 치솟게 만들었기 때문이다.

폭넓은 동반성장과 생활수준의 향상을 배경으로 낙관주의가 그 어느 때보다 팽배했다. 그러나 경제는 순환한다는 것을 배운 사람이라면 누구나 예측할 수 있었겠지만, 그런 상황에서는 뭔가가 잘못되게 마련이었다. 2006년에 상황이 반전되기 시작했다. 우선 미국의 주택가격 상승세가 멈추더니 마침내 하락하기 시작했다. 가계들이 주택담보대출을 청산하기 시작했다. 주택가격 하락의 충격을 가장 크게 받은 것은 서브프라임 대출회사들이었다. 신용등급이 낮은 가계에 무모할 정도로 대출을 많이 하던 서브프라임 대출회사들은 2006년 말부터 하나둘 쓰러지기 시작했다. 신용의 기준이 강화되고 신용증가의 속도가 느려졌다. 신용이 주도하는 경제팽창의 문제점은 신용증가의 속도가 점점 더 빨라져야만 그러한 경제팽창이 계속될 수 있다는 것이다. 신용증가의 속도가 늦춰지면 유동성의 부족과 대출채권의 부실화가 곧바로 일어나게 되고, 결국은 위기가 오게 된다. 경제학자 루트비히 폰 미제스가 말했듯이 경제위기의 시발이 되는 신용의 결핍은 경제의 위축에서 오는 것이 아니라 추가적인 신용공급이 중단되는 데서 온다.

2007년에 서브프라임 대출 문제는 더욱 심각해졌다. 파생상품을 통해 덩치가 더 큰 주요 금융회사들에까지 문제가 확산됐다. 주요 금융회사들은 부채담보부증권(CDO)을 비롯한 자산유동화증권과 대출담보부증권(CLO) 등에 거액의 투자를 해놓고 있었는데, 그러한 증권에 담보가 된 기초자산은 대부분 신용등급이 낮은 것이었다. 오늘날까지도 미국 경제의 펀더멘털은 튼튼하다고 주장하는 연준은 2007년 8월부터 연방기금 금리를 내리기 시작했다. 연준은 같은 해 가을에 두 차례 더 극적으로 금리를 인하했고, 이어 2008년 1월에 두 차례, 그리고 3월에 또 한 차례 금리를 인하했다. 이로써 불과 7개월 만에 연방기금 금리는 5.25%에서 2.25%로 낮아졌다.

그러자 완전히 새로운 종류의 기이한 현상이 나타났다. 민간부문은 대출기준을 강화하고 있는데 연준은 신용의 증가세를 되살리려는 필사적인 노력을 기울이기 시작한 것이다. 이는 연준은 거듭 금리를 인상한 반면에 민간부문은 대출기준을 완화했던 2004~2006년과는 정반대되는 현상이었다. 우리는 지금 미국에서 연준과 재무부가 한편이 되어 민간부문과 일종의 전쟁을 벌이는 모습을 보고 있는 셈이다. 이 전쟁은 어떻게 진행될까? 한쪽이 이기면 다른 한쪽은 지게 된다. 어떤 때에는 민간부문의 신용조건 강화하기, 위험부담 줄이기, 레버리지 낮추기가 자산 가격을 떨어뜨린다. 그런가 하면 어떤 때에는 연준의 대대적인 유동성 주입이 세계적으로 자산의 가격을 강하게 끌어올린다. 2002~2007년의 자산시장 호황의 특징이었던 낮은 가격변동성은 이제 과거지사가 됐다. 가격변동성은 앞으로 높은 수준으로 유지될 것이고, 경우에 따라서는 더 높아질 수도 있다.

앞으로 1~2년 동안 미국을 비롯한 세계의 주식시장에서 주가가 상승할 것인지 하락할 것인지에 대해서는 나도 알 도리가 없음을 고백하지 않을 수 없다. 기원전 6세기에 중국의 시인이자 철학자인 노자는 "지식이 있는 자는 예언하지 않는다. 예언하는 자는 지식이 없는 자다"라고 말했다. 투자자들이 늘 직면하게 되는 문제가 무엇인지는 알베르트 아인슈타인의 재치 있는 통찰의 말로 가장 잘 요약된다. "소중한 것이라고 해서 다 셀 수 있는 것은 아니며, 셀 수 있는 것이라고 해서 다 소중한 것은 아니다." 신용위기, 재무부의 구제조치, 자산시장과 경제를 부양하기 위한 연준의 단호한 금리인하 방침에 대해서는 우리 모두가 다 잘 안다. 그러나 시장경제에 대한 정부의 개입이 지닌 문제점과 그 효과를 수량화하는 것은 거의 불가능하다. 경기침체까지는 아니더라도 경제성장의 둔화를 알려주는 믿을 만한 통계나 지수는 많다. 예를 들어 열차화물 수송량, 트럭화물 수송량, 비농업 소득, 수출입 규모 등에 관한 통계나 지수가 바로 그것이다. 그러나 모든 통계나 지수가 한쪽 방향만을 가리킨다고 해도 주식시장의 실적은 그런 통계나 지수의 영향을 거의 또는 전혀 받지 않을 수도 있다.

88세의 나이에도 현명함을 잃지 않고 노익장을 과시하고 있는 경제학자이자 투자전략가인 피터 번스타인(Peter L. Bernstein)은 최근에 쓴 글 〈가보지 않은 곳〉에서 다음과 같이 말했다.

지금의 상황은 경기순환의 정점이 전형적으로 보여주는 모습과도 다르고, 경제활동이 침체하기 직전에 흔히 나타나는 양상과도 다르다. 경기침체 직전에는 기업부문에 과잉현상이 나타나지만, 지금의 기업부문은 비교적 건강하다. … 경기순환을 정점으로 이끌면서 동시에 생산능력의 과잉을 만들어내는 통상적인 자본지출 붐의 조짐도 없다. 지난 5년간 산업생산 능력의 증가율은 연 0.8%에 지나지 않았다. 이는 1990년대의 연 4.2%, 1949~1969년의 연 2.7%와 크게 대조되는 미미한 수준이다. (Uncharted Territories, Economics & Portfolio Strategy Report)

또한 번스타인은 그동안 재고가 눈에 띄게 증가하지도 않았고, 과거의 경기침체 직전처럼 금리가 급격히 상승하지도 않았다고 지적한다. 그는 "높은 수준의 생산설비 가동률이나 낮은 수준의 실업률과 같은 시스템 내 자원의 긴장 상태도 없다"고 한다. 하지만 그는 경제에 대해 낙관적이지 않다. 앞으로 어떤 일이 일어날 것이냐는 질문에 대해 그는 이렇게 말한다. "그런 질문에 답하기란 언제나 쉽지 않지만, 지금은 그렇게 하기가 더욱 어렵다. 우리가 경험한 것을 설명하기가 어려울 뿐 아니라, 그것이 우리에게 길을 안내해줄 선례가 되지도 못하는 상황이다." 지금 우리가 그런 특이한 상황 속에 있게 된 이유에 대해 그는 금융부문 자체에 문제가 있다기보다는 '금융적 속임수'가 가계에 영향을 끼친 데 문제가 있다는 생각을 밝혔다.

주택가격의 하락이 주택 소유자들을 불안하게 했을 뿐 아니라 소비자들의 돼지저금통이라고 말할 수 있는 것 가운데 중요한 부분을 사실상 없애버리기도 했다. 주택에 대한 소유지분은 이제 더 이상 소비를 뒷받침해주는 돈줄이 될 수 없다. 이러한 변화는 그 자체가 불안정의 요인이 된다. 하지만 그것은 주택 소유자들에게 그들의 가장 큰 자산에 심각한 문제가 생겨났을 뿐만 아니라 앞으로 당분간은 그 자산이 처한 상황이 더 나아질 것 같지 않음을 상기시켜주는 신호일 뿐이다. 가계부문에 닥친 문제를 강조하면서 그것을 가장 심각한 문제로 보는 우리의 관점이 옳다면, 지금의 경제난은 그 심각성이 어느 정도가 될지는 정확히 알 수 없지만 짧은 기간에 그치지 않을 것이다. 앞으로의 과정은 아마도 물방울 고문과 같은 것이 될 것 같다. 다시 말해 모든 과잉의 요소들이 시스템에서 쥐어짠 듯 제거될 때까지 물이 한 방울 한 방울 새나가는 과정이 예상된다. 그러고 나서야 비로소 새롭고 보다 행복한 지평이 열릴 것이다. (같은 글)

번스타인은 "세상에서 가장 커다란 문제 가운데 하나는 어떠한 주제에 대한 진리를 찾는 과정에서 진리를 이미 알고 있다고 스스로 생각하는 사람은 결코 진리를 찾지 못한다는 것"이라는 데이브 윌버의 말을 인용했다. 윌버와 비슷하게 번스타인도 다음과 같은 결론을 내리고 있다.

너무나도 명백해서 굳이 입을 열어 말해야 하는지 망설이게 되는 교훈이 하나 있다. 가장 지적인 사람도 그 교훈을 잊곤 한다는 것을 역사는 우리에게 보여준다. 우리는 미래가 어떤 것인지를 알지 못한다. 미래가 어떤 것인지를 안다는 가정 아래 중대한 결정을 무모하게 내리기 시작한다면 그때는 이미 우리가 재앙으로 가는 길로 접어들었을 것이 분명하다.

2차 세계대전 중 영국에 대한 공습이 한창일 때 영국 공군에는 이런 말이 돌았다고 한다. "세상에는 노련한 조종사와 용감한 조종사가 있다. 그러나 노련하고도 용감한 조종사는 없다." 그러므로 2008년 초 현재 나는 어떠한 자산시장, 주식종목, 경제부문에 대해서도 빚까지 내어가며 편중된 거액의 투자포지션을 갖지는 말라고 경고하고 싶다. 이런 경고가 나중에 오류로 판명될 수 있다고 하더라도 마찬가지다. 지금 우리는 가본 적이 없는 바다를 항해하고 있으며, 경제와 금융의 과거 역사는 단지 불완전하고 시대에 꼭 맞지는 않는 등댓불만을 우리에게 비추어준다. 나는 장애물은 기회를 제공해준다고 늘 생각하지만, 적어도 지금은 거대한 매수의 기회나 매도의 기회를 기다리며 준비를 해야 할 때라고 말하고 싶다. 그러한 기회가 앞으로 당분간은 오지 않는 것이 나을 수도 있다. 1997~1998년의 아시아 위기 직후에 매우 특이한 기회가 왔는데도 준비가 없었기에 그 기회를 살리지 못한 잘못은 되풀이하지 말아야 한다.

이런 맥락에서 나는 러셀 내피어가 《약세 시장에 대한 분석》에서 약세 시장이 번스타인이 말한 물방울 고문과 얼마나 유사한지에 대한 교훈적인 설명을 잘 해놓았다고 생각한다. 내피어는 주가가 고평가의 정점에서 저평가의 바닥까지 가는 데 보통 14년 정도의 시간이 걸린다고 말한다.

\* \* \*

오늘날의 상황이 불확실하다는 점을 인정한다 하더라도 2002~2007년의 세계적인 동시적 경제 및 자산 붐은 우리에게 미래의 상황을 가늠해볼 수 있도록 약간의 불빛 정도는 비추어준다고 말할 수 있다. 그동안 우리가 전 세계에 걸쳐 동시적인 붐을 거친 것은 사실이지만 그것이 심각하게 불균형한 것이었다는 점도 잊어서는 안 된다.

미국에서는 2000년부터 2007년까지 명목 국내총생산이 4조 2천억 달러 늘어나는 동안에 신용시장의 부채 총액은 21조 3천억 달러나 늘어났다! 소비는 국내총생산의 66%에서 70%로 확대됐다. 이에 따라 미국의 무역수지 적자와 경상수지 적자가 급격하게 커지면서 전 세계에 걸쳐 과잉유동성이 생겨났고, 달러의 가치가 하락했으며, 미국 금융자산의 수익성이 다른 나라들의 금융자산에 비해 눈에 띄게 저조했다. 이와 동시에 미국에서 신흥경제 국가들로 거대한 부의 이전이 일어났다. 이는 아시아, 중동,

러시아의 외환보유액이 급증한 것에서만이 아니라 이들 지역의 개인들이 상당한 규모의 부를 축적한 것에서도 확인할 수 있다. 자본형성이 아닌 소비증진에 초점이 맞춰진 미국의 경제정책이 마치 미국을 희생시켜 신흥경제 국가들을 부유하게 만들기 위한 것이었던 것처럼 보일 정도다. 세계 전체 총생산(GDP)에서 미국이 차지하는 비중은 2000년의 32%에서 지금은 28% 이하로 축소됐다. 주식시장의 상장주식 시가총액에서는 미국의 비중이 절반 이상에서 31%로 줄어들어 축소 폭이 더 컸다.

  미국 주식시장의 실적이 앞으로는 결코 신흥 주식시장을 능가하지 못할 것이라는 말은 아니다. 사실 신흥 주식시장에 대한 미국 주식시장의 상대적인 실적이 나아지는 현상이 이미 나타나고 있다고 나는 본다. 그 이유는 다음과 같다. 미국의 소비위축이 계속되고 있고 결국은 이것이 전면적인 경기침체를 불러올 가능성이 높지만, 그 덕분에 미국의 무역수지 적자와 경상수지 적자가 줄어들기 시작했다. 그 결과로 미국을 제외한 전 세계 다른 나라들이 국제 준비자산으로 보유하고 있는 달러 자산의 증가율이 둔화되고 있고, 이로 인해 전 세계의 유동성 사정이 다시 상대적으로 빡빡해지고 있다. 그동안에는 국제 준비자산의 증가율이 상승하면서 전 세계에 자산 붐이 일어났지만, 이제는 거꾸로 국제 준비자산의 증가율 하락이 자산시장과 세계의 경제성장에 불리한 영향을 미치고 있다. 그동안 과잉 유동성의 혜택을 가장 많이 봤던 신흥경제 국가들의 자산시장이 이제부터 당분간은 유동성 축소의 타격을 받을 것이다. 미국 주식시장의 실적이 상대적으로 더 나아진다고 해서 반드시 미국의 주가가 오를 것이라는 말은 아니다. 미국의 주가가 설령 떨어지더라도 그동안 너무 많이 오른 일부 신흥 주식시장들의 주가보다는 상대적으로 덜 떨어질 것이라는 말이다.

  지난 7년간 미국의 통화금융 정책이 비대칭적인 성격을 보였던 것은 너무나 명백한 사실이다. 경제가 팽창하고 붐이 유지되는 기간에는 자산거품의 문제점이 무시되거나 심지어는 자산거품이 조장되기까지 했지만, 자산거품이 꺼질 때면 정책당국이 나서서 경제시스템에 유동성을 넘치게 주입하는 방식으로 대응했다. 이런 정책은 지속적인 번영을 낳지 못하고 단지 더 많은 불균형만 만들어낸다. 돈을 찍어내서 부자가 된 나라는 없다. 그렇지 않다면 초인플레이션을 겪어온 짐바브웨가 지금쯤 전 세계의 부를 끌어당기는 부의 자석이 돼있었을 것이다. 사실 연준은 문제의 원인(과도한 통화공급과 신용팽창)을 가지고 문제를 해결하려고 하다 보니 오히려 문제를 덧나게 하고 있는 것으로 보인다. 빌헬름 뢰프케는 다음과 같이 말했다.

> 위기와 불황은 신용공급을 늘리면 미루어질 수 있다. 그러나 궁극적인 반작용이 그만큼 더 심각해지는 대가를 치러야 한다. 그러므로 영원한 붐은 결코 실현되지 않는다. (《위기와 순환》, 런던, 1936)

문제는 어느 시점에 가면 통화공급의 확대와 신용창출이 더 이상 실물경제를 성장시키는 효과를 내지 못하게 된다는 데 있다. 인플레이션의 가속화에 고용의 위축이 겹친다. 그래서 스태그플레이션이 오고, 그 뒤에는 흔히 초인플레이션이 밀어닥친다. 스태그플레이션 상황에서도, 초인플레이션 상황에서도 전체 인구 가운데 99%는 생활수준이 하락하고, 영악한 소수만이 투기를 통해 한몫 챙길 수 있다. 이에 대해서는 '10장 인플레이션의 경제학'을 보기를 바란다.

이 책《내일의 금맥》의 주제 가운데 하나는 2001~2002년에 일차산품이 심하게 저평가된 상태였다는 것이었다. 7년여가 지난 오늘날의 상황은 그

때와 다르다. 물가상승의 효과를 제거한 실질가치 기준으로 보면 일차산품의 가격이 여전히 저렴한 편이라고 말할 수도 있겠지만, 이제는 일차산품의 가격이 상대적으로 빡빡해진 국제 유동성, 레버리지의 완화, 세계적인 경기침체라는 환경 속에서 상당히 하락조정될 수도 있다. 이런 하락조정의 가능성이 가장 큰 일차산품은 산업용 원자재다. 그러나 여기서 한 가지 분명히 짚고 넘어가야 할 것이 있다. 그것은 법정통화의 공급은 정책당국에서 얼마든지 자의적으로 늘릴 수 있다는 것이다. 벤 버냉키 연준 의장이 말했듯이 자산시장을 부양하기 위해서는 기발한 방법, 예컨대 헬리콥터를 이용해 하늘에서 돈을 뿌리는 방법도 동원될 수 있다. 이처럼 지폐는 중앙은행이 맘대로 얼마든지 찍어낼 수 있는 반면에 일차산품의 공급을 늘리는 데는 한계가 있다. 일차산품의 공급을 늘리는 데는 그 생산과 수송 등을 위해 상당히 긴 시간이 필요하기 때문이다. 따라서 중앙은행이 돈을 더 많이 찍어낼수록 화폐의 구매력은 더 많이 떨어지고, 그러는 과정에서 화폐의 가치에 대한 일차산품의 상대적인 가격은 계속 오르게 된다.

  2000년 이후에 바로 그런 상황이 전개됐다. 다우지수 한 단위만큼의 돈으로 살 수 있는 금의 양이 2000년에는 44온스였지만 지금은 15온스에 불과하다. 버냉키는 전임자인 앨런 그린스펀이 나아가기 시작한 재앙의 길을 계속 걸어갈 가능성이 높다. 그가 실제로 그렇게 한다면, 다시 말해 통화량과 신용을 계속 팽창시킨다면 언젠가는 다우지수 한 단위로 금 1온스 이하 밖에 사지 못하는 날이 올 수 있다. 그런 과정 속에서도 금의 가격은 급격한 변동을 거칠 것으로 보이며, 20% 또는 그 이상 급락하는 조정은 언제라도 가능하다고 예상해야 할 것이다.

  자본주의의 역사를 보면 호황과 불황이 반복돼왔다. 19세기와 20세기의 투자 붐이나 투자 열풍은 그때마다 경제의 어느 한 부문 또는 세계의 어느 한 지역에만 집중되는 양상을 보였다. 부문을 보면 19세기에는 운하, 철도, 토지개발, 1929년에는 주식에, 1970년대 후반에는 석유, 금, 은에, 1999~2000년에는 기술, 미디어, 통신에 집중됐고, 지역을 보면 1960년대 말과 1970년대 초에는 미국의 주식시장에, 1989년에는 일본과 대만에 집중됐다. 그래서 투기의 거품이 꺼지는 것은 어느 한 부문이나 지역의 경제적 상황이 나빠질 것이라고 말해주는 분명한 신호였다. 거품의 붕괴는 해당 부문이나 지역의 불황으로 이어졌고, 그 부문이나 지역이 불황에서 벗어나는 데는 대개 여러 해에 걸치는 긴 시간이 필요했다. 일본의 주식시장은 최근에도 1989년의 최고치에 비해 여전히 절반 이하에 머물고 있다.

우리는 전 세계에 걸쳐 모든 자산의 가격이 동시에 급등하는 경제 붐을 거쳤기 때문에 앞으로 거품이 꺼지면 그 결과로 혹독한 경제적, 금융적 결과를 겪게 될 가능성이 높다. 게다가 앞에서도 지적했지만, 중앙은행들이 자산시장의 가격 하락과 디플레이션을 물리치기 위해 계속해서 돈을 더 많이 찍어낼 것이다. 그러므로 앞으로 고인플레이션 속에서 경제활동이 위축될 수 있고, 주식시장에서 주가가 오를지는 몰라도 물가상승률을 제거하고 본 실질 주가는 하락할 수 있다.

2001~2007년의 세계적인 붐은 앞으로 아주 오랫동안 유지될 가능성이 높은 새로운 추세를 확고하게 굳혔다. 1750년부터 2000년까지는 경제성장과 일인당 소득 증가에서 선진7개국(G7)이 저개발 국가들에 비해 월등히 앞섰다. 특히 19세기와 20세기에는 서구가 아주 빠른 속도로 부유해졌다. 하지만 이런 과거의 추세는 지난 몇 년간에 거꾸로 뒤집혔다. 이제는 중국, 인도, 베트남, 러시아, 브라질과 같은 신흥경제 국가들이 일인당 소득 증가에서 서구 선진국들을 능가하고 있다. 서구 선진국들에서는 일인당 실질 가처분 소득이 대체로 정체하고 있다.

나는 아시아의 신흥경제 국가들, 특히 중국과 인도는 앞으로 아주 오랫동안 세계의 다른 나라들에 비해 월등한 속도의 경제성장을 계속 해나갈 것으로 예상한다. 그렇다고 해서 이들 나라가 심각하고도 고통스러운 경제적 후퇴와 위기를 결코 겪지 않을 것이라고 말하려는 것은 아니다. 그러나 아시아의 신흥경제 국가들이 설령 그런 과정을 거치게 되더라도 미국이 19세기에 세계에서 경제규모가 가장 큰 나라로 떠올랐듯이 이제는 아시아가 그렇게 될 것이며, 아시아의 장기적인 성장을 멈추게 하는 것은 거의 불가능할 것이다.

# 1장 | 변화하는 세계

> 세상에 황금법칙은 단 하나밖에 없다. 그것은 황금법칙이란 존재하지 않는다는 것이다.
> – 조지 버나드 쇼(George Bernard Shaw, 1856~1950)

홍콩에 있는 내 사무실에는 아시아 땅을 처음 밟는 젊은 사람들이 종종 찾아온다. 그들은 내가 남들보다 일찍 아시아로 왔다는 점이 정말 부럽다고 말한다. 아마도 그들은 지금보다 옛날에 돈 벌 기회가 훨씬 더 많았을 것이라고 생각하는 모양이다.

아닌 게 아니라 1970년대와 1980년대 초는 거대한 호황이 시작된 상황이었고, 그 호황은 1997년 금융위기 때까지 지속됐다. 그러나 나는 부자가 될 수 있는 기회가 오로지 그때뿐이었다고 생각하지 않는다. 세상이란 돌고 도는 법이고, 새로운 기회는 살아가는 도중에 끊임없이 새로 생겨난다.

내가 1973년에 처음 아시아에 왔을 때 공산주의 국가들은 여전히 문이 닫혀 있었지만 일본, 홍콩, 대만, 한국, 싱가포르와 같은 나라들에서 경제의 급속한 팽창에 참여할 기회를 찾을 수 있었다. 지금은 중국과 베트남이 개방된 시장경제로 변신하고 있고 캄보디아, 미얀마, 북한, 라오스가 그 뒤를 잇고 있는 게 분명하다. 인도는 고립주의와 자급자족 경제에서 벗어나 1970년 이후 시장지향 경제체제로 변신하고 있다.

다시 말하면 지금의 사업여건과 투자여건도 내가 처음 아시아 땅을 밟았을 때에 비해 결코 못하지 않다는 것이다. 이런 말을 할 수 있는 것은, 특히 아시아가 1997년 이후 금융위기를 겪는 과정에서 아시아의 주식과 부동산 가격이 선진국들에 비해 매우 낮은 수준으로 떨어졌기 때문이다.

그러나 지금의 기회는 30년 전의 기회와는 그 내용이 완전히 다르다. 이 점은 중요하다. 나는 지금 '새로운 아시아의 출현'이 이뤄지고 있다고 말하고 싶다. 만약 내가 다시 25살이 된다면 나는 주저 없이 중국의 상하이나 베트남의 호치민, 미얀마의 양곤, 몽골의 울란바토르로 뛰어갈 것이다. 그리고 그곳에서 그 나라 말을 배우고 7명의 아내와 함께 살면서 새롭게 사업을 시작할 것이다.

\* \* \*

이 책의 목적은 엄청난 경제호황이나 대불황을 예측하려는 게 아니다. 나는 단지 경제적, 정치적, 사회적으로 급변하는 지금의 상황 속에 어떤 기회가 있는지를 독자들에게 알려주려고 한다. 변화가 오히려 일상이 된 데서 더 나아가 운송수단과 정보통신의 발달로 변화의 속도마저 나날이 빨라지는 오늘의 세계에서 우리가 찾을 수 있는 새로운 기회가 무엇인지 알아보자.

공산주의와 사회주의가 무너지고 폐쇄적인 자급자족 경제가 종식되면서 15세기의 대발견 시대나 19세기의 산업혁명 시대에 못지않은 극적인 변화가 일어나고 있다. 중국시장과 인도시장의 급격한 변화는 미주대륙 발견에 못지않은 세계 경제영역의 확대를 가져오고 있고, 이는 냉전시대의 세계적 경제균형을 끝내면서 현명한 투자자들에게는 놀라운 기회를 던져주고 있다. 미주대륙이 발견되고 희망봉을 돌아가는 새로운 무역로가 개척됐을 때 당시의 기존 세계질서는 뿌리째 흔들렸다. 세계경제의 중심이 지중해 지역에서 유럽의 대서양 연안으로 옮겨갔다. 사람과 재화가 미주대륙으로, 그리고 동양으로 쏟아져 들어갔다.

이와 마찬가지로 지금 중국과 인도를 비롯한 아시아의 30억 인구가 세계무대에 등장하고 있는 것은 세계의 경제적, 사회적, 지정학적 균형에 중대한 영향을 줄 수밖에 없다. 러시아와 옛 소련 국가들까지 가세하면서 이런 변화는 더욱 가속화할 것이다.

이러한 변화 속에서 지금 세계에서 가장 번영을 누리는 도시들과 그곳 사람들의 부는 머지않아 소멸할 수도 있다. 바로 지금 일어나고 있는 변화의 속도를 투자자들은 결코 과소평가해서는 안 된다.

산업혁명은 한편으로는 농업혁명이었다. 농업생산성이 증가하고 철도에 의한 농산물 대량수송이 가능해지면서 인구가 크게 늘어나고 서구 공업국가들의 도시화가 이루어졌다. 이에 따라 19세기의 세계 경제환경에 커다란 변화가 일어났다.

지금 중국과 인도 같은 세계경제의 신참 국가들은 발달한 통신수단 덕분에 서구 과학기술의 성과와 지식에 전례 없이 빠른 속도로 올라타고 있다. 이제 세계는 예전보다 훨씬 더 경쟁적인 곳이 되어가고 있다. 언제든지 새로운 강자가 나타나서, 지금 번영을 누리고 있지만 변화에 적응하지 못하는 지역과 기업들을 몰아낼 수 있다.

30여 년간 겨울잠을 자다가 오늘 깨어난 사람이 있다면 그는 홍콩, 싱가포르, 타이베이, 서울과 같은 도시들을 알아보지 못할 것이다. 그는 팩스,

핸드폰, PC, 프린터, 디지털카메라와 같은 기계들이 뭔지도 모를 것이다. 또한 당연히 컴맹일 테고, 〈블룸버그〉 통신 단말기를 이용할 줄도 모를 것이다. 컨테이너나 대형 화물항공기로 세계를 오가며 이뤄지는 상품무역과 국경을 자유로이 넘나드는 외환거래의 엄청난 규모에 놀랄 것이다. 그를 상하이나 모스크바로 데리고 가보자. 그는 공산주의가 그렇게 갑자기 끝나버리고 대신 시장경제가 폭발하듯 일어나는 광경을 직접 보고도 그대로 믿기 어려워할 것이다.

지금부터 30년 뒤에는 우리의 눈앞에 이보다 더 경천동지할 변화가 일어난 세상이 펼쳐져 있을 게 분명하다. 세계는 그 어느 때보다 더 서로 연결돼있기 때문이다. 사람과 재화, 정보의 교류가 급증하고 있다. 이런 변화는 투자성과에 중요한 변수로 작용한다. 많은 기업들이 몰락하는 반면 새로운 기업들이 승자가 되어 번영할 것이다. 30년 뒤에 승리를 구가할 기업들 가운데 상당수는 오늘날에는 아직 태어나지도 않은 기업일 것이다. 내가 미래에 변하지 않을 것이라고 예상하는 단 하나는 세계의 정치적, 경제적, 사회적 상황이 계속해서 빠른 속도로 변하는 것이다. 그러나 사람은 잘 변하지 않는다. 역사학자 윌 듀랜트는 자신의 저서 《역사의 교훈(The Lessons of History)》(1968)에서 다음과 같은 생각을 밝혔다.

역사를 돌이켜보면 사람의 행태에는 별로 변화가 없다. 플라톤이 살던 시대의 그리스인들이나 근대 프랑스인들이나 행동에서는 별 차이가 없다. 산업화 시대의 영국 사람들도 고대 로마인들과 비슷하다. 수단과 방법은 바뀌었지만 동기와 목적은 그대로다. 일할까 쉴까, 빼앗을까 나눌까, 싸울까 퇴각할까, 남들과 같이 할까 혼자 할까, 친구로 삼을까 모른 체할까, 보살펴줄까 내칠까를 고민하는 것은 똑같다. 서로 다른 계급에 속한 사람들도 본성은 같다. 대체로 보아 가난한 사람도 부자와 같은 욕망을 갖고 산다. 단지 그들은 그런 욕망을 실현할 기회가 적거나 능력이 부족할 뿐이다. 성공한 혁명가가 그토록 자신이 비난했던 사람들을 곧바로 닮아간 사례는 역사에서 얼마든지 찾을 수 있다.

* * *

이 책에서 나는 앞으로 일어날 변화들에 대해 말해보려고 한다. 나는 이를 위해 역사에서 이미 있었던 사례를 끄집어내어 거기서부터 추론해보기도 하고, 경우에 따라서는 내가 보기에 이미 돌이킬 수 없게 된 지금의 경제추세로부터 추론해보기도 할 것이다.

그에 앞서 나는 인간이란 똑같은 유혹이나 감정에 거듭 속아 넘어가는 존재라는 사실을 강조해두지 않을 수 없다. 우리는 여전히 기본적인 본능에 따라 행동하는 수가 많다. 사람들은 탐욕, 경솔한 믿음, 무모한 낙관주의, 부화뇌동 심리, 모방심, 허영심에 휘둘리고 공포, 불안, 절망, 비관에 종종 굴복한다. 그래서 볼테르의 말대로 인간의 역사는 "범죄, 어리석음, 불운의 모음집"일지도 모른다.

방법론에 대해 말하면, 나는 내 나름의 투자경험과 기존의 경제사, 경제이론에 비추어 지금의 세계 경제환경을 분석해보려고 한다. 나의 이런 시도가 모든 독자의 기대를 충족시킬 수 있다고 생각하지는 않는다. 왜냐하면 그 분석은 불완전하고 많은 측면에서 피상적일 것이기 때문이다. 경제란 남자, 여자, 아이 등 모든 사람이 각각 내린 결정들의 종합이고, 그래서 경제학은 매우 복잡하고 해석의 여지도 많이 남긴다.

2장에서는 장기적인 투자테마를 분석해보고자 한다. 그 과정에서 세계의 경제적, 금융적 경향들에 대해 나 나름대로 잠정적인 예측을 해보겠다.

3장과 4장에서는 지금까지 어떻게 해서 투자자들이 거듭 투자손실을 보았는지를 살펴봄으로써, 그리고 그 결과로 바닥에는 수많은 가난한 사람들이 있고 꼭대기에는 극소수의 부자들이 있는 부의 피라미드가 거의 변함없이 유지돼온 현실을 살펴볼 것이다. 이는 독자의 기대치를 낮추게 되겠지만, 그 목적은 정말로 부의 피라미드 꼭대기에 올라가기를 원한다면 뭔가 통상적이지 않은 행동을 해야 하며 대다수 다른 사람들이 하는 대로만 따라 해서는 안 됨을 보이려는 것이다. "성공에 이르는 길은 대중이 가는 길과는 반대쪽 길"이라는 장 자크 루소의 말을 잊지 말아야 한다.

5장에서 8장까지는 경기, 가격, 주식시장의 순환적 변동에 대해 알아본다. 경제활동과 가격은 항상 균형이라고 간주되는 상태보다 더 높은 수준이나 더 낮은 수준에서 움직인다. 경제라는 배는 물가가 급등하는 가운데 번영의 유람을 하는 경우도 있고, 반대로 물가가 급락하는 가운데 저성장과 불경기, 심지어 불황의 우울한 항해를 하기도 한다. 어떤 경우에는 극단적인 인플레이션과 저물가 또는 디플레이션이 반복되기도 한다. 나는 이러한 변동이 왜 생기는지를 설명해보겠지만, 사실 그 정확한 이유를 알기란 힘들다. 그럼에도 투자자는 이러한 변동에 대해, 그리고 주요 경제변곡점에서 사업가나 투자자가 갖게 되는 심리에 대해 적어도 무관심해서는 안 된다.

9장에서는 지난 30년간 아시아에서 일어난 변화에 초점을 맞출 것이다. 10장에서는 투자의 세계에 존재하는 한 가지 특별한 경우를 논의해보려고 한다. 그것은 고도의 인플레이션과 더불어 곤경에 빠진 경제가 사려 깊고 합리적인 투자자에게 제공해주는 기회다. 나는 일부러 이 복잡한 문제를 설명하는 데 한 장을 다 할애했다. 왜냐하면 1980년대 초와 달리 지금은 사람들이 인플레이션이 별 문제가 아닌 것처럼 생각하고 있기 때문이다. 그러나 지난 20여 년 동안에 이미 일차산품 가격이 올랐지만 그러한 가격상승이 적어도 경제의 어떤 부문에서는 앞으로 더 가속화할 가능성이 높다. 11장에서는 이제까지 세계가 경험해온 주요 경제적 대변화들을 분석한다. 이를 통해 앞으로 경제적 지형에 지금은 상상하기 어려운 큰 변화가 일어날 가능성이 있음을 보이고자 한다.

12장에서는 미국의 경제와 통화금융 시스템, 그리고 현재의 정책에 대해 비판적으로 살펴보겠다. 오스트리아 학파의 대표적 경제학자인 프리드리히 하이에크는 국가가 계획을 더 많이 세울수록 개인들은 그만큼 더 계획하기가 힘들어진다고 했다. 그와 같은 생각을 가진 시장경제 옹호자로서 나는 미국 연방준비제도이사회(연준)의 정책과 미국 정부의 경제개입에 대해 매우 비판적인 생각을 갖지 않을 수 없다. 9.11 테러사건과 그에 대한 미국 정부의 대응태도를 보면서 나는 과거의 제국이 어떻게 몰락했는지를 생각하게 된다. 그래서 '제국에 내리는 저주'라는 소제목 아래 과거의 제국들이 어떻게 해서 국경과 영토를 지키는 데서 거대하고 대응에 비용이 많이 드는 도전에 직면했는지, 그리고 그런 제국들의 야망이 어떻게 해서 인플레이션의 가속화와 통화가치의 하락을 초래했는지를 분석해볼 것이다.

13장과 에필로그에서 나는 앞으로 몇 년간의 아시아 및 세계에 대해 내가 예측하는 바를 이야기하려고 한다. 나는 미래학을 그다지 믿지 않으며, 솔직히 말해 미래는커녕 현재와 과거에 대한 지식도 일천하다. 그러나 내 능력이 부족하더라도 눈앞의 숙제들을 고민해보고, 우리의 앞길을 규정할 수 있는 변화의 유형들에 대비하려는 노력을 포기해서는 안 될 것이다. 우리의 앞길은 험난할 수도 있지만, 기회를 알아보는 눈을 가진 사람들에게는 커다란 흥분을 불러일으키는 길일 수도 있다.

오늘날 다양한 경제적, 사회적, 정치적 체제의 나라나 지역들 사이에, 그리고 수많은 산업부문과 서비스부문들 사이에 상호작용이 끊임없이 전개되면서 국제적 노동분업이 갈수록 심화되고 있다. 이런 상황 속에서 경제와 금융의 추세를 전망하는 것은 너무나도 불완전하고 피상적인 일이 돼버렸다. 이에 따른 한계에 대해 미리 독자들의 양해를 구한다. 하지만 나는 이 책이 오늘날의 복잡한 경제현상을 보다 깊이 있게 탐구하는 노력의 촉매제가 되기를 바란다.

## 2장 | 미래를 위한 투자테마

돈은 놀라운 기계다. 찍어내기만 하면 저절로 움직인다.
돈은 군대를 먹이고 입히고 재우고 무장시킨다.
그리고 적정 규모를 넘어 그 양이 지나치게 많아지면 평가하락을 통해 스스로를 조정한다.
– 벤저민 프랭클린(Benjamin Franklin, 1706~1790), 1779년 새뮤얼 쿠퍼에게 보낸 편지에서

미국 주식시장의 하락이 2년째 계속되던 2002년 초에 한 유명한 투자분석가는 이렇게 말했다. "지금 포트폴리오 매니저들을 가장 낙담케 하는 것은 장기적인 투자테마가 없다는 것이다." 투자자들은 산업구조의 변화를 미리 알아내어 될성부른 주식에 집중 투자하고자 한다. 제대로 고를 수만 있다면 그냥 가만히 놔두어도 대박을 기대할 수 있기 때문이다. 그러나 실제로는 그런 일이 좀처럼 생기지 않는다.

모든 투자자가 명심해야 할 것은 대박을 꿈꾸며 전 세계를 배회하는 돈의 양이 엄청나게 많아졌다는 사실이다. 미국을 필두로 세계 각국이 신용과 통화공급 확대 정책을 폄에 따라 그 규모가 최근에 더욱 커졌다. 미국의 연준과 재무부는 물론이고 세계 각국의 중앙은행들과 국제통화기금도 이런 정책을 지속적으로 뒷받침하고 있다.

통화당국의 이런 인위적인 자극이 건전한 것이든 아니든 간에 확실한

것은, 외환규제가 없는 시장경제의 세계를 떠다니는 뭉칫돈은 지구의 어딘가로 몰려가 그곳에 붐을 만든다는 점이다. 붐은 자산의 가격을 상승시키고, 인플레이션이 그 뒤를 따른다.

**대형 재료의 부재**

아래 그림처럼 지구상에 설치된 대나무 받침대 위에 커다란 접시가 놓여 있다고 상상해보자. 그 주위에는 코끼리로 비유된 투자자들이 있다. 그리고 접시에는 위로부터 물(화폐)이 끊임없이 공급된다. 현실에서는 중앙은행이 접시에 공급되는 물의 양을 조절한다. 경제학자들이 균형상태라고 부르는 상태(물론 이런 상태는 현실에는 존재하지 않는다)에서는 물이 접시를 넘쳐흘러 지구 위로 고르게 퍼지고, 이에 따라 전 세계의 경제가 똑같은 속도로 팽창하는 동시에 모든 종류의 자산의 가격도 똑같은 속도로

상승한다.

그러나 접시는 아주 크고 무거울 뿐 아니라 위태로운 받침대 위에 놓여 있기 때문에 불안정하다. 투자자들이 미는 방향으로 기울어진다. 만약 많은 투자자들이 미국시장이 오를 거라고 생각해서 받침대를 미국 쪽으로 밀면 접시가 미국 쪽으로 기울어져 미국으로 돈이 넘쳐흐른다. 만약 투자자들이 나스닥에 대해 낙관적이면 접시의 물은 하이테크, 통신, 미디어, 바이오테크 쪽으로 넘쳐흐른다. 여론주도자, 대중매체, 애널리스트, 투자전략가, 정치인, 경제학자 등에 의해 조작되는 투자자들의 심리에 따라 물이 넘쳐흐르는 방향이 정해진다.

거대한 투자자 집단을 생각해보자. 투자자 집단은 그림 속의 코끼리 떼와 비슷하다. 그들은 돈 문제에 대해 그다지 세련되지 못하다. 코끼리 떼는 몰이꾼들, 다시 말해 펀드매니저, 증권회사, 투자전략가, 경제학자 등의 지시에 따라 거대한 몸집으로 대나무 받침대를 이리저리 밀어붙일 따름이다.

몰이꾼들 역시 세련과는 거리가 멀다. 그들의 목표는 단 하나다. 어떻게 투자자들을 많이 움직여서 더 많은 돈을 벌까 하는 생각밖에 없다. 그래서 가능한 한 자주 코끼리들에게 이리 움직여라, 저리 움직여라 하고 새로운 지시를 내린다. 코끼리들이 얼마나 많이 움직이느냐에 그들의 수입이 달려있기 때문이다. 새로운 지시가 내려질 때마다 접시의 물은 다른 지역, 다른 산업부문, 다른 종류의 자산으로 흘러간다.

요약하면 이렇다. 중앙은행의 '화폐공급 파이프'에서 '돈의 접시'로 돈이 끊임없이 공급되고 코끼리들이 몰이꾼에 이끌려 접시를 이리저리 밀어붙이는 사이에 가격이 오르는 자산이 반드시 있게 되고, 그 밖의 다른 자산은 가격이 떨어진다. 돈을 계속 공급하고 흘려보내는 오늘날의 통화금융 시스템 속에서는 새로운 투자재료가 언제나 존재한다. 그러므로 투자자들을 진정으로 낙담시키는 것이 있다면 그것은 새로운 재료가 없다는 것이 아니라 새로운 재료를 알아보는 재주가 모자라다는 것이다.

투자재료의 문제와 관련해 생각해보면 보통의 투자자들은 상상력이 없다는 점에서 그림 속의 코끼리 떼와 별 차이가 없다. 그들은 텔레비전 방송, 증권가 루머, 정부 발표에만 귀를 기울인다. 그래서 투자자들은 접시의 물이 이미 넘쳐흘러 어떤 시장이 뜨고 난 지 한참 뒤에야 상황파악을 하기 시작한다. 그리고 너나 할 것 없이 미친 듯 한 방향으로 달려든다. 모두가 상황을 알아차리게 되는 때에 가장 많은 돈이 넘쳐난다. 그때가 바로 상투다.

돈이 어느 한 부분으로 몰리면 어떻게 될까? 시장경제에서 중앙은행은 화폐공급 파이프의 꼭지를 손에 쥐고 있다. 몰이꾼은 코끼리 떼를 통제한다. 그러나 돈이 일단 한 곳으로 흘러가기 시작하면 아무도 그것을 통제할 수 없다. 접시의 물이 넘쳐흘러 한 곳으로만 돈이 모이면 그 돈이 당분간 그 부문의 자산 가격을 상당히 끌어올릴 것이 분명하다.

그러나 바로 그때 똑똑한 몇몇 사람들은 가격이 너무 많이 오른 곳과 그렇지 못한 곳 사이에 커다란 불균형이 생겨났음을 눈치 챈다. 그들은 가격이 높은 것을 팔고 낮은 쪽으로 옮겨간다. 정직하지 못한 기업 경영진이나 일부 애널리스트들은 한편으로는 투자자들에게 장밋빛 그림을 계속 보여주면서, 다른 한편으로 자기가 갖고 있는 것을 슬그머니 팔아치운다. 그래서 최근에 '신경제' 부문에서 보았듯이 투자재료가 있다고 여겨지는 부문으로 돈이 계속 들어오는데도 가격은 더 이상 오르지 않고, 들어온 돈은 곧바로 다른 부문들로 새나간다.

처음에는 몰이꾼들도 몇몇을 빼고는 상황파악을 제대로 하지 못한다.

하물며 코끼리들은 말할 나위도 없다. 그러나 점점 뭔가 이상하다는 느낌이 든다. 아무리 받침대를 세게 밀어도, 전문가들이 추천하는 자산에 아무리 투자를 해도 가격이 오르지 않는다. 마치 '밑 빠진 독에 물 붓기' 식의 누수현상이 생기는 것이다. 투자자들은 점점 대형 재료에 대해 실망하기 시작한다. 마침내 대중은 대형 투자재료의 치어리더들이 자신들을 엉뚱한 길로 이끌었다는 사실을 알아차린다. 그런데 이즈음 자신들이 관심을 집중한 재료와는 전혀 상관없는, 생각하지도 못했던 다른 것들이 슬슬 오르기 시작한다. 그러면서 누수현상은 홍수가 된다.

마침내 몰이꾼들과 코끼리 떼는 아무리 많은 돈이 흘러 들어와도 그 부문의 가격은 오르기는커녕 오히려 떨어진다는 사실을, 즉 자신이 상투를 잡았다는 사실을 깨닫는다. 대소동이 일어난다. 몰이꾼들은 코끼리 떼를 몰아 일제히 접시를 반대쪽으로 밀게 하려고 한다. 증권전문가들은 새로 뜨는 시장에 투자하도록 투자자들에게 권한다. 그러나 그쪽으로 가보아야 그때는 이미 단물은 다 빠지고 난 뒤다.

이 그림은 중앙은행이 금융정책을 사용해 시장이나 경기를 부양하려고 할 때 만나게 되는 골칫거리를 잘 보여준다. 중앙은행은 접시에 유입되는 물의 양을 조절할 수 있다. 그러나 중앙은행 사람들의 지능수준과 억지스러운 경제이론에 대한 집착을 고려하면 불행 중 다행이라고나 할까, 물이 어디로 흐를지는 중앙은행이 정하지 못한다. 물이 흘러가는 방향을 정하는 것은 시장이다.

중요한 점은, 아무리 대형 재료라도 저위험 고수익의 단물이 넘쳐흐르는 초기 단계에는 그것이 눈에 잘 띄지 않는다는 것이다. 그것이 모든 사람의 눈에 다 보이게 되는 때는 흔히 도취증세의 마지막 단계 근처다. 지난 몇 년간의 하이테크 업종이 그 대표적인 예다.

〈그림 2-1〉은 1997년부터 2002년까지 미국 기술주에 순유입된 자금의 변화를 보여준다. 투자자들은 1999년 말이 되어서야 기술주에 본격적으로 돈을 쏟아 붓기 시작했다. 그러나 그때는 이미 나스닥 지수가 3000을 웃돌기 시작한 뒤였다. 2000년 상반기까지도 기술주 투자열풍은 계속 이어졌다. 전 세계 투자자들의 눈에 '신경제'라는 대형 재료는 확고해 보였다. 그러나 그때는 이미 상투였다. 그 당시에는 하이테크, 미디어, 통신 부문에 장기적인 투자재료가 분명히 있다고들 생각했지만, 지금 와서 돌이켜보면 그런 부문에 투자하기에는 최악의 시기가 바로 그때였다.

지난 30여 년간의 대형 재료들을 들어보면 1970년대에는 금, 석유, 천연가스, 외환이었고, 1980년대에는 일본 주식시장이었으며, 1985~1997년에는 신흥시장, 그리고 1990년대에는 미국 주식시장이었다. 그러나 대부분의 투자자들은 매번 새로운 조류의 뒷북만 치고 말았다. 투자게임은 항상

〈그림 2-1〉

**신경제 도취증**
미국 기술주 펀드로의 자금순유입액 추이(17주 이동평균)

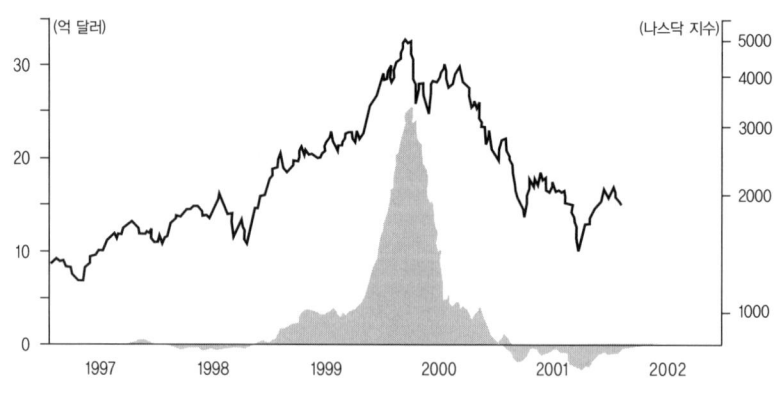

⟨그림 2-2⟩

## 대만 주식시장의 상투
대만 자취엔 지수

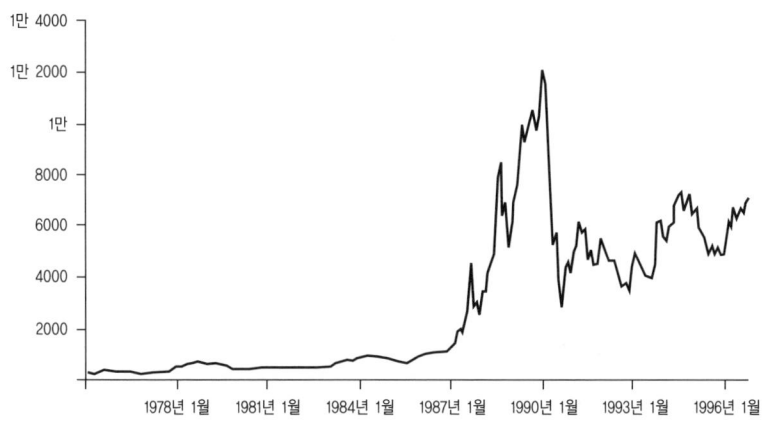

⟨그림 2-3⟩

## 인도네시아 주식시장의 파도
자카르타 종합지수

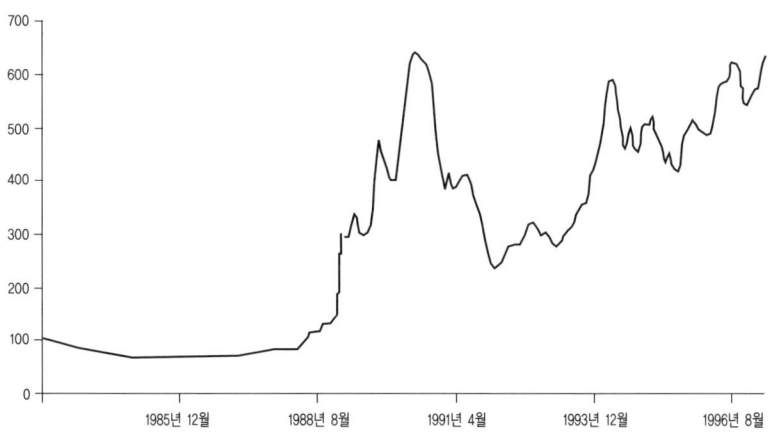

변하기 때문에 분명해 보이던 것을 포기하면 완전히 새로운 부문으로 옮겨가야 한다는 것을 이해하는 데 투자자들은 너무 느렸고, 그래서 치명적인 손실을 입었다.

그 대표적인 예가 1985~1997년 아시아 신흥시장의 주식시장이다. 〈그림 2-2〉와 〈그림 2-3〉에서 볼 수 있듯이 1985년부터 1990년 사이에 아시아 신흥시장의 주가 폭등세가 있었다. 1990년은 이미 아시아 시장의 파티가 거의 끝나가는 시점이었고, 1994년은 이미 홍콩을 제외하고는 모든 아시아 시장이 정점을 지났기 때문에 손실이 쌓이기 시작하는 단계였다. 달러 기준으로 볼 때 한국, 대만, 인도네시아, 인도는 1989~1991년에 정점이었고 말레이시아, 태국, 필리핀은 1994년에 정점이었다.

아시아의 주가가 최고의 상승세를 보이며 열 배 내지 스무 배로까지 오른 1985~1990년에는 아시아 시장에서 외국인투자자를 거의 볼 수 없었

〈그림 2-4〉

**때늦은 러브송**
아시아 신흥시장으로의 연간 순자본유입액

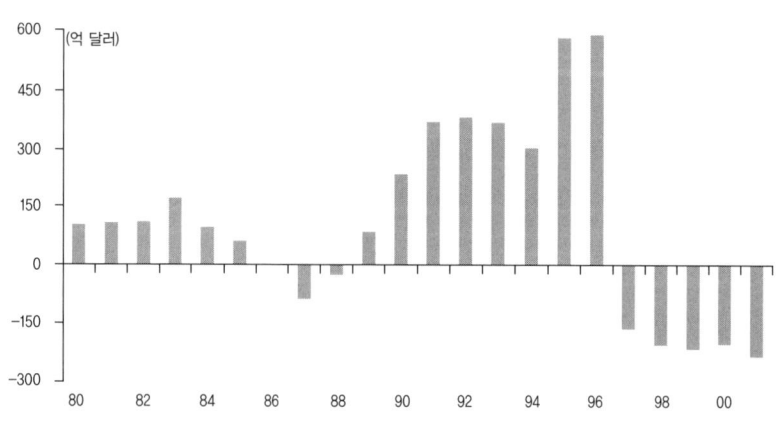

다. 1991년 이후에야 외국인투자자들이 아시아 시장에 몰려들기 시작했다. 이렇게 된 데는 1980년대 일본 주식시장의 대활황도 큰 계기가 됐다. 마침내 새로운 재료, 즉 아시아의 주식시장에 대한 투자 붐이 일게 된 것이다. 그리하여 1997년에 아시아 금융위기가 일어나기 직전까지 세계의 수많은 금융회사들이 미국 시장보다 아시아 시장에 더 많은 투자를 했다.

〈그림 2-4〉를 보면 아시아 신흥시장의 대활황 국면이 사실상 끝난 1990년 이후에 외국인투자자들이 투자규모를 계속 늘렸음을 알 수 있다. 이런 움직임은 1997년에 아시아 금융위기가 발생하기 직전에 더욱 가속화되기도 했다. 그래서 나는 널리 알려져 있고 이미 수용된 대형 호재에는 투자하지 말라고 투자자들에게 조언한다.

7장에서 자세히 이야기하겠지만, 세계의 투자자들이 모두 다 열광하는 시장은 가장 투기적인 시장일 가능성이 높고, 결국은 몰락의 현장이 될 수 있다. 몰락 직전에 시장이 수직상승하기도 한다. 1990년대 말의 나스닥이 그 대표적인 예다. 그러나 그런 시기는 고위험이 가득하고, 결국 거품이 꺼지면서 흥분은 슬픔의 눈물로 반전된다.

대형 재료와 관련해 두 가지를 더 이야기하고자 한다. 그 중 하나는 '투자자들이 대형 재료에 들떠 있을 때 그곳이 아닌 다른 곳에서 주목할 만한 새로운 기회가 생겨난다' 는 것이다. 아무도 관심을 갖지 않는 황무지에서 대박의 싹이 자란다. 많은 사람들이 특정한 시장과 부문에 주목하면 할수록 그곳이 아닌 다른 시장과 부문의 가격상승 잠재력은 더욱 커진다. 인내심을 갖고 이런 기본원칙에 충실한 장기투자를 하면 항상 달콤한 결실을 맛볼 수 있다.

1970년대에 전 세계 투자자들은 석유나 석탄과 같은 에너지 관련 주식에 열광했다. 에너지 업종의 상장주식 시가총액은 1980년에 주가가 절정일 때 에스앤피(S&P) 500 종목 전체의 28%에 달했다.

그때 나의 한 친구가 월마트에 대해 "너무 훌륭한 회사"라고 입에 침이 마르도록 칭찬한 적이 있다. 그 친구는 '화이트 웰드'라는 투자은행의 기업금융 담당자였고, 월마트의 창업자인 샘 월턴이 사는 동네에서 성장했다. 1970년에 증시에 상장된 월마트는 상장 당시만 해도 점포수가 24개뿐이었고 연간 매출도 4600만 달러에 지나지 않았다. 월마트 주식 4000주를 사서 갖고 있다는 그 친구의 말에 나는 별로 관심을 갖지 않았다. 당시는 에너지 주식을 빼고는 말이 안 되던 때였다.

그 친구의 인간성은 아주 좋았지만, 나는 투자에 대한 그의 통찰력은 별로 믿지 않았다. 나는 월마트 주식을 사지 않았고, 결국 돈 벌 기회를 놓쳤다. 어쨌든 우리 모두는 살아가면서 어떤 거대한 기회를 놓치곤 한다. 나는 이제는 어떤 좋은 사람이 내게 조언을 하면 귀 기울여 듣는다. 〈그림

〈그림 2-5〉

**놓쳐버린 대박**
월마트 주가 추이

2-5〉에서 볼 수 있듯이 그동안 월마트는 세계에서 가장 매출이 큰 회사로 성장했고, 소매업 분야의 압도적인 투자테마가 됐다. 물론 월마트는 그러한 지위에 오른 뒤에는 시들해졌고, 이제는 투자의 관점에서 보아 예전보다는 그 매력도가 크게 떨어진 상태다.

또 하나의 대박 기회는 일본의 채권시장이었다. 일본에서는 주식시장의 대활황이 끝나고 거품경제가 무너지기 시작한 1980년대 말부터 1990년대에 걸쳐 세계 금융역사상 가장 좋은 투자기회 중 하나가 생겨났다. 1990년대 초에 6% 이상이었던 일본 장기국채의 수익률이 2002년에 1% 가까이까지 하락했고 채권의 가격은 유례없는 상승세를 보였다. 그러나 투자자들은 일본의 주식시장에만 눈이 팔려 일본의 국채시장에서 생겨난 기회를 보지 못했다.

거대한 접시의 물이 어느 한 곳으로 흐르면 그 반대쪽은 소외된다. 그러나 소외된 바로 그곳에서 새로운 대박의 싹이 자란다. 기존의 대형 재료가 있는 곳과는 다른 엉뚱한 곳에서 대박의 기회가 만들어진 사례는 얼마든지 더 들 수 있지만 여기서는 하나만 더 들어보자. 1990년대를 풍미했던 나스닥 거품이 꺼지면서 그동안 '굴뚝주'라는 비아냥거림을 당했던 전통주와 중소형주가 엄청난 시세를 만들어냈다. 일부 종목들은 2002년 봄에 최고치를 경신했다.

대형 재료와 관련해 두 번째로 하고 싶은 이야기는 투자시점의 문제, 즉 '인기시장으로부터 소외된 비인기시장으로 이동해야 할 시점을 정확히 알기는 어렵다'는 점이다. 투자자들은 1980년대 후반의 일본 주식시장, 1990년대 후반의 미국 주식시장 같은 인기시장에 지나치게 집착한다. 활황 속에 있을 때는 말할 나위도 없고 정점을 지난 뒤에도 투자자들은 인기시장에서 쉽게 벗어나지 못한다.

하나의 대형 재료가 인기를 잃었지만 그것을 대신해 대박을 실현해줄 또 다른 대형 재료는 투자자들의 눈에 띄지 않을 때에는 이동시점의 문제가 그리 크게 부각되지 않는다. 2002년이 바로 그런 때였다고 말하는 투자전략가들이 있다. 그런데 그런 혼란의 상황 속에 있을 때가 바로 머지않아 새로운 투자기회가 생길 가능성이 가장 높은 때다. 투자자들의 마음 속에 투자재료가 없을 때가 바로 새로운 대박의 기회가 생길 때인 것이다. 그런 상황에서는 모든 사람이 불확실한 미래에 대해 불안해하고 투자테마를 찾지 못해 방황하지만, 바로 그때가 시기로 보나 앞으로 다가올 가격변동의 크기로 보나 가장 큰 수익을 올릴 수 있는 투자를 할 절호의 기회다.

나는 투자자들의 마음을 강조한다. 사실 재료라는 것은 항상 존재하기 마련이다. 투자의 기회가 싹이 터서 무럭무럭 자라고 있는데도 사람들이 그것을 알아차리지 못할 뿐이다.

1982년이 바로 그런 때였다. 1970년대의 귀금속 및 에너지 주식 붐이 막 끝나갈 무렵인 1980년부터 1982년까지 이미 모든 것에서 손실을 본 투자자들이 돈을 어디에 넣어야 할까 고민을 계속했고, 혹시 인플레이션의 물결이 다시 덮치지 않을까 두려워했다. 미국 주가는 1964년 수준에도 미치지 못했다. 그동안의 물가상승률을 감안하면 1960년대 중반의 고점에 비해 주가가 실질적으로 70%나 떨어진 수준이었다. 채권시장도 가라앉아 마땅한 투자대상으로 보이지 않았다. 1980년대에 에너지나 자원 관련 주식을 갖고 있었던 사람들은 엄청난 손실을 본 상태였다.

그러나 그런 불확실성과 조바심의 배후에서 주식시장과 채권시장에 폭등장의 물결이 밀려오고 있었다. 그 후 1년도 지나지 않아 에스앤피 500 지수는 102에서 170으로 66%나 상승했고, 미국 장기국채의 가격 역시

1981년 말의 56에서 1983년에는 83까지 상승했다. 에스앤피 500 지수는 1987년까지 3배 이상으로 올랐고, 미국 장기국채의 가격은 1986년까지 거의 2배로 올랐다.

1982~1983년의 강세장은 너무 갑작스럽게 찾아왔고 지속기간도 짧았다. 그래서 첫 기회를 놓치고 조정국면을 기다리던 투자자들은 대부분 투자할 시점을 포착하지 못했다. 이처럼 이전 국면의 지속기간이 길면 길수록 투자자들이 대세의 변화를 인식하는 데 필요한 시간이 더 길어진다. 아무리 새로운 테마의 강세장이 나타나도 투자자들의 심리가 금세 바뀌지 않는다. 1989년 이후의 일본이 또 하나의 예다. 당시 일본 시장의 투자자들은 주가가 떨어졌음에도 주식에 대한 미련을 떨쳐버리지 못했고, 이 때문에 결과적으로 채권시장에서 이익을 올릴 기회를 놓쳐버렸다.

2000년 3월부터 최근까지도 몇 가지 중요한 테마들이 있었다. 이 시기에 가장 중요했던 것은 나스닥에서 발을 빼거나 매도 포지션을 취하는 것이었다. 대형주 중심의 에스앤피 500을 피하는 것도 중요했다. 주가지수 연동 금융상품의 유행으로 에스앤피 500 종목이 투자펀드들의 주요 편입 대상이 되어 2000년 3월까지 그 가격이 과대평가된 상태였기 때문이다. 장기적으로 괜찮았던 테마는 중소형주였다. 중소형주는 그 후 2~3년 동안 대형주보다 훨씬 나은 투자성과를 가져다주었다.

2000년 3월 이후에는 아시아 신흥시장과 러시아도 주요 테마였다. 〈그림 2-6〉에서 보듯 아시아와 러시아를 포함한 신흥시장의 실적은 에스앤피 500을 능가했다. 미국과 영국의 주거용 부동산 시장도 또 하나의 주요 테마였고, 그 뒤로 적어도 최근까지는 지속적으로 그 가격이 상승했다. 마지막으로 금광 관련주와 금도 주요 테마였다. 2002년 중반까지 1년 동안 금광 관련주는 2배 이상 상승했고, 금은 세계의 주요 통화들에 대해 강세

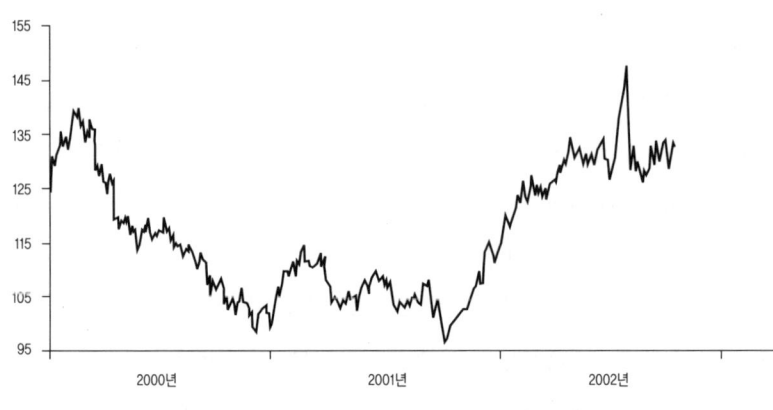

〈그림 2-6〉
**미국 대형우량주를 능가한 신흥시장 주식**
S&P500 지수상승률을 100으로 볼 때 신흥시장 주가상승률 수준

를 보였다. 온스당 금값은 1999년 8월 255달러에서 2002년 여름에는 320달러로 상승했다.

따라서 투자기회가 없다는 말은 성립되지 않는다. 특히 각국 중앙은행들이 화폐공급을 계속하는 경우에는 적어도 한 종류 또는 몇 종류의 자산가격을 끌어올리기 때문에 투자기회가 생겨날 수밖에 없다. 주요 장기추세가 변할 때, 또는 주요 강세장이 역전될 때에는 흔히 다수의 서로 크게 엇갈리는 추세들이 존재하기 때문에 상황파악을 올바르게 하기가 어렵다. 이런 국면에서 문제가 되는 것이 있다. 그것은 투자판이 새로 짜여 새로운 투자게임과 투자법칙이 시작됐음을 투자자들이 인식하지 못한다는 것이다.

**앞으로 올 대형 재료는 무엇인가**

1970년대 후반의 금, 1980년대 후반의 일본 주식시장, 2000년 3월까지의 나스닥과 같은 대형 투자테마가 폭죽같이 솟아올랐다가 화려한 불꽃과 함께 사그라지면 언제나 주도세력이 바뀌고 투자자들은 새로운 부문으로 옮겨간다. 어떤 주식이나 시장을 막론하고 열광이 강할수록 반작용도 큰 법이다.

귀금속이든 농산물이든 부동산이든 골동품이든 투자자들이 열광하면 거품이 생기고, 그 거품이 꺼지면 열광은 전혀 다른 종류의 자산으로 영구히 옮겨가 버린다. 따라서 우리는 미국의 나스닥과 에스앤피 500은 이제 잊어버려야 한다. 미국 주식시장은 더 이상 주도적인 위치를 차지할 수 없다. 또 에스앤피 500과 상관관계가 높은 유럽 주식시장에도 기대를 걸기 어렵다. 왜 그런지는 12장에서 따로 설명하겠다.

한 가지 분명히 해두고 싶은 것은, 지금 우리는 큰 그림을 이야기하고 있다는 것이다. 미국 주식시장에 기대를 걸기 힘들다고 했지만, 이는 미국 주식시장 전체에 대한 이야기다. 나스닥 안에서, 또는 전체 미국시장 안에서 어떤 특정한 부문이 좋은 실적을 낼 수는 있다. 예를 들어 2000~2001년에 미국의 소매업과 주택건설업, 그리고 소형주가 대단한 성과를 보였다. 그동안 중복투자와 과잉경쟁으로 고전하던 통신업계도 한계기업들의 퇴출로 수익성이 나아지면서 좋은 투자기회를 던져줄 수 있다. 또한 주요 투자테마가 끝난 약세시장에서도 30~50% 정도 또는 그 이상 상승하는 반등국면은 가끔씩 나타나는 법이다.

어쨌든 미국 주식시장을 배제하면 남은 주요 투자대상은 채권, 부동산, 일차산품, 일본 주식시장, 신흥시장, 그리고 외환시장이다. 이 책의 목표는 1980년대의 일본 주식시장이나 1990년대의 미국 주식시장과 같이 앞으로 10년 이상의 장기간에 걸쳐 시장의 움직임을 좌우할 큰 테마를 찾아내자는 것이다. 나는 바로 그런 가능성을 가진 자산들에 관심을 두고 그런 자산들의 향후 전망을 논의해보도록 하겠다.

**미국 채권시장**

각국 중앙은행 사람들을 포함해 점점 더 많은 경제전문가들이 세계가 디플레이션 시대로 가고 있다고 생각한다. 그들은 적어도 디플레이션이 오늘날 세계경제에 가장 큰 위협이 되고 있다고 말한다. 이런 상황은 누구나 인플레이션의 가속화가 세계경제의 가장 큰 걱정거리라고 말하던 1980년대 초와 정반대다. 1980년대에 이름난 한 전문가가 인플레이션 때문에 채권이 '몰수증서'가 됐다고 말했던 기억이 난다. 2002년 6월에 연준이 〈디플레이션 예방하기: 1990년대 일본의 경험에서 얻는 교훈(Preventing Deflation; Lessons from Japan's Experience in the 1990s)〉이라는 제목의 자료를 내기도 했지만, 1980년대에는 누구도 연준이 이런 자료를 낼 것이라고 상상하지 못했을 것이다.

1980년대 초에 미국 채권시장은 30여 년간 지속된 긴 약세시장을 마무리하고 있었다. 〈그림 2-7〉에서 보듯, 30여 년 전에 2% 이하였던 미국 장기국채의 수익률은 1980년대 초에는 15% 수준까지 상승했다. 그리고 장단기 수익률 곡선이 역전돼 1981년 9월 30일에 10년 만기 국채 수익률은 15.84%를 기록한 데 비해 단기 우량기업 대출금리는 일시적으로 20%를 넘기도 했다.

그러나 지금 단기금리인 연방기금금리는 40년 만의 최저수준을 유지하고 있고, 30년짜리 장기국채 수익률은 5% 이하, 10년짜리 중기국채 수익률은 4% 수준에 머물러 있다. 이와 동시에 1980년대 초반부터 1990년대까지 계속됐던 인플레이션 공포는 사라졌다. 물론 인플레이션 심리는 1990년대부터 20여 년간에 걸쳐 매우 천천히 사그라들었다. 이제는 심지어 '인플레이션은 죽었다'는 말까지 나돌고 있다.

그러나 1980년대 초의 채권시장 상승세는 당시 투자자들의 마음속에 뿌리내린 인플레이션 심리 때문에 힘을 받지 못했다. 〈그림 2-7〉에서 볼 수 있듯이 1983년 말부터 1984년 여름까지는 채권시장이 오히려 크게 후퇴했다. 〈비즈니스 위크〉는 1984년 5월 28일자 커버스토리 '곤경에 빠진 국채시장'에서 당시 투자자들의 마음이 얼마나 천천히 변했는가를 묘사

〈그림 2-7〉

**미국 재무부채권의 수익률과 가격**
20년 만기 최근월물 선물계약

* 표면금리 6%짜리 기준(1999년 11월 말까지는 6% 짜리 영구채권 환산치)

했다. 이에 따르면 1984년의 가격폭락으로 채권시장의 일부 딜러들은 엄청난 손실을 보고 말았다. 살로먼브라더스의 채권담당 사장인 토머스 스트라우스의 말을 빌리면, 사람들은 채권의 '채' 자도 들으려 하지 않았다. 채권에 대한 이런 불신감을 반영하듯 1984년 5월 중 몇 주에 걸쳐 채권의 수익률은 20% 정도에 이르렀다.

채권시장의 대세 상승기 초입에 이런 일이 있었음을 지적해두는 것은, 대형 재료가 바뀔 때에는 새로운 재료에 대해 불신하고 주저하는 심리가 생긴다는 점을 강조하기 위해서다. 때문에 새로운 테마와 관련된 부문에서 오히려 급격한 조정, 심지어는 일시적인 가격급락이 발생하기도 한다. 1980년대 초의 대세상승 초기국면에서는 전문가들조차 채권시장의 상승을 거의 믿지 않았다.

지금의 채권시장 여건은 1980년대 초 상황을 거울로 비춘 듯 정반대로 보인다. 당시 수익률 곡선은 단기 수익률이 높고 장기 수익률이 낮아 우하향하는 모습이었으나 지금은 기울기가 매우 가파른 우상향이다. 단기 수익률은 1980년에 기록적으로 높은 수준이었으나 지금은 기록적으로 낮은 수준이다. 당시엔 인플레이션 망령이 떠돌았으나 지금은 오히려 디플레이션에 대한 걱정이 확산돼있다. 미국 채권시장의 투자자들은 당시에는 역사상 최악의 약세장(1977년부터 1981년까지 장기채권 가격이 50% 하락했다)을 빠져나오고 있었으나 지금은 일차산품 가격의 하락, 낮은 물가상승률, 금리 하락세, 그리고 강한 달러화라는 꽃방석에 앉아 있다.

그러나 12장에서 다시 다루겠지만, 제국이 성숙하게 될수록 그 제국에서는 인플레이션 가속화, 금리 상승, 통화가치 하락 같은 현상이 불가피하게 나타난다. 스스로 제국이라고 생각하는 지금의 미국도 예외가 아닐 것이다. 화폐공급의 지나친 증가와 신용의 급속한 팽창은 언젠가는 부동산,

일차산품, 귀금속과 같은 실물자산의 가격상승을 가져오고, 이는 곧 소비자물가의 상승으로 이어진다는 것이 경제학의 철칙이다.

앞에서 말한 연준의 〈디플레이션 예방하기〉라는 자료는 1990년대 일본의 예에서 나름대로 일반적인 교훈을 이끌어냈다. 즉 물가상승률과 금리가 영(0)에 접근할 정도로 하락하는 등 디플레이션이 크게 우려되는 상황에서는 통화금융정책과 재정정책을 통한 경기부양책은 통상적인 예상과 경험을 뛰어넘는 수준이어야 효과가 있다는 것이었다.

이 연준의 자료는 일본 정부가 금리를 보다 신속하게 인하해 경제주체들의 채무부담을 경감시켜주고 자산가격을 떠받쳤다면 일본 경제의 가장 큰 문제인 수요의 위축을 보다 일찍 해소시킬 수 있었을 것이라고 지적했다. 이는 곧 1990년대에 일본 경제가 금융적으로 취약했다고 해도 추가적인 금융완화 정책을 취했더라면 효과가 있었을 것이라는 이야기다. 이런 시각은 연준의 분위기를 그대로 반영한 것이었고, 15년간 계속된 그린스펀의 통화정책 방향과 같은 것이기도 했다.

경제의 어느 부문에 문제가 생기면 정책당국은 적극적으로 화폐량을 늘려 경제불안을 해소하려고 한다. 1987년 10월의 주식시장 폭락, 1990~1991년의 저축대부조합 위기, 1994년의 멕시코 위기, 1998년의 미국 헤지펀드 롱텀캐피털매니지먼트의 파산, 최근의 나스닥 폭락 때에도 그러한 정책이 펼쳐졌다. 또한 Y2K 문제, 즉 컴퓨터의 서기 2000년 연도인식 오류 문제가 불거진 1999년 후반의 경우와 같이 향후에 문제가 발생할 것으로 예상된 경우에도 그러한 정책이 펼쳐졌다.

그러나 통화팽창 정책은 영구적 번영을 위한 해답이 될 수 없는 게 분명하다. 그것은 위기를 불러온 문제의 증상을 완화시킬 따름이며 원인을 제거하지는 못한다. 더욱이 그런 정책은 자유시장 경제에 개입하는 것이어서 예기치 못한 결과를 가져올 수밖에 없다. 위기를 불러온 기존의 불균형이나 거품이 그대로 온존된 상태에서 통화공급을 확대하는 정책은 어딘가 다른 곳에 새로운 불균형이나 거품을 만들어내어 나중에 더 큰 위기를 불러온다. 이 점에 대해서는 6장에서 자세히 다루겠다.

마지막으로 연준과 관련해 가장 중요하다고 생각되는 문제점은 연준이 점점 더 '중앙계획자'로서 언제든 경제를 구제하려는 태도를 취하고 있다는 점이다. 그러나 연준의 그러한 구제행위는 도덕적 해이를 가져올 수 있다.

1990년대 후반에 투자자들은 연준이 주가의 하락을 결코 방치하지 않을 것이며 미국 주가가 계속 상승할 수 있도록 늘 뒷받침할 것이라고 확신했다. 그래서 사람들은 경제현실과 동떨어진 터무니없는 가격에도 주식을 샀다. 2000년 봄 나스닥 지수가 5000을 넘어선 고점에서도 나스닥 주식을 사들였던 개인투자자들이 아무런 근거도 없이 그렇게 한 것은 아니었다. 2001년에 연준은 실제로 금리를 공격적으로 내림으로써 주식시장을 부양하려고 했다.

그러나 돈이 엉뚱한 곳으로 흘러감에 따라 일이 꼬이기 시작했다. 앞에서 설명한 것처럼 중앙은행은 돈을 공급하는 꼭지를 쥐고 그 공급을 통제할 수는 있지만, 풀린 돈이 어디로 갈지는 통제할 수 없다. 연준이 공급한 돈은 주식시장으로 가지 않고 부동산시장으로 흘러가 그곳에 거품을 만들었다.

중앙은행이 통화공급을 얼마든지 늘릴 수 있다는 태도를 취하는 한 반드시 경제의 어딘가에 인플레이션 압력이 생겨난다. 인플레이션은 채권, 주식, 부동산, 골동품 등 특정한 자산에 집중될 수도 있지만 임금이나 소비자물가의 상승으로 번질 수도 있다. 따라서 디플레이션을 막기 위해 금리를 낮춘다고 해서 오로지 채권의 가격만 오르지는 않는다. 특히 이미 20년 동안 채권시장이 호황을 누려 채권의 수익률이 낮아질 만큼 낮아진 상태에서는 그렇게 될 가능성이 더욱 희박하다. 채권시장의 수익률이 주식시장보다 나은 상태가 더 오래 계속될수록 채권시장의 대세상승 국면은 종착역에 더욱 더 가까워진다고 말할 수 있다. 이런 관점에서 볼 때 채권시장은 미래의 대형 재료가 아니다.

다만 앞으로도 당분간은 미국 국채에 대한 투자의 실적이 괜찮은 수준을 유지할 수도 있음을 인정한다. 왜냐하면 경제가 일반적인 예상보다 좋지 않을 가능성이 있기 때문이다. 나는 미국의 가계부문은 결국 주택과 소비재에 대한 지출을 줄일 것으로 예상한다. 실제로 그렇게 되면 채권의 가격이 일시적으로는 더 오를 수 있다. 따라서 장기적으로는 채권시장의 전망을 좋게 볼 수 없다고 하더라도 가까운 장래에는 미국 국채의 가격이 보합세를 보이거나 다소 오를 수도 있다는 생각이 든다. 또한 나는 앞으로 어느 시점부터는 정크본드를 비롯한 낮은 등급의 채권들을 신중하게 선별해 구성한 채권 포트폴리오가 매우 높은 수익률을 가져다줄 수도 있을 것이라고 생각한다. 이는 그러한 채권들이 주식과 같은 성격, 다시 말해 경제가 마침내 좋아지면 그 가격이 오르는 성격을 점점 더 많이 보여주고 있기 때문이다.

**부동산 투자**

영국 최대의 주택금융조합인 네이션와이드(Nation Wide)의 조사에 따르면 최근 1년여 동안 미국에서는 8.8%, 영국에서는 22%나 주택의 가격이 올랐다. 전문가들은 영국의 부동산 거품은 곧 터질 것 같은 상태이지만 미국의 부동산시장은 이제야 막 투기조짐을 보이기 시작했다고 말한다. 이런 점에서 '주택거품'이 앞으로 몇 년간 더 이어질 것이라는 전망도 나오고 있다. 그러나 나는 개인적으로 그 거품이 오래 유지되지는 못할 것이라고 생각한다.

앞에서 설명했듯이 2000년 이후에 커다란 접시에서 넘쳐흐른 돈은 대거 부동산시장으로 모여들었다. 그 결과로 2002년에 실리콘밸리나 샌프란시스코만 지역 등 특정 지역의 주거용 부동산 가격이 지속적으로 상승했다. 그러나 이런 집값 상승은 연준에서 단기금리를 억지로 낮추고 패니메이(Fannie Mae)와 같이 정부의 지원을 받는 기관들이 주택에 대한 간접보조금을 지급했기 때문에 일어난 것이어서 앞으로도 계속될 것인지는 의심스럽다.

패니메이는 그동안 주택매매와 주택담보대출 갈아타기(리파이낸싱)를 지속적으로 지원해왔다. 하지만 만약 금리가 상승세로 돌아서면 부동산 가격이 급락할 위험이 있다는 점을 간과하면 안 된다. 금리가 오르면 2002년 가을에 최고치를 경신할 정도로 늘어난 주택담보대출 갈아타기가 갑자기 중단되고, 결국 주택시장에 심각한 조정이 올 수 있다. 채권수익률을 뒤집어 표시한 〈그림 2-8〉이 분명하게 보여주듯이 채권수익률과 주택담보대출 갈아타기 사이에는 매우 밀접한 상관관계가 있다.

불경기가 계속되고 주식시장이 약세를 벗어나지 못하면 지금의 낮은 금리가 그대로 유지되거나 더 떨어지고, 그렇게 되면 부동산시장이 상승하기 위한 최선의 환경이 만들어지는 것 아니냐고 생각할 수도 있다. 만약 그렇다면 주식시장에서 부동산으로 돈이 계속 이동할 것이라는 시나리오를 그릴 수 있다. 이런 시나리오는 적어도 당분간은 충분히 가능성이 있는

〈그림 2-8〉

**밀접한 상관관계**
주택담보대출 리파이낸싱 지수와 채권 수익률

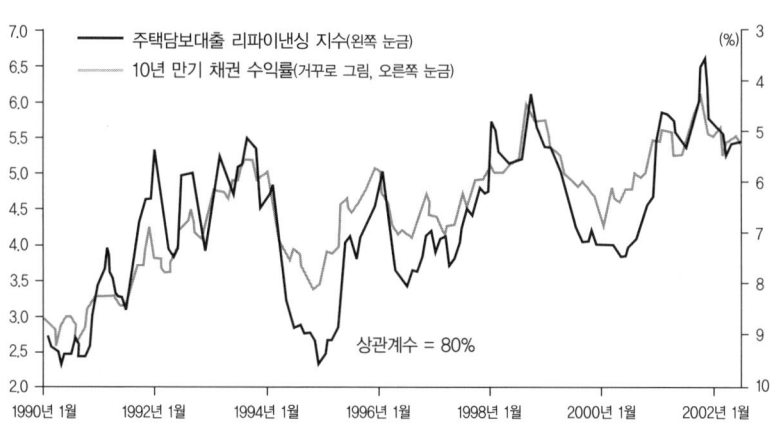

이야기다.

그러나 경제가 허약해지면 개인소득이 줄어들고 실업이 늘어나게 된다. 또한 불경기로 인해 달러화 가치가 하락하면 경기가 아무리 더 나빠지더라도 더 이상 금리를 낮추지 못하고 오히려 금리를 올려야 하는 상황이 빚어질 수도 있다.

주식시장이 약세인데도 부동산 가격이 끈질기게 오르는 현상은 극히 비정상적이며 이례적인 것이다. 부동산시장은 독불장군이 아니다. 경험적으로 길게 볼 때 주식시장과 부동산시장은 운명을 같이한다.

만약 최근 미국의 부동산 가격 상승이 주택담보대출의 증가와 관계가 없다면, 미국 부동산 시장을 주요 투자테마로 보는 견해에 대해 나는 보다 더 수용적일 수 있다. 1980년대와 1990년대 초에 미국의 주택담보대출 규모는 연평균 1500억 달러 정도씩 증가했다. 그런데 2000년에 연간 증가규모가 4000억 달러 수준에 이르더니 최근에는 6000억 달러로 더 늘어났다. 연간 6000억 달러라면 미국 국내총생산(GDP) 10조 달러의 6%나 되는 수치로 결코 적은 금액이 아니다.

게다가 신규 주택의 공급은 줄어들고 있는데 기존 주택의 매매 규모가 역사상 최고치를 경신했다는 점에도 주의해야 한다. 이런 현상은 부동산 시장에 투기가 일어나고 있음을 보여주는 가장 확실한 징후이며, 시장이 과열되었음을 알려주는 명백한 적신호다.

나는 미국의 부동산이 미국의 주식이나 유럽의 부동산에 비해 그 가격이 지나치게 오른 상태는 아니라고 생각한다. 그러나 위와 같은 이유들 때문에 나는 미국의 부동산 시장 중 일부는 과열상태인 게 분명하다고 생각하며, 미국 부동산시장이 장기적으로 주요 투자테마가 될 수 있을지에 대

〈그림 2-9〉

**주택시장의 과열**
주택담보대출 규모의 변화

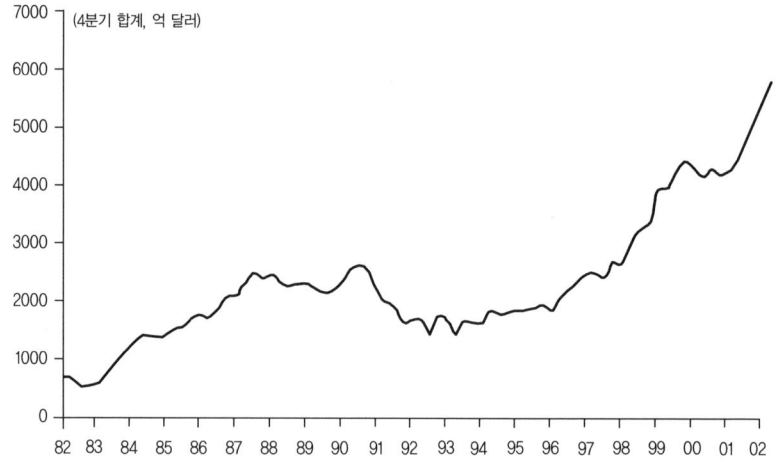

해 의문을 갖고 있다. 엄청난 신용팽창 때문에 가격이 오르는 시장이라면 그것이 어떤 시장이든 매우 조심스러운 태도로 바라보아야 한다. 최근 1년 6개월 사이에 통신부문을 덮친 재앙을 돌이켜 생각해보면 왜 그래야 하는지를 누구나 알 것이다.

미국이 아닌 다른 나라들의 부동산시장은 이야기가 좀 다르다. 아시아 신흥경제국가들은 수요급락, 담보회수, 통화가치 하락의 결과로 위기를 겪는 과정에서 부동산 가격이 폭락했다. 그러나 1998~1999년에 아시아 부동산시장은 안정세를 보였고, 그 뒤에는 부동산 가격이 다시 오르기 시작했다. 그렇지만 말레이시아 콸라룸푸르, 인도네시아 자카르타, 필리핀 마닐라, 태국 방콕의 고급 아파트 가격은 아직은 평방미터당 1000~1500달러 수준이다. 이런 점을 감안하면 아시아 부동산시장은 비교적 높은 임대료 수익을 내줄 수 있을 뿐 아니라 가격이 앞으로 더 오를 가능성도 있다. 남미 아르헨티나의 부에노스아이레스에서도 이 나라의 통화인 페소화의 가치가 급락한 이후 부동산 가격이 아주 낮은 수준으로 다시 떨어졌다.

공산주의와 사회주의가 무너진 뒤로 세계는 경제지리에서 거대한 변화를 겪고 있다. 중국의 상하이와 베이징, 러시아의 모스크바, 베트남의 호치민, 인도의 방갈로르와 같은 도시들은 매우 빠르게 발전하고 있다. 이들 도시가 세계경제에서 차지하는 비중도 점차 확대되고 있다. 따라서 이들 도시의 부동산시장은 장기적으로 매우 유망하다. 그러나 무역과 금융에서 중국의 관문 기능을 상실하고 있는 홍콩의 부동산시장은 비관적이다.

나는 미국의 부동산시장은 앞으로 대형 재료가 될 수 없다고 생각한다. 반면에 아시아, 동유럽, 러시아, 중남미의 부동산시장은 앞으로 5년 내지 10년 동안 높은 수익률을 내줄 것으로 기대된다.

**신흥경제국가**

신흥경제국가들에 대한 자세한 이야기는 9장에서 하겠지만, 여기서 적어도 장기적인 관점에서 신흥경제국가들에 대한 투자의 비중을 늘려야 하는 이유를 간단히 짚고 넘어가고자 한다. 지난 2년여 동안 국제 투자자들은 직접투자나 포트폴리오 투자의 형태로 기록적인 수준으로 미국 내 자산에 대한 투자를 늘려왔다. 그러나 이런 추세는 최근 들어 확실히 가라앉은 듯하다. 대신 일부는 유럽과 일본으로 방향을 바꾸고 있는 것이 분명하다. 하지만 신흥경제국가들의 주가가 훨씬 더 낮은 수준이므로 신흥경제국가들로 국제자본의 일부가 흘러들어갈 것이라고 나는 확신한다.

〈그림 2-10〉은 최근 신흥경제국가들의 주가수익배율(PER; Price Earnings Ratio)이 미국에 견줘 역사상 최저 수준임을 보여준다. 그리고 미

〈그림 2-10〉

**바닥으로 떨어진 신흥시장 주가**
미국의 주가수익배율(P/E)을 1로 볼 때 신흥시장의 주가수익배율 수준

국 기업들의 수익전망은 매우 불투명한 데 비해 신흥경제국가 기업들의 수익은 개선되고 있다. 신흥경제국가 기업들은 내수판매가 늘어나면서 수출 일변도에서 벗어나는 모습을 보이는 등 수익구조도 개선되고 있다.

단 신흥경제국가들의 내수증가는 사람들이 그동안 저축해 놓은 것에서 소비지출을 늘리고 소비자신용을 더 많이 이용한 데 따른 것이라는 점에서 약간의 우려가 없지 않다. 특히 크게 늘어난 소비자신용은 아직 대부분의 신흥경제국가들에서 단기적으로 경제전망을 흐리게 할 정도로 위험한 수준까지는 이르지 않았지만, 나는 몇몇 신흥경제국가들에서 2~3년 뒤에는 소비자신용 증가로 인해 일련의 문제들이 생길 수 있다고 본다.

몇몇 투자전략가들은 신흥경제국가들에 대한 외국인 직접투자(FDI)가 줄어들고 있다고 우려한다. 최근의 한 조사에 따르면 중국을 제외한 주요 신흥경제국가들에 대한 외국인 직접투자 규모가 1999년에는 연간 950억 달러였으나 최근에는 590억 달러 수준으로 감소했다고 한다. 특히 중남미 지역에 대한 투자가 급감하고 있다. 이 지역에 대한 투자의 규모는 1999년에 국내총생산 대비 4.2%였던 것이 최근에는 1.9% 수준으로 감소했다. 아시아의 경우는 전체적으로 보아 최근에 외국인 직접투자가 다시 증가하면서 1997년의 수준에 근접하고 있다.

그러나 외국인 직접투자가 외국인 투자의 전부는 아니다. 내가 보기에 더 중요한 것은 외국인 간접투자, 즉 포트폴리오 투자다. 아시아와 동유럽의 경우 포트폴리오 투자 유입액의 상승추세가 확연하다. 외국인 직접투자가 아시아 각국 산업에 중복 투입된 것이 경제의 거의 모든 부문에 과잉 설비의 문제를 낳고 이에 따라 결국은 수익을 붕괴시키면서 아시아 경제 위기의 원인 중 하나가 됐던 점을 감안하면, 외국인 직접투자가 줄어드는 것이 반드시 문제가 되는 것은 아니다.

지금 아시아를 위시해 신흥경제국가들에게 정말로 필요한 환경은 일차산품과 일차산품 관련 제품의 가격형성 환경이 개선되는 것이다. 만약 그렇게 된다면 대형 투자재료가 된다. 국제 원자재 가격이 상승할 경우 러시아, 인도네시아, 말레이시아, 태국, 필리핀은 직접 혜택을 보게 된다. 근래 급속히 시장경제로 변신하고 있는 베트남이나 아직은 관심의 대상에서 벗어나 있는 스리랑카, 방글라데시에도 기회가 생길 것이다. 남미의 아르헨티나와 브라질뿐 아니라 아프리카나 중동과 같은 그 밖의 제삼세계 국가들에서도 어느 시점에는 커다란 기회가 열릴 것이라고 나는 믿는다.

신흥경제국가들과 관련해 추가로 세 가지를 강조하고 싶다. 첫째, 세계 전체의 거시경제 추세는 매우 중요하다. 세계적인 불황이 오면 모든 나라가 타격을 입는다. 이런 점에서 일부 투자자들이 여전히 신흥시장에 투자하기를 주저하는 것이 이해된다.

그러나 오늘날 신흥경제국가들은 거의 모든 분야에서 최저비용으로 제품을 생산하고 있다는 사실을 이해하는 것이 중요하다. 중동의 석유와 천연가스, 러시아와 남아프리카공화국의 광물, 인도의 소프트웨어, 중국의 전자제품, 방글라데시의 섬유제품, 베트남의 신발과 커피, 브라질의 철강, 인도네시아의 펄프와 종이, 그리고 태국의 헬스케어, 오락, 성형수술, 골프 등은 세계 최고의 가격경쟁력을 갖추고 있다. 저가의 제품이나 서비스는 경제가 어려울 때 가장 오래 버틸 수 있으므로 세계경제가 어려워질수록 저가의 제품이나 서비스의 경쟁력은 더욱 강해질 것이다. 이는 물론 미국의 새로운 보호무역주의가 세계무역을 붕괴시키지 않는다는 전제 위에서 하는 말이다.

두 번째로 강조하고 싶은 것은 지난 10여 년간의 변화다. 신흥경제국가를 10년 만에 다시 방문한 사람이라면 그 변화에 감탄하지 않을 수 없을 것이다. 사회간접자본 시설이 잘 정비돼 있고 어디서든 전화도 잘 된다. 현대적인 비즈니스 환경이 잘 갖추어졌고, 기업경영이 개선됐으며, 생활 수준도 크게 높아졌다. 그런데 이 모든 변화가 신흥경제국가들의 주식시장이 좋지 않았던 지난 수년 동안에 이뤄졌다는 것은 흥미로운 사실이다.

그러나 사실 이것은 놀라운 일이 아니다. 미국의 역사를 돌이켜봐도 대공황으로 고통을 받던 1930년대와 1940년대에 엄청난 기술발전이 이루어졌다. 1930년대 말 미국인들의 생활수준은 1920년대에 비해 눈에 띄게 나아졌다. 그럼에도 1929년 미국의 주가 수준은 1954년에 가서야 회복됐다.

신흥경제국가들의 경제발전도 반드시 주식시장의 실적만 보고 판단해서는 안 된다. 사실 신흥경제국가들의 공식통계는 경제규모를 상당히 과소평가하고 있을 것이다. 많은 경제활동이 물물교환이나 현금거래로 이루어지기 때문에 통계에 잡히지 않는 경우가 많기 때문이다.

마지막으로 강조하고 싶은 것은 중국 변수다. 지금까지 아시아 신흥경제국가들은 수출과 외국인 직접투자에서 미국 의존도가 매우 높았다. 그러나 앞으로 아시아 국가들은 점점 더 중국 경제에 통합되거나 의존하게 될 것이다. 중국은 아시아산 원자재의 최대 수요국가가 될 것이고, 아시아에서 최대 해외관광객 송출국가가 될 것이다. 중국은 합작 또는 기업인수 형태의 해외투자에도 적극적이다.

중국을 중심으로 한 아시아 경제의 통합은 이 지역 국가들에게 나쁘지 않다고 나는 생각한다. 왜냐하면 중국을 중심으로 통합된 속에서도 아시아 국가들은 각자가 지닌 비교우위에 따른 혜택을 점점 더 많이 볼 것이기 때문이다.

요컨대 일차산품과 함께 신흥시장도 향후 5~10년간 미국을 비롯한 선진국들의 주식시장에 비해 훨씬 높은 수익률을 내줄 것이 확실한 최고의 대형 재료다. 다만 신흥시장은 아직은 변덕스러운 시장임을 명심하자. 2002년 전반의 태국과 인도네시아와 같이 시장이 단기적으로 급등하는 경우에는 미련 없이 이익을 실현하고 빠져나오는 것도 나쁘지 않다.

**일차산품 시장**

최근에 국제 원자재 가격이 전반적으로 크게 오르기 시작했다. 2002년 말 현재 원면 가격은 과거 30년 동안의 최저치에 비해 27% 상승했고, 야자유 가격은 2002년 초 이후 37%, 곡물 가격은 2001년 말의 최저치보다 40% 올랐다. 특히 시카고 상품거래소에서 거래되는 쌀 선물가격은 과거 최저치보다 50%나 높은 가격에 거래되고 있다. 전년에 비해 산업용 금속 가격은 9%, 귀금속 가격은 13% 올랐다. 이런 현상은 원자재 가격의 본격적인 상승을 알리는 신호일까? 나는 그렇다고 생각한다.

자산들 사이의 가격불균형에서 대형 투자재료가 나온다고 앞에서 이미 설명했다. 일차산품은 최근에 가장 전형적으로 저평가된 부문이다. 자본주의의 역사상 소비재의 물가나 금융자산의 수익률에 비해 상대적으로 원자재의 가격이 지금보다 낮은 적이 없었다. 지난 20~30년간 지속된 일차산품의 가격 하락을 고려하면 커다란 접시에서 흘러넘친 물이 이제 일차산품 시장으로 갈 것으로 생각된다. 일부 큰손 투자자들이 커다란 접시의 불안정성을 점점 더 심각하게 걱정하고 있는 것으로 보아 이런 흐름은 이미 시작된 것으로 보인다.

지금 국제 일차산품 시장에서는 공급이 수요를 초과하고 있어 그 가격이 낮은 것이며 앞으로도 일차산품 가격이 지속적으로 오를 가능성은 거의 없다고 생각하는 독자도 있을 수 있다. 그러나 역사상 일차산품 시장에서 터진 대박의 대부분은 과잉공급으로 가격이 바닥일 때 시작됐다. 문제는 지금의 공급과잉 상태가 언제 공급부족 상태로 바뀔 것인지, 그리고 달러의 급락이 일차산품 가격을 끌어올릴 것인지에 있다.

앞에서 바닥세였던 1982년의 미국 주식시장에서 나타난 투자자들의 심리를 이야기했다. 그리고 지금의 금융환경은 그때와는 정반대라고 했다. 당시의 인플레이션 공포가 지금은 디플레이션 공포로 바뀌었고, 투자자들 대부분이 당시에는 실물자산을 선호했지만 지금은 금융자산을 선호하고 있다.

나는 지금의 상황이 1969~1970년 무렵과 매우 비슷하다고 생각한다. 일차산품 가격이 폭등하기 직전이었던 그때 일차산품 가격은 주식에 비해 형편없이 낮은 수준으로 억눌려 있었다. 당시 전문가들은 원유시장이 공급과잉이므로 원유 가격이 배럴당 1.7달러에서 더 떨어져 1달러 선 아래로 추락한다고 전망했다. 10여 년 뒤인 1980년에 원유 가격이 50달러에 이를 것이라고는 당시엔 누구도 상상조차 하지 못했다. 마찬가지로 금과 은의 가격이 10년 만에 20배 이상으로 오르고 달러 가치가 급락할 것이라고는 누구도 생각하지 못했다.

당시의 투자자들은 성장주 신화에 매달려 있었고, 성장주는 50배 이상의 주가수익배율로 거래되는 경우도 많았다. 그러나 일차산품의 상대적으로 낮은 가격에 주목하는 투자자는 거의 없었다.

그런데 1970년대에 무슨 일이 일어났는가는 〈표 2-1〉을 보면 잘 알 수 있다. 실물자산의 수익률이 금융자산의 수익률을 크게 앞질렀다. 석유수출국기구(OPEC)가 1973년 가을과 1974년 1월 1일 두 차례에 걸쳐 원유 가격을 11.65달러로 올릴 때에도 사람들은 이를 대수롭지 않게 여겼다. 유

〈표 2-1〉
**1970년대의 실물자산 붐**
각종 자산의 연평균 수익률 비교

| | 수익률(%) | 순위 |
|---|---|---|
| 석유 | 34.7 | 1 |
| 금 | 31.6 | 2 |
| 미국 동전용 금속 | 27.7 | 3 |
| 은 | 23.7 | 4 |
| 물자교환 증서 | 21.8 | 5 |
| 중국 도자기 | 21.6 | 6 |
| 다이아몬드 | 15.3 | 7 |
| 미국 농지 | 14.0 | 8 |
| 중세 미술품 | 13.1 | 9 |
| 주택 | 10.2 | 10 |
| 소비자물가지수 | 7.7 | 11 |
| 미국 재무부 단기채권 | 7.7 | 12 |
| 외환 | 7.3 | 13 |
| 채권 | 6.6 | 14 |
| 주식 | 6.1 | 15 |

명한 경제학자 밀턴 프리드먼은 당시에 원유 가격이 조만간 2달러 밑으로 떨어질 것이라고 전망하기까지 했다.

지금 1970년대와 같은 상황이 반복될 것이라고 예언하는 것은 아니다. 그러나 1970년대 초반의 투자자들이 대박의 기회를 놓쳐버렸듯이 오늘날의 투자자들도 마찬가지 실수를 반복할지 모른다는 점을 지적해둘 뿐이다.

〈그림 2-11〉에서 볼 수 있듯이 지금 일차산품의 시장가격은 실질가격 기준으로 1970년대 초보다 더 낮은 수준이다. 일부 일차산품은 명목가격조차 당시보다 낮다.

1990년대에 세계 각국은 서로 다른 시기에 불황을 겪었다. 1990년대 초반에는 유럽이 어려웠고, 일본은 1990년대 내내 불황을 겪었다. 아시아 금

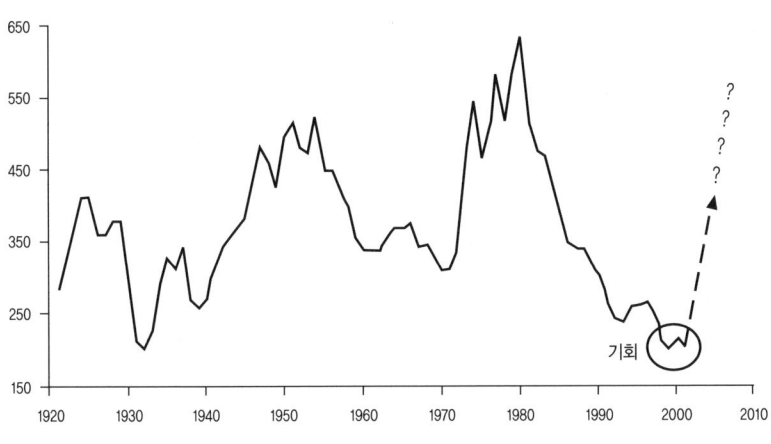

〈그림 2-11〉

**억눌린 일차산품 가격**
17개 일차산품에 대한 CRB 가격지수

융위기는 1990년대 후반에 발생했다. 각각의 불황기에 해당 경제의 원자재 수요가 줄어들었다. 때문에 국제 원자재 수요가 한꺼번에 증가하지는 않았다.

만약 낙관주의자들이 주장하듯 세계적인 호황이 동시에 한꺼번에 오면 어떻게 될까? 일차산품 가격이 크게 오를 가능성이 매우 높다. 가격이 많이 떨어져 있는 산업용 원자재, 그 가운데서도 특히 재고수준이 낮은 구리, 납, 알루미늄, 주석, 아연, 니켈과 같은 품목들이 그럴 가능성이 높다.

미국 달러화는 〈그림 2-12〉에서 볼 수 있듯이 1980년대 중반과 같은 수준 또는 그 이상으로 과대평가돼 있고, 앞으로 여러 해 동안 계속될 달러화의 가치하락이 이미 시작된 것으로 보인다. 그러나 12장에서 다시 살펴보겠지만, 달러화의 이번 가치하락은 주요 유럽 통화들에 비해 70%나

〈그림 2-12〉

**달러화의 고평가 행진**
미국 달러화의 실질실효 환율

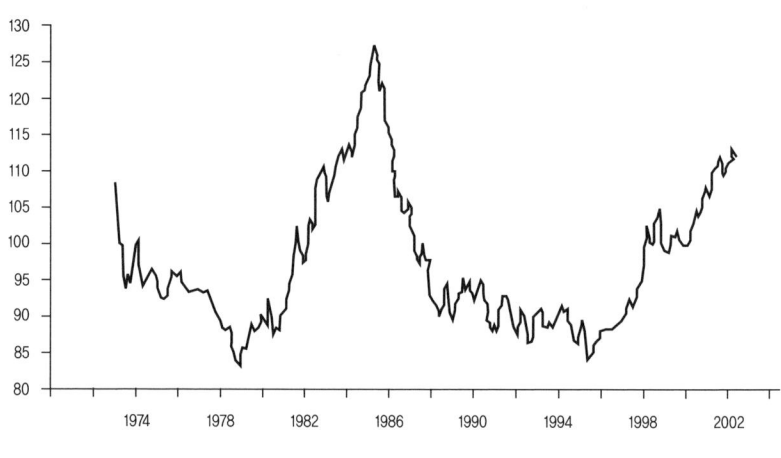

하락한 1970년대와 같은 정도는 아닐 것이다. 왜냐하면 유럽, 일본, 신흥 경제국가 모두 자국 통화가 10~15% 추가로 절상될 정도로 달러 가치가 급속하게 조정되는 것을 원하지 않기 때문이다.

그러므로 가장 실현가능성이 높은 시나리오는 세계의 모든 통화가 금과 은을 비롯한 일차산품의 가격에 대해 평가절하되는 것이다.

개인투자자의 입장에서는 다가오는 일차산품 상승장에 어떻게 올라탈 것인가가 문제가 된다. 금과 은의 가격은 장기적 상승국면의 초기단계에 있다. 하지만 금과 은의 가격상승은 2000년의 나스닥 지수처럼 몇 년 만에 끝날 가능성도 있다. 이보다는 커피, 설탕, 고무, 밀, 옥수수, 면화와 같이 금보다 더 저평가돼있는 일차산품이 더 나은 투자기회를 제공하고 있다.

그러나 이 책을 읽는 독자들이 모두 커피나 설탕을 몇 톤씩 사다가 집에 보관해둘 수는 없다. 그러니 일차산품 선물을 매입한 뒤 정기적으로 만기를 늦춰가는 '롤 오버(roll over)'의 투자방법을 권하고 싶다. 일차산품 시장 호황에 올라타는 또 다른 방법은 광산업종 주식이나 그 밖의 자원 관련 주식들을 사두는 것이다. 펄프, 플랜테이션, 철광석, 산업용 금속, 칼륨, 비료, 석유 등과 관련된 주식이 바로 그것이다. 그런가 하면 농지를 사둘 수도 있고, 자원이 매장된 지역의 토지를 사두는 것도 괜찮다.

일차산품의 시장가격과 신흥경제국가들의 주식시장은 밀접한 상관관계를 갖고 있다. 일차산품 가격이 상승하면 거의 항상 신흥경제국가들의 경기 역시 활황을 보였고, 반대로 일차산품 가격이 하락하면 신흥경제국가들은 경제위기나 불황을 겪었다. 이제 일차산품의 시장가격이 장기적인 상승국면에 접어들었다고 본다면 신흥경제국가, 특히 자원을 풍부하게 보유하고 있는 신흥경제국가에 대한 투자의 비중을 높여야 할 때다.

\* \* \*

이 장의 목적은, 대형 투자재료는 언제나 존재하지만 투자자들이 바뀐 투자게임의 법칙에 적응하지 못해 새로운 대박의 기회를 늘 놓쳐왔다는 점을 보여주는 데 있었다. 새로운 환경에서는 결코 예전의 잣대로 새로운 기회를 재서는 안 된다. 오래된 테마에 집착해서는 새로운 기회를 잡을 수가 없다.

물론 투자자들이 겪는 심리적 마비현상을 이해하지 못하는 것은 아니다. 그러나 앞에서 보았듯이 하나의 대형 재료가 마무리될 때면 다른 어느 곳에서는 반드시 저평가된 상태의 새로운 투자대상이 만들어진다. 대형 재료의 마지막 열풍 단계에서는 어느 한 가지 대형 재료에만 모든 돈이 모이곤 한다. 그 재료와 관련된 투자대상 외의 다른 모든 투자대상은 관심 밖으로 밀려난다. 그러므로 광적인 투자의 단계에서는 억눌린 부문은 계속 가라앉을 것이라는 말을 흔히 듣게 된다.

지금의 투자환경은 1981~1982년과 정반대 상황이라고 나는 생각한다. 당시에 주식시장과 채권시장은 그 뒤로 20년 정도 지속될 상승장의 출발점에 서있었다. 반면 당시에 일차산품 시장은 역사상 가장 참담한 하락을 시작했다. 그 결과 지금 일차산품의 시장가격은 실질가격 기준으로 자본주의 역사상 가장 낮은 수준으로 떨어져 있다.

앞으로 어떻게 될지는 명확하다. 물론 일차산품 시장의 대세상승이 순탄하게만 진행되지는 않을 것이다. 특히 세계의 경기가 2003~2004년까지는 약세에 머물 것으로 예상되기 때문이다. 그리고 1984년 채권시장 급락의 교훈을 잊어서는 안 된다. 당시 채권시장은 이미 1981년 가을에 시작된 강력한 대세상승 국면 속에 있었지만 그 초기에는 심각한 진통을 겪어야 했다.

지금 세계에는 1981~1982년과 같이 수많은 조류들이 교차하고 있다. 지금과 같이 혼란스럽고 변화무쌍한 국면에서는 투자의 세계에 무슨 일이 생길지 모르며, 어떤 일이라도 생길 수 있다. 지금 내가 금과 은, 그리고 일차산품 시장에 장기적 투자를 하라고 권하고 있지만 앞으로 시장이 얼마나 큰 조정을 거치게 될지는 말할 수 없다. 또한 금과 은은 그럴 리가 없겠지만, 그 밖의 일부 일차산품의 경우에는 가격이 곤두박질할 가능성이 없다고 말할 수도 없다.

일차산품 시장과 마찬가지로 신흥시장도 미국에 비해 저평가된 상태로 억눌려 있다. 나는 앞으로 몇 년간에 걸쳐 신흥시장이 상당한 실적을 내줄 것으로 기대한다. 아울러 미국과 영국의 부동산시장 붐이 지속될 가능성에 대해서는 회의적이지만, 신흥경제국가들 가운데 일부의 부동산시장에 대해서는 낙관적인 전망을 한다.

우리는 1990년대 후반에 선진국 금융시장에서 겪은 강력한 상승장이 낳은 결과에 익숙해져 있다. 나는 독자들에게 장기적인 투자수익에 대해 보다 현실적인 수준의 기대를 가질 것을 권한다. 3장과 4장에서는 이런 관점에서 투자자들에게 내 나름의 경고를 하고자 한다.

# 3장 | 고수익 기대에 대한 경고

> 부자가 되는 길은 열심히 일하는 것이 아니다. 돈을 절약해 저축하는 것은 더욱 아니다.
> 적절한 시기에 적절한 장소를 선택하고 그 자리에 계속 있는 것이 바로 부자가 되는 길이다.
> – 랠프 월도 에머슨(Ralph Waldo Emerson, 1803~1882)

아주 장기적으로 본다면 그 어떠한 투자나 사업도 성공하기 어렵다. 서기 1000년에 어떤 조상이 후손인 우리를 위해 1달러를 저축했다고 가정해보자. 오늘날 온라인 주식투자자나 뮤추얼펀드 투자자들은 연간 15% 이상의 수익을 바랄 정도로 대담해졌지만, 우리의 조상은 연간 5% 정도의 수익률만 내는 안전한 곳에 투자했다고 치자.

애석하게도 우리 중 누구도 이런 현명한 조상을 두지 못했다. 서기 1000년의 1달러는 지금 15해 4600경(1546조의 100만 배) 달러가 됐을 것이다. 만약 지금 이런 규모의 돈을 6%의 이자로만 굴려도 매년 세계 전체 총생산의 300만 배에 달하는 9300경 달러의 이자를 받을 수 있을 것이다.

사실 세계 전체의 총생산은 본질적으로 세계 전체의 자산에서 만들어지는 것이므로 위 이야기는 비현실적이다. 연 5%의 수익률이 아주 오랜 세월 동안 계속 유지된다는 것도 전혀 현실적이지 않다.

만약 누가 9300경 달러의 이자를 소득으로 얻는다면, 모든 소득의 합계인 세계 총생산은 지금과 같이 수십 조 달러가 아니라 9300경 달러보다 훨씬 더 큰 금액이 될 것이다. 또한 서기 1000년의 세계 전체 자산의 총합계도 1달러보다는 훨씬 컸을 것이다. 일부 역사가들의 추정에 따르면 서기 1000년의 세계 총생산을 오늘날의 달러화 가치로 환산하면 250억 달러였다고 한다.

어쨌든 역사에서 거듭 증명됐듯이 부와 저축, 그리고 투자는 지진, 홍수, 가뭄, 전염병, 화재, 화산폭발, 태풍 등 각종 자연재해와 전쟁, 혁명, 몰수, 초인플레이션, 공황, 사기, 노후화 등에 의해 파괴되곤 했다.

### 대항해 시대의 교훈

지난 1000년 동안 대박투자의 기회가 없었다는 말을 하려는 게 아니다. 오히려 기회는 언제나 사람들을 기다렸다. 15세기 말의 대항해 시대에 이뤄진 신대륙 발견은 세계의 경제영역을 획기적으로 확장시켰다. 마찬가지로 19세기 초의 산업혁명은 일찌감치 자산구매에 나선 사람들에게는 무수한 대박투자의 기회를 가져다주었다.

그러나 그 어떤 대박투자의 기회도 영원할 수 없다는 격언에는 예외가 없다. 자본주의 이전 시대에 이루어진 투자의 대표적인 형태는 전쟁과 정복행위였다. 이는 오늘날 기업이 신규 설비투자를 하거나 경쟁기업을 인수합병해 생산력과 수익력을 높이는 것과 마찬가지였다.

스페인의 정복자 에르난 코르테스가 멕시코를 정복한 것과, 역시 스페인 사람인 프란시스코 피사로가 페루를 정복한 것은 거대한 투자였다. 특히 소수의 병사로 정복전쟁에 성공했고, 정복한 땅에서 막대한 양의 금과 은을 획득했다는 점에서 보면 당시 스페인은 아주 효율적인 투자를 했다고 볼 수도 있다.

1532년에 피사로는 168명의 병사를 이끌고 8만 명의 병사가 호위하는 잉카제국의 왕 아타우알파를 사로잡았다. 왕의 몸값으로 피사로는 큰 방을 가득 채운 금을 얻었다. 그러나 왕은 결국 석방되지 못하고 살해됐고, 스페인은 잉카제국을 점령했다. 그로부터 10년이 못 되어 스페인은 지금은 볼리비아 땅인 포토시 지역의 은광을 개발했다. 포토시의 은광은 16세기 당시 세계 전체 은 생산량의 대부분을 차지했다. 역사상 그 어떤 투자도 피사로와 그의 병사 168명이 달성한 정도로 높은 노동생산성의 과실을 누린 적이 없을 것이다.

1535~1560년에 스페인에는 엄청난 양의 금과 은이 수입돼 놀라운 경제붐이 일어났다. 항구도시 카디스의 거리는 금으로 포장됐다는 말이 나돌 정도였다. 그러나 스페인의 신대륙 대박은 그리 오래 지속되지 못했다. 금과 은의 유입량이 줄어들기 시작했고, 16세기 말에 스페인 왕실은 여러 차례 파산상태로 내몰렸다. 17세기에 스페인은 극심한 불황을 겪었고, 전염병이 돌아 인구의 25%가 희생됨으로써 경기가 더욱 위축됐다.

그렇지만 신대륙의 발견은 세계의 경제지형을 크게 바꾸어 놓았다. 14~15세기에 세계 상업의 중심지로 번영하던 베네치아, 아말피, 제노바, 피렌체 등 이탈리아 도시들은 졸지에 변방으로 밀려나고 말았다. 세계의 중심은 리스본과 카디스로 옮겨졌다가 다시 암스테르담과 안트베르펜으로 이동했고, 그 후 18세기에는 런던으로 이동했다.

내가 이런 이야기를 하는 것은 오늘날의 상황이 대항해 시대의 초기와 비교되기 때문이다. 공산주의와 사회주의 이데올로기가 와해되고 인도의 고립주의 정책이 종식됨에 따라 30억 인구가 추가로 자유시장 자본주의 체제로 편입되면서 세계의 경제적 영역이 크게 확대되고 있다. 중국, 옛 소련, 베트남, 인도와 같은 나라들이 자본주의 체제에 편입되고 있는 것은 대단히 중요한 사건으로, 세계의 경제지형을 또 다시 크게 변화시키고 있다.

**네덜란드 동인도회사의 부침**

세계 역사상 또 하나의 대박투자는 1602년에 네덜란드가 동인도회사를 설립한 일이었다. 이 회사는 네덜란드 정부를 대신해 아시아에서 스페인과 포르투갈에 대항하고 동방무역에서 독점적 지위를 확보하는 일을 맡았다. 네덜란드의 동인도회사는 그보다 2년 전인 1600년에 설립된 영국의 동인도회사에 비해 자본금 규모가 10배에 달했다. 네덜란드 동인도회사의 설립 자본금은 640만 플로린이었다. 이는 금 64톤에 해당하는 것으로, 현재의 달러화 가치로 환산하면 약 6억 4000만 달러로 추정된다.

　네덜란드의 동인도회사는 출범 뒤 승승장구했다. 이 회사는 1620~1720년의 100년 동안 연평균 20%에 가까운 배당을 지급했다. 그러나 이 회사는 17세기 말부터 쇠퇴하기 시작해 18세기 말에 청산됐다.

　네덜란드의 서인도회사는 동인도회사만큼 성공적이지 못했다. 네덜란드 서인도회사는 1624년에 아메리카 원주민들에게 자질구레한 장신구와 옷가지 등 24달러어치의 물건을 주고 맨해튼 섬을 사서 그곳에 네덜란드의 통치를 받는 뉴암스테르담을 건설했다. 그러나 뉴암스테르담은 인구가 1000명도 안 되는 작은 마을에 불과했다. 1667년에 이 섬을 획득한 영국은 그 이름을 뉴암스테르담에서 뉴욕으로 바꾸는 동시에 네덜란드, 프랑스, 덴마크와 맺은 '브레다 조약'을 통해 이 섬을 자국의 영구 식민지로 만들었다. 그 대가로 영국은 런(Run) 섬을 내놓았다. 런 섬은 너트메그(육두구)라는 향신료의 주산지여서 당시에는 매우 값비싼 자산이었다.

식민지 뉴욕 건설은 영국으로서는 그다지 성공적인 투자가 아니었다. 미국 독립전쟁에서 영국이 지고 1783년에 영국군이 철수할 때 뉴욕의 인구는 2만 5000명에 지나지 않았다. 그 후 200여 년에 걸쳐 뉴욕이 이룬 상업적인 성공은 영국의 것이 아니었다.

마찬가지로 다른 서유럽 국가들 대부분의 식민지 경영도 별로 돈벌이가 되지 못했다. 식민모국의 입장에서 보면 대부분의 식민지 경영은 거기 들어간 투자비용이 수익을 능가했다. 다만 프랑스의 아이티 식민지나 포르투갈의 앙골라 식민지 등 극소수 식민지들만이 식민모국에 만족스러운 수익을 가져다주었고, 페루의 경우에는 수익을 가져다주기는 했지만 그 기간이 짧았다.

### 투자열풍의 실상

자본주의 초기부터 나타난 많은 투자열풍들은 적어도 단기적으로는 대박 투자였다. '미시시피 회사(Mississippi Company)'의 주가는 1719~1720년에 40배로 올랐다. '사우스시 회사(South Sea Company)'의 주가는 1720년 한 해에 8배나 올랐다. 그러나 이들의 성공신화는 오래 지속되지 못했다. 사우스시 회사의 거품이 절정에 달한 1720년에 영국에서 설립된 190개 회사 중 살아남은 것은 단지 4개뿐이었다.

19세기 산업혁명기에는 발명과 혁신, 영토개척과 자원개발, 대규모 농장, 새로운 산업 등에 투자를 하면 큰 이익이 보장될 것처럼 보였다. 이에 따라 도로, 운하, 철도, 광산, 부동산, 은행, 전기 등의 업종에 속하는 기업들에 대한 투자열풍이 불었다. 그러나 당시 투자의 대부분도 일시적으로만 부를 창출했을 뿐이다. 발명과 혁신의 응용과 더불어 창조적인 파괴의 과정이 이어졌기 때문이다. 대부분의 운하와 철도사업 투자도 괜찮은 수익을 올리는 데 실패하고 결국은 파산하거나 구조조정의 대상이 됐다.

내가 알기로는 운하사업 중 오직 3개만 살아남았다. 그것은 이리호 운하(1825년), 수에즈 운하(1869년), 파나마 운하(1914년)다. 이리호 운하는 초기에는 대성공이었지만, 나중에는 철도와 경쟁하게 되면서 고전했다. 수에즈 운하는 사업적으로 성공했지만, 1955년에 나세르가 이끈 이집트 민족주의 정부에 의해 국유화됐다. 이와 동시에 2차대전 이전만 해도 세계 4위의 주식시장이었던 카이로 증시는 한순간에 사라졌다. 파나마 운하는 처음에 이 사업을 시작한 회사가 파산하는 희생을 거치고 나서야 완공될 수 있었다. 이와 마찬가지로 대부분의 철도 관련 회사들도 사업적으로 실패하거나 국유화되어 투자자들에게 막대한 손실을 끼쳤다.

20세기가 되자 새로운 유망업종들이 나타났다. 철강, 전기, 전화, 자동차, 화학, 라디오, 항공, 사무용 기기, 컴퓨터, 소매업, 소비재에 이어 최근에는 인터넷 업종이 투자자들의 관심을 끌었다. 1920년대에는 자동차, 전기, 라디오 분야의 기업들이 급속히 성장하면서 그 주식이 1990년대 말의 하이테크 주식 못지않게 각광을 받았다. 그러나 이들 회사 주식은 1929년 증시 대폭락 이후에는 다시는 투자자들을 만족시키지 못했다.

1910년에 200개가 넘었던 미국의 자동차 회사들 가운데 아직도 살아있는 것은 3개뿐이다. 당시의 라디오 기업은 지금 하나도 남아있지 않다. 전기, 에너지 등 공공서비스산업 관련 주가지수인 다우 유틸리티 지수는 1965년에야 1929년의 최고치를 넘어섰고, 1970년대에는 다시 1929년 수준을 밑돌았으며, 지금도 1929년의 최고치보다 50% 정도 높을 뿐이다.

그러나 1920년대 당시의 전기 업종은 오늘날의 인터넷 업종에 비견되는 혁명적인 산업이었다. 전기 업종 덕분에 역사상 처음으로 공장이 반드시 탄광이나 수력발전소 옆에 있어야 할 필요가 없어져 공간의 제약이 제거됐다. 투자자들은 열광했고, 전기 업종 주식들의 주가수익배율은 30배까지 치솟았다. 이에 대해 가치투자의 대가인 벤저민 그레이엄은 상상하지 못할 정도의 불합리한 가격이라고 비판했다.

1950년대와 1960년대에 이어 1972년까지 새로운 업종들이 속속 생겨나면서 새로운 투자기회가 잇달아 생겨났다. 우주항공, 대형 할인점, 통신판매업, 패스트푸드, 조립식 주택 관련 주식들이 주목의 대상이었다. 1960년대에는 중소기업투자회사(SBIC)가 투자자들 사이에 인기가 높았는데, 그 배경을 보면 이런 회사들에 세제혜택이 주어진 점이 부분적인 이유로 작용했다. 제록스, 에이본, 폴라로이드, 디즈니, 레비츠퍼니처, K마트, IBM, 버로스, 디지털이퀴브먼트, 스페리랜드, NCR, 모호크데이터, 메모렉스, 어드레소그래프, 벙커라모, 딕타폰, 유니버시티컴퓨팅 등의 주식도 한때는 대표적인 대박주였다. 그러나 이들 중 많은 기업들이 이제는 존재조차 없고 살아남은 주식들도 시원찮다. 현재 제록스와 에이본의 주가는 1972년보다 훨씬 낮다. 폴라로이드는 파산신청을 냈다. 초기 컴퓨터 회사 중 얼마 되지 않는 생존자 중 하나인 IBM의 주가는 올랐다. 하지만 다우지수가 8배 상승할 때 IBM 주가는 단지 2배 올랐을 뿐이다.

**투자의 성공과 실패**

투자의 세계에는 철칙이 하나 있다. 그것은 장기투자에서 초과수익은 단지 일시적으로만 가능할 뿐이라는 것이다. 1954년부터 2001년까지 물가상승률을 감안한 실질수익 기준으로 볼 때 에스앤피 500 지수의 상승률은 연평균 1.4%에 지나지 않았다. 1951년부터 1999년까지 미국의 기업들 가운데 수익증가율이 5년 연속 20% 이상인 기업은 10개 중 하나 꼴이었고, 10년 연속 20% 이상의 수익증가율을 기록한 기업은 100개 중 3개였다. 15년간 연속해서 20% 이상의 고성장을 기록한 기업은 단 하나도 없었다.

유사한 경쟁업체의 등장, 새로운 상품의 출현, 세금을 통한 정부의 간섭, 국유화, 가격통제, 몰수, 기술진보가 가져오는 기존 업종이나 기술의 진부화…. 고성장이 이뤄질라 치면 항상 무엇인가가 수익의 발목을 잡았고, 경제 전체의 평균을 넘는 수익률은 유지되기가 어려웠다.

모든 위대한 투자의 공통점은 나중엔 손실의 나락으로 떨어지고 결국은 역사의 뒤안길로 사라진다는 것이다. 그리고 성공한 사업이나 기업의 이면에는 더 많은 수의 실패자가 내뱉는 한숨소리가 있다. 그리하여 성공한 자들로 구성된 상층의 소수만이 부를 누리고 다수의 가난한 자들이 그들을 밑에서 떠받치는 부의 피라미드 구조가 역사를 관통해 유지되는 것이다.

부동산은 어떨까? 장기적으로 매우 성공적인 부동산 투자도 있었던 것이 사실이다. 영국에서는 1215년에 마그나 카르타에 의해 부동산 소유권이 인정됐으므로 그때 영국에서 부동산을 소유하고 있었던 가문은 지금까지도 그 부동산을 계속 소유하고 있을 것이라고 생각하는 사람들이 있을지도 모르겠다. 그러나 부동산 소유에 대한 세금 부담으로 인해 영국의 부동산은 그동안 소유권자가 대부분 바뀌었다.

아메리카 대륙의 인디언, 호주의 원주민, 멕시코의 아스텍족, 아프리카의 각종 부족민은 그들의 땅을 식민주의 정복자들의 총칼 앞에서 빼앗기고 말았다. 동유럽, 러시아, 중국, 베트남, 미얀마의 부동산은 공산주의 혁명으로 인해 그 가치를 완전히 잃기도 했다. 토지는 인민 모두의 것이라는 공산주의의 대의에 따라 개인의 토지소유권이 부정됐기 때문이다.

이처럼 부동산 역시 다른 자산들과 마찬가지로 대개 짧은 기간에만 높은 수익을 가져다주었을 뿐이다. 지난 1000년간을 돌이켜보면 부동산 투자 역시 아주 장기적인 투자의 관점에서는 실패였다.

예술에 대한 투자는 어땠을까? 1000년 전에 당신의 선조 중 누군가가 1달러를 주고 《켈스의 책》(서기 800년에 만들어진 책으로, 아일랜드 더블린의 트리니티대학 도서관에 보관돼 있다)을 사서 유산으로 남겨두었다면 그 가치는 지금 1억 달러 정도는 될 것이다. 그러나 이런 것이 대박투자의 기회라고 말할 수는 없다. 화재, 도난, 관리소홀 등으로 인해 《켈스의 책》이나 《구텐베르크의 성경》과 같은 것이 오래도록 보존될 확률은 수천분의 일도 안 된다. 따라서 복권과 마찬가지로 이 경우에도 누군가가 무엇인가로 돈을 벌었다고 해서 그와 비슷한 종류의 자산에 대한 모든 투자의 장기적인 투자 메리트와 수익률을 그 기준으로 이야기할 수는 없다.

좀 실망스럽겠지만, 지금까지 살펴본 바로는 실물자산은 아주 장기적으로는 만족스러운 투자대상이 되지 못하는 것 같다. 그러나 이런 점을 생각해 보자. 투자성과를 따지는 데 투자자의 수익률이 전부일까? 미국의 철도와 운하 사업은 투자로는 실패작이었지만, 이들 사업 덕분에 미국 서부의 개척지에 농장과 공장이 들어서고 개발이 촉진돼 도시화가 진전됐다. 수에즈 운하와 파나마 운하는 세계의 무역에 일대 혁신을 가져다주었다. 빠른 성장에도 불구하고 항상 적자에 허덕여온 항공운수산업 덕분에 이제는 누구나 손쉽게 해외여행을 할 수 있게 됐고, 생산과 무역의 세계화도 가능해졌다.

**사회적 파급효과**

이처럼 위대한 혁신 중에는 비록 투자자들에게는 수익을 안겨주지 못했지만 인류의 진보와 세계경제의 발전에 큰 공헌을 한 경우가 많다. 세계 각지에 설립된 선교 학교들이나 대학들에 대한 투자는 분명히 이런 범주에 들 것이다.

엉뚱하게 들리지 모르지만, 순수한 경제적 관점에서는 가치가 없고 비생산적인 사업이 오히려 사회적으로 오랫동안 좋은 효과를 가져다준 경우도 많다. 이집트의 피라미드, 9세기에 세워진 인도네시아의 보로부두르 사원, 캄보디아의 앙코르와트, 마야문명이 코판과 티칼 지역에 남긴 사원 등은 경제적으로 낭비에 가까운 것이었지만 지금은 역사적 가치가 높은 유물이 되어 수익성 높은 관광자원으로 제몫을 톡톡히 하고 있다. 피라미드는 그 엄청난 규모 덕분에 그동안 침략자들이 파괴하지도, 영국과 프랑스의 식민주의자들이 훔쳐가지도 못했기에 오늘날까지 살아남았다. 이와 달리 생산적인 사업은 결국 모두 다 경쟁 또는 진부화에 의해 파괴돼버렸으니, 참으로 경제적 아이러니라고 하지 않을 수 없다.

또한 경제적으로 비생산적인 산업인 매춘과 도박이 오랜 세월을 견디고 성공적으로 살아남은 것은 놀라운 일이다. 매춘과 도박은 인터넷이 출현하기 전이든 후든 진부화를 겪지 않고 계속 번성해왔다. 그래서 역설적이지만, 아무런 경제적 가치도 투자가치도 없는 산업이 오히려 가장 지구력이 센 것처럼 보이기도 한다.

역사상 지금까지 가장 지속적으로 번창해온 사업은 무엇일까? 그것은 바로 종교사업이다. 유대교, 기독교, 이슬람교, 힌두교, 불교와 같은 종교사업은 물질적인 투자가 전혀 필요하지 않으며, 단지 사람들에게 정신적인 만족만 주면 되는 사업이다. 미신, 신념, 공포, 신앙과 같은 인간의 정신적 특성은 결코 진부화되지 않는다.

부의 축적과 보존이라는 측면에서 볼 때 특히 성공적이었던 종교는 기독교다. 기독교는 사람들이 많이 모이는 중심지에 교회, 성당, 수도원, 학교 등을 건설했고, 이런 투자는 거의 대부분 면세의 대상이었다. 세계의 인구가 늘어나고 더욱 더 많은 사람들이 죽게 되면서 종교사업에 대한 수요는 점점 더 커졌고, 이에 따라 기독교 교회는 현금수입이 점점 더 늘어나는 혜택을 누렸다. 교회의 교육사업은 전 세계적으로 경제의 발전과 인류의 진보에 크게 기여했다. 물론 신앙과 교리해석에 대한 관용의 부족으로 인해 오늘날까지 이어지고 있는 종교전쟁이 초래하는 혼란까지 감안하면, 종교사업 덕분에 각국에 축적된 부가 실제로 얼마나 되는지는 논란거리가 될 수 있겠다.

지난 1000년간의 투자경험에서 우리가 얻어야 할 교훈은 무엇일까? 경제적, 사회적, 정치적 '변화'만이 유일한 상수였다는 생각이 들 것이다. 한때는 위대한 투자였던 것이 다른 시기에는 재앙이었고, 아주 장기적인 성공투자는 거의 없었다. 사업, 식민지 경영, 발명, 혁신, 정복, 합병 가운데 그 어느 것에서도 성공보다 실패가 훨씬 더 많았다. 아무리 성공적인 투자였다 해도 아주 장기적으로 5%의 수익률을 보장해준 투자는 없었다. 그러므로 언제든 충분히 평가가 이뤄진 대상에 대한 투자는 재빨리 포기해버리고, 확실하게 저평가돼있는 투자대상을 시의적절하게 선택하는 것이 무엇보다 중요하다.

무엇이 성공투자였는지를 간단히 정리해보자. 14~15세기에 베네치아, 16세기에 리스본, 17세기에 암스테르담, 18세기에 런던, 19세기에 미국 동부연안, 20세기에 미국 서부연안에 부동산 투자를 했다면 성공작이었을 것이다. 주식 쪽을 보자면 1950년대에 독일의 주식(전쟁에서 패배한 나라가 이긴 나라보다 더 나은 투자기회를 제공해주는 것이 보통이다), 1960년대에 미국의 성장주, 1970년대에 석유 관련 주식, 1980년대에 일본, 대만, 한국의 주식, 1990년대에 미국의 주식으로 갈아탔다면 성공했을 것이다. 아주 긴 장기의 관점에서는 매수 후 보유 전략은 확실하게 돈을 잃는 투자방법이다.

한편 모든 위대한 철학과 종교가 가르쳐온 대로 물질적 재화는 쉽게 변하지만 인간의 본능, 믿음, 사상, 윤리, 감각, 감정은 잘 변하지 않는다는 점에 주목해야 한다. 종교, 철학, 교육 분야의 제도가 오래도록 지속되는 이유도, 투자열풍이 주기적으로 반복되는 이유도 바로 이 점에 있다. 그러나 동시에 불운하게도, 인간의 본성이 잘 변하지 않는 성격을 갖고 있는 탓에 범죄, 전쟁, 학살은 물론이고 그 밖의 온갖 죄악이나 부정부패와 관계가 있는 부도덕한 사업, 기업, 제도가 살아남거나 번성하기도 한다.

# 4장 | 신흥시장 투자에 대한 또 하나의 경고

> 역설적으로 들릴지 모르지만, 한 국가의 부는 그 국가가 겪은
> 위기가 어느 정도 격심했는가로 측정될 수 있다.
> – 클레망 쥐글라(Clement Juglar, 1819~1905)

 최근 몇 년간 경제매체를 읽다 보면 신흥시장에 대한 투자가 마치 1980년대 이후 새로 나타난 특별한 현상인 것처럼 이야기하는 내용을 접하게 되는 경우가 종종 있었다. 이렇게 설명하는 이들은 신흥시장에 대한 투자가 마치 더블유아이카, 비커스다코스타, 템플턴, 모건스탠리, 크레디리요네, 베어링과 같은 투자회사나 증권회사들에 의해 만들어진 것처럼 말한다.
 1980년대 말부터 1990년대 초에는 신흥시장이 놀라운 상승세를 보였고, 이에 현혹된 투자자들이 신흥시장으로 가는 길을 마치 황금이 깔린 길처럼 생각하기도 했다. 당시 신흥시장 포트폴리오 매니저들은 1980년대 중반의 기업합병 전문가나 오늘날의 헤지펀드 매니저에 못지않은 인기를 누렸다.
 신흥시장이 인기를 끌게 되자 1990년대 초에는 투자자들이 미국 시장보다 아시아 신흥시장에 더 많은 돈을 투자했다. 그러나 경제의 역사에 대

한 무지의 결과는 참담했다. 1990년대 말에 아시아 금융위기로 인해 아시아의 부는 2차 세계대전 이래 보지 못했던 규모로 파괴됐고, 아시아에 투자한 사람들은 엄청난 손실을 입었다.

나는 개인적으로 경제사와 금융사에 관심이 많아서 오래 전부터 옛 경제학 서적의 초판을 수집해왔다. 장서의 양이 너무 많아진 뒤에는 특별히 흥미가 가는 책의 초판만 집중적으로 사 모았다. 오래된 책의 이점은 그 책이 씌어질 당시에 벌어진 일들을 당시 사람들이 어떻게 인식했는지를 알게 해주므로 당시 사람들의 인식을 당시 일들에 대한 오늘날 우리의 관점과 비교해봄으로써 당시 일들에 대한 통찰력을 기를 수 있게 해준다는 데 있다.

경제학은 미숙하고 불완전한 학문이다. 18세기가 되기 전에는 사실상 경제학 책은 한 권도 출간되지 않았다. 1776년에 애덤 스미스가 《국부론》을 발간하면서 비로소 영국과 프랑스를 중심으로 경제서적들이 본격적으로 나오기 시작했다. 당시 경제서적들이 다룬 주요 주제는 국가채무, 조세, 자유무역, 인구증가, 지대, 임금 등이었다. 경기순환을 진지하게 다룬 최초의 책은 클레망 쥐글라가 저술한 《프랑스, 영국, 미국에서의 상업공황과 그 주기적 재발》이다. 이 책은 1860년에 처음 출간됐고, 이어 1889년에 다른 논문들과 함께 두 번째 판으로 다시 출간됐다. 그 즈음에 독일의 경제학자 막스 비르트가 《상업공황의 역사》를 출간했고, 미국의 경제학자 새뮤얼 베너가 일차산품과 주식시장의 순환에 관한 최초의 저술인 《예언》을 출간했다.

19세기 후반에 경기순환에 관한 책이 출간되기 시작한 것은 산업혁명 이후에 유럽과 미국이 매우 빠르게 성장했지만 강력한 성장의 시기가 지나면 반드시 심각한 공황이 온다는 사실을 사람들이 깨달았기 때문이다.

20세기에 들어서서는 웨슬리 미첼, 아서 피구, 니콜라이 콘드라티예프, 조지프 슘페터와 같은 학자들이 경기순환과 그 원인 및 주기성에 연구의 초점을 맞추었다.

**미국의 성장시대**

웨슬리 미첼의 《경기순환론(Business Cycle)》(1920년)에 따르면 미국 경제는 그 전 110년 동안에 모두 15번의 위기를 겪었다. 위기가 발생한 연도는 1812년, 1818년, 1825년, 1837년, 1847년, 1857년, 1873년, 1884년, 1890년, 1893년, 1903년, 1907년, 1910년, 1913년, 1920년이었다. 위기 때마다 그 지속기간, 강도, 부각되는 현상, 전개과정 등이 크게 달랐다고 한다.

19세기 미국의 경기순환과 지금 신흥경제국가들의 경기순환 사이에는 어떤 연관성이 있을까? 결론부터 말하자면, 나는 19세기 미국의 경기변동은 오늘날 신흥경제국가들의 경기변동을 예측하는 데 매우 유익한 역사적 선례가 된다고 본다. 역사상 가장 큰 신흥경제국가였던 미국의 당시 경기변동을 연구해보면 오늘날 신흥경제국가들의 투자환경에 대한 통찰력을 어느 정도 얻을 수 있다. 예를 들어 1990년대 초반에 신흥시장에서 대박을 터뜨릴 수 있다는 신화가 확산된 현상에 대해, 그리고 신흥시장의 투자실적이 저조해진 뒤인 1990년대 후반부터 지금까지 신흥시장에 대한 투자자들의 냉담한 태도가 유지되고 있는 현상에 대해 이해할 수 있게 된다.

신흥경제나 신흥산업의 경기변동이 보여주는 특징은 호황과 불황이 교차하는 변화가 매우 급하다는 것이다. 19세기에 신흥경제였던 미국 경제의 발달과정도 그러했다. 이 점에 대해서는 6장과 7장에서 분석할 것이다. 여하튼 미국은 당시에 급격한 인구증가를 경험하고 있었고, 농업 중심 경제에서 세계 최대의 공업경제로 탈바꿈하고 있었다.

〈표 4-1〉에서 보듯 1790년에 미국은 400만 명도 안 되는 인구가 드넓은 땅에 흩어져 사는 나라였다. 그 당시 유럽의 1억 8000만 명, 인도의 1억 9000만 명, 중국의 3억 2000만 명에 비하면 아주 적은 인구였다. 당시 미국에서 인구가 5000명이 넘는 도시는 7개에 지나지 않았고, 2500명 이상인 도시도 12개에 불과했다. 나머지 370만 명은 농촌지역에 살고 있었다.

19세기 들어 미국의 인구는 이민의 영향으로 늘어나기 시작했다. 이에 따라 미국의 인구 증가율이 19세기 전반에 연평균 3.5%로 높아졌으나, 1890년대에 이르면 다시 2%대로 떨어지게 된다. 1885년에는 인구가 6000만 명에 이르는 동시에 미국은 세계 공업생산의 28.9%를 차지하는 세계 최대의 공업국가로 변모했다. 미국 공업생산의 이런 비중은 영국의

〈표 4-1〉

**19세기 미국의 기적**
미국의 인구증가 추이

| 연도 | 인구수(만 명) | 직전 10년간 증가율(%) |
|---|---|---|
| 1790 | 393 | |
| 1800 | 531 | 35.1 |
| 1810 | 724 | 36.4 |
| 1820 | 1964 | 33.1 |
| 1830 | 1287 | 33.5 |
| 1840 | 1707 | 32.7 |
| 1850 | 2319 | 35.9 |
| 1860 | 3144 | 35.6 |
| 1870 | 3856 | 22.6 |
| 1880 | 5016 | 30.1 |
| 1890 | 6295 | 25.5 |
| 1900 | 7599 | 20.7 |

26.6%보다 높고 3위인 독일의 13.9%를 압도하는 수준이었다.

미국이 이처럼 세계경제에서 지배적인 지위에 오르게 된 경제신화는 경제사적 관점에서 유례가 없는 것이었다. 오늘날 신흥시장 투자자들은 어느 신흥시장에서 다시 그런 신화가 나타날 것인가를 눈여겨 살피고 있다.

여기서 내가 강조하고 싶은 것은, 미국 경제성장의 역사가 순탄하기만 했던 것은 아니라는 점이다. 특히 외국인 투자자에게는 결코 장밋빛 길이 아니었다. 아무리 숙련된 운전자라도 여기저기 널려있는 함정을 피하기 힘들었다. 순진한 여행자에게는 도적 떼와 타락한 관료에게 보따리를 털리는 고행의 여행길이었다.

19세기 미국 경제의 성장은 면화산업과 불가분의 관계에 있었다. 그 밖에 전국에 걸친 운하와 철도의 건설과 그에 병행한 서부개척, 캘리포니아의 금광 발견으로 대표되는 대규모 자원개발, 황무지 개간, 철강산업의 발달 등도 중요한 역할을 했다.

미국의 면화산업은 19세기 전반에 급속히 발전했다. 특히 남부지역의 번영 여부는 면화의 작황과 가격에 달려 있었다. 1793년에 엘리 휘트니가 조면기(繰綿機)를 발명하고 난 뒤로 미국 남부가 면화산업에 주력해 그 중심지가 됐다. 면화를 팔아 올린 수입은 서부에서 식량을 구입해 오거나 북동부에서 공산품과 서비스를 구입해 오는 데 지출됐다. 미국의 면화 생산량은 1800년께에는 거의 전무했으나 1860년께에는 전 세계 면화 공급량의 6분의 5를 차지하게 된다. 당시 미국 남부지역에서 면화가 갖고 있었던 중요성은 마치 오늘날 중동 각국에서 석유가 갖고 있는 중요성과 같은 정도였고, 오늘날 뉴질랜드나 호주에서 농업부문이 갖고 있는 중요성보다는 훨씬 컸다.

미국 남부지역 경제의 운명은 면화의 가격에 달려 있었고 미국 전체, 특히 북동부 지역의 제조업 생산과 미국 전체의 소득 역시 면화의 가격에 크게 좌우됐다. 1830년대 초에는 면화의 가격이 강세를 보여 미국 경제가 전반적으로 호황을 누렸다. 면화 거래액은 1831년에 2500만 달러였으나 1836년에는 7100만 달러까지 증가했다. 그러나 1837년부터 면화 가격이 떨어지기 시작하자 남부지역의 소득이 격감했고, 이는 소비의 위축으로 이어졌다. 남부의 소비 위축은 북동부 제조업에 치명적인 타격을 주었고, 유럽으로부터의 사치재 수입도 크게 줄어들었다. 1837~1842년의 불황은 면화 가격이 하락한 데 주요 원인이 있었다. 〈그림 4-1〉에서 보듯 면화의 가격은 남북전쟁이 벌어진 1860년대 전반의 급등락을 거쳐 1879년에는 1826년 수준으로 떨어졌다.

경제가 한 가지 상품에 지나치게 의존하면 경기가 그 상품의 시장가격

〈그림 4-1〉

**19세기 미국의 면화 가격 추이**
중등품 육지면의 뉴욕시장 가격

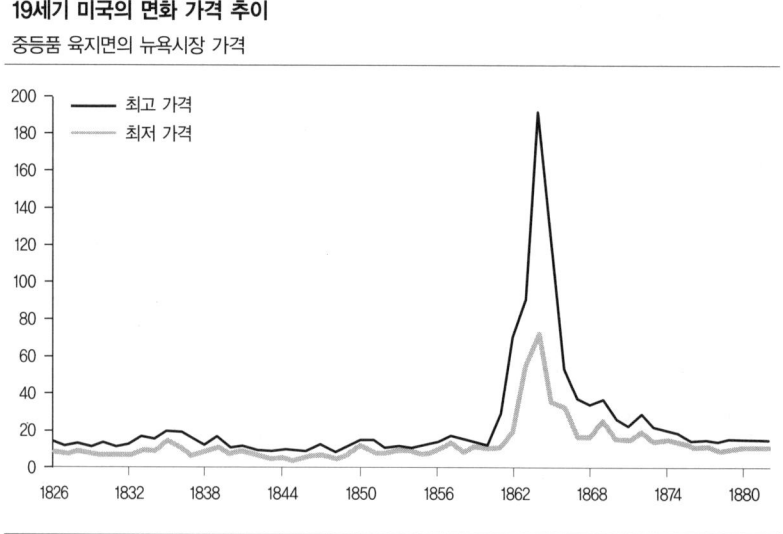

과 매우 밀접한 상관관계를 갖기 마련이다. 아이보리코스트와 코코아, 중동과 원유, 그리고 오늘날의 서구와 증권시장도 그렇다. 한 가지 상품에 지나치게 의존하는 나라는 그 상품의 시장가격이 올라가면 번영의 유람여행을 하게 되지만, 반대로 그 상품의 시장가격이 떨어지면 지루한 불황의 터널을 통과하게 된다.

여기서 내가 하고 싶은 이야기는, 미국의 면화산업이 급속히 성장하는 과정에서도 많은 면화농장들이 파산했다는 것이다. 면화 가격이 비쌀 때 땅을 너무 비싼 가격에 매입한 많은 농장들이 면화 가격의 하락을 견디지 못했기 때문이다. 미국의 남부지역이 면화에, 그리고 면화 재배에 필요한 노예노동에 의존하게 된 것은 남북전쟁의 원인이 되기도 했다. 또한 당시에 면제품은 오늘날의 비디오나 텔레비전, 핸드폰, 청량음료와 같은 대중적인 소비재였다.

신흥시장이나 새로운 고성장 산업 또는 기술에 투자하는 사람들은 이 점을 잊지 말아야 한다. 장기적으로 빨리 성장하는 산업이라고 하더라도 시장여건이 나빠지면 그 산업 제품의 가격이 떨어지고, 그러면 기업 소유자뿐 아니라 자재 납품업자, 그리고 특히 채권자도 심각한 고통을 당할 수 있다는 사실을 잊어서는 안 된다. 오늘날 신흥경제국가들은 대개 공산품 소비재, 전자부품, 반도체 등의 수출을 통해 성장하기를 원한다. 그러나 그런 산업이 항상 좋을 수는 없으며, 이는 19세기 미국 면화제품의 경우와 다를 게 없다. 전략상품도 과잉생산과 가격급락의 가능성이 항상 있으며, 실제로 그렇게 될 경우 신흥경제국가는 타격을 받을 수 있다.

최근 사회간접자본 건설 붐에 투자해 수익을 올리려는 국제투자가 활발하며, 특히 중국에서 그렇다. 그러면 미국에서는 사회간접자본 투자가 어떠했을까?

19세기에 미국에서 벌어진 철도와 운하 건설에 대한 투자를 살펴보노라면 오늘날의 사회간접자본 투자에 대한 열광을 다소 식힐 수 있을 것이다. 장기적으로 보면 사회간접자본 분야에서 투자자들은 손실을 본 편이다.

미국의 운하건설 붐은 1824년에 586km의 이리호 운하가 완공됨으로써 더욱 촉진됐다. 이리호 운하가 개통됨에 따라 디트로이트, 클리블랜드, 버펄로 등지에서 뉴욕까지의 운송시간과 운송비용이 그 전에 비해 10분의 1로 줄어들었다.

9년 뒤에는 웰랜드 운하가 나이아가라 폭포를 우회해 오대호와 세인트로렌스 강을 연결시켰다. 이런 운하건설 사업들은 오대호 연안의 곡물산지에서 뉴욕으로의 곡물수송에 일대 혁신을 가져온 대단한 성공작이었다. 그 결과 뉴욕은 오대호 연안에 막대한 경제적 잠재력을 가진 배후지를 갖게 됐고, 미국 전체의 금융 및 상업 중심도시가 될 수 있었다. 1820년 이전만 해도 뉴욕보다는 필라델피아의 인구가 더 많았다.

이런 성공스토리들은 운하건설 붐을 확산시켰다. 많은 도시들이 제2의 뉴욕이 되겠다는 야심으로 운하와 수로의 건설에 박차를 가했다. 1820~1836년에 미국에서 펼쳐진 운하건설 붐은 유럽에 있는 신흥시장 투자자들의 관심을 끌기에 충분했다. 운하 관련 주식 및 운하회사 채권은 공급이 달릴 정도로 인기를 모았다. 모리스 운하회사가 100만 달러 규모의 자금을 조달할 때에는 영국 등지에서 청약자금이 2000만 달러도 넘게 몰려들었다. 당시 운하 관련주의 인기는 1990년대 후반 인터넷주의 인기와 맞먹을 정도였다.

면화와 운하 업종의 붐과 맞물려 은행주와 부동산에도 투기자금이 몰려들었다. 1830년부터 1837년까지 347개의 은행이 새로 설립됐다. 그러나 은행 설립자들 가운데 다수가 은행 경험이 전혀 없거나 배경이 불투명한 엉터리였다. 은행들은 투기꾼에게 자금을 제공하고 공매로 나오는 부동산을 구입하도록 부추겼다. 1834년에 470만 에이커였던 부동산 공매 규모가 다음해인 1835년에는 1260만 에이커로 증가하더니 1836년에는 2000만 에이커 이상으로 더 늘어났다. 이 기간에 미국 동남부 지역의 부동산 가격은 2배 이상으로 폭등했다.

1830년대 초의 시카고 부동산 투자 붐에 관한 기록은 잘 보존돼 지금도 남아있다. 당시 시카고는 그다지 잘 알려진 곳이 아니었고, 부동산 가격도 동부연안 도시들에 비해 현저히 낮은 수준이었다. 그런데 일리노이-미시간 운하 건설계획으로 인해 시카고의 부동산에 엄청난 투기수요가 몰려들었다. 불과 몇 년 만에 시카고의 땅값은 거의 100배로 뛰었다. 세인트루이스에서 미시시피 강과 연결되는 일리노이 강과 시카고 만 및 미시간 호를 연결하는 운하 건설계획 때문이었다.

그러나 이 운하가 건설되기 시작한 1836년에 시카고 부동산 시장은 이미 정점을 지나고 있었다. 곧이어 주가폭락과 병행된 경제위기로 시카고의 부동산 가격은 10분의 1로 추락했다. 1837년부터 1842년까지 계속된 불황으로 일리노이 주 정부는 다른 8개 주와 함께 파산상태에 빠지는 시련을 겪었고, 운하가 완공되는 데 무려 10년이라는 세월이 걸렸다. 이 운하가 완성됨으로써 시카고 시는 운송의 중심지로 번영하게 됐지만, 이미 많은 투자자들은 알거지가 된 후였다.

미국에 대한 첫 투자 붐이 어떻게 끝났는지는 오늘날 신흥시장 투자자들에게 흥미로운 이야기가 될 것이다. 미국 증권에 대한 투자열풍으로 인해 영국의 금 보유액은 1836년까지 절반으로 줄어들었다. 이에 영국의 중앙은행인 영국은행은 재할인율을 두 차례에 걸쳐 인상하는 조처를 취할 수밖에 없었고, 그 결과 영국에 금융공황이 닥쳐 많은 은행들이 문을 닫아야 했다. 금리인상으로 1837년에 콜금리가 15%까지 오르자 미국 증권에 대한 수요는 하루아침에 사라져버렸다. 미국이 가장 자금을 필요로 하는 시점에 돈줄이 막혀버린 것이다.

해외로부터의 자본유입이 갑자기 중단되자 미국 경제는 순식간에 황폐해졌다. 미국의 모든 은행이 금태환을 중지해야 했고, 1837년부터 1839년까지 1500개 이상의 은행이 파산했다. 같은 시기에 면화 가격도 하락해 불난 집에 기름을 부은 격이 됐다. 면화 가격의 하락으로 면화 투기자들이 파산했고, 남부의 소비재 수요가 크게 위축됐다. 1837년 가을에는 미국 동부지역의 공장들 가운데 90%가 문을 닫았다. 1837~1841년의 불황은 매우 가혹했다. 미국의 불황은 곧바로 유럽, 특히 영국에 영향을 주었다. 미국의 운하, 은행, 부동산에 영국의 자본이 엄청나게 투자돼 있었기 때문이다. 이런 투자는 모두 휴지조각이 돼버렸다. 〈표 4-2〉는 면화 가격의 상승, 통화량의 과도한 증가, 미국 증권에 대한 해외 투자자들의 매수 열풍

〈표 4-2〉

**1837~1841년의 주가 폭락**
미국 주요 종목의 주가

| 종목 | 1837년 최고치 | 1841년 11월 25일 |
|---|---|---|
| 유나이티드 스테이츠 은행 | 122 | 4 |
| 빅스버그 은행 | 89 | 5 |
| 켄터키 은행 | 92 | 56 |
| 노스아메리칸 트러스트 | 95 | 3 |
| 파머스 트러스트 | 113 | 30 |
| 아메리칸 트러스트 | 120 | 0 |
| 일리노이 스테이트 은행 | 80 | 35 |
| 모리스 운하 | 75 | 0 |
| 패터슨 철도 | 75 | 53 |
| 롱아일랜드 철도 | 60 | 52 |

이 가져온 호황에 이어 발생한 금융자산의 가격 폭락이 얼마나 심각했는지를 잘 보여준다.

경제사의 관점에서 보면 1837년의 위기와 그에 이은 불황은 최초의 국제적인 불황이었다는 점에서 큰 의미가 있다. 이때의 위기는 영국의 금리 인상에 따라 미국으로 투자되는 돈이 줄어들어서 일어난 것이었다. 이는 마치 1997년에 아시아 각국에 투자하던 외국인 투자자들의 기대가 돌변하면서 그들이 급격히 확대되는 아시아 국가들의 경상수지 적자를 더 이상 메워주지 않으려고 해서 아시아 금융위기가 촉발된 상황과 아주 비슷하다.

여기서 우리는 투자자들의 기대심리가 변하면 커다란 접시가 다른 방향으로 기울어져서 어떤 지역 또는 어떤 부문에 돈 부족 사태가 생길 수 있다는 사실을 다시 한 번 확인할 수 있다. 세계화한 경제에서 경기확장의 끝 무렵은 흔히 광적인 국면이며, 이런 국면에서는 외국인 투자자들이 붐을 주도하는 세력이 된다. 그런데 이런 국면에서 어떤 이유에서든 외국인들이 투자를 줄이거나 시장에서 빠져나가면 필연적으로 위기가 오기 마련이다.

유럽인들이 '배고픈 40년대'라고 불렀던 당시의 불황은 1840년대 중반부터 호전되기 시작했다. 이때 경기회복의 견인차 노릇을 한 것은 철도 건설 붐이었다. 철도 건설은 19세기의 경기변동에서 중요한 역할을 했다. 1835년에 철도 건설의 미니 붐이 일어났지만 운하 열풍에 비하면 경제에 그다지 큰 영향을 주지 않았다. 하지만 〈그림 4-2〉에서 보듯 1848년 이후에는 철도 건설이 급속히 늘어나 경제를 자극한 데 이어 1850년대 중반에는 첫 철도 열풍이 일어났으며, 1857년에는 철도 분야에서 위기가 일어났다.

⟨그림 4-2⟩

## 철도 붐
미국의 철도 건설

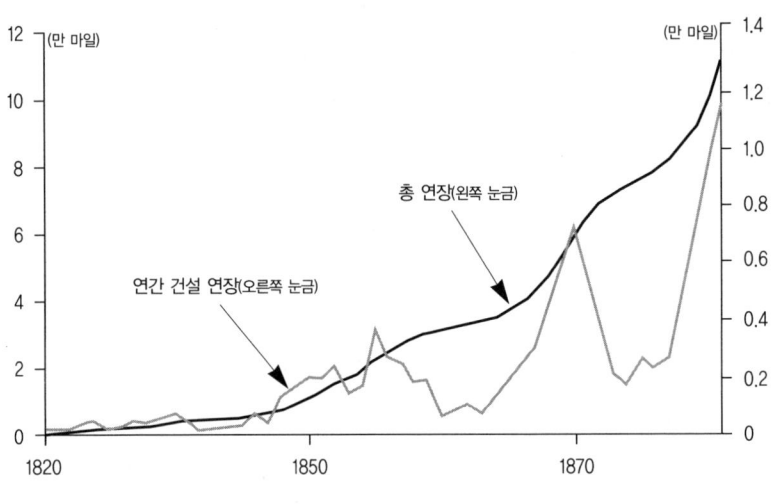

⟨표 4-3⟩

## 19세기 중엽의 금 러시
미국의 금 생산량 추이

| 연도 | 천 온스(순금 트로이 온스) |
| --- | --- |
| 1847 | 43 |
| 1848 | 484 |
| 1849 | 1935 |
| 1850 | 2419 |
| 1851 | 2661 |
| 1852 | 2902 |
| 1853 | 3144 |
| 1854 | 2902 |
| 1855 | 2661 |
| 1856 | 2661 |

1840년대 중반 이후의 경제회복과 1850년대의 호황에는 철도 건설 외에 두 가지 요인이 더 작용했다. 그 중 하나는 면화 가격의 점진적인 상승이었고, 이로 인해 면화 생산은 1850년에 210만 곤포(bale)였던 것이 1859년에는 450만 곤포로 늘어났다. 또 하나의 요인은 캘리포니아의 금광 발견이었다. 캘리포니아의 새크라멘토 계곡에서 거주하던 스위스 출신 이주정착민인 존 서터의 소유지에서 금광이 발견된 것이 철도 건설에도 자극제가 됐다. 〈표 4-3〉은 1847년 이후 금 생산이 얼마나 많이 늘어났는지를 보여준다. 이런 금 생산 증가는 경제의 팽창에 필요한 화폐를 공급하는 역할을 하면서 캘리포니아의 토지개발 붐과 철도 건설을 더욱 촉진했다.

철도산업의 발달로 인해 1850년부터 1856년 사이에 미국의 선철 생산은 10배로 늘어났고 석탄 생산도 2배로 증가했다. 1837년의 운하산업 위기 이후 다시는 미국에 돌아오지 않겠다고 맹세하고 떠난 유럽의 투자자들이 미국 철도산업에 다시 적극적으로 투자하기 시작했다. 이들은 골드러시의 수혜부문으로 유망해 보인 광업 관련주에도 투자했다. 이때 미국의 금융 역사상 처음으로 광업 관련주에 대한 투기열풍이 일어났다.

1853년에는 미국의 철도 관련 채권의 26%가 외국인의 손 안에 있었는데, 이들 외국인 투자자는 투기적인 재료에 초점을 맞추었다. 투자자의 입장에서 볼 때 1850년대에 일어난 철도 붐의 가장 흥미로운 측면은 1857년에 금융위기가 발생하기 훨씬 전에 그 붐이 끝났다는 점이다. 〈표 4-4〉는 1850년과 1860년 사이의 철도 증설과 철도주 주가를 비교해 보이고 있다.

철도 주식은 이미 1852년에 상투를 쳤지만 철도 건설은 1856년에야 정점을 이루었다. 그 이유는 주로 자본유입이 계속된 데 있었다. 자본유입액은 1853년에 5600만 달러를 기록한 이후 계속 줄어들어 1856년에는 1200만 달러까지 떨어졌다.

〈표 4-4〉

**철도 건설보다 먼저 꺾인 철도주**
연도별 철도주 지수와 철도 완공 길이

| 연도 | 철도주 지수 | | 마일(완공된 철도의 길이) |
|---|---|---|---|
| | 최고치 | 최저치 | |
| 1850 | 95 | 79 | 1656 |
| 1851 | 96 | 87 | 1961 |
| 1852 | 110 | 89 | 1926 |
| 1853 | 105 | 89 | 2452 |
| 1854 | 98 | 74 | 1360 |
| 1855 | 80 | 66 | 1654 |
| 1856 | 73 | 68 | 3647 |
| 1857 | 71 | 39 | 2647 |
| 1858 | 61 | 49 | 2465 |
| 1859 | 56 | 47 | 1821 |
| 1860 | 74 | 48 | 1846 |

    이때 외국인 투자가 줄어든 것은 1854~1856년에 크림 반도에서 일어난 전쟁 때문이었다. 영국, 프랑스, 터키의 연합군과 러시아 사이에 벌어진 이 전쟁으로 인해 유럽에서 유동성이 고갈되어 금리가 치솟았고, 미국의 철도증권에 대한 유럽의 수요가 사라졌다. 미국으로서는 철도 건설을 위해 자본이 가장 많이 필요하게 된 시점에 외국인 투자가 크게 줄어든 셈이었다. 1857년까지도 미국의 경제여건은 양호했으나, 자본시장에 너무 많은 증권이 쏟아져 나온 시점에 크림 전쟁이 터져서 투자가 급감함에 따라 증권의 가격이 크게 하락할 수밖에 없었다.

    전체적으로 보면 크림 전쟁은 미국의 농산물 수출가격을 크게 상승시키고 산업생산을 활성화시켰다는 점에서 미국에 매우 유리한 사건이었다. 하지만 투자환경이 아무리 양호하더라도 화폐시장 여건이 갑자기 나빠지거나 증권의 공급이 투자자들의 수요를 초과할 경우에는 경기가 하락하거나 이윤이 줄어들 수 있고, 그 전에 먼저 주가가 떨어진다는 사실을 여기서도 알 수 있다.

1857년 위기에 촉매제가 된 것은 부동산, 철도, 일차산품 선물에 집중 투자하던 오하이오 생명신탁회사의 파산이었다. 게다가 해터러스 곶 앞 바다에서 증기선인 센트럴아메리카 호가 침몰한 사건도 투자심리에 나쁜 영향을 끼쳤다. 센트럴아메리카 호는 160만 달러어치의 캘리포니아산 금을 운반하던 중에 침몰했다. 캘리포니아에서 금이 오는 것은 동부연안 지역 은행들에 유동성이 공급되는 것이어서 투자자들의 심리를 개선시키곤 했는데, 센트럴아메리카 호의 침몰로 투자심리가 크게 위축됐던 것이다.

1857년 10월에 공황상태가 최고조에 달했고, 1415개의 은행과 무수한 철도 관련 회사가 파산했다. 공황은 뉴욕 광물거래소가 문을 닫는 사태로까지 번졌고, 미국 주식이 활발하게 거래되던 런던과 파리의 주식시장에까지 그 영향을 미쳤다.

1857년 공황의 흥미로운 특징으로 위기가 금융부문에만 국한되고 다른 산업들에는 그 영향이 미미했다는 점을 꼽을 수 있다. 특히 남부지역은 거의 아무런 영향도 받지 않았다. 남부지역의 면화 수출액은 1856년 1억 2800만 달러에서 1860년에는 1억 9200만 달러로 늘어났다.

북동부지역이 금융위기를 겪는 가운데서도 남부지역은 면화산업으로 승승장구했다. 이에 따라 당시 남부지역은 적대관계에 있는 북동부지역의 경제가 붕괴할 수도 있다는 기대감을 가졌고, 이런 기대감은 남북전쟁 발발에 한 가지 원인으로 작용했다. 여기서 투자자들이 명심해두어야 할 점을 하나 확인할 수 있다. 그것은 심각한 금융위기는 실물경제의 전반적, 장기적 하락이 없어도 그 밖의 다양한 이유로 발생할 수 있다는 점이다. 1850년대 미국에서는 과도한 투기가 그러한 이유로 작용했다.

## 1873년의 세계 경제위기

신흥시장 투자자들에게는 1873년에 세계적 경제위기가 일어난 경위와 그 뒤에 이어진 불황도 흥미로운 주제일 것이다.

미국 남북전쟁(1861~1865년)의 종전과 보불전쟁(1870~1871년)에 이은 독일의 통일로 미국과 독일의 경제는 거대한 발전의 추진력을 갖게 됐다. 보불전쟁에서 승리해 프랑스로부터 막대한 배상금을 받게 된 독일이 특히 그러했다. 이로써 미국과 독일은 산업혁명기에 세계를 주도해온 영국과 프랑스를 따라잡을 기회를 맞았다.

막스 비르트는 《상업공황의 역사》에서 1869~1874년에 오스트리아와 독일의 철도, 철강, 부동산, 은행 부문에서 자금조달을 위한 증권발행이 얼마나 많이 늘어났는지를 통계로 전하고 있다. 독일의 신규 회사설립 수는 1871년에 259개사, 1872년에는 504개사에 이르러 1800~1870년의 225개사, 1870년의 34개사에 비해 크게 늘어났다. 이에 따라 1866~1873년은 독일의 역사에서 '회사 설립의 황금기'였다고 평가된다.

1860년대 후반에는 유럽과 미국의 경제가 빠르게 팽창하고 있었기에 미래에 대한 낙관론이 지배했다. 1866년부터 1873년까지 독일의 1인당 철강 소비량은 2배 이상으로 증가했다. 1866년에 영국의 기업인 케이블 앤드 와이어리스가 대서양 횡단 통신케이블을 처음으로 설치한 것과 1873년에 오스트리아 빈에서 세계박람회가 개최된 것도 유럽인들 사이에 호황심리를 부추겼다. 경제학자 헨리 하인드먼은 《19세기의 상업공황(Commercial Crises of the Nineteenth Century)》(1892)에서 당시의 상황을 이렇게 전하고 있다.

주식중개만 하는 금융기관이 너무 많이 설립돼 상황이 더욱 나빠졌다. 금융기관과 기업들은 본연의 제 역할을 망각했고, 개인들은 투기에 휘말려들어 도박을 하거나 주식시장에서 복권이나 다름없는 주식으로 돈을 벌려는 욕구밖에 갖고 있지 않았다. 대도시를 중심으로 주택담보대출이 지나치게 많아져 주택투기가 과열됐다. 베를린과 빈은 그 폐해가 도를 넘어 아직도 후유증을 앓고 있다. 이런 주택투기는 그 어떤 경제행위보다도 더 불건전하고 파괴적이었다. 투기로 인해 부동산 가격은 비정상적으로 높은 수준으로 급등했다. 부동산담보대출 규모도 엄청나서 부동산 가격이 폭락할 경우 많은 사람들이 쪽박을 차게 될 상황이었다. 집을 그럴 듯하게 지어 임대로 수익을 거두려는 사람도 많았지만, 이런 이들은 십중팔구 수익을 실현하지 못했다. 런던에서도 이런 바보짓을 하는 사람들이 적지 않았다. 소액의 자본만 가진 부동산 투기자들이 고리로 대출을 끌어다가 날림공사로 집을 지어 파는 일이 흔했다.

1860년대의 미국에서는 남북전쟁을 제외하고는 서부개척이 가장 중요한 사건이었다. 1869년에 유니온퍼시픽 철도가 완성된 것을 시작으로 대륙횡단 철도가 잇따라 완성되면서 더욱 가속화된 서부개척은 놀랄 만큼 빠르게 진행됐다. 대륙횡단 철도 건설은 또 하나의 투기열풍으로 이어졌는데, 이 역시 외국인 투자자들이 주도했다. 1860년부터 1873년까지 미국의 철도 총연장이 2배 이상으로 증가했고, 특히 1870~1873년에 가장 빠른 속도로 철도가 증설됐다. 이와 나란히 철도산업에 대한 외국인 투자자들의 투자도 늘어나 그 잔액이 1853년 5190만 달러에서 1872년에는 2억 6000만 달러 이상으로 불어났다.

철도투자 열풍은 미국과 영국의 철도증권에만 국한되지 않았다. 오스트리아는 철도 총연장이 8년 사이에 3배로 늘어났고, 러시아는 4년 만에 거의 2만 킬로미터에 가까운 철도를 건설했다. 아르헨티나를 비롯한 남미 각국도 수많은 철도건설 사업을 위해 런던과 파리에서 자금조달을 시도했다. 1869년에 영국인들은 2억 달러어치의 남미 철도채권을 보유하고 있었고, 이로 인해 남미가 1890년대에 '베어링 위기'로 불리는 채무위기를 겪기도 했다. 한편 1869년의 수에즈 운하 개통이 국제무역 활성화에 대한 기대감과 해상운송에 대한 투자자들의 관심을 불러일으켰다.

당시의 상황을 당시의 사람들이 논평한 글을 읽다보면, 1990년대의 신흥시장 투자 붐 때 중국, 인도, 남미 국가들에 대한 투자자들의 무모한 낙관, 그리고 그 후 기술혁신과 지식이 가져다주었다는 신경제에 대한 맹목적인 신뢰가 당시의 상황과 참으로 비슷하다는 생각을 하게 된다. 시기는 다르지만 세 경우 모두에 똑같이 기대가 하늘을 찔렀고, 위험관리에 대한 배려는 뒷전으로 밀려났다. 또 사기, 증권조작, 정부의 부정부패를 비롯한 갖가지 불법과 모략이 판쳤으나 누구도 이런 것들을 조심하지 않았다. 존 램지 맥컬럭은 《정치경제학의 원리(Principles of Political Economy)》(1830, 2판)에 이렇게 썼다.

> 투기에 불이 붙으면 한 사람의 확신은 금세 다른 사람들에게 전염된다. 투기병에 감염된 사람은 시장의 수요공급에 대한 정확한 정보에 따라 투자결정을 하지 않고, 다른 사람들이 자기보다 먼저 무엇을 했느냐는 정보에 따라 투자결정을 한다.

호황의 종말은 1873년 5월에 찾아왔다. 빈 증권거래소에서 일어난 패닉은 런던, 파리, 베를린으로, 이어 뉴욕으로도 들불같이 번졌다. 그때 빈에서 세계박람회가 열리고 있었지만, 4월부터 시작된 주가 하락세는 5월

8일과 9일 양일 간 증권시장을 거의 완전히 붕괴시켰다. 한 달 만에 거의 모든 은행주의 주가가 절반으로 폭락했다. 말 그대로 빈 증권거래소는 경악의 도가니였다.

1873년 9월에 위기가 뉴욕으로 파급됐다. 한 독일인의 증언에 따르면, 당시 미국의 채권은 "하늘나라의 천사가 보증을 해도" 유럽에서 매수희망자를 찾을 수 없을 정도였다. 당시 가장 유명한 투자은행으로 오늘날의 골드먼삭스나 모건스탠리에 비견되는 제이쿡(Jay Cooke & Co.)은 문을 닫을 수밖에 없었다. 투자자들은 동요했고, 그 충격으로 증권거래소가 10일간이나 휴장했다.

1857년의 위기와 달리 1873년의 위기는 디플레이션적 불황으로 이어졌고, 불황은 이후 6년간 계속됐다. 도매물가지수는 1873년의 133에서 1878년에 91로 하락했다. 대부분의 철도건설 프로젝트는 파산했고, 불황기간 중 미국에서만 2만 건 이상의 기업파산이 속출했다. 이때 미국은 19세기의 가장 심각한 불황을 겪었고, 그 심각성은 1929~1932년의 대공황과 거의 맞먹는 정도였다.

1873년의 경제붕괴에는 여러 가지 이유가 있었다. 철도건설 붐이 자본을 무리하게 흡수함으로써 자본시장 전체가 왜곡됐고 철강산업도 지나치게 팽창했다. 주식거래가 과도하게 이루어지는 가운데 증권중개인의 사기, 정부관리의 부패, 부동산시장의 투기 등이 복합적으로 작용하면서 위기가 심화됐다.

당시 경제전문가들의 저술을 읽어보면 이미 1869년에 위험신호가 분명히 나타나고 있었다. 그러나 산업화의 전 세계적 확산에 대한 기대감으로 장밋빛 낙관론이 지배했고, 투기의 와중에서 위험신호는 철저히 무시됐다. 1871년부터 1873년까지 빈, 베를린, 런던, 파리, 뉴욕 등 모든 시장에서 주식과 채권이 과다하게 공급된 것이 당시 주식시장 붕괴의 한 원인이었음을 잊어서는 안 된다. 증권의 공급은 투자자 대중의 수요를 넘는 수준으로 늘어날 수 있고, 그렇게 되면 증권의 가격은 하락한다.

19세기는 의심할 여지 없이 유럽과 당시 최대의 신흥경제국가였던 미국에서 경제가 빠른 성장세를 보이던 시기였다. 그러나 당시의 기록을 읽어보면 얼마나 많은 투자자들이 거듭 손해를 보았고, 불황이 얼마나 심각했는지를 알 수 있다. 특히 외국인 투자자들은 거듭해서 실패하고 또 실패했다. 19세기를 통틀어 외국인 투자자들이 보여준 특징을 한 마디로 요약한다면, 그들은 늘 투자 붐의 막차를 탔다는 것이다. 외국인 투자자들이 미국의 운하, 철도, 그 밖의 인기산업에 투자했을 때에는 거의 어김없이 주가가 상투였다. 주가가 낮고 사업여건이 좋지 않은 부문에서는 외국인 투자자들을 찾아 볼 수 없었다. 그들은 그 직전의 붐 시기에 겪은 투자실패의 아픈 경험을 곱씹고 있을 뿐이었다.

신흥시장 투자는 지금도 예전에 비해 달라진 것이 아무것도 없다. 그럼에도 위와 같은 과거의 경험에서 깨달음을 얻는 사람이 거의 없는 것 같아 나로서는 놀라울 따름이다. 1990~1997년의 신흥시장에 대해서도, 1990년대 후반의 신기술 산업에 대해서도 투자자들은 잘 알지도 못하는 새로운 시장 또는 새로운 산업에 대해 항상 지나치게 낙관적이었다. 버트런드 러셀은 "인간의 감정은 아는 것에 반비례하므로 잘 알지 못할수록 더 쉽게 뜨거워진다"고 했는데 그 말이 맞는 모양이다.

19세기에 미국의 운하주나 철도주를 산 사람들은 대부분 실패했고, 1990년대 초에 중국의 사회간접자본이나 통신회사에 투자한 사람들이나 그 뒤에 미국의 하이테크주를 산 사람들도 본질적으로 그들과 같은 유형이었다. 1980년대 말에 투자자들은 일본 경제가 침체할 가능성은 없다고 했다. 1990년대 중반에 투자자들은 동남아시아에 불경기는 없다고 했다. 최근 들어서는 경기순환은 죽었으며 미국 경제는 영원히 성장할 것이라고 주장하는 경제학자들도 있다.

성장속도가 빠른 신흥시장에 대한 투자는 사람들이 흔히 생각하는 것보다 훨씬 더 위험하다. 19세기 미국의 경험에서 볼 수 있듯이 신흥시장에 대한 투자를 개시하기에 가장 좋은 시점은 외국인 투자자들이 이제 다시는 그 시장을 쳐다보지도 않겠다고 맹세하며 손절매를 하고 떠나는 순간이다.

**지리적 중심의 이동**

신흥시장 투자와 관련해 또 하나 유념해야 할 점은, 시간이 흐르면서 경제활동의 중심지가 바뀐다는 것이다. 19세기 하반기의 미국을 보면 〈표 4-5〉에서 확인할 수 있듯이 뉴잉글랜드 지역의 제조업 고용이 상대적으로 줄어든 반면에 오대호 연안 지역의 제조업 고용은 평균 이상으로 증가했다. 투자자들은 이런 산업활동의 지리적 이동을 주의해서 살펴봐야 한다.

앞으로는 경제성장의 중심지가 서구 선진국들로부터 아시아 신흥국가들과 옛 소련 지역으로 옮겨갈 수 있다. 그리고 최근에 번영의 중심지였던 실리콘밸리나 홍콩이 미국 이리호 연안의 버펄로나 남동부의 뉴올리언스와 같은 지위로 전락할 수도 있다.

지금까지 우리는 돈을 버는 것은 일부 전문가들이 이야기하는 것처럼 그렇게 쉬운 일이 아니라는 사실을 확인했다. 다우지수가 3만 6000이 되니 10만이 되니 운운하면서 '매수 후 보유'를 권하는 말들은 장기적인 관

⟨표 4-5⟩

**번영하는 도시에 몰리는 노동자들**
미국 제조업 고용의 지역별 비중(%)

|  | 1859 | 1869 | 1879 | 1889 | 1899 | 1904 | 1909 | 1914 |
|---|---|---|---|---|---|---|---|---|
| 뉴잉글랜드 | 29.88 | 26.76 | 24.31 | 20.57 | 18.91 | 17.84 | 17.30 | 16.83 |
| 중부대서양 연안 | 41.66 | 39.52 | 42.04 | 38.69 | 37.54 | 36.99 | 35.82 | 35.89 |
| 오대호 연안 | 12.09 | 18.36 | 19.19 | 22.29 | 22.65 | 22.29 | 22.73 | 23.73 |
| 남동부 | 9.80 | 8.48 | 7.57 | 8.90 | 11.55 | 12.87 | 13.61 | 13.05 |
| 대평원 | 2.30 | 4.79 | 4.46 | 6.01 | 5.41 | 5.37 | 5.32 | 5.10 |
| 남서부 | 0.34 | 0.37 | 0.44 | 0.67 | 0.79 | 0.97 | 1.26 | 1.30 |
| 산악지대 | 0.03 | 0.17 | 0.31 | 0.49 | 0.71 | 0.69 | 0.82 | 0.82 |
| 극서부* | 3.90 | 1.54 | 1.70 | 2.37 | 2.43 | 2.93 | 3.14 | 3.26 |

* 극서부 지역의 경우는 금광의 고용도 포함된 수치임

점에서는 탁상공론일 뿐이다. 왜냐하면 경제환경이란 끊임없이 변하기 때문이다.

19세기에 미국의 운하주나 철도주를 산 뒤 오늘날까지 그것을 보유하고 있는 투자자가 만약 존재한다면 그는 아마도 성과가 좋지 않을 것이다. 대부분의 운하회사나 철도회사가 20세기로 넘어오기도 전에 다 파산했기 때문이다. 이런 점에서 19세기와 20세기 초에 철도주가 어떤 변화를 보였는지를 살펴보는 것도 의미가 있겠다.

앞에서 이미 보았듯이 철도주는 1852년에 최초의 꼭짓점을 찍은 후 1853년에는 폭락세를 보였다. 철도주는 그 뒤에 회복돼 1864년과 1869년에 다시 꼭짓점을 찍었지만, 대다수의 철도회사 주가는 1860년대 내내 철도건설이 위축된 탓으로 1852년의 최고치를 넘지 못했다. 그 후 19세기 하반기에 철도의 총연장은 14배로 늘어났지만 철도주는 19세기 말까지 계속 약세를 면치 못했다.

특히 1873년의 국제적인 증시붕괴와 1893~1896년의 불황을 거치면서 대다수의 철도회사들이 파산했다. 1893년에는 이리호 철도회사, 노던퍼시픽 철도회사, 웨스턴 철도회사가 잇따라 파산을 선언했다. 이 해에 미국의 은행 가운데 5%가 파산했고, 미국의 철도회사 가운데 30%가 파산관리를 받기 시작했다. 불황은 1896년까지 계속됐고, 그 결과로 미국 철도의 90%에 해당하는 철도회사들이 유동성 위기를 맞았다. 결론적으로 말해 19세기 후반기에 이미 철도업종은 결코 좋은 투자대상이 아니었다.

그리고 모든 철도주가 동시에 꼭짓점을 찍은 것도 아니었다. 철도주 지수의 구성은 시간이 흐르면서 바뀌었고, 그 과정에서 파산한 철도회사는 지수에서 배제되고 새로운 철도회사가 지수에 편입되곤 했다. 그러나 1852년과 1869년 사이에 대부분의 철도주가 꼭짓점을 찍었다고 말할 수는 있다.

〈그림 4-3〉

**주가의 고점과 저점**
1860-1891년의 미국 주가

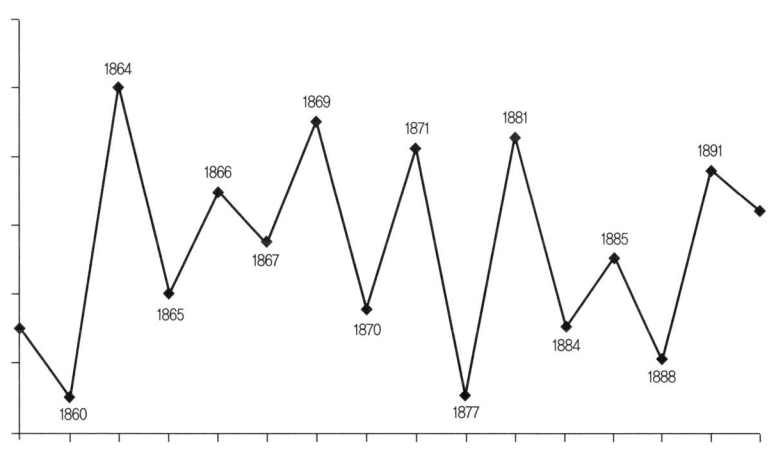

철도업종은 19세기 미국이라는 대단히 성공적이고 급성장한 신흥경제에서도 대표적인 고성장 산업이었지만, 주가의 측면에서는 19세기의 상반기 내내 실적이 좋지 못했고 19세기의 하반기 초에는 특히 저조했다. 〈그림 4-4〉에서 보듯 다우 철도지수는 1906년 말 140에서 꼭짓점을 찍은 후 1921년에 70 이하를 기록할 때까지 계속 하락했다.

19세기 중반 이후 철도산업에 무슨 문제가 있었을까? 물론 여러 가지 문제가 있었다. 점점 더 많은 철도가 개통되면서 경쟁이 심해져서 운임이 하락했다. 새로운 철도를 놓기 위해서는 막대한 자본이 단기간에 조달돼

〈그림 4-4〉

**힘 빠진 철도주**
다우 공업지수와 다우 철도지수 비교

야 했다. 그러나 철도건설 자금을 필요로 하는 곳은 미국만이 아니었다. 유럽, 러시아, 남미 국가들도 철도건설 자금을 조달하기 위해 증권을 마구 찍어냈다. 끝없이 발행되는 새로운 증권은 기존 증권의 가격을 억압했다. 게다가 당시의 디플레이션 상황 속에서 철도회사들의 기발행 채권이 큰 부담으로 작용했다.

철도회사들에 결정적인 타격을 가한 것은 1887년에 설립된 주간통상위원회(Interstate Commerce Commission)였다. 이 위원회는 1906년에 제정된 헵번 법과 1910년에 제정된 만-엘킨스 법에 의해 철도운임에 대한 조정권한을 갖게 됐고, 1910년부터 1921년까지 인플레이션이 가속화되는 상황 속에서 철도운임 상승을 억제함으로써 철도회사들의 수익에 치명적인 타격을 가했다.

그 결과로 1920년까지 철도의 수익성이 크게 떨어졌다. 철도주의 주가는 1906년의 고점에 비해 1920년에는 절반으로 떨어졌고, 1918~1920년에 펼쳐진 공업주의 강한 상승세에도 동참하지 못했다.

여기서 미국의 철도산업을 논하는 데는 두 가지 이유가 있다. 첫째, 1920년대 초반까지도 철도는 미국에서 가장 큰 산업이었다. 1925년 철도산업의 자본금 총액은 모든 유틸리티(공익사업) 기업들의 자본금 합계보다 컸고, 철강업종보다는 2배 이상이었으며, 자동차업종보다는 10배 정도로 컸다. 그런데 이런 미국 최대의 산업이 주가의 측면에서는 19세기 중엽부터 1921년까지 별 볼일 없었다고 말할 수 있다.

둘째, 미국 철도업종의 경험을 살피다보면 최근의 신흥시장 사회간접자본이나 통신회사에 대한 투자 붐에 대한 통찰력을 얻게 된다. 미국 경제 전체와 더불어 철도산업이 빠른 성장세를 지속했음에도 불구하고 철도업종 주식은 하락세를 면치 못했다. 철도회사들의 주가는 1852~1869년에 꼭짓점을 찍고 떨어지기 시작한 뒤에는 1920년까지도 회복되지 못했다. 다시 말해 산업의 성장이 반드시 주가의 상승을 가져오는 것은 아니라는 것이다. 이보다는 오히려 자본에 대한 수요와 공급, 가격결정 방식, 정부의 규제와 같은 외적 요인들이 주가에 더 큰 영향을 미치기도 한다.

자본에 목마른 철도산업은 계속해서 증권을 추가로 발행해야 했지만 운임의 하락으로 철도산업의 수익성이 떨어지자 철도주에 대한 투자자들의 수요가 급감했는데, 이런 문제는 최근에 통신부문이 직면했던 문제와 비슷한 것이었다. 또한 1910~1920년의 인플레이션 환경 속에서 철도에 친화적이지 않은 주간통상위원회의 정책으로 인해 운임조정이 비용상승에 못 미치는 수준으로 억제됐다. 이런 정책은 철도산업에 큰 타격을 주었다.

내가 신흥시장 투자자라면 사회간접자본 투자에는 지극히 조심할 것이다. 사회간접자본은 건설에 막대한 자금을 필요로 하지만 경쟁이 본격화되면 요금이 하락하는 경우가 비일비재한 분야이기 때문이다. 인플레이션 환경 속에서 요금을 올리려고 하면 온갖 공적 규제가 부과되는 게 이 산업의 특징이다.

한편 미국 대학에서 교육을 받아 미국 주간통상위원회의 역사에 대해 잘 아는 신흥경제국가의 정부 관리들은 자기들이 미국 대학에서 배운 서구 자본주의 경험의 교훈, 즉 공공재 가격에 대해 적극적인 규제를 가함으로써 인플레이션을 누를 수 있다는 생각에 사로잡혀 가격규제에 적극적으로 나선다. 그래서 신흥시장의 사회간접자본 건설 사업은 절대로 좋은 투자대상이 되지 못한다.

1920년대는 철도업종의 호시절이었다. 그러나 1921년부터 1929년까지 다우 평균지수가 70에서 386까지 5배 이상으로 오르는 동안에 철도를 포함한 수송업종 지수는 70에서 189로 2.5배 상승하는 데 그쳤다. 게다가 〈그림 4-5〉에서 보듯 1929년부터 시작된 공황기간 중에 수송업은 대표적으로 주가가 폭락하는 업종이었다. 1932년에 다우 수송업종 지수는 13.23까지 하락했다. 이는 20세기 들어 최저수준이자 1857년 공황기의 최저치와 비슷한 수준이었다.

장기적으로 주식은 항상 상승한다고 믿는 사람들에게는 1850년부터 1932년까지의 미국 철도주 사례를 반드시 들여다볼 것을 권한다. 철도업종은 19세기 말까지 미국 주식시장의 최대 업종이었고, 20세기 초까지도 가장 인기가 높은 업종이었다.

어쨌든 1850년에 철도 주식을 산 뒤 '매수 후 보유' 전략으로 지금까지 그것을 계속 보유해온 투자자가 있다고 가정한다면 그는 그동안 있었던 수많은 기회를 모두 놓치고 말았을 것이다. 그가 놓쳤을 기회란 1910년대

〈그림 4-5〉

**완전한 붕괴**
1915–1940년 다우 수송업 지수

의 미국 자동차 붐, 1920년대의 가전, 라디오, 영화, 유틸리티 붐, 1950년대의 독일 증권시장 붐, 2차대전 이후 1980년대 말까지의 일본 주식 붐, 1990년대의 하이테크 붐 등이다.

요점은 간단하다. 모든 경제, 모든 산업은 순환한다. 신흥경제국가, 신흥산업, 신흥기업의 경우에는 순환이 훨씬 더 격렬하다. 그들은 빠른 성장을 위해 계속해서 추가 자본조달을 해야 한다. 그들의 자본조달 능력은 투자자들이 그들에 대해 어떤 기대를 갖고 있느냐에 달려있다.

만약 투자자들이 신흥부문의 미래를 확신하면 필요한 정도 이상으로 많은 자금이 공급돼 그 부문에 호황이 일어난다. 그러나 호황이 계속되다 보면 새로운 경쟁자들이 진입해 시장에 과잉공급이 빚어지고 그 부문은 하향세로 반전된다. 따라서 새로운 산업과 신흥경제는 성장의 초기 단계에서 강력한 경쟁에 부닥쳐 급작스러운 진부화를 경험할 수 있다. 특히 새로운 산업에서는 혁신의 속도가 빠른 만큼 진부화도 빠르게 진행된다.

최근에 하이테크 산업은 제지, 철강, 화학과 같은 기존의 굴뚝산업에 비해 변화의 속도가 훨씬 빨랐다. 그리고 지난 30여 년간의 한국, 대만, 싱가포르, 1990년 이후의 중국은 독일이나 스위스 같은 선진국들에 비해 훨씬 급격한 변화를 보였다.

세계의 경제환경이 급격히 변하는 상황, 즉 완전히 새로운 산업이 생겨나면서 19세기 초의 시카고, 1960년대의 실리콘밸리, 1990년대의 상하이나 방갈로르와 같이 새로운 중심지역이 새롭게 부상하는 환경 속에서는 '매수 후 보유' 전략은 최악의 선택이다. 투자자들은 한 산업 또는 한 국가의 쇠퇴나 몰락에 발목 잡히지 않고 거기서 빠져나오기 위해 때로는 과감하게 자산을 재배치할 필요가 있다. 아울러 세계 각지에서 새롭게 부흥하는 지역 또는 산업에서 생겨나는 새로운 기회를 향해 마음을 열어두어야 한다.

그렇다고 해서 '가치투자' 대신에 '성장중심 투자'를 해야 한다고 말하려는 것은 아니다. 그보다는 저평가된 성장부문에 투자하면 이미 성숙해 성장전망이 없는 부문에 투자하는 것보다 높은 투자성과를 기대할 수 있다는 말을 하려는 것이다.

또한 앞에서 보았듯이 신흥산업이나 신흥국가가 성장하는 과정에는 필연적으로 격심한 경기변동이 수반되므로 그런 과정 속에서 위기나 경기후퇴가 일어날 때에는 저평가된 자산을 살 수 있는 좋은 기회가 생겨난다는 점을 잊어서는 안 된다. 반대로 붐이나 투자열풍의 시기에 투자를 해서 취득한 자산을 계속해서 보유한다면 몽땅 다 잃든지 형편없는 수익에 머물 수밖에 없을 것이다. 붐이란 꺼지게 돼있고, 다음의 붐은 지금 붐을 누리는 산업이나 투자대상이 아닌 다른 산업이나 투자대상에서 일어나는 경향이 있기 때문이다. 다시 말해 한 경제부문의 붐이 지나가면 그 다음 붐은 그 경제부문이 아닌 다른 경제부문에서 일어날 가능성이 높다.

다음 장들에서는 하나의 붐이 어떻게 다른 붐으로 이어지는지, 그리고 다음의 붐은 왜 동일한 산업이나 지역이 아닌 다른 산업이나 지역에서 일어나는지를 알아보고, 투자자들은 이런 신흥경제 변화의 흐름 속에서 어떻게 해야 이익을 볼 수 있는지를 생각해본다.

## 5장 | 신흥시장의 라이프사이클

> 대개의 경우 다른 사람들이 하는 대로 따라 하는 것은 어리석은 일이다.
> 그렇게 하는 사람들이 너무나 많기 때문이다.
> – 윌리엄 제번스(William Stanley Jevons, 1835~1882)

 이제는 신흥 주식시장의 순환에 대해 알아보자. 혁명적인 발명과 혁신에 의해 추동되는 새로운 산업도 전체 거시경제 체제 속에서 하나의 신흥경제라고 할 수 있다. 그러나 새로운 산업이나 신흥경제 지역을 추동하는 요소는 신흥 주식시장을 추동하는 요소와 다르므로 경기의 순환에 대해 논의할 다음 장에서 살펴보기로 하고, 여기서는 경제발전의 초기단계에 속하는 국가의 주식시장이 어떻게 순환하는지에 초점을 맞추기로 한다.
 경제와 시장의 라이프사이클은 사람의 라이프사이클과 여러 모로 비슷하다. 사람은 청소년기에 빠르게 성장한다. 시장으로 치면 이 단계는 강세장이다. 사람은 이때 사고가 잦은데, 시장에서는 그런 현상이 잦은 위기나 폭락으로 나타난다. 사람은 어른이 되면 활동성이 점점 떨어지다가 결국은 늙어서 죽는다. 이 단계의 경제는 쇠퇴기, 시장은 약세장이다.
 그러나 경제나 주식시장에 다행스러운 차이가 하나 있다. 경제나 주식

〈그림 5-1〉
### 신흥시장의 라이프사이클
일반적 도식화

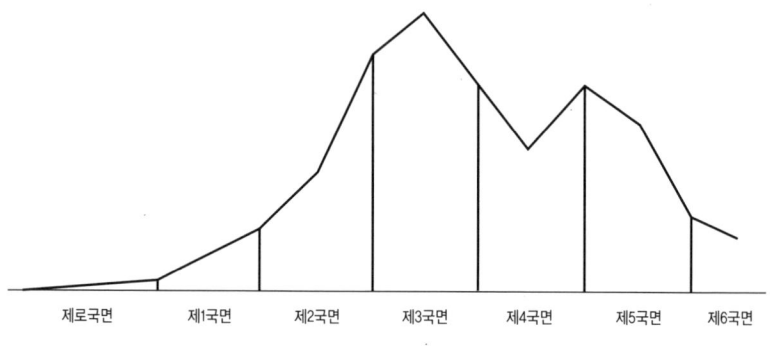

〈그림 5-2〉
### 한국의 사례
종합주가지수(굵은 선은 9개월 이동평균)

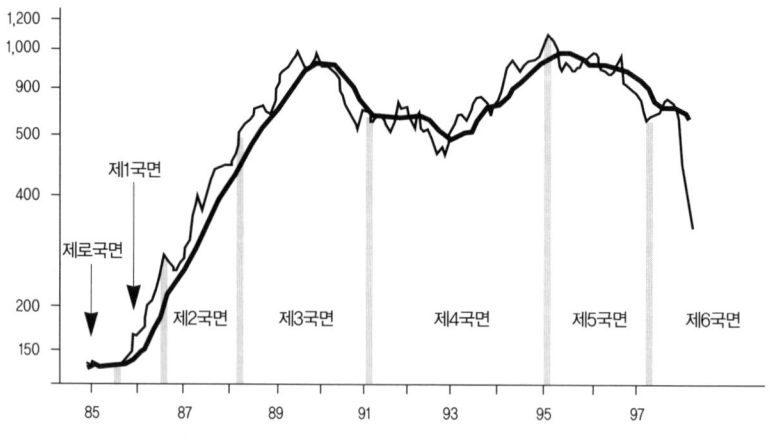

시장은 사람과 달리 죽은 뒤에 다시 새 생명을 얻는다. 그리고 새로이 전개되는 라이프사이클은 전번의 것과 크게 다르다.

〈그림 5-1〉은 신흥시장의 일반적인 라이프사이클, 〈그림 5-2〉는 1985년부터 1998년까지 한국 주식시장의 종합주가지수가 보여준 라이프사이클이다. 한 가지 주의할 점은 그림에는 각 국면이 명쾌하게 구분돼있지만 현실에서는 각 국면을 인식하는 것이 쉽지 않다는 것이다. 각 국면의 실제 모습은 너무나 복잡하고 애매해서 대부분의 투자자들은 지금 어느 국면에 있는지를 정확하게 알기 어려우며, 이 점에서는 나도 예외가 아니다. 게다가 한 국면에서 그 다음 국면으로 넘어가는 데 시간이 너무 많이 걸리거나 국면전환이 명확하지 않게 얼렁뚱땅 이루어지는 경우도 허다하다.

### 라이프사이클의 7국면

신흥 주식시장의 라이프사이클에서 각 국면별로 나타나는 현상들을 살펴보자. 각 국면에서 나타나는 현상들은 시장별 특수성에 따라 부각되는 정도가 각각 다르다. 분명한 것은 각 현상이 부각되는 정도가 분명할수록 시장이 지금 어느 국면에 있는지, 또는 어떤 국면으로 넘어가고 있는지를 보다 확실하게 알 수 있다는 것이다.

**제로국면-폭락 이후**

〈상황〉
- 경기침체가 지속된다.

- 몇 년간 실질 국민소득이 정체하거나 감소한다.
- 실업률이 높다.
- 자본지출이 저조하고, 국제경쟁력이 약해진다.
- 파업, 높은 물가상승률, 거듭되는 통화 평가절하, 테러, 국경분쟁 등으로 정치적, 사회적 여건이 불안정해진다.
- 기업의 이익이 줄어든다.
- 외국인 투자가 유입되지 않는다.
- 자본도피로 외화가 유출된다.

〈징후〉
- 야간 통행금지가 실시된다.
- 안전에 대한 우려로 관광객 수가 줄어든다.
- 호텔의 객실 점유율이 30% 수준으로 떨어지고, 몇 년째 새로운 호텔의 건설이 없으며, 기존의 호텔이 문을 닫는다.
- 주식의 거래량이 아주 낮은 수준에 머무르며, 직전의 최다 거래량에 비해 90%나 감소할 수도 있다.
- 붐이 끝난 뒤로 계속해서 주가가 하락하거나 바닥상태에 머문다.
- 실질가치 기준으로 주식시장이 말도 안 되는 수준으로 저평가된다. 해외 어느 나라인가의 주식시장은 활황이므로 국내의 저축 및 외국인 자금이 해외로 빠져나간다. 이로 인해 주식, 통화, 부동산 등 자산의 가치가 매우 낮은 수준으로 떨어진다.
- 외국 펀드매니저의 방문이 뚝 끊긴다.
- 신문기사의 제목이 비관론 일색이다.
- 직전 붐의 후유증으로 부실대출이 심각한 문제가 된다. 이로 인해 신용

공급이 줄어들고 신용조건이 까다로워진다.
- 외국 증권회사의 새로운 점포 개설이 전무하며, 심지어는 기존의 점포가 폐쇄되기도 한다. 해외에서 컨트리펀드의 결성이 전무하다. 국내 증시에 대한 해외 증권회사의 보고서가 오래 전부터 나오지 않는다.
- 투자설명회에 관심을 보이는 사람이 없다. 일차산품을 포함한 모든 부문과 모든 종류의 자산에 걸쳐 시장은 오로지 하락한다는 반응 일색이다.
- 주식투자에서 큰 손해를 본 투자자들이 다시는 주식시장에 투자하지 않겠다고 말한다.
- 스위스의 투자은행들이 투자의사가 없다고 발표한다.

〈사례〉
- 1980년대 석유달러 붐 이후의 중남미, 특히 아르헨티나(〈그림 5-3〉).
- 1970년대 석유 붐 이전의 중동.
- 2차대전 이후 1980년대 말까지의 공산주의 국가들.
- 1980~1985년 중 일본을 제외하고 태국, 필리핀, 한국을 포함한 대부분의 아시아 국가들.
- 1997년 아시아 금융위기 이후 최근까지의 인도네시아, 태국, 필리핀, 말레이시아.
- 최근 몇 년간의 남아프리카공화국과 아프리카 대륙 전체.

제로국면은 붐에 이어 심각한 위기를 맞은 부문이나 경제에 나타난다. 붐 때 투자했다가 큰 손해를 본 투자자들은 시장에 대해 혐오감을 드러낸다. 제로국면이 오래 지속될수록, 그리고 경제여건과 금융자산이 더 많이

〈그림 5-3〉

**석유달러 붐 전후의 주가**
미국 달러 기준의 아르헨티나 주가지수

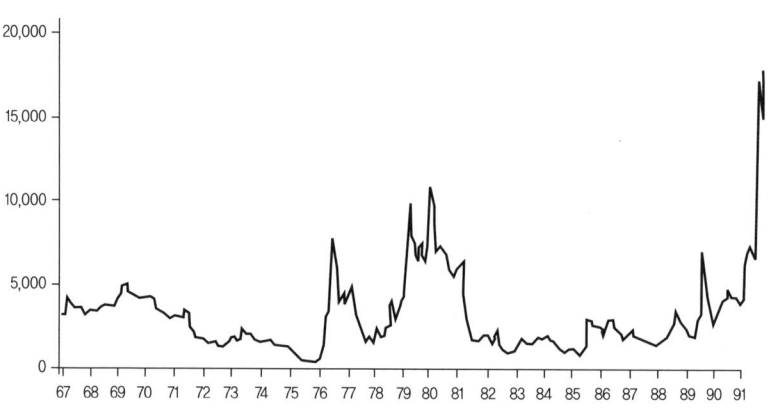

억눌렸을수록 다음 단계인 제1국면으로 전환될 가능성이 높아진다. 이때 중요한 것은 어떤 자극제가 있어야 한다는 점이다. 자극제가 생기면 제로국면에서 혼수상태에 빠져있던 경제가 서서히 성장세를 회복한다.

제1국면-점화

〈자극제〉

- 정권교체, 평화조약 체결, 시장경제와 자본주의 체제 도입, 사유재산권 인정 등으로 정치적, 사회적, 경제적 여건이 호전되기 시작한다.
- 세금 인하, 외국인 직접투자에 대한 우대정책 도입, 자본이득세 폐지, 통화개혁, 외환자유화, 외국인의 국내자산 취득 100% 허용, 무역장벽 철폐 등 새로운 경제정책이 실시된다.

- 지하자원 발견, 주요 원자재 가격의 상승, 새로운 발명과 혁신의 응용 등 외적 요인이 생긴다.
- 수출 증가, 해외투자 자본의 환류, 외국인 직접투자와 포트폴리오 투자 유입 증가 등으로 유동성이 개선된다.
- 기업의 이익이 현저하게 개선될 것으로 전망된다.
- 전기, 도로, 항만 등 대규모 사회간접자본 건설을 위한 투자가 개시된다.
- 경제 전반에 걸쳐 민영화가 추진된다.

〈징후〉
- 현금자산과 부가 증가한다.
- 신용조건이 완화돼 소비와 자본지출이 늘어나고 기업의 이익이 개선된다.
- 주가가 오르기 시작하거나 갑자기 급등한다.
- 관광객이 늘어난다.
- 실업률이 하락하기 시작한다.
- 선견지명이 있는 일부 외국인 투자자나 기업들이 합작사업에 관심을 나타내기 시작하면서 외국인 직접투자가 증가한다.
- 역발상 투자를 하는 외국 펀드매니저가 투자를 개시한다.
- 호텔의 객실 점유율이 70% 선으로 올라간다.
- 야간 통행금지가 해제된다.
- 경제심리 지수가 크게 호전되고, 투자자들의 신뢰가 회복된다.
- 대주주가 낮아진 주가를 이용해 자사주 취득을 늘리거나 공개기업을 개인회사로 돌린다.

〈사례〉
- 1973년 이후의 중동.
- 1984년 이후의 멕시코.
- 1985년 이후의 태국.
- 1987년 이후의 인도네시아.
- 1990년 이후의 중국.
- 1990년 이후의 아르헨티나, 브라질, 페루.
- 1993년 이후의 러시아와 동유럽.

제1국면으로 전환하기 위해서는 주요 제품 가격의 상승, 새로운 발명의 응용, 수출의 급증, 조세제도나 투자관련 법률의 개정과 같은 변환이 일어나야 하고 그것이 새로운 투자를 일으키는 자극제 역할을 해주어야 한다. 탁월한 경제사학자인 찰스 킨들버거 교수는 《열풍, 공황, 그리고 붕괴(Manias, Panics, and Crashes)》(1978)에서 이렇게 지적했다.

어떤 내용의 변환이든 광범위하고 강력하게 일어난다면 적어도 하나 이상의 주요 산업에서 수익이 증가해 경제 전체의 전망이 밝아진다. 이에 따라 일부 산업에 초과수익의 기회가 생기면 투자여력을 갖고 있는 기업 또는 개인들이 그쪽으로 몰린다. 새로운 기회에 대한 희망이 이전의 실망을 압도하게 되면서 투자와 생산이 회복된다.

경제적 성장, 정치적 통합, 사회적 개선에 대한 비전을 갖춘 새로운 리더십도 절대적으로 중요하다. 작은 도시국가 싱가포르는 리콴유의 지도 아래 지난 30여 년 동안 대단한 성장을 이룩했다. 중국은 덩샤오핑의 영도 아래 공산당 보수파의 저항을 극복하고 문호를 개방하면서 세계무대에 등장했다. 블라디미르 푸틴 대통령이 이끄는 러시아에서도 같은 현상이 일어날 수 있다. 지도자가 국민들 사이에 단합의 분위기와 목표의식을 불러일으키는 데 성공할 때에는 경제여건이 저절로 좋아진다. 이런 예에서 볼 수 있듯이 전제적이지 않은 민족주의는 경제여건을 개선시킬 수 있으며, 히틀러의 독일에서처럼 전제적인 민족주의도 경제여건을 일시적으로는 개선시킬 수 있다.

사회간접자본의 대대적인 확충이나 사법제도와 시장제도와 같은 제도적 기반시설의 확충도 제로국면을 제1국면으로 전환시키는 데 기여한다. 재화와 서비스의 생산이 효율적으로 이뤄지기 위해서는 물질적 기반과 법적, 제도적 기반이 다 필요하기 때문이다. 제1국면에서 이와 같은 변환이 일어나고 신용팽창이 뒤따르면 제2국면 또는 제3국면의 초기에 해당하는 강력한 붐이 일어난다.

제2국면-회복

〈상황〉
- 실업률이 떨어지고, 임금이 상승한다.
- 생산능력 확대를 위한 자본지출이 급증한다. 경제환경의 개선이 영구히 계속될 것이라는 지나친 낙관론이 형성된다.
- 외국인 투자의 대규모 유입으로 주식의 내재가치에 비해 주가가 과도하게 오른다.
- 신용팽창으로 실물자산과 금융자산의 가격이 크게 오른다.
- 부동산 가격이 몇 배로 뛴다.

- 주식과 채권의 신규발행이 최고치를 경신한다.
- 기업 인수합병 활동이 늘어난다.
- 외국 증권사 등 외국계 금융기관들이 사무실을 추가로 개설한다.
- 물가상승이 가속화하고 금리가 오르기 시작한다.
- 예외적으로 초인플레이션과 불황을 동시에 겪는 나라에서는 흔히 금융개혁에 의해 경제가 회복되기 시작하고, 그러면서 물가가 진정되고 금리가 하락할 수도 있다.

〈징후〉
- 경제 중심도시가 온통 공사판일 정도로 건설 붐이 일어난다.
- 호텔은 외국에서 온 기업가나 포트폴리오 매니저들로 북적거린다. 많은 호텔이 새로 지어진다.
- 외국 신문들의 기사가 아주 긍정적이다.
- 해외에서 컨트리펀드의 결성이 이어진다. 국내 증권시장에 대한 외국인 투자의 유입이 늘어난다.
- 외국 증권회사들이 낙관적인 보고서를 홍수처럼 쏟아낸다.
- 외국 증권회사의 국내 지점이 늘어난다.
- 외국인 관광객들이 즐겨 찾는 관광지로 부상한다.
- 외국 증권회사의 보고서가 두꺼워질수록, 외국 증권회사의 국내 지점 수가 증가할수록, 컨트리펀드 결성이 늘어날수록 제2국면에서 다음 국면으로 넘어가는 시점이 앞당겨진다.

〈사례〉
- 1970년대 후반 미국의 휴스턴, 댈러스, 덴버 및 캐나다의 캘거리.

- 1978~1980년의 모든 중동 국가들.
- 1987~1990년의 일본.
- 1980년대 후반의 남아시아와 북아시아.
- 1992~1994년의 중남미.
- 최근의 러시아와 중국.

독자들은 휴스턴과 댈러스 등이 신흥경제의 사례로 꼽힌 것을 보고 의아해할지 모른다. 하지만 신흥경제라는 개념을 지나치게 제한적으로 해석할 필요는 없다. 신흥경제라는 말을 저개발국가에 한정시키지 말자. 현대화되고 잘 발달된 선진경제에도 신흥제조업, 신흥공업, 신흥서비스업이 있다. 선진국의 일부 지역이 그 나라의 평균수준을 넘는 고성장을 영원히는 아니겠지만 얼마든지 이룰 수 있다. 이 책을 읽는 독자들은 신흥경제에 대한 투자를 열린 개념으로 생각하고 선진국의 신흥부문에 대한 투자도 고려해보기를 권한다.

제2국면과 제3국면에서 중요한 점은 기업가들 사이에 낙관론이 팽배한다는 것이다. 제2국면에서 실제로 기업의 수익성이 호전되는 상황 속에서는 기업가들이 미래의 수익을 지나치게 낙관적으로 추정하는 오류를 범한다.

이에 대해 경제학자 아서 피구는 1920년에 펴낸 저서 《후생경제학(The Economics of Welfare)》에서 다음과 같이 지적했다.

낙관론의 오류는 한번 생기면 기업인들 사이의 상호작용으로 인해 빠르게 확산된다. 그 경로는 두 가지로 대별된다. 하나는 기업인들 사이에 금융적 관련성과는 상관없이 존재하는 심리적 상호의존 관계다. 이로 인해 경제계의 어느 한 부문에서 일어난 심리적 변화는 다른 부문으로, 그리고 결국은 사업적으로 전혀 관계가 없는 부문으로까지 번진다. 다른 하나는 어느 한 부문의 기업인들이 품게 된 낙관론이 다른 부문 기업인들의 높아진 기대수준을 정당화해주는 경로다.

대중 속에 있으면 낙관주의에 물들기가 아주 쉽다. 대중은 상호모방 과정을 통해 서로 영향을 주고받는다. 특히 기업가들처럼 서로 긴밀한 관계를 맺고 있는 대중은 낙관적 분위기에 아주 빨리 젖어든다. 오늘날에는 CNBC, 블룸버그, 로이터와 같은 매체, 현대적인 통신수단, 인터넷 등으로 인해 투자분위기에 일어나는 변화가 눈 깜짝할 사이에 국제적으로 확산된다.

기대심리는 붐을 부추기며, 붐 기간에는 비판의견이 뒷전으로 밀리는 반면 당치도 않은 사업판단이 증가한다. 그 결과 낙관론의 오류가 번성한다. 사람들의 불타는 소망이 곧바로 믿음이 돼버린다. 한번 투자에 성공하면 조심성이 없어지고 맹목적이 된다. 그러면서 사람들이 최고의 행복감을 맛본다.

제3국면-붐

〈상황〉
- 경제의 몇몇 부문에 과잉투자에 따른 잉여 생산능력이 생겨난다.
- 경제의 곳곳에서 사회간접시설이 부족해지거나 병목현상이 일어난다. 과도한 신용팽창으로 임금과 부동산 가격이 상승하고 경제에 인플레이션 압력이 생긴다.

- 소비자물가와 도매물가가 움직이지 않거나 오히려 하락할 수 있으며, 이런 경우에는 느슨한 통화정책이 유지된다. 통화량 증가와 신용팽창이 경제성장 속도에 비해 지나치게 빨라지면 주식이나 부동산 같은 자산의 가격상승이 뚜렷해진다.
- 기업의 이익 증가율이 떨어지며, 일부 산업에서는 이익의 규모가 줄어들기까지 한다.
- 금리의 급상승, 대규모 부정사건의 발생, 기업의 파산, 큰손 투기자들의 마진콜 불응 등의 충격이나 불리한 시장외부의 사건으로 인해 주가가 급작스럽게 떨어지기도 한다.
- 가끔은 특별한 이유도 없이 그저 너무 올랐다는 이유로 주가가 하락하기도 한다. 일부 투자자들이나 기업 내부자들은 낙관론을 접고 이익실현에 나선다.
- 기업과 기업 내부자들의 자사주 매각으로 시장의 주식공급 물량이 계속 증가한다. 언론의 보도나 기업 경영진의 낙관적인 발표만 보거나 들어 머리가 텅 빈 개미 투자자들만 주식을 계속 사들인다.

〈징후〉
- 제3국면은 한 세대에 한 번 올 정도의 투자열풍으로 절정에 이른다. 이 국면은 다른 어느 국면보다도 명확하게 인식된다. 투기열풍은 통제가 불가능한 수준까지 간다.
- 그러나 이 국면이 끝나기 전에는 상대적으로 짧은 기간에 커다란 투자이익을 볼 수 있다.
- 이 국면이 끝날 때에는 주가의 폭락이 따르며, 외국인 투자자들이 주식을 투매하고 돈을 빼내가기 때문에 통화의 가치가 하락한다.

- 신용의 폭발적 증가로 부채비율이 매우 높아진다.
- 주택, 사무용 건물, 호텔, 쇼핑센터 등이 많이 지어지며, 세계에서 가장 높고 사치스러운 건물이 완공될 단계에 이른다.
- 경제활동 중심도시가 붐을 이룬다. 시내 나이트클럽은 주식시장과 부동산시장에서 떼돈을 번 투기꾼과 브로커들로 붐비며, 낮에도 교통혼잡이 극심하다.
- 새 공항이 완공되고, 2단계 공항증설 공사가 계획된다.
- 신도시와 산업단지가 계획되거나 공사에 들어간다.
- 성공한 사업가, 부동산개발업자, 주식투자자가 대중의 영웅이 된다. 이들의 사진이 잡지의 표지에 등장하며, 잡지가 이들을 올해의 인물로 선정하기도 한다.
- 주식시장과 부동산 투자가 어디서나 주된 화제가 된다. 일반 투자자들은 주식과 부동산의 가격이 왜 더 오를 수밖에 없는지에 대한 설명을 무수하게 듣는다. 학자들이 잘못된 가정에 근거해 낙관적인 전망을 늘어놓는다. 주식의 신용거래가 급증하고, 그 거래내용이 투기적 성격을 띠게 된다. 주식시장의 거래량과 부동산시장의 거래액이 제1국면에 비해 몇 배로 증가한다.
- 차입매수, 인수합병, 레드칩(중국 우량기업의 주식), 호랑이 경제, 새로운 시대, 신경제와 같은 새로운 유행어가 난무하고, 투기자들은 자신이 사는 주식이 어느 회사의 것인지, 그 회사의 사업내용은 뭔지도 모르는 채 그저 코드번호만 기억한다.
- 주부들이 주식시장에 대거 몰려들어 적극적으로 주식을 산다. 주식투자를 위해 직장을 그만두는 사람들이 늘어난다. 미용사, 매춘여성, 20대 포트폴리오 매니저, 부잣집 아이 등이 전문적인 펀드매니저보다 오

히려 더 나은 투자수익을 거두기도 한다. 이런 이들에 대한 기사가 언론에 보도되고, 이들의 투자전략을 소개하는 책이 발간된다.
- 기업 인수합병이 줄을 이으며, 그 대부분은 차입매수 방식으로 이뤄진다.
- 성공한 사업가나 투기자들이 해외투자에 나서거나 사업을 다각화한다. 이런 이들이 전혀 알지도 못하는 분야에 뛰어들고 예술품, 부동산, 골프장을 사들이는 데 엄청난 돈을 쓴다.
- 외국인 투자자금 유입액이 최고치를 경신하고, 외국계 증권회사들이 새로 설치하는 지점 수가 기록적으로 늘어난다. 증권회사의 투자분석 보고서는 갈수록 더 두꺼워진다.

〈그림 5-4〉

### 경기정점을 상징하는 고층빌딩들
18년 주기의 뉴욕 마천루 사이클

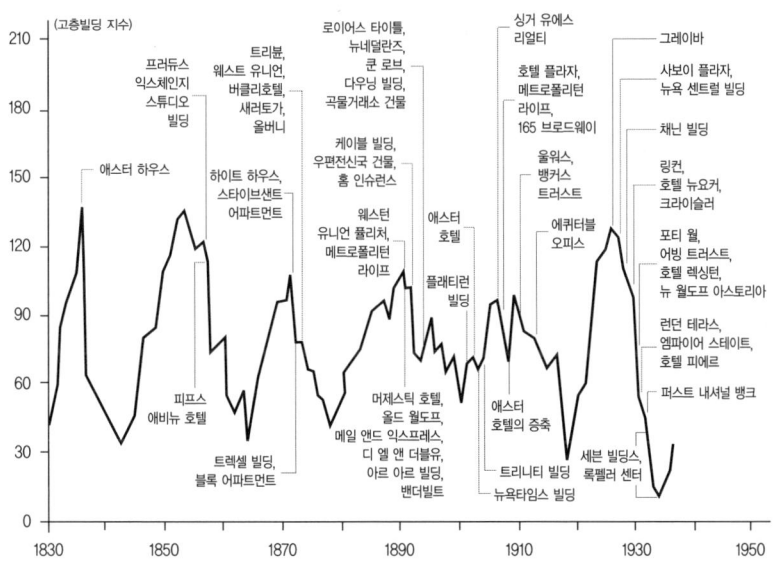

〈사례〉
- 1980년대 석유 생산국들.
- 1973, 1980, 1997년의 홍콩.
- 1992~1994년의 태국.
- 1980~1981년의 싱가포르.
- 1989년의 일본.
- 1990년의 인도네시아.
- 1990년의 대만.
- 1994년의 중남미.
- 1999~2000년의 정보, 통신, 미디어 업종.

붐은 통상 대중적인 망상을 바탕으로 해서 일어난다. 1980년에 투자자들은 경기가 여전히 제2국면에 있다고 생각했고, 인플레이션이 더욱 가속화할 것이라고 믿었다. 그들은 금 1온스에 850달러, 은 1온스에 50달러를 기꺼이 지급했고, 원유 가격이 배럴당 80달러까지는 갈 것이라고 확신하면서 석유 관련주의 높은 가격을 그대로 받아들였다.

1989년에는 투자자들이 일본 주식시장은 시장원리의 예외에 해당하는 시장이라면서, 성장성이 그저 그런 회사에 대해서도 주가수익배율 100배를 흔쾌히 수용했다. 그들을 사로잡았던 또 하나의 망상은, 일본은 토지가 부족한 나라이므로 토지 가격이 무한정 오를 것이라는 생각이었다.

1990년대 초반에 아시아 국가들은 전년 대비 관광객 증가율 30%가 영원히 계속될 것이라고 믿고 호텔과 골프장 건설에 너도나도 나섰다. 1997년에 홍콩에서는 중국의 시장개방으로 홍콩이 최대 수혜지가 되고 아시아의 허브가 된다는 기대감이 팽배했다. 이에 따라 많은 투자자들이 홍콩의 개발예상지역 토지를 사들이는 데 엄청난 돈을 쏟아 부었다. 최근에는 하이테크, 통신, 인터넷, 바이오 등의 주식을 산 투자자들이 터무니없는 가격을 지불했다.

행복한 시간과 화려한 파티는 영원히 계속되지 않는다. 전혀 예상하지 못했던 일이 일어나 파티를 망친다. 가격이 많이 오르다 보면 제 무게를 견디지 못하고 스스로 무너지기도 한다. 제3국면의 특징은 자산 가격이 충격적으로 떨어지는데도 분위기는 여전히 낙관적이라는 점이다. 사람들은 자산 가격이 떨어지면 오히려 살 기회로 여기고, 하락 폭이 커지면 대세상승 속의 조정국면이라고 해석한다. 손실이 나도 그것은 그저 그동안의 투자수익을 날린 것에 불과하다면서 대수롭지 않게 여긴다. 대부분의 사람들은 시장의 대세가 바뀐 것은 아니라고 믿는다. 아직 시장이 제2국면에 있다고 생각하는 투자자들은 주가가 떨어질 때마다 추가로 주식을 사서 평균 매수단가를 낮추기를 거듭한다. 그러나 그러는 동안 투자자들의 손실 규모는 눈덩이처럼 불어난다.

제4국면-수상한 하락

〈상황〉
- 통화당국이 열풍을 연장하고 경제의 붐을 영원히 지속시키려는 무책임한 행동을 하지 않는 한 신용확대가 주춤한다.
- 기업의 수익성이 나빠진다.
- 과잉설비 문제가 몇몇 산업분야에서 불거진다. 그러나 경제 전체는 그런대로 잘 굴러가며, 성장의 속도가 느려진 것은 단지 단기적인 현상일 뿐이라고들 말한다.

- 최초의 조정국면이 나타나지만 외국인들의 투자 증가로 곧 회복된다. 파티에 늦게 도착한 외국인들이 하락을 조정이라고 생각하고 적극적으로 매수에 나서기 때문이다.
- 투자자들의 관심을 끄는 미끼들이 나타난다. 경제성장의 지속, 금리의 하락, 기업 이익의 계속적인 증가 등이 미끼가 된다. 때로는 정부 관리나 업계 대표들이 알맹이 없이 그저 낙관론을 늘어놓는 말도 미끼로 작용한다.
- 주식의 신규발행이 늘어나면서 주식시장의 수급상황이 계속 악화된다. 이로 인해 대부분의 주식이 최고치를 경신하지 못한다. 내국인들이 외국인들보다 시장상황을 더 잘 알거나 현금유동성 부족의 덫에 걸린 탓에 주식매도의 주된 세력이 된다.
- 몇몇 주식은 그래도 신고치를 기록하고, 그 덕에 시장 전체의 주가지수가 상승해 새로운 고점을 만들기도 한다. 그러나 상승종목 수와 하락종목 수의 차이, 사상 최고치를 경신한 종목 수 등 구체적인 시장지표를 보면 전체 주가지수가 그런 높은 수준을 유지하기가 어려워 보인다.

〈징후〉

- 금융시장의 긴장이 분명해진다. 주식투자를 위해 과다하게 빚을 늘린 투기자들이 청산매매에 나선다. 은행들이 몇몇 업종에 대해 대출기준을 강화한다. 수익을 낳지 못하는 부실여신이 늘어나기 시작한다.
- 아파트 분양가격이 국내 수요자들의 구매능력을 초과하는 수준에 이르고, 건설회사들이 외국인을 상대로 한 분양광고를 시작한다.
- 사무용 건물의 시세와 임대료가 더 이상 오르지 않고 횡보하거나 하락한다.

- 외국인 관광객 입국자 수가 줄어들어 예상에 미달한다. 호텔의 공실률이 높아지고, 투숙료를 낮추는 객실 세일이 시작된다.
- 증권회사들은 가장 낙관적인 투자보고서를 발간해, 주가가 떨어진 바로 지금이 생애 최고의 매수 기회라고 주장한다.
- 쿠데타 시도, 강력한 야당 지도자의 등장, 파업, 사회적 불만 증가, 범죄 증가 등으로 정치적, 사회적 여건이 나빠진다.

〈사례〉
- 1980년대 초반의 중남미.
- 1994년 이후의 태국과 말레이시아.
- 1997년 이후 홍콩의 투자자들.
- 1930년대 초, 1973년 가을, 2000~2001년의 미국 투자자들.

 제4국면의 반등은 교묘해 속기 쉽다. 경제가 여전히 양호하고 조정에 이은 반등이 강하다 보니 회의적인 사람들까지 시장에 복귀한다. 조정의 폭이 매우 클 경우에는 투자자들이 벌써 최종의 바닥인 제6국면에 접어들었다고 착각하기도 한다. 제4국면에서 제5국면으로 전환되는 과정도 아주 미묘하다. 제3국면에서 흔히 일어나는 것과 같은 투매현상은 거의 없다. 그러나 거래가 저조한 가운데 주가가 지속적으로 떨어진다.

제5국면-각성

〈상황〉
- 신용이 빡빡해지고, 등급이 낮은 기업채권의 가산금리가 높아지며, 부

도율이 급상승한다.
- 경제상황이 나빠지고 정치적, 사회적 환경은 더욱 나빠진다. 소비가 눈에 띄게 위축되거나 줄어들고 자동차, 주택, 전자제품의 판매가 급속히 감소한다.
- 기업의 이익실적이 크게 저조해진다.
- 외국인 투자자들의 이탈이 시작되면서 주식시장의 침체가 이어진다.
- 부동산 가격이 폭락한다.
- 유명한 기업 또는 개인이 파산한다. 제3국면에서 언론의 표지를 장식했던 기업이나 사람이 제5국면에서 파산하는 경우가 많다.
- 자금압박에 몰리는 기업이 속출하고, 주식을 저가로 할인발행하는 사례가 늘어난다. 이로 인해 주식의 공급은 더욱 늘어나고, 주가는 더욱 떨어진다.

〈징후〉
- 빈 사무실이 늘어나고, 호텔이 텅텅 빈다.
- 공사가 중단된 건물이 많이 보인다.
- 실업률이 상승하기 시작한다.
- 정부재정이 적자로 돌아선다.
- 증권회사가 인원감축을 시작하고 점포폐쇄에도 나선다.
- 투자분석 보고서가 얇아진다. 컨트리펀드가 할인가격에 판매된다.
- 여행객의 안전에 종종 문제가 발생하면서 외국인 관광객 수가 줄어든다.

〈사례〉
- 1982~1983년의 싱가포르.

- 1998년의 인도네시아, 말레이시아, 태국, 필리핀.
- 2002년의 아르헨티나.

제5국면은 제3국면과 제4국면에서 흥청망청한 결과로 겪는 후유증이다. 투기자들이 뒤늦게 정신을 차리고 다시 계산을 해보고 뭔가 잘못됐다는 점을 깨닫게 된다. 이전의 붐 자체가 잘못된 계산에서 비롯되고 과도한 신용팽창에 의해 부추겨진 것이었다는 데 생각이 미친다. 대박의 꿈은 사라지고 냉엄한 현실이 눈에 들어온다. 사람들은 환상에서 깨어나고, 주식과 부동산을 너무 비싼 값에 샀다는 사실을 뒤늦게 알아차린다. 마침내 투자자들이 두 손을 든다. 이제 반등이 오면 더 이상 저가매수의 기회로 삼지 않고 손을 털고 주식시장에서 빠져나갈 기회로 이용하려고 한다.

**제6국면-절망과 바닥**

〈상황〉
- 투자자들은 주식시장에 대해 포기한다. 거래량은 제3국면의 고점에 비해 훨씬 적은 수준으로 감소하며, 고점에 비해 10분의 1로 줄어드는 경우도 흔하다.
- 비관론의 오류 때문일지 모르지만, 자본지출이 급감한다.
- 금리는 더욱 하락한다.
- 외국인 투자자들이 새로운 투자에 대한 흥미를 잃고 계속 주식을 팔아치운다.
- 통화의 가치 하락이 이어진다.

⟨징후⟩
- 주식시장 관련 기사의 제목이 매우 부정적이다. 해외언론도 부정적인 기사를 내놓는다.
- 외국 증권회사들의 전망이 결국 비관적으로 바뀌고, 지점을 폐쇄하는 곳이 나타나기 시작한다.
- 주식형 뮤추얼펀드의 보유잔액이 10분의 1로 감소한다. 환매요청이 계속된다. 이런 상황이 몇 년간 이어지기도 한다.
- 비행기, 호텔, 나이트클럽이 텅텅 빈다.
- 남자들이 일하러 가는 복장을 하고 집을 나서지만 낮 시간을 공원에서 보낸다.
- 택시 운전사, 상점 점원, 나이트클럽 접대부 등이 자신이나 친척이 주식투자를 했다가 얼마나 많은 돈을 잃었는지를 말한다.

⟨사례⟩
- 1932년과 1974년 말의 미국.
- 1974년과 2002년의 홍콩.
- 1997년 이후의 아시아.
- 2002년의 중남미, 특히 아르헨티나.

많은 점에서 제6국면은 제3국면과 정반대다. 제2국면의 끝 무렵과 제3국면에서는 사람들이 지나치게 낙관적인 반면에 제6국면에서는 낙관론의 오류에 기초를 둔 붐과 탐욕의 분위기가 밀려나는 대신 신뢰의 위기, 두려움, 비관론의 오류가 들어선다. 다시 피구의 말을 들어보자.

새로운 오류가 생긴다. 그러나 이번에는 사소한 정도의 오류가 아니라 거대한 오류다. 붐 기간에는 필연적으로 강력한 정서적 흥분이 생긴다. 한번 흥분한 사람은 휴식으로 가기보다 또 다른 흥분으로 가기 쉽다.

제6국면에서 생기는 비관론의 오류는 경제를 더욱 압박하고, 불황의 골을 더욱 깊고 길게 만든다. 사람들은 대박의 기회는 물 건너갔고 이제 시장은 더 이상 오르지 않는다고 생각하게 된다. 그래서 투매가 시작되고, 얼마 전까지만 해도 투기열풍에 휘말려있던 사람들이 앞 다투어 시장에서 빠져나가려고 한다. 주가가 이미 여러 번 바닥을 다졌으므로 주식시장이 더 가라앉지 않는다 하더라도 바닥세가 오래 계속된다. 1980년대 중남미의 경우에는 증시가 바닥권에 몇 년 동안이나 계속 머물러 있기도 했다.

시장이 제4국면에 있는지 제6국면에 있는지를 분별하는 데 중요한 잣대가 되는 것은 최고치로부터의 경과시간, 사람들의 심리, 거래량이다. 제4국면은 시장이 최고점을 찍은 후 6~18개월 뒤에 시작되는 데 비해 제6국면은 최고점에서 보통 4~6년 이후에 시작된다.

사람들의 심리도 국면별로 크게 다르다. 제4국면에서는 사람들이 낙관적인 경제전망을 유지한다. 투자자들은 손실을 우려하기보다 다음번 상승의 기회를 놓칠 것을 우려한다. 그러나 제6국면에서는 깡통을 찬 사람들이 넘치게 되어 비관론이 만연하게 된다. 투자자들은 시장에 대해 더 이상 듣고 싶어 하지도 않는다. 거래량은 제4국면에서는 상승장인 제3국면에 비해 그다지 많이 줄어들지 않지만, 제6국면에서는 최고치에 비해 10분의 1로 감소하는 경우가 흔하다.

미국 주식시장은 지금 제4국면 또는 제5국면에 있다. 이에 비해 대부분의 아시아 주식시장은 제6국면을 이미 지났고, 아마도 새로운 사이클의 제로국면 또는 제1국면에 있는 것으로 보인다.

**국면 위치 파악하기**

앞에서 이야기한 경기순환의 국면 구분에 지나치게 집착해서는 안 된다는 점을 다시 한 번 강조하고 싶다. 나는 신흥시장 가운데 위 모델과 정확히 맞아떨어지는 시장을 찾아낸 적도 있지만, 어떤 경우에는 하락의 국면인 제4국면과 제5국면이 별다른 구별이 없이 순식간에 같이 지나가버리기도 한다. 아시아 위기가 바로 그런 예로, 하락의 국면 전체가 단 1년 만에 마무리됐다.

게다가 지금으로서는 아시아 시장이 이미 제6국면을 빠져나온 것처럼 보이지만, 세계경제를 둘러싼 불확실성을 고려하면 이런 판단이 정확하다고 장담할 수는 없다. 어쩌면 아시아 시장이 여전히 제6국면에 있는 가운데 앞으로의 강세장을 위해 튼튼한 기반을 다지는 과정을 거치고 있을 수도 있다.

지금 주식시장이 어느 국면에 있는지를 가늠해볼 수 있는 또 하나의 방법은 국내총생산에 대한 상장주식 시가총액의 비율(〈그림 5-5〉)과 상장주식 시가총액에 대한 주식시장 총거래량의 비율(〈그림 5-6〉)을 보는 것이다. 1992년의 중남미처럼 국내총생산에 대한 주식시장의 시가총액 비율이 낮다면 시장이 제로국면이나 제1국면에 있을 가능성이 높다. 그리고 거래량회전율이 높은 것은 시장이 제로국면보다는 제3국면이나 제4국면에 있음을 암시한다.

신흥시장의 라이프사이클에 대한 나의 설명에는 한계가 있음을 인정한

〈그림 5-5〉

**나라별 주식시장 규모**
1992년 말 GDP 대비 상장주식 시가총액 비율

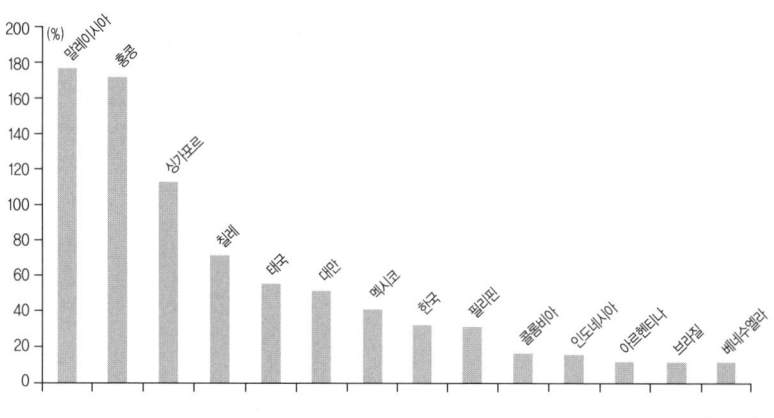

〈그림 5-6〉

**나라별 주식시장 거래회전율**
1991년 시가총액 대비 거래액 비율

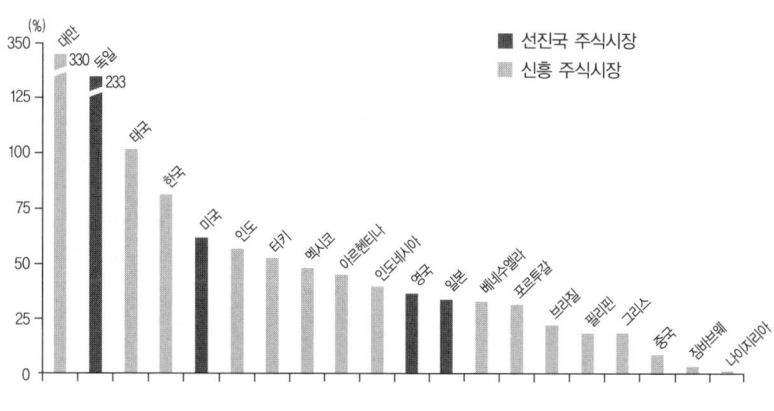

다. 하지만 제3국면은 전문가가 아닌 사람들도 쉽게 분간해낼 수 있다는 점을 강조하고 싶다.

내 생각에 투자에서 가장 중심적인 문제 중 하나는 사람들이 주식을 사는 데 너무 집중하고, 주식을 파는 데는 충분히 관심을 기울이지 않는다는 것이다. 사람들은 많은 시간과 노력을 들여 회사를 분석하고 주식을 싸게 살 수 있는 기회를 찾느라 애를 쓴다. 그러나 팔아야 할 시점, 즉 리스크에 비해 주가가 상승할 가능성이 낮은 시점을 파악하는 데는 무관심하다.

제3국면에서는 짧은 기간에 많은 돈을 벌 기회가 있지만 위험성도 높다. 주가는 이미 제2국면에서 오를 만큼 올랐고, 제3국면에 접어들면 시장 상황이 점점 더 어려워져 주가가 추가로 상승할 여지가 적어지기 때문이다. 시장 전체가 최고점을 찍을 때는 이미 많은 개별 주식들은 하락하기 시작한 뒤다.

시장이 언제 하락세로 돌아설지, 그리고 최초의 하락 때 어느 정도나 하락할지를 정확하게 예측하는 것은 불가능하다. 이는 1987년의 주가 폭락, 1980년대 초반의 일차산품 가격 급락, 1997~1998년의 아시아 주식시장 붕괴, 2000년 이후의 나스닥 지수 하락 등을 돌이켜 생각해보기만 하면 쉽게 알 수 있다.

이러한 위험을 감안한다면 보통의 투자자들은 제3국면에서 시장을 떠나는 것이 현명하다. 나는 이 점을 주식을 공매도해 놓은 투자자에게도, 현물 주식을 사 놓은 투자자에게도 강조하고 싶다. 제3국면에서는 주식 공매도자는 엄청난 압박을 받을 수 있음을 나는 개인적인 경험으로 너무나 잘 안다. 그 이유는 열광의 국면에서는 불과 두세 달 안에 5~10배나 폭등하는 주식들도 있기 때문이다. 그렇게 폭등한 주식의 가격이 붐의 붕괴와 함께 95%나 폭락하거나 그 주식을 발행한 회사가 파산하면 공매도자는 열광의 국면 끝 무렵에 엄청난 마진콜(증거금 추가예치 요구)에 부닥칠 수 있다. 그러한 주식을 사 놓은 투자자도 거품이 언제 터질지를 결코 알 수 없기는 마찬가지다.

그러나 최초의 하락이 있을 때 대부분의 투자자들은 그것이 단지 차익실현을 위한 매도로 인한 하락이라고 생각하고, 갖고 있는 주식을 계속 보유한다. 마침내 대세가 바뀌었다고 깨달았을 때에는 이미 시장에서 주가가 절반 이상 폭락한 다음이다. 물론 지나친 투기의 파도는 사회에 그 어떤 거시경제적 편익도 부도 창출해주지 않으며, 붐이 붕괴하면 그러한 투기의 파도에 동참했던 사람들 대부분의 부는 파괴되고 만다.

2000년에 다우지수가 3만 6000까지 상승할 것이라고 예언한, 대단히 낙관적인 글을 읽은 적이 있다. 그 글을 쓴 사람은 나름대로 몇 가지 투자법칙을 가지고 있었다. 그 가운데 눈이 번쩍 뜨이는 법칙은, 투자자는 영원히 보유하겠다는 생각으로 주식을 사야 한다는 것이었다. 만약 주식을 영원히 팔지 않으면 적어도 자본이득세는 걱정할 필요가 없다. 게다가 세 가지 어려운 결정, 즉 언제 살 것인가, 언제 팔 것인가, 언제 다시 살 것인가 가운데 뒤의 두 가지 결정에 대한 고민은 할 필요가 없어진다.

물론 나는 개인적으로 이런 어처구니없는 투자법칙에는 전혀 동의할 수 없다. 나는 오히려 주가가 적정가치를 훌쩍 넘어서면 판다는 생각으로 주식을 사야 한다고 생각한다. 물론 주식뿐 아니라 어느 자산이든 그 적정가치를 안다는 것이 매우 어려운 일임은 인정한다.

그러나 제3국면에서는 자산들이 적정가치에서 거래될 가능성이 거의 없다는 점은 확언할 수 있다. 제3국면에서는 주식을 비롯해 대부분의 자산들이 적정가치를 훨씬 웃도는 수준으로 가격이 치솟고, 투기가 만연하며, 위에서 열거한 제3국면 특유의 징후가 나타나기 때문이다. 그러나 이런 상황은 오래 지속되지 못한다.

신흥시장 투자자들에게는 언제 사고 언제 팔 것이냐는 시점의 문제가 무엇보다 중요하다. 국가, 지역, 산업, 기업을 막론하고 아무리 대단한 성공이 기대된다고 하더라도 가격이 영원히 오르지는 않기 때문이다. 신흥경제가 일련의 사이클을 거친다는 모델을 내가 제시하는 것도 바로 이런 관점에서다. 4장에 이어 이 장에서도 지금까지 나는 신흥시장의 함정을 부각시켜 지적하고, 시장이 어느 국면에 있는지를 파악하는 방법에 대해 안내를 하고자 했다.

**언제 올라타고 언제 뛰어내릴 것인가**

이상적인 매수시점과 매도시점이 언제냐 하는 것은 투자자가 개인적으로 선호하는 전략에 따라 많이 다르다. 나는 개인적으로 제로국면에서 매수하기를 선호한다. 제로국면은 가격이 이미 많이 떨어진 상태이므로 가격이 더 하락할 위험은 적다. 대신 바닥 다지기 국면이 얼마나 오랫동안 계속될 것인가 하는 문제는 피할 수 없다.

그러나 주식의 손 바꿈 현상으로 강자들의 수중에 주식이 집중된 상태에서 제1국면이 갑자기 닥치면 매도물량에 공백이 생기게 되어 주가가 눈 깜짝할 순간에 몇 배로 뛰어오를 수도 있다. 특히 제1국면과 제2국면은 자본이득의 가능성이 상당히 큰 국면이라는 점을 강조하고 싶다. 주식이나 부동산을 개별적으로 보면 제1국면과 제2국면에 가격이 20~50배씩 쉽게 오르기도 한다. 그리고 나는 보통 제2국면이 끝나기 전에 빠져나온다.

그건 너무 일찍 빠져나오는 것 아니냐고 생각하는 독자들도 있을 것이다. 그런 독자들에게는 이런 말을 해주고 싶다. 나는 투자자 대중의 무지와 탐욕, 그리고 흔히 빌린 돈으로 이루어지는 투기가 주식이나 부동산의 가격을 끌어올릴 수 있는 정도를 항상 실제보다는 낮게 평가하는 경향이 있다.

신흥시장 투자에는 함정이 많다. 특히 금융시장에서는 가격이 오를 때나 떨어질 때나 과도하게 움직이는 경향이 있다. 사실 강세장에서는 어떤 가격도 너무 높다고 생각되지 않는다. 하지만 제3국면에서 나타난 신고치는 대체로 8~15년간에는, 그리고 드물게는 이보다도 더 오랜 기간이 지나도 갱신되지 않는다. 전체 경제는 제4국면이나 제5국면에서 시작된 침체국면에서는 비교적 빨리 회복될 수도 있지만, 주식시장 회복의 길은 멀기만 하다. 미국의 경우 1929년의 국민총생산(GNP) 수치는 1938년에야 회복됐다. 그러나 주가가 1929년의 최고치를 회복하는 데는 그로부터 17년이 더 지난 1955년까지 기다려야 했다.

제3국면에서 신흥시장 주식을 사면 상투를 잡기 쉽다. 1973년에 미국의 50대 우량주, 1980년에 석유주와 중남미 주식, 1990년에 일본 주식, 1994년에 아시아 주식을 산 사람들은 그 후 여러 해에 걸쳐 참담한 세월을 보내야 했다. 1990년대에 아시아 시장의 고점에서 아시아 주식을 샀거나 2000년에 기술·미디어·통신주의 고점에서 기술·미디어·통신주를 산 투자자들이 언제 본전을 회복할지는 알기 어렵다. 다만 분명한 것은 아주 오랜 기간이 걸릴 거라는 것이다. 신흥시장은 가격변동이 심하다. 따라서 신흥시장 투자자들은 지금 시장이 어느 국면에 있는지를 신중하게 살펴야 한다.

나는 1991년에 '부의 분수'라는 그림으로 신흥시장들의 발전단계와 성장의 정도를 분류해본 적이 있다. 이 그림의 아이디어는 프랑스의 경제학자 리샤르 캉티용(1680~1734)에게서 얻은 것이다. 그는 돈이란 물과 같아서 높은 곳에서 낮은 곳으로 흐른다고 했다. 이런 그의 생각을 지금의 세계경제에 적용하면, 자본은 자산의 가격이 높은 부자 나라에서 자산의 가격이 낮은 가난한 나라로 움직인다고 말할 수 있다.

당시 나는 자본의 이런 움직임이 1990년대에 가난한 나라의 경제성장을 촉진시키고 부자 나라의 성장을 억제하는 것을 통해 세계경제를 조율하는 역할을 할 것이라고 생각했다. 그러나 현실은 이런 나의 기대와 다르게 전개됐다. 1990년대에 서구의 부자 선진국들은 더욱 부자가 되고, 중국만을 제외한 대부분의 가난한 신흥경제국가들은 심각한 경제적 후퇴를 경험했다. 하지만 나는 아직도 여전히 부의 분수 이론이 어느 정도는 타당하다는 생각을 버리지 않고 있다. 지금의 꼴지가 언젠가는 일등이 될 수 있고, 거꾸로 지금의 일등이 언젠가는 꼴지가 될 수 있다.

많은 저개발 국가들이 아직 제로국면에 머물러 있다. 그러나 1990년대 이후 비약적인 경제성장을 이룩한 중국과 러시아는 훨씬 먼저 개발을 시

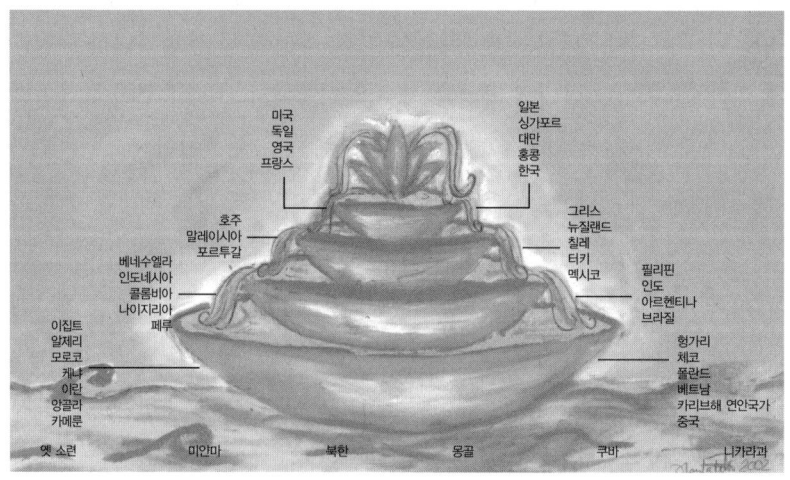

작한 베네수엘라, 인도네시아, 페루, 인도, 필리핀, 아르헨티나보다 더 높은 성장단계에 접어들었다. 그리고 앞으로 10여 년 동안에 베트남이 뒤를 이을 것이고, 그 다음에는 미얀마, 북한, 쿠바, 몽골의 차례가 될 수 있다.

지금 이들 국가에서 정말로 절실하게 필요한 것은 외국인 직접투자를 끌어들이기 위해 경제적, 법률적 인프라를 구축하는 것이고, 그렇게 해서 착취로 축재를 하는 강도귀족(robber baron)의 자본주의가 아닌 보다 효율적인 자본주의로 나아가는 것이다. 이와 같은 조처를 취하는 것은 제1국면으로의 이행을 앞당기는 촉매제가 될 것이다.

경제적, 사회적 발전을 기준으로 국가들의 단계를 구분하려고 할 때 여러 가지 문제에 부닥치게 되지만, 그럼에도 분명한 것은 20년 전만 해도 분수의 맨 아래에 있었던 중국, 인도, 베트남, 옛 소련이 오늘날에는 매우 빠른 속도로 분수의 윗부분으로 올라가고 있다는 점이다. 또한 많은 측면에서 뒤처져 있지만 정보통신이나 제네릭 의약품 같은 일부 산업에서 매우 강한 인도와 같은 나라가 있다는 점도 국가들을 발전단계별로 구분하는 일을 복잡하게 만든다.

따라서 투자자의 입장에서 신흥시장을 평가할 때에는 어느 나라가 최선의 경제적 전망과 가장 매력적인 주식시장을 갖고 있느냐를 따지는 접근방법보다는 신흥시장 전체에서 어느 부문, 어느 기업이 가장 유망한가를 살펴보는 접근방법이 더 낫다.

\* \* \*

이 장에서 나는 독자들에게 신흥 주식시장에는 사이클이 존재하고, 따라서 투자의 시점이 무엇보다 중요하다는 점을 설명했다. 즉 신흥 주식시장에서는 사야 할 때와 팔아야 할 때가 분명히 존재한다는 것이다. 또한 신흥시장에서는 길게 보아 '매수 후 보유' 전략은 대체로 옳지 못한 투자전략이라는 점도 강조했다. 그러나 주식시장의 사이클이 왜 생기는지에 대해서는 아직 설명하지 못했다. 주식시장의 사이클과 투자열풍은 경기변동과 긴밀한 관계를 갖고 있다는 점을 고려해, 다음 장에서는 경제와 시장을 움직이는 요인들에 대해 설명해주는 이론들을 살펴보면서 경기변동에 대해 이해해보기로 하자.

## 6장 | 여전히 건재한 경기변동

> 경기변동은 한 세기 이상 부단히 계속됐다. 경기변동은 거대한 경제적, 사회적 변화 속에서도 살아남았고 제조업, 농업, 금융업, 노사관계, 정부정책과 관련된 수많은 시험도 견뎌냈다. 또한 경기변동은 경제의 앞날을 내다보는 경제학자들을 수없이 당황하게 했고, '번영의 신시대' 나 '만성불황' 의 예언을 엇나가게 했다.
> – 아서 번스(Arthur Burns, 1904~1987)

미국의 지난번 활황 때 몇몇 경제학자와 여론주도자들이 전통적인 경기순환의 존재 자체에 대해 의문을 제기했다. 미국의 연준과 각국 중앙은행들이 세계경제를 인플레이션이 없는 연 2~3%의 완만한 성장의 시대로 성공적으로 이끌어갈 것처럼 보이기도 했다.

이러한 완벽한 세계경제 시나리오의 영향을 받으면서 점점 더 많은 투자자들이 불황과 주가하락은 이제 과거지사라고 생각했다. 그러나 그것은 환상이었다. 경기순환은 예전과 마찬가지로 오늘날에도 건재하고 있다.

1980년대 중남미의 불황, 1990년 이후 일본 경제의 장기침체, 1990년대 후반 아시아의 경제위기를 경험하고서도 경기순환이 사라졌다고, 그것도 무지하기 짝이 없는 중앙은행 사람들 덕분에 사라지게 됐다고 믿을 만큼 사람들이 순진하다는 게 믿어지지 않을 수도 있지만, 그게 엄연한 현실이다. 미국 경제가 역사상 가장 오랫동안 팽창을 계속하자 경제학자들도 경기순환 이론에 더 이상 관심을 갖지 않았다.

그러나 사실 사람들의 이런 착각은 새삼스러운 것이 아니다. 호황기였던 1920년에도 똑같은 일이 벌어졌다. 당시에도 경기순환에 관한 책은 거의 출간되지 않았다. 그러나 활황이 끝나고 대공황이 닥치자 막대한 투자손실을 입은 사람들이 자연스럽게 경기순환에 관심을 가졌다. 그래서 경기순환에 관한 위대한 저술들이 대부분 1930년대의 불황기에 나온 것이다.

**경기순환에 대한 간단한 설명**

경기순환에 관한 최초의 기록은 구약성서에서 찾을 수 있다. 창세기 41장의 '파라오의 꿈' 이야기가 바로 그것이다. 야곱의 아들 요셉은 살찐 암소 일곱 마리와 여윈 암소 일곱 마리가 나온 파라오의 꿈을 7년간의 풍요와 7년간의 기근으로 해석했다. 이처럼 농작물 작황의 변동은 고대사회에서 삶의 한 부분으로 인식됐다.

당연히 초기의 경기순환론은 날씨가 농업과 경제순환에 미치는 영향에 초점을 맞추었다. 경제학자인 윌리엄 제번스는 19세기에 영국에서 공황이 1825년, 1837년, 1847년, 1857년, 1866년에 일어나는 등 주기성을 보였다는 점에 흥미를 느끼고 관찰한 결과, 경기변동이 태양의 변화 때문이라는 결론에 도달했다. 그는 19세기에 10년 주기로 반복된 공황은 기상변동에 그 원인이 있으며, 기상변동은 천체의 변화에서 기인한다고 주장했다. 그리고 그 증거로 태양의 흑점, 오로라, 자기장 등의 변화를 들었다.

칼 마르크스도 《자본론》에서 기후변화가 문명에 미친 영향에 대해 언급했다. 그는 이집트의 천문학은 나일강의 수위변동과 범람을 예측하기 위해 생겨났고, 이런 천문학을 통해 농업을 인도하는 위치에 서게 된 사제들이 지배계급이 됐다고 분석했다.

엘스워스 헌팅턴은 경기변동은 기후와 관련된 사람들의 정신적 태도에 크게 의존한다고 설명했다. 기후가 사람의 건강에 영향을 주고, 건강은 사람의 정신적인 태도에 영향을 미치며, 사람들의 정신적인 태도는 경기변동으로 이어진다는 것이다. 피구는 사업가들의 자신감 변화가 주기적인 경기변동의 주된 원인이며 기후변화와도 무관하지 않다고 주장했다. 오늘날에도 주식시장 변화의 원인을 점성술에서 찾는 사람들이 있다.

현대의 학자들은 기후와 관련된 가설을 내세우는 경기순환론은 터무니없는 주장이라면서 경기변동의 원인에서 기후는 완전히 제쳐 놓는다. 물론 오늘날과 같은 산업사회 또는 후기 산업사회에서는 그렇게 생각하는 게 당연할 수 있다. 그러나 19세기 말까지도 많은 나라들에서 농업은 인구의 90% 이상을 고용하는 주도적 산업이었기에 경제가 식량생산에 크게 의존했고 식량생산은 기후에 의존했기에 기후가 경제에 주는 영향은 무시할 수 없는 것이었다. 중국인들은 풍년과 흉년이 각각 평화와 전쟁의 원인이 된다고 믿었다.

경기변동에 관한 보다 최근의 문헌들에서 우리는 과소소비론, 과소저축론, 과잉생산론, 심리적 과잉투자론, 금융적 과잉투자론, 혁신이론 등을 만나게 되며, 그 가운데 몇몇은 오늘날의 경제추세를 이해하는 데 도움이 된다.

**과소소비론**

과소소비론의 대부분은 근거가 없는 것으로 간주돼 폐기됐지만, 그 가운데 존 홉슨이 《실업의 경제학(The Economics of Unemployment)》(1931)에서 전개한 과소소비론은 계속 주목받고 있다. 홉슨은 소득불평등의 확대 때문에 생산이 소비능력 이상으로 증가하는 경향에 초점을 맞추고 이런 경향이 결국은 불황을 일으킨다고 주장했다. 그에 따르면 부의 편재 심화로 인해 저소득층은 기꺼이 소비하려고 하지만 소득이 없어서 못하는 반면에 고소득층은 소득은 있지만 그만큼의 소비욕구가 없다는 역설이 생긴다. 이로 인한 과소소비는 과잉저축이나 과잉투자를 의미하는 것일 수도 있다.

홉슨은 자신의 주장을 증명하기 위해 1910년 영국의 소득과 저축액을 추정해보았다(〈표 6-1〉). 그 결과 당시 영국에서는 전체 저축의 4분의 3 가량이 최상위 소득계층의 저축인 것으로 나타났다. 그는 소득이 공평하게 분배되면 소득 가운데 저축은 줄어들고 소비는 늘어나게 되어 과소소비와 불황을 피할 수 있다고 주장했다.

이런 홉슨의 주장은 1920~1930년대 미국의 생산, 비용, 물가, 임금, 기업이익의 동향에 의해 뒷받침된다. 폴 더글러스의 1935년도 저서 《불황 통제하기(Controlling Depressions)》를 보면 1922년부터 1929년까지 미국

〈표 6-1〉

**과소소비의 원인은 고소득층에**
소득계층별 가계지출 패턴(1910년, 영국)

| 가계 소득수준 | 평균 가계소득 | 평균 가계지출 |
| --- | --- | --- |
| 5000파운드 이상 | 1만 2000파운드 | 7600파운드 |
| 700~5000파운드 | 1054파운드 | 690파운드 |
| 160~700파운드 | 357파운드 | 329파운드 |
| 52~160파운드 | 142파운드 | 138파운드 |
| 52파운드 이하 | 40파운드 | 40파운드 |

제조업의 시간당 생산은 30% 늘어났지만 시간당 임금은 8% 증가하는 데 그쳤다. 이에 따라 기업의 이익은 84% 늘어났고, 이는 다시 생산능력 확대를 위해 투자됐다. 이런 이유에서 생산과 소비 사이에 불균형이 초래됐다.

더글러스에 따르면 1922~1929년에 제조업 분야의 총생산은 37% 늘어났으나 도시 저소득층의 실질임금은 18~20% 늘어나는 데 그쳐 제조업 분야의 총생산 가운데 임금이 차지하는 비중이 1922년의 53.4%에서 1929년에는 47.7%로 떨어졌다. 이런 사실에 기초해 더글러스는 소비재 공급의 증가를 구매력이 따라가지 못했고, 이것이 1929년 대공황의 원인이 됐다고 주장했다.

아서 게이어도《통화정책과 경제안정화(Monetary Policy and Economic Stabilisation)》(1935)라는 저서에서 1929년 이후에 전개된 불황의 원인은 최종 소비자들의 소득이 부족해 소비가 생산된 재화를 흡수하지 못한 데 있다고 더글러스와 비슷한 결론을 내리고 있다. 그에 따르면 내구재 산업의 생산능력이 최종 소비자들의 소득에 비해 과도하게 확대됐다는 것이다.

경제학자 고트프리트 하벌러는《번영과 불황(Prosperity and Depression)》(1946)에서 과소소비론에 대해 비판적인 입장에서 과소소비의 의미에 대해 다음과 같이 썼다.

경제 시스템에서 구매력이 일부 사라져 소비재 시장의 수요가 줄어들면 화폐는 장롱 속에 들어가버리고 화폐의 유통속도도 떨어진다. 이런 측면에서 과소소비는 디플레이션의 다른 이름이라고 말할 수 있다. 디플레이션은 호황을 파괴하고 불황을 불러오는 주요 원인이다. 그러나 디플레이션 그 자체는 금융적 경기순환론으로 설명될 수 있다.

용어와 관련된 문제를 논의하고 과소소비와 불황 사이의 인과관계를 밝히는 것은 학자들의 몫이다. 여기서 우리는 지금 세계경제에 디플레이션의 가능성이 만연해 있음을 아는 것만으로 충분하다. 중국은 이미 '디플레이션적 호황'으로 규정될 수 있는 경제환경에 처해 있다. 게리 실링과 같은 경제학자나 로버트 프렉터와 같은 주식시장 예측 전문가들은 디플레이션이 그 모습을 드러내고 있다는 생각을 똑같이 밝히고 있다.

또한 1990년대를 통해 부의 불균형 문제가 미국 안에서 더욱 심해졌을 뿐 아니라 선진국들과 신흥경제국가들 사이에서도 더욱 심화됐다. 서구 선진국에서는 부자들이 노동자들보다 훨씬 빨리 부을 쌓고 있다. 스톡옵션 덕분에 최고경영자들의 보수가 크게 늘어났고, 주가상승으로 부유층의 보유주식 평가이익도 크게 증가했다.

그러나 신흥경제국가들에서는 1990년대 후반에 이루어진 통화의 평가절하 이후 달러화 기준 1인당 실질소득이 10년 전보다 오히려 줄어들었다. 예외적으로 중국과 베트남의 실질소득은 증가했다. 그러나 이 두 나라에서도 1990년대에 인구의 절대다수가 사는 농촌지역의 소득은 별로 나아지지 않았다. 중국에서는 통화가치를 55%나 떨어뜨린 1994년의 평가절하로 인해 달러화 기준으로 볼 때 도시 노동자들의 소득도 10년 동안 별로 오르지 않았다.

세계적인 부의 불균형은 우리 시대의 가장 큰 문제 가운데 하나임에 틀림없다. 상대적으로 인구가 적은 극소수 부자 나라들이 부를 독점하고 있고, 엄청난 인구가 사는 많은 나라들은 빈곤상태에 있다. 전 세계의 가난한 사람들은 소비를 하고 싶어도 그렇게 할 소득이 없다. 이것이 바로 1990년대 내내 세계의 경제성장을 저해한 요인임이 분명하다. 〈그림 6-1〉에서 보듯 세계의 경제성장률은 1990년 이후 둔화하기 시작했고, 2001

〈그림 6-1〉

**점점 느려지는 성장속도**
전 세계 실질 총생산(GDP)의 연간 성장률

년에는 30년 만의 최저수준으로 떨어졌다.

소득 불균형의 확대만이 소비증가를 억제하는 요인인 것은 아니다. 서구와 일본에서는 가계부문의 높은 부채비율과 인구의 노령화 현상이 소비증가를 가로막는 이유로 작용하고 있다.

성장하는 경제에서 기업의 이익이 커지면 자본지출이 늘어나고 고용이 증가하며 임금도 상승해 노동자들의 구매력이 커진다는 주장이 있다. 그러나 과소소비론자들은 그렇지 않다고 잘라 말한다. 기업의 이익 증가는 처음에는 신규투자를 촉진하고 생산설비 확충을 자극해 호황을 연장시키지만, 설비투자가 마무리되고 소비재가 쏟아져 나오기 시작하면 경제가 붕괴하게 된다는 것이다.

슘페터도 새로운 생산과정의 가동으로 추가로 제품이 시장에 쏟아져 나오면 호황은 끝난다고 지적했다. 이와 같은 견해는 알베르 아프탈리옹

〈그림 6-2〉

**빚꾸러기가 된 미국인들**
소비자신용과 주택담보대출 합계액의 가처분 개인소득 대비 비율

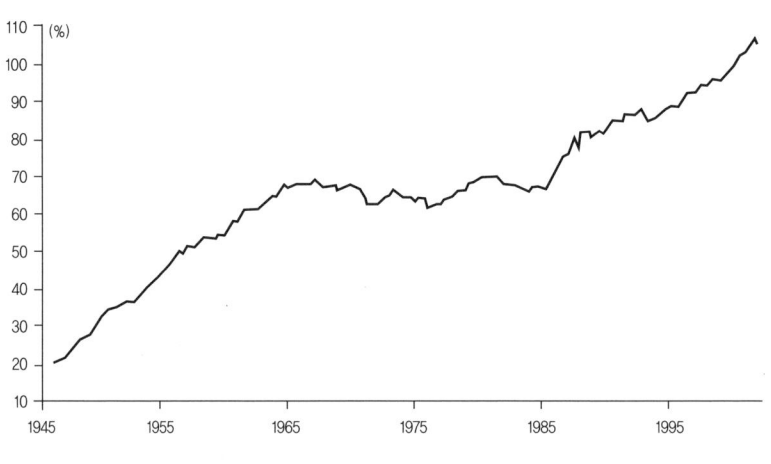

의 저서 《주기적 과잉생산 공황》(1913)에서도 볼 수 있다. 다시 말해 기업이익의 급증은 과잉투자를 부르고, 마침내는 호황의 붕괴를 가져온다는 것이다.

이런 측면에서 과소소비론은 과잉투자론과 일맥상통한다. 과잉투자론은 임금증가 억제로 인한 과도한 기업이익은 신용팽창과 그에 따른 과잉투자로 이어진다는 점에서 신용팽창을 문제 삼는다. 아무튼 어느 이론으로 보든 불황의 가장 직접적인 원인은 시장에 공급되는 재화에 비해 수요가 부족한 데 있다.

부의 불균형 심화, 소비자 부채의 증가, 저축률의 하락, 노령인구의 증가 외에 선진국에서 소비가 늘어나지 못할 것이라는 비관적인 생각을 갖게 하는 이유가 또 있다. 그것은 바로 오늘날의 투자가 사람의 노동력을

점점 덜 쓰는 쪽으로 가고 있다는 점이다.

이런 경향은 임금상승을 억제한다. 게다가 보다 싼 비용으로 생산을 할 수 있는 중국 등 해외로 선진국의 생산설비가 이전하고 있다. 이런 이유들로 인해 앞으로 미국과 서유럽 노동자들의 소득은 증가세가 미미하거나 심지어는 줄어들 수도 있다. 여기서 어떤 이들은 선진국의 생산설비가 이전해 가는 곳인 신흥경제국가의 소득증가가 일으키는 승수효과가 선진국의 소비수요 증가율 하락을 상쇄할 것이라고 주장할 것이다. 이런 주장은 분명히 의미 있는 지적이며, 이에 대해서는 나도 뒤에서 다룰 것이다.

그러나 여기서는 1990년대 미국의 기업이익과 임금의 동향이 대공황 직전의 양상과 아주 유사하다는 점을 독자들에게 상기시키는 것으로 과소소비론에 대한 설명을 마무리하고자 한다. 과소소비론에 따르든 과잉투자론에 따르든 호황이 끝나고 경기위축의 시기가 시작되면 시장에 소비재의 공급이 넘쳐나고 가속도원리에 따라 자본지출이 급감한다. 따라서 경기의 하락에는 디플레이션이 반드시 뒤따르게 된다.

**심리적, 금융적 과잉투자론**

프랑스의 경제학자 이브 기요는 《사회경제학의 원리(Principle of Social Economy)》(1884)에서 심리적 요소가 경제파동의 주된 원인이라고 주장했다. 그는 당시에 심리적 요소가 충분히 고려되지 않아 상업공황에 대한 잘못된 설명이 많이 나오게 됐다고 보았다. 그의 설명에 따르면 성장하는 번영의 시기에 기업이윤이 증가하면 각각의 기업가는 다른 기업가들에 비해 자신의 이윤창출 능력을 과대평가하기 쉽다는 것이다.

5장에서도 언급한 바 있지만 심리적 경기변동론의 주역인 아서 피구도 '낙관론의 오류'라는 심리적 요인을 지적했다. 그는 기업인들은 재화를 거래하는 과정을 통해 서로 긴밀하게 연결돼있기 때문에 낙관론의 오류가 생겨나면 그들 사이의 심리적 연결관계와 신용시스템을 통해 그 오류가 쉽게 확산된다고 생각했다. 그 결과로 기업인들 사이에는 '일정한 정도의 심리적 상호의존 관계'가 존재하게 되고 "한 기업인 집단에서 생겨난 낙관론의 오류는 그 자체가 다른 기업인 집단의 기대심리 강화를 정당화해주는 이유가 된다"는 것이다. 특히 피구는 《산업파동론(Industrial Fluctuations)》(1927)에서 다음과 같이 지적했다.

새로운 산업에서는 중대한 오류가 더욱 쉽게 생긴다. 투자자들이 새로운 산업의 한계를 정확하게 판단하기가 힘들기 때문이다. 새로운 산업에서의 오류는 경험과 판단력을 갖추었다고 인정받는 자본가들조차 제대로 파악하기가 어렵다. 역사적으로 보면 이러한 오류는 신대륙 발견이나 새로운 지역의 개방에 의해 더욱 촉진되곤 했다.

프레드릭 래빙턴은 《경기순환(The Trade Cycle)》(1922)에서 낙관론을 서로 전염시키는 기업인들을 겨울에 얼어붙은 연못에서 스케이트를 타는 사람들에 비유했다.

연못에서 스케이트를 타는 사람이 연못의 얼음이 깨지지 않을 것이라고 확신하는 정도는 같이 스케이트를 타는 사람의 수가 많을수록 더 높아진다. 같은 연못의 얼음 위에 사람 수가 많아질수록 얼음이 깨질 위험은 더 커진다는 합리적 판단은 확신의 전염으로 인해 사라져버리고, 오히려 그래서 더 안전하다는 어리석은 믿음이 생겨난다. 신뢰가 전염되는 것이다. 그러나 자연의 법칙에 따라 연못의 얼음이 사람들의 무게를 견디지 못해 갈라지는 소리를 내게 되면 확신은 두려움으로 바뀐다. 스케이트를 타는 사람이 혼자라면 그러한 두려움이 미치는 영향이 크지 않을 수도 있지만, 스케이트를 타는 사람이 많다 보니 두려움이 상호작용하면서 누적적으로 커진다. 이로 인해 스케이트를 타던 사람들이 앞 다투어 탈출하려고 하여 연못은 혼란의 도가니가 된다.

투자의 시점에서부터 그 결과가 나타날 때까지의 시간이 길수록, 또는 투자의 궁극적 유용성이나 가치가 불확실할수록 실수의 가능성은 더 커진다는 사실을 강조하는 경제학자들도 있다. 투자의 회임기간, 즉 제품이 개발되는 시점에서부터 그 제품이 출하되는 시점까지의 기간이 길면 각 기업인은 그 제품의 시장 전체의 규모를 실제 이상으로 크게 예측하고 자신의 시장점유율도 실제 이상으로 높게 예측하는 오류를 저지르게 된다. 오늘날 세계의 컴퓨터 제조업체들이 모두 다 자사의 시장점유율이 높아질 것이라고 예측하는 것이 바로 이런 오류의 대표적인 예다.

특히 새로운 아이디어는 낙관론의 오류에 빠지기 쉽다. 역사상 유명한 벼락경기는 운하, 철도, 대형 유조선, 라디오, 자동차, 컴퓨터, 인터넷, 휴대폰 등 새로운 산업의 과잉팽창 또는 미국의 서부개척, 19세기 후반의 중남미 개발 등 지리적 영역의 확대에 기인한 것이었다. 4장에서 우리는 19세기에 미국에서 철도산업 투자 붐이 일어났을 당시에 서부개척이라는 이름 아래 미래의 이익에 대한 엉터리 예측이 남발돼 결국 참담한 투자실패가 이어졌던 사례를 살펴봤다. 기업가들은 미래에 대해 전망할 때 시장 전체의 수요와 자신의 시장점유율에 대해서는 늘 과대평가하는 반면에 비용과 경쟁자의 출현에 대해서는 늘 과소평가한다.

심리적 경기변동론자들에 따르면 기업가와 투기자들이 확장기 또는 호황기 때 갖는 기대의 수준은 매우 높다. 그러나 그러한 기대가 허황된 것임을 인식하게 되면 실망에 빠진다. 그러면 '낙관론의 오류'에 근거한 호황과 탐욕은 사라지고 신뢰의 위기와 공포, 즉 '비관론의 오류'가 나타나게 된다는 것이다.

금융적 과잉투자론자들도 심리적 요인이 경기의 확장국면과 수축국면을 더욱 두드러지게 만드는 데서 중요한 역할을 한다는 점은 인정한다. 심리적 요인은 확장국면에서는 더 오른쪽으로, 수축국면에서는 더 왼쪽으로 수요곡선을 이동시키기 때문이라는 것이다. 그러나 금융적 과잉투자론자들은 심리적 요인만으로 경기변동을 설명할 수는 없으며 경기변동의 가장 중요한 원인은 신용팽창에 따른 과잉투자라고 주장한다. 빌헬름 뢰프케는 저서 《위기와 경기순환(Crises and Cycles)》(1936)에서 다음과 같이 지적했다.

신용팽창은 금리를 너무 낮은 수준으로 낮추어 호황을 불러온다. 너무 낮은 금리는 설비투자의 증가를 가져오기 때문이다. 그러나 설비투자의 증가는 궁극적으로는 불황을 불러온다. 너무 낮은 금리를 가져오는 과도한 신용팽창은 경제 전반에 지나친 확장을 가져오고, 이러한 확장은 경제 시스템의 균형을 무너뜨리기 때문이다. 신용팽창에 의한 과잉투자는 경제시스템 안에서 저축된 금액 이상으로 투자가 이루어지는 것을 뜻하며, 이때 투자자금은 저축에서 나오는 것이 아니라 금융과정을 통해 인위적으로 만들어진다. 호황기의 신용팽창은 곧바로 과잉투자로 이어진다. 즉 신용창조에 의해 자본이 형성되고, 이렇게 형성된 자본은 생산능력의 증가로 이어져 결국 불황을 초래하게 된다. 이때 추가적인 신용공급은 불황이 오는 시점을 늦출 수는 있겠지만 궁극적으로는 불가피하게 닥치게 되는 불황만 더욱 심각하게 만들 뿐이다. 영원한 호황이란 있을 수 없다.

뢰프케가 말한 '금리가 너무 낮은 상황'은 크누트 빅셀이 저서 《이자와 물가(Interest and Prices)》(1936)에서 말한 '자연금리', 즉 '대부자본에 대한 수요와 저축의 공급이 같아지게 만드는 금리'보다 시장금리가 낮은 상황을 말한다. 다시 뢰프케의 말을 들어보자.

신용팽창은 경제시스템의 환경이 변화해 금리상승 요인이 발생했음에도 불구하고 은행들이 기존의 금리를 유지하거나 금리를 충분히 더 올리지 않는 경우에 흔히 발생한다. 이러한 현상은 호황기에 자주 나타난다. 호황의 초기에 기대수익률이 상승하는데도 은행들이 금리를 그대로 유지하거나 제때 충분히 올리지 않으면 금리와 기대수익률 사이에 괴리가 생겨 자연히 신용에 대한 수요가 늘어나게 된다.

뢰프케는 통화량과 신용의 총량적 변화에서만이 아니라 그 배분의 질적인 변화에서도 불안정이 생겨날 수 있다고 지적했다. 1920년대 말의 미국 경제에 대해 뢰프케는 다음과 같이 설명했다.

역사상 가장 심각한 위기 뒤에 이어진 불황의 기간에 물가는 다소 내려갔다. 그렇다면 신용팽창에 의한 물가상승은 전혀 없었던 것일까?… 만약 신용공급이 늘어나지 않았다면 기술발전에 따른 비용하락으로 물가는 더 많이 떨어졌을 것이다. 그러므로 엄밀히 말하면 물가상승이 아예 없었던 것은 아니다. 한편 신용의 배분이 질적인 측면에서 볼 때 비정상적으로 이루어져서 신용팽창의 물가상승 유발효과가 억제됐다. 한 가지 예로 할부금융의 엄청난 확산을 들 수 있다. 이는 연준이 신용시스템을 직접 관리한다는 인상을 주었다. 또 다른 예로 부동산시장에 신용이 과다하게 공급된 점을 들 수 있다. 그러나 가장 두드러진 최악의 예는 주식시장의 투기다. 주식신용 공여액이 1921~1929년에 9배로 늘어났다. 1920년대 미국의 붐은 신용의 양에 일어난 변화가 경제의 균형을 파괴하는 효과가 신용의 질적 구성이 지닌 특이성에 의해 얼마나 더 커질 수 있는지를 보여준 대표적인 사례다.

'금융적 과잉투자론'에 따르면 1980년대 후반에 일본의 경제와 주식시장에 일어난 붐이 당시 대부분의 사람들이 바랐던 연착륙으로 마무리되는 것은 애당초 불가능했다. 1990년대 후반의 하이테크 붐 역시 결코 영원히 이어질 수 없는 것이었고, 하이테크 시장의 붕괴는 불가피한 것이었다.

불황과 디플레이션은 대규모 경기부양책으로 치유될 수 있을까? 이 물음에 대한 뢰프케의 답변은 위에 인용된 그의 글에서 보았듯이, 신용창조에 의해 자본이 형성되면 그 자본은 생산능력 증가로 이어지게 되므로 호황 뒤에 위기와 불황이 닥치는 것은 불가피하며 추가적인 신용공급으로 불황을 늦출 수는 있어도 피할 수는 없다는 것이었다.

프리드리히 하이에크는 1933년에 펴낸 저서 《금융이론과 경기변동(Monetary Theory and the Trade Cycle)》에서 당시의 불황에 대해 다음과 같이 지적했다.

현재 디플레이션 과정이 계속되고 있는 게 틀림없다. 디플레이션이 영원히 계속되면 경제에 헤아릴 수 없는 해악을 줄 것이 분명하다. 그러나 디플레이션이 우리가 겪는 어려움의 근본적인 원인은 아니며, 디플레이션을 완화시키려고 경제시스템에 더 많은 돈을 풀어 넣는 것은 문제를 극복할 수 있는 방법이 아니다. 지금의 위기는 통화당국의 의도적인 디플레이션적 조치로 인해 시작된 게 아니며, 디플레이션 자체는 호황으로 인한 산업구조의 왜곡에 따라 발생한 부차적인 현상일 뿐이다. 디플레이션은 기업수익 악화의 원인이 아니라 그 결과이므로 디플레이션을 바로잡는다고 해서 다시 번영으로 돌아갈 수 있는 게 아니다. 각국의 중앙은행들, 특히 미국의 연준은 역사상 유례가 없는 신용팽창 정책으로 디플레이션을 막으려 하고 있다. 하지만 이것은 역사상 유례가 없는 심각하고도 장기적인 불황의 이유가 되고 있다. 우리에게 필요한 것은 디플레이션이 시작되기 전에 존재했던 생산구조와 가격구조의 재조정이다. 기업들이 돈을 빌리는 것을 유리하지 않게 만든 것은 바로 그 생산구조와 가격구조인 것이다. 따라서 그 전 3년간의 호황이 낳은 생산구조와 가격구조의 왜곡이 해소되는 과정을 촉진시켜야 한다. 그러나 실제로는 그러한 왜곡의 해소를 가로막는 데 생각해낼 수 있는 모든 수단이 다 사용돼왔다. 그러한 수단 가운데 하나가 바로 의도적인 신용팽창 정책이며, 이런 정책이 불황의 맨 처음 시작단계에서부터 가장 최근의 단계에 이르기까지 거듭 시도돼왔다. … 억지 신용팽창을 통해 불황을 물리치겠다는 것은 악의 원인을 수단으로 해서 그 악을 시정하겠다는 것과 같다. 그것은 생산의 왜곡이 고통을 가져다주었다고 해서 더 큰 생산의 왜곡을 만들어내고자 하는 것이다. 이런 식의 조치는 신용팽창이 끝난 뒤에 훨씬 더 심각한 위기를 낳는 원인이 될 뿐이다. … 지금 우리는 1927년에 연준이 취한 조치를 훨씬 더 큰 규모로 되풀이하고 있는 것이 틀림없다. 연준의 이사들 가운데 가장 나이가 많은 경제학자인 밀러 씨는 당시 연준의 조치에 대해 다음과 같이 적절하게 평가한 바 있다. "그것은 연준의 역사상 가장 거대하고 대담한 조치이지만 지난 75년 사이에 연준을 비롯한 모든 금융제도가 저지른 오류들 가운데 가장 값비싼 대가를 요구한 오류다." 우리가 겪고 있는 불황이 예외적으로 격심하고 오래 계속되는 것은 아마도 위기가 닥친 상황에서 파산을 막으려고 한 시도와 더불어 바로 위와 같은 연준의 신용팽창 조치에 원인이 있을 것이다. 지난 6~8년 동안 세계의 모든 나라가 안정화론자들의 충고에 따라 통화금융정책을 실시해왔음을 잊어서는 안 된다. 그들의 영향력은 이미 충분히 해악을 초래했으므로 이제는 그들의 영향력을 제거해야 할 때다.

1930년대의 재앙 직전 상황과 오늘날의 경제상황 사이에는 유사점이 많다. 2000년부터 경기가 침체되기 시작하자 미국 연준은 불황을 막기 위해 신용팽창 정책을 추진하고 있다. 그러나 그 결과는 2003년 또는 2004년에 보다 심각한 위기를 불러오는 것으로 귀결될 수도 있다. '너무 낮은 금리'가 경제의 균형상태를 와해시키고, 신용배분의 질적인 변화가 불균형을 더욱 심화시킨다는 뢰프케의 말을 되새겨보자.

1980년대와 특히 1990년대는 명목 국내총생산의 증가에 비해 신용팽창이 훨씬 더 빠른 속도로 진행된 시기였다. 1950년대와 1960년대의 미국에서는 국내총생산의 증가속도와 부채의 증가속도가 비슷했기 때문에 〈그림 6-3〉에서 볼 수 있듯이 국내총생산에 대한 부채 잔액의 비율이 그리 많이 변하지 않았다. 그러나 1980년대 이후 국내총생산의 증가속도에 비해 부채의 증가속도가 매우 빨라졌고, 그 결과 국내총생산에 대한 부채 잔액의 비율이 역사상 최고수준에 이르고 있다.

현재 이 비율은 1929년의 수치보다 훨씬 높다. 1929년의 공황 발생 직후에 이 비율이 급상승한 것은, 부채의 규모는 늘어나지 않았으나 국내총생산이 급감했기 때문이다. 그러나 2001년에는 국내총생산이 1790억 달러 증가한 데 비해 비금융권 부채과 금융권 부채는 각각 1조 1000억 달러

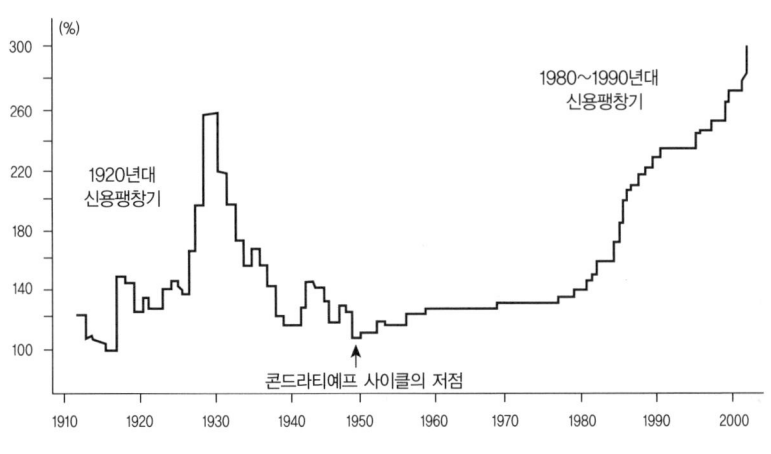

〈그림 6-3〉
**대공황 수준을 넘어선 빚**
미국의 국내총생산 대비 부채잔액 비율

와 9160억 달러가 증가했다. 부채 증가액이 국내총생산 증가액의 10배를 넘은 것이다.

**신용시스템의 질적인 실패**

이 장에서 마지막으로 다루고자 하는 주제는 뢰프케적인 우려, 즉 자금배분의 질적인 변화가 오늘날 경제 불안정의 또 다른 원인이 되고 있지 않느냐는 점이다.

이미 살펴본 바와 같이 1920년대 후반에는 할부금융, 부동산, 주식시장과 관련해 비정상적인 신용팽창이 있었다. 그러면 오늘날은 어떤가? 지금 미국 경제에서는 1920년대와 마찬가지로 자금이 생산적인 투자분야로부터 금융자산, 정부지출, 할부금융으로 흘러가고 있다. 기업 인수합병 금액은 1999/2000 회계연도에 신고치를 기록했으며, 기업들은 흔히 빚으로 자사주를 사들였다. 따라서 나는 최근 몇 년간 신용의 질적인 배분이 더욱 악화됐고, 이 점은 이미 불안한 금융시스템에 앞으로 추가적인 불안요인으로 작용할 것이라고 본다.

1980년대에 미국에서는 정부의 재정적자 증가가 부채 증가의 주된 요인이었다. 1990년대, 특히 그 후반에는 흑자재정이 실현돼 정부부채의 증가율이 낮아졌지만, 기업부문과 가계부문의 부채는 크게 증가했다. 역사상 가장 긴 경제팽창 국면의 이면에서 민간부문의 건전성이 악화됐다. 이 경제팽창의 끝 무렵에는 서브프라임 대출의 증가로 가계대출은 물론 기업대출의 질도 낮아져 국채에 대한 회사채의 가산금리가 대단히 높은 수준에 이르렀다. 2002년에는 미국의 기업들 가운데 제너럴일렉트릭, UPS, AIG, 엑손모빌, 존슨앤존슨, 버크셔해서웨이, 파이저, 머크 등 8개사만이 최상급인 트리플 에이의 신용등급을 유지했다. 트리플 에이 기업 수가 1990년 27개, 1979년 58개였던 것에 비하면 크게 줄어든 것이다. 또한 채권시장이 역사상 최악이었던 2002년 1분기에는 47개 기업이 발행한 340억 달러어치의 회사채가 부도처리됐다.

힉스가 저서 《경기순환론(A Contribution to the Theory of the Trade Cycle)》(1950)에서 지적했듯이, 정말로 파국적인 불황은 금융시스템의 문제점이 심각해져 금융불안이 고조됐을 때에 일어날 공산이 크다. 금융적 과잉투자론에 따르면 과도한 신용팽창이 문제를 일으키는 악당이다. 지금 대부분의 나라들은 시장금리가 자연금리보다 낮은 상태이며, 특히 경상수지 적자 규모가 큰 나라의 경우 더욱 심한 저금리 상태에 빠져있다.

과도하게 낮은 금리 상태에서 신용이 과도하게 팽창되면 경제 전반이 과도하게 확장되어 경제시스템의 균형상태가 무너진다는 뢰프케의 지적은 오늘날에도 여러 나라들에 그대로 적용될 수 있다.

## 경기순환은 멈추지 않는다

경기순환은 매우 복잡한 현상이어서 한 가지 요인만으로는 설명되지 않는다. 그래서 대부분의 학자들은 모든 요인들이 다 합쳐져 호황과 불황이 주기적으로 교대된다고 설명한다. 그러나 한 가지는 분명하다. 즉 경기변동은 항상 우리 곁에 있을 것이며, 정부의 개입도 직접개입이든 통화당국을 통한 간접개입이든 주기적 경기순환을 막지 못한다는 것이다.

이런 점에서 150여 년 전에 존 스튜어트 밀이 《정치경제학 원리 (Principles of Political Economy)》에 쓴 다음과 같은 말은 더욱 흥미롭다.

> 선진화된 사회에서도 대부분의 일은 정부가 개입할 때보다 그 일에 대해 가장 큰 관심을 갖고 있는 개인들에게 맡겨졌을 때 훨씬 잘 처리된다.

나는 이 장에서 경기순환은 여전히 건재하며 앞으로도 결코 죽지 않을 것임을 보여주고자 했다. 경제가 보통의 수준보다 더 빨리 성장하는 시기가 지나가면 그 다음에는 경제가 보통의 수준보다 더 느리게 성장하는 시기가 오게 된다. 앞으로 얼마나 심각한 경기후퇴가 올지는 여러 가지 요인에 달려있다. 일부 분석가들의 믿음대로 만약 우리가 지금 콘드라티예프 장기파동의 상승국면에 막 접어든 상태라면 오늘의 경기후퇴는 곧 끝나고 2003~2004년에는 좀 더 나아진 경기환경을 맞을 것이다. 그러나 만약 이와 반대로 지금 상황이 1920년대 말과 같이 콘드라티예프 파동과 쥐글라 파동의 하강국면이 겹치는 시기라고 한다면 가까운 장래에 보다 심각하고 지속적인 경기침체와 디플레이션을 겪게 될 것이다.

다음 장에서는 장기파동에 대해 알아보고자 한다. 이를 통해 나는 지금 우리가 장기파동의 어느 위치에 있는지를 알아보는 노력을 해보겠다. 경기순환은 너무나 복잡하므로 이런 노력이 반드시 명쾌한 결과를 낳아준다고 보장할 수는 없다. 하지만 우리가 장기순환의 어느 국면에 있는지를 파악하는 것은 투자자에게 대단히 중요하다. 왜냐하면 장기파동의 상승국면과 하강국면은 각각 뚜렷한 특징들을 갖고 있는데 그 특징들이 투자의 관점에서 큰 의미를 갖고 있기 때문이다.

## 7장 | 경제의 장기파동

> 경기회복은 스스로 올 때에만 건전하다. 경기가 인위적인 자극에 의해
> 회복되면 불황 때 반드시 처리됐어야 할 무엇인가가 남게 되고,
> 그 처리되지 못한 찌꺼기에서 새로운 불균형이 생겨난다.
> – 조지프 슘페터(1883~1950)

    장기적인 경기순환에 관한 이야기는 아주 오랜 옛날부터 있어왔다. 성경에는 50년마다 채무를 면제해주는 축제인 주빌리에 관한 이야기가 나온다. 중앙아메리카의 마야족은 재앙을 피하기 위해 54년마다 축제를 열었다. 밀의 가격은 13세기부터 54년 주기로 변동해왔다.

    에드워드 듀이는 1947년에 펴낸 《경기순환론, 예측의 과학(Cycle-The Science of Predictions)》이라는 저서에서 미국의 도매물가가 1790년부터 54년 주기로 움직여왔음을 보여주는 데이터를 제시하면서 다음의 고점은 1979년, 다음의 저점은 2006년에 온다고 예언했다. 그 후 많은 학자들이 54년 주기의 장기파동이 존재한다는 견해를 수용했지만, 현실은 그렇게 간단하지 않다. 장기파동 이론의 대표 격인 콘드라티예프 파동론은 훨씬 더 복잡하며, 콘드라티예프 자신도 장기파동의 주기가 정확히 몇 년인지는 말하지 않았다.

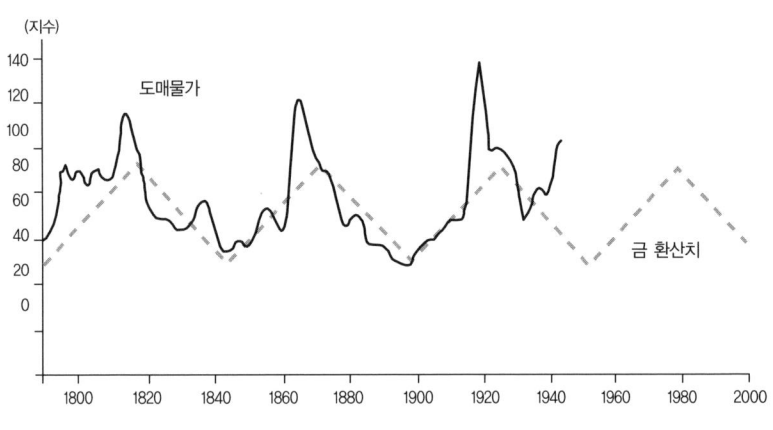

〈그림 7-1〉

**물가의 장기파동**
1780-1947년의 미국 도매물가추이

## 콘드라티예프 파동

1925년에 별로 알려지지 않은 러시아의 경제학자 니콜라이 콘드라티예프가 《장기 순환파동(The Long Wave Cycle)》이라는 논문을 발표했다. 이 논문에서 그는 다음과 같이 밝혔다.

자본주의에 위기가 거듭 일어나는 현상을 조사해본 결과 위기 역시 자본주의 순환 사이클의 한 국면에 지나지 않는다는 점을 확신하게 됐다. 순환 사이클은 상승기, 위기, 불황기의 세 국면으로 구성된다. 이 세 가지 국면을 다 정확히 이해해야만 위기를 해석할 수 있다. 나는 자본주의 사회의 동학을 연구하는 과정에서 경제환경에 장기순환이 있다는 가정을 하지 않으면 설명이 안 되는 현상을 자주 만났다.

다른 경제학자들이 대부분 이론적인 연구에 치중한 반면에 콘드라티예프는 아주 경험적인 연구를 했다. 그는 1925년 논문에서 자신은 장기파동에 대한 이론적인 기반을 닦으려는 의도는 전혀 갖고 있지 않으며, 단지 장기파동이 존재한다는 사실만을 경험적으로 증명하려고 한다고 밝혔다. 이를 위해 콘드라티예프는 1790년부터 1920년 사이의 일차산품 가격, 금리, 임금, 무역, 석탄의 생산량과 소비량, 저축, 금의 생산량 등에 관한 경제적 자료는 물론 정치적 사건도 정리해보고 나서 48~60년 주기의 장기파동이 존재한다는 결론을 내렸다.

일부 경제학자들은 경제활동에 장기적인 파동은 없다고 주장한다. 그러나 가격이 오르고 내리는 사이클은 늘 있어왔다. 서유럽의 곡물 가격은 13세기에는 올랐다가 1500년께까지 내렸고, 16세기에는 상승했지만 그 뒤로 1750년까지는 하락했다. 그 후 곡물 가격은 나폴레옹 전쟁 때까지 올랐다가 1900년까지는 내렸다.

콘드라티예프 외에도 알렉산더 파르부스, 반 겔데렌, 장 레스퀴르, 알베르 아프탈리옹, 아르투르 슈피트호프, 구스타브 카셀, 사이먼 쿠즈네츠, 크누트 빅셀, 빌헬름 아벨 등 많은 학자들이 장기 순환파동을 관찰했다. 1935년에 슘페터는 〈경제통계평론(The Review of Economic Statistics)〉에 '경제변화에 대한 분석' 이라는 제목으로 이런 글을 썼다.

역사상 산업활동의 어느 시점에 어떤 일이 어떻게 일어났는지를 고찰해보면 우선 54~60년 주기의 장기파동이 있다는 사실을 알게 된다. 슈피트호프 등에 의해 관찰되고 콘드라티예프에 의해 보다 상세히 연구된 장기파동을 우리는 콘드라티예프 파동이라고 부를 수 있다.

〈그림 7-2〉

**곡물의 가격변동과 곡물혁명**
13세기 이후 서유럽의 곡물 가격

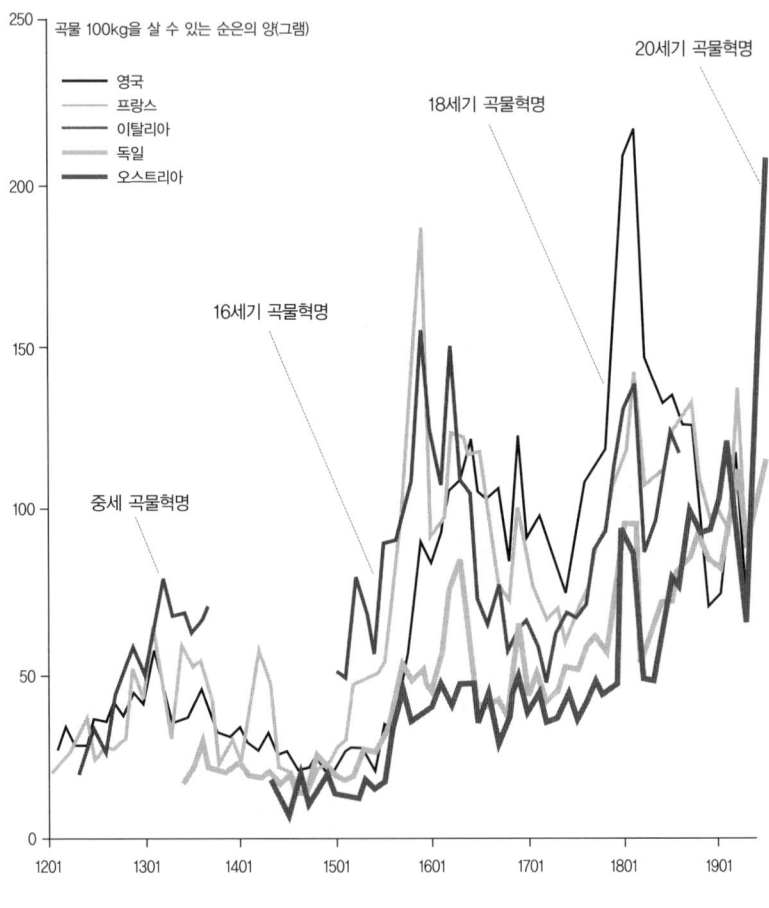

슘페터는 이처럼 장기파동을 콘드라티예프 파동이라고 부르고, 그 장기파동 속에서 7~11년의 주기로 움직이는 파동을 파악해내어 현대 경기

순환론의 아버지인 조세프 클레망 쥐글라의 성을 따서 쥐글라 파동이라고 명명했다. 그는 또 쥐글라 파동보다 짧은 주기를 갖는 순환을 가려내어 키친 파동이라는 이름을 붙였다. 약 40개월의 주기를 가진 키친 파동은 1923년에 출간된 조지프 키친의 저서에서 처음 소개된 바 있다. 사업가였던 키친은 1890~1922년에 영국과 미국이 거친 경기순환에 대한 연구서인 이 저서에서 세계 통화공급량의 변화에 따라 7~11년 주기의 큰 파동이 생기며, 그 속에 40개월 정도의 주기를 갖는 작은 파동이 존재한다고 주장했다.

콘드라티예프는 각종의 가격과 생산량의 역사적인 수치를 갖고 연구한 결과로 특히 다음과 같은 추세를 파악해냈다.

일차산품의 가격 추이

- 제1순환의 상승기인 1789~1814년의 25년간에 일차산품 가격은 상승했다. 제1순환의 하락기는 1814~1849년의 35년간 이어졌다. 제1순환 전체는 60년간 지속됐다.
- 제2순환의 일차산품 가격 상승기는 1849~1873년의 24년간이었고, 하락기는 1873~1896년이었다. 제2순환 전체는 47년간 지속됐다.
- 제3순환의 상승기는 1896~1920년의 24년간이었고, 하락기는 1920년에 시작됐다.

금리 추이

콘드라티예프는 프랑스와 영국의 공채 가격 추이를 연구했다. 금리는 1790~1813년에 급등했다. 영국의 공채 가격은 1792년 90.04에서 1813년 58.81로 하락했다. 이후 금리는 1844년까지 하락하면서 금리변동의 제1

〈그림 7-3〉

**일차산품 가격의 장기파동**

1780~1920년의 일차산품 가격지수 추이

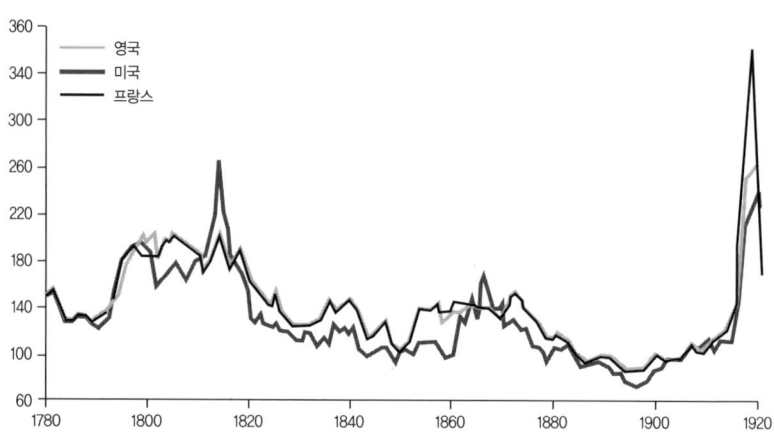

〈그림 7-4〉

**금리의 장기파동**

미국 장기금리의 역사

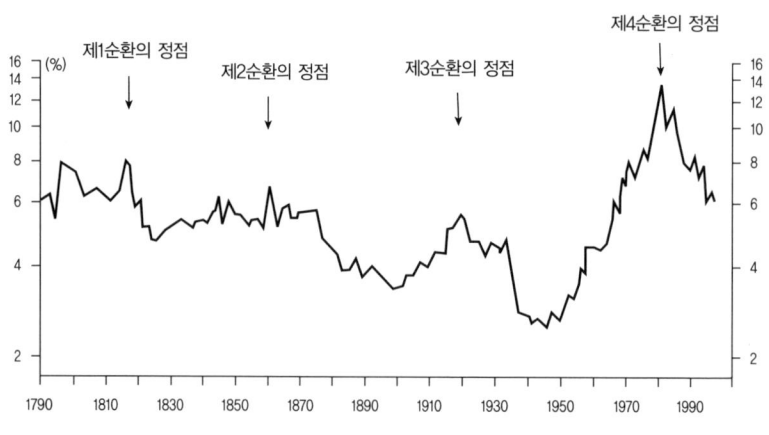

순환이 완료됐다. 제2순환의 채권가격 하락파동, 즉 금리의 상승파동은 1840년대 중반부터 1870년대 초까지 계속됐다.

  그 후 1870년대 중반부터 1897년까지 금리가 하락한 다음 1921년까지 제3순환의 상승국면이 이어졌다. 콘드라티예프는 "금리변동의 장기파동 곡선은 비교적 뚜렷하다"며 "이 장기파동의 주기는 일차산품의 가격변동 주기와 매우 비슷하다"고 지적했다. 〈그림 7-4〉에서 우리는 1790년 이래 미국의 금리가 일차산품의 가격과 비슷하게 변동해왔음을 확인할 수 있다.

### 임금 추이

콘드라티예프는 1790년부터 상승하기 시작한 임금이 1805년과 1817년 사이에 최고치에 이르렀다는 관찰결과를 밝혔다. 실제로 1812년과 1817년 사이에 임금수준이 최고치를 기록했을 것으로 판단된다. 이어 1840년대 말~1850년에 임금의 상승세가 둔화되면서 임금의 제1순환이 마무리됐다. 1840년대 말 이후에 다시 임금의 상승세가 가속화되어 1873~1876년까지 오른 뒤 1888~1895년까지 상승세가 둔화되면서 제2순환이 마무리됐다. 그 후 임금 상승세는 다시 가속화됐고, 그 추세는 1920~1921년까지 계속됐다고 콘드라티예프는 보았다.

### 석탄의 생산과 소비

콘드라티예프는 프랑스와 영국의 석탄 소비량이 그 가격의 변화와 긴밀한 연관성을 갖고 있다는 관찰결과를 밝혔다. 석탄 소비량은 1840년대에는 줄어들었으나 그 뒤로 1870년대까지는 급격히 증가했다. 1880년대에는 석탄 소비량의 증가세가 둔화됐고, 1890년대에는 석탄의 소비와 생산 증가세가 다시 가속화됐다. 콘드라티예프는 석탄의 소비와 생산이 변동한 내력을 보여주는 데이터는 장기파동의 존재를 입증해주는 추가적인 증거가 된다고 주장했다.

콘드라티예프는 프랑스의 광물연료 소비량, 영국의 납 및 선철 생산량, 프랑스 은행의 예금 대 대출 비율 등도 조사했다. 그는 장기순환의 전환점이 언제인지를 정확하게 아는 것은 불가능하므로 전환점으로 추정되는 시점을 전후해 5~7년 정도의 여유를 둔다고 밝혔다. 그러고는 〈표 7-1〉과 같은 장기파동의 국면구분이 가장 개연성이 높다고 주장했다.

이어 콘드라티예프는 각각의 국면에서 인식되는 상황을 경험적으로 유형화했다. 그 내용은 다음과 같다.

① 상승국면이 시작되기 전이나 그 초기에는 사회의 경제생활에 심대한 변화가 생긴다. 예를 들어 중요한 발명과 발견으로 놀랄 만한 기술적 진보가 이루어지거나, 세계경제에 새로운 국가가 참여하거나, 금의 공급과 화폐유통에 획기적 변화가 생긴다.
② 상승국면에서 전쟁이나 혁명과 같은 커다란 사회적 소용돌이가 생긴다. 콘드라티예프는 전쟁과 혁명이 장기파동의 원인이라는 기존의 학

〈표 7-1〉

**장기 순환파동의 역사**
콘드라티예프가 정리한 장기파동

| 1차 순환파동 | 2차 순환파동 | 3차 순환파동 |
|---|---|---|
| 상승파동: 1789년경부터 1810-1817년까지 | 상승파동: 1844-1851년부터 1870-1875년까지 | 상승파동: 1890-1896년부터 1914-1920년까지 |
| 하락파동: 1810-1817년부터 1844-1851년까지 | 하락파동: 1870-1875년부터 1890-1896년까지 | 하락파동: 1914-1920년부터 시작됐을 듯 (콘드라티예프의 저작은 1920년대 중반에 발표됐음을 상기하라) |

설을 반박하면서, 전쟁은 시장과 자원을 차지하려는 싸움이 격화되거나 경제생활의 속도와 긴장도가 높아짐으로써 일어나는 결과이며, 혁명과 같은 사회적 충격 역시 새로운 경제적 힘의 압박 아래서 가장 쉽게 생겨난다고 주장했다.

③ 하락국면은 일차산품 가격의 하락과 함께 농업부문의 장기침체를 가져온다. 1810~1817년, 1844~1849년, 1870~1875년, 1895~1898년과 같은 하락기에 농산품 가격은 공산품 가격보다 더 많이 하락했다고 콘드라티예프는 지적했다. 이는 1930년대의 농업부문 침체로도 증명된다.

④ 장기파동의 상승국면 속에서 중간파동이 나타나는데, 그 특징은 하락 조정의 기간이 짧고 상승세가 강하다는 것이다. 반대로 장기파동의 하락국면 속에서 나타나는 중간 상승파동은 상승조정의 기간이 짧지만 하락세는 강하다.

이처럼 콘드라티예프도 중기순환이 존재함을 확인했다. 그는 장기 상승파동 속에서는 침체가 상대적으로 짧은 반면에 장기 하락파동 속에서는 호황이 짧고 약한 대신 불황이 격심하고 오래 지속된다는 사실을 관찰했다. 그는 이런 관찰결과를 뒷받침하려고 슈피트호프가 만든 자료(〈표 7-2〉)를 인용했는데, 그 내용을 봐도 장기 하락파동 속에서는 불황의 기간이 긴 반면에 장기 상승파동 속에서는 호황의 기간이 길다.

콘드라티예프의 장기파동 이론은 사회주의자들 가운데 칼 카우츠키, 반 겔데렌, 샘 드 울프 등과 맥을 같이 하는 것이어서 레닌이나 트로츠키와 같은 볼셰비키에게는 받아들여질 수 없었다. 유명한 '트로츠키와 콘드라티예프의 논쟁'에서 핵심 쟁점이 된 것은 자본주의 체제가 안정성을 가질 수 있느냐는 문제였다. 트로츠키의 견해는 '보편적 위기'가 자본주의

⟨표 7-2⟩

**호황과 불황의 지속기간**
슈피트호프가 정리한 장기파동

| 장기파동 국면 | 상승기간 | 하락기간 |
| --- | --- | --- |
| 1822~1843년의 장기하락파동 | 9년 | 12년 |
| 1843~1874년의 장기상승파동 | 21년 | 10년 |
| 1874~1895년의 장기하락파동 | 6년 | 15년 |
| 1895~1912년의 장기상승파동 | 15년 | 4년 |

의 생존 자체를 위협한다는 것이었지만, 카우츠키와 마찬가지로 콘드라티예프는 위기는 안정적인 자본주의 체제의 한 국면일 뿐이라고 생각했다. 콘드라티예프가 보기에는 1929년 이후에 전개된 불황은 마르크스주의자들이 찾던 자본주의 최후의 위기가 아니었다. 이런 견해를 갖고 있었기에 콘드라티예프는 스탈린 치하였던 1930년에 공개적으로 비판받고 시베리아 유형지로 보내졌으며, 그곳에서 생을 마치게 된다.

### 장기파동의 원인

콘드라티예프는 자신의 장기파동 연구는 경험적인 것에 한정된다고 거듭 강조했다. 하지만 그는 장기 상승파동은 기본적인 자본재의 교체와 확장, 그리고 사회적 생산력의 근본적인 재구성 및 변화와 관련이 있다는 결론을 내렸다. 장기파동에 콘드라티예프의 이름을 붙여 그를 부활시킨 슘페터는 '혁신'과 '선도부문'이라는 개념을 도입해 장기파동에 관한 통합이론을 구축했다. 슘페터는 앞에서도 인용한 바 있는 《경제변화에 대한 분석》(1935)에 다음과 같이 썼다.

만약 사람들이 자연현상에 의한 경제적 삶의 변화를 받아들이면서 경제활동으로 경제적 삶을 추가로 변화시키는 것 말고는 번식하고 저축하는 것밖에 하지 않았다면 세상은 지금과 매우 달라졌을 것이다. 세상이 지금과 같이 된 것은 생산과 상업의 방법을 나름대로 개선하려는 사람들의 부단한 노력, 즉 생산기술의 변경, 새로운 시장의 개척, 새로운 상품의 도입 등의 덕분인 게 분명하다. 이러한 역사적이고 돌이킬 수 없는 행동양식의 변화를 우리는 혁신이라고 부른다. 혁신은 미분될 수 없는 생산함수의 변화다. 이는 우편마차의 수를 아무리 많이 늘리더라도 그렇게 하는 것만으로는 철도를 갖게 될 수 없는 것과 마찬가지다.

슘페터가 보기에 혁신과 선도부문이 지배적이었던 산업을 밀어내고 장기적인 상승파동을 만들어낸다. 그래서 모든 장기 상승파동은 주요 기술적 혁신과 관련된다. 또한 슘페터는 신용창조의 중요성을 인식하고, 신용창조가 기술혁신을 금융 측면에서 보완한다고 보았다. 그러나 그는 금융시장이 자본주의 조직의 심장은 될 수 있을지 몰라도 두뇌가 될 수는 없다고 강조했다.

〈그림 7-5〉에서 볼 수 있듯이 슘페터는 콘드라티예프와 마찬가지로 1787~1842년에 자본주의의 첫 번째 파동이 있었다고 생각했다. 이 기간은 운하, 도로, 교량의 건설, 금융산업의 팽창과 같은 새로운 산업적 혁신이 이뤄진 시기였다. 콘드라티예프의 두 번째 파동(1842~1897)은 증기기관, 철도, 철강 산업과 관련이 있었고, 세 번째 파동(1898년 이후)은 전기, 화학, 자동차 산업과 관련이 있었다.

슘페터는 혁신은 경제의 균형상태를 깨뜨리고 경제를 '번영의 여행', 그 다음에는 '불황의 여행'으로 이끌어간다고 생각했다. 슘페터는 번영,

## 제5파동이 시작된다
콘드라티에프 장기순환 파동

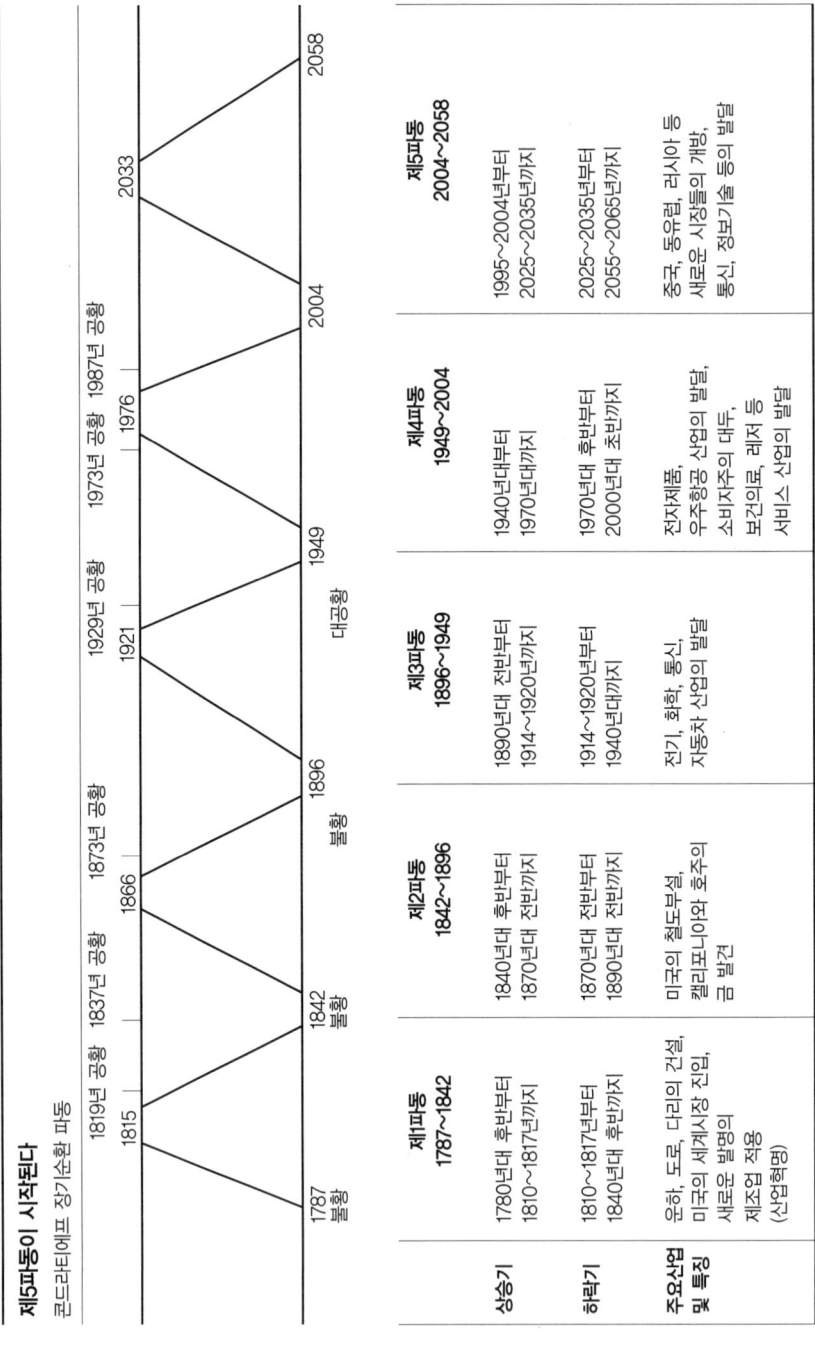

〈그림 7-5〉

후퇴, 불황, 회복의 4국면을 구분했다. 그에 따르면 혁신은 소비재 생산량만 늘리는 게 아니라 혁신가들에 의해 새로이 형성된 비용 및 가격의 구조, 그리고 새로운 생산방법에 경제가 적응하도록 한다. 혁신자는 오래된 생산방식을 추방하고 재능 없는 경쟁자들을 시장에서 몰아낸다. 혁신이 신용팽창과 함께 호황을 이끌지만, 그것이 곧 불황의 원인이 된다. 불황의 여행은 혁신이 초래한 고통스러운 구조조정이 마무리될 때까지 계속된다. 구조조정이 이루어지고 나면 경제시스템은 새로운 균형상태에 도달하여 휴식을 취하게 된다.

슘페터에 의하면 경제가 균형상태 밑으로 떨어질 때까지 불황이 계속된다. 불황은 부채구조가 건전한 상태를 회복하고 나야만 비로소 균형상태가 회복된다. 따라서 사이클의 길이는 하나의 정점에서 그 다음 정점까지의 시간 또는 하나의 계곡에서 그 다음 계곡까지의 시간이 아니라 균형상태에서 그 다음 균형상태까지의 시간으로 측정된다. 슘페터는 〈그림 7-6〉처럼 경기순환 파동을 장기의 콘드라티예프 파동, 중기의 쥐글라 파동, 단기의 키친 파동으로 분류했다. 1930년대 전반에는 이 세 가지 파동의 곡선이 동시에 하락했고, 이것이 대공황의 원인이 됐다고 그는 지적했다.

의도한 것은 아니었지만, 어빙 피셔는 장기파동과 경기순환에 대한 이해에 기여했다. 그는 경기순환을 '신화'라고 부르기도 했지만 《호황과 불황(Booms and Depressions)》(1932)에서는 경기의 파동을 파도와 바람에 흔들리는 배 위의 흔들의자에 비유했다.

흔들리는 바다에 떠있는 배, 그리고 그 배 위의 갑판에 놓인 흔들의자를 상상해보자. 이 의자의 흔들림은 너무나 많은 원인들에 의해 영향을 받기 때문에 하나의 움직임에 전적으로 따르지 않는다. 의자의 움직임은 수많은 흔들림 또

〈그림 7-6〉

**3개 파동의 종합**
슘페터의 장기·중기·단기 파동

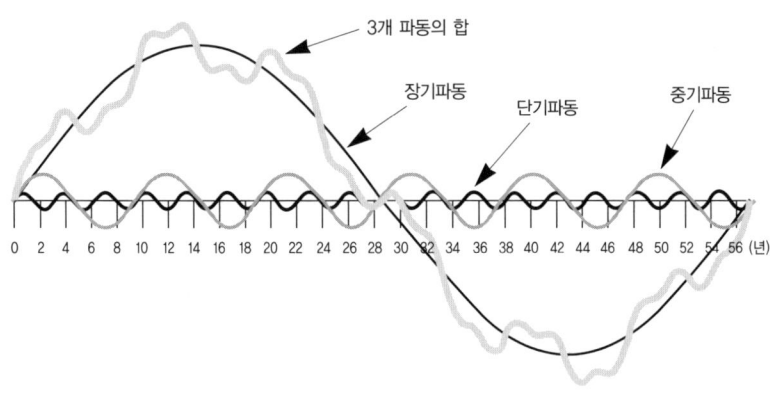

는 흔들리지 않음의 종합이다. 그래서 어떤 때에는 흔들리다가도 어떤 때에는 흔들리지 않는다. 그러나 여하튼 그것을 '흔들의자 사이클'이라고 부를 사람은 아무도 없을 것이다.

피셔는 경제가 주로 부채의 누적과 청산이라는 과정에 의해 초래되는 확대와 축소의 악순환을 반복할 수밖에 없다고 주장했다. 이것이 바로 '부채 디플레이션(Debt Deflation)' 이론이다. 피셔에 따르면 과잉부채는 새로운 발명이나 산업의 출현, 대규모 지하자원 매장지의 발견, 새로운 시장의 등장과 같은 대박투자 기회로 인해 생기게 되는데, 부채가 누적된 상태에서 가격이 하락하게 되면 사람들은 자산을 무조건 처분하려고 하기 때문에 디플레이션이 심화된다. 그리고 디플레이션이 심화되면 부채부담은 점점 더 무거워진다. 급기야 과잉부채가 활황을 무너뜨리는 원인이 된다.

피셔는 과잉부채를 "다른 경제요소들에 비해 과도하게 많은 부채"로 정의하고 "쉽게 돈을 빌릴 수 있다는 것"이 과잉부채의 원인이라고 지적했다. 이어 그는 발명, 새로운 발견(예컨대 캘리포니아의 금광 발견), 새로운 비즈니스 방법(예컨대 고속도로, 증기선, 농기계의 등장) 등의 예를 다양하게 든 뒤에 이런 것들이 투자자들을 유혹한다고 지적했다. 그래서 투자자들이 투자가 그 원금은 물론이고 자신의 과도한 소비의 비용도 메워줄 정도의 수익을 내줄 것이라는 기대에 근거해 더 많은 빚을 지는 동시에 그 전보다 소비도 더 많이 하게 된다는 것이다. 피셔에 따르면 대박을 노리는 투자자들의 심리에는 불운에 대한 예감이 전혀 없고 공포, 두려움, 조심성도 없으며 단지 희망과 열광만이 있을 뿐이다. 이 대목에서 피셔는 심리적 경기순환론에 매우 가까이 다가갔다. 1830년대 초의 위기와 관련해 그는 토머스 투크(Thomas Tooke)의 《물가의 역사(A History of Prices)》(1838)에서 다음과 같은 구절을 인용했다.

적은 돈만 투자해 큰 이익을 얻을 수 있을 가능성은 저항할 수 없는 유혹이다. 도박으로 이끌리는 인간 본성은 끊임없이 대중으로 하여금 그렇게 행동하도록 꼬드긴다. 이로 인해 순진하고 무지한 개인은 물론이고 군주, 귀족, 정치인, 법률가, 물리학자, 성직자, 철학자, 시인 등 지위고하와 남녀를 막론하고 모두가 근거 없는 대박의 기회에 서둘러 자기 재산을 투자하게 된다.

피셔는 1933년에 쓴 《인플레이션?》에서 1929년 대공황이 발생한 데는 여러 가지 다른 영향도 있었지만 무엇보다 과잉부채가 큰 원인이었다고 지적했다.

불황은 전쟁을 거치면서 생겨난 신용통화의 팽창과 부채 붐에서 자라났다. 전쟁은 전쟁과 관련된 부채만 증가시킨 것이 아니라 전쟁이 끝난 뒤에 전쟁과 관계없는 민간부채도 급격히 증가시켰다. 전쟁부채도, 종전 후 민간부채도 그 내용을 보면 국제적인 부채가 많았다. 또한 그 가운데는 장기부채도 있었지만 단기부채도 있었고, 공공채무도 있었지만 민간채무도 있었다. 미국인이 미국인에게 빚을 지기도 했지만, 미국인이 외국인에게 빚을 진 경우도 많았다. 외국인에게 진 빚은 주로 금으로 상환해야 하는 단기채무였다. 국제적인 채권채무 관계는 전체적으로 보면 채권의 총액과 채무의 총액이 같으므로 순채무의 합계가 영이 된다. 갑은 을에게, 을은 병에게, 병은 정에게 각각 채무자가 되는 채권채무 관계는 결국 정이 다시 갑에게 채무자가 되는 식으로 돌고 돈다. 이런 상황에서 만약 갑이 파산하게 되면 그 영향은 순차적으로 을, 병, 정으로 파급되어 결국 경제 내 모든 사람이 영향을 받는다. 전체적으로 순채무가 영이라 하더라도 바로 이런 과정을 통해 마치 볼링 핀들이 쓰러지듯 모든 사람이 동시에 파산하게 될 수 있는 것이다.

피셔는 1920년대 부채증가의 원흉은 주식투자용 대출, 국제투자, 증권업자들의 밀어붙이기식 영업 등이었다고 지적했다.

그동안 기업금융에 새로운 경향이 생겼다. 1921년부터 1929년까지 활황이 이어지면서 기업이 자금조달을 채권발행보다 주식발행에 점점 더 의존하게 됐다. 이는 부채에 대한 의존도를 낮춘다는 점에서 긍정적인 측면도 있었다. 기업이 채무상환 압력을 별로 받지 않게 됨으로써 많은 기업들이 불황기에도 재무건전성을 유지할 수 있었다. 그러나 실제로는 부채의 부담이 기업에서 개인 주주들로 전가된 것이었다. 개인들은 주식을 사기 위해 더 많은 돈을 빌렸다.

다시 말해 기업들이 돈을 직접 빌리지 않고 개인 투자자들을 통해 간접적으로 빌린 셈이었다. … 주식투자가 채권투자보다 선호되는 경향이 역사적으로 채권투자의 수익률보다 주식투자의 수익률이 더 높았다는 통계적 경험에 의해 촉진됐다. 이런 새로운 경향은 주식에 분산투자하는 투자신탁회사가 등장하면서 더욱 확산됐다. 투자신탁회사는 비온 뒤 죽순 나듯 증가했고, 곧 열풍을 일으켰다. 게다가 투자신탁회사들은 앞 다투어 빚을 내어 투자를 늘렸다. … 투기열풍에 빠진 미국인들은 투자를 국내로 한정하지 않았다. 그들은 유럽과 남미에서 한창 진행되던 건설 붐에 편승했다. 미국의 자본은 외국의 정부로, 지방자치단체로, 기업으로 밀려들어갔다. 영국의 투자자들은 1931년 이전의 60년 동안에 이미 이 같은 방법으로 미국에 투자했다가 100억 달러 이상의 손해를 보았다. 그런데 전쟁이 끝난 뒤에는 경험도 일천한 미국의 투자자들이 영국의 투자자들이 했던 역할을 대신 떠맡고 나섰다. 문제는 이런 움직임이 미국의 건전하지 못한 붐을 수출하는 것이어서 다른 나라 사람들은 물론 미국인들 자신까지 불황의 덫에 걸리게 한다는 데 있었다. … 전쟁이 끝난 뒤에는 미국의 투자은행과 증권회사들이 게걸스러운 대중의 수요에 맞춰 채권발행을 늘렸고, 그 과정에서 채무자의 변제능력, 외국인 채무자에게 채무상환을 강제할 수 있을 가능성, 구조조정되거나 합병돼야 할 기업에 대한 기존 채권 소유자들의 이해관계 등은 무시되는 것이 기업금융의 두드러진 특징이 됐다. 그들에게는 채권을 발행해서 돈을 버는 것만이 중요했던 것으로 보인다.(《호황과 불황》)

피셔는 1929년의 뉴욕 주식시장 폭락은 미국이 불황국면에 들어서고 있음을 말해주는 명백한 증거라고 봤다.

어떤 이유에서건 일단 부채의 청산이 시작되면 신용통화를 날려버리게 되고, 이는 다시 모든 자산의 가격과 기업의 이익을 낮춰버린다. 그러면 기업들은 다시 추가로 부채를 청산해야 하고, 이는 다시 자산의 가격과 기업의 이익을 낮춘다. 그러면 다시 부채의 추가 청산, 다시 자산가격과 기업이익의 하락이라는 불황의 소용돌이에 빠진다. … 여기서 우리는 부채가 커져서 청산이 시작되면 청산행위 자체가 부채를 키운다는 역설에 직면한다. … 부채가 청산되는 속도보다 갚지 않은 부채 잔액이 더 빨리 커지는 것, 이것이 바로 대공황의 숨겨진 근본 원인이다. 디플레이션으로 인해 이처럼 부채부담이 증가하고, 부채의 청산 때문에 디플레이션이 심화된다. 부채의 상환은 부채 잔액의 증가를 따라잡지 못하며, 부채를 갚을수록 더 많은 부채가 쌓인다. 지금의 실질 부채는 1929년보다 크고 1932년 3월보다도 더 커, 사상최고 수준에 이르고 있다. 이자, 지대, 조세의 부담은 커지는데 실질 소득과 자산의 실질 가치는 더 작아진다.(《인플레이션?》)

내가 피셔를 길게 인용한 이유는 그가 위대한 경제학자이기 때문만은 아니다. 그는 1920년대의 호황과 뒤이은 대불황의 시대를 살았던 학자여서 당시의 분위기를 누구보다도 잘 전해주기 때문이다. 1929년에 그는 주가상승은 계속될 것이며 미국은 번영의 새로운 고원에 도달했다고 주장했다. 1929년의 주식시장 대폭락 직후인 11월에 펴낸 책 《주식시장의 폭락, 그리고 그 후(The Stock Market Crash and After)》에서도 그의 낙관론은 변함이 없었다. 그는 대폭락이 가져온 손실에도 불구하고 투자신탁을 통한 투자는 여전히 안전하다고 주장하면서 "가까운 미래의 전망은 밝다"는 말로 그의 책을 마무리했다.

1933년이 되어서야 피셔도 《인플레이션?》에서 1920년대 후반에 진행된

방만한 금융과 과잉투자, 부채의 누적이 디플레이션의 원인이 됐다는 점을 인정했다. 5장에서 이미 설명했듯이 약세시장이나 불황의 초기 국면에서는 경제 기초여건이 여전히 좋기 때문에 많은 사람들이 낙관론을 버리지 못한다.

《주식시장의 폭락, 그리고 그 후》에서 피셔는 1920년대 연준의 정책과 관련해 금리를 내리지 않고 오히려 올렸더라면 공황은 막을 수 있었을 것이라는 폴 워버그 전 연준 이사의 말을 인용했다. 그는 또한 발명이 이자율에 미친 영향을 워버그가 강조했다는 점도 언급했다.

새로운 발명으로 이자율보다 높은 기대수익을 가진 기회가 나타나는 경우에는 언제나 과잉부채가 생기게 된다. 새로운 발명이 나오는 것은 일반 투자자들에게는 주식시장에 투자해야 한다는 것을 의미한다. 이럴 때 이자율은 투자의 기대수익률을 상쇄할 수 있을 정도로 올라가야 한다. 그렇지 않으면 사람들은 필요한 만큼이 아니라 가능한 한 최대로 돈을 빌리게 된다.

피셔에 따르면 1차대전 이후에 금리가 인위적으로 낮게 유지됐고, 이것이 투기를 조장하는 원인이 됐다. 그는 대공황이 발생하기 2년 전인 1927년에 재할인율을 대폭 인상했다면 경기가 어느 정도 위축되긴 했겠지만 주식시장의 대폭락은 피할 수 있었을지 모른다는 결론을 내렸다.

여기서 한 가지 더 주목할 만한 점이 있다. 〈그림 7-7〉에서 보듯이 뉴욕 주식시장의 주가는 1930년 4월부터 1932년 6월까지 줄곧 하락했다. 1932년 당시 주가는 1929년 11월 13일의 고점에 비해 80%나 하락했다. 대부분의 투자신탁 펀드들은 파산했고, 정점 때 100% 이상의 프리미엄이 붙어 거래되던 투자신탁회사 주식들이 99%나 폭락하기도 했다. 놀랄 만한

〈그림 7-7〉

**피셔를 현혹시킨 주가**
대공황기 전후의 미국 다우존스지수

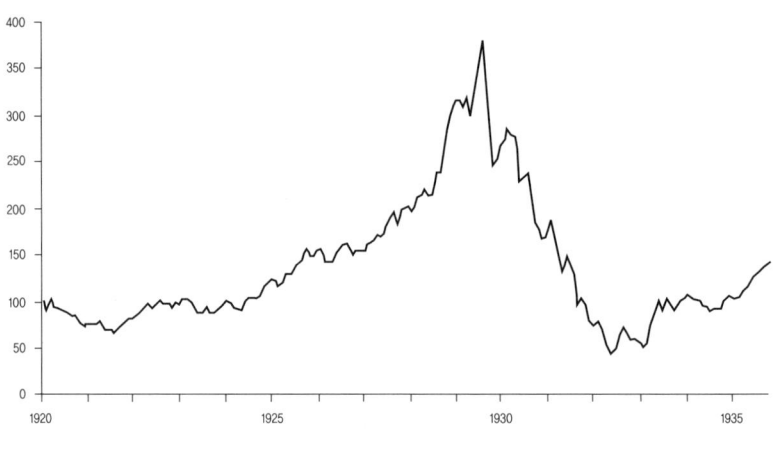

사실은 주요 경제인이나 정치인들이 계속 낙관론을 주장하는 가운데 주식시장과 경제가 완전히 붕괴했다는 점이다.

1929년에 부정적인 전망을 내놓았던 하버드 경제연구소는 1929년의 주식시장 폭락 직전부터는 오히려 낙관적인 쪽으로 태도를 바꾸었고, 1930년과 1931년에도 밝은 전망을 계속 내놓았다. 그 내용은 이렇다. "경기침체의 가장 어려운 고비는 넘겼음을 보여주는 징후들이 있다."(1930년 1월 18일) "이번 달이나 다음 달 중 경기가 호전될 것이다. 경기는 3분기에 크게 개선돼, 연말에는 통상적인 수준을 훨씬 웃돌게 될 것이다."(1930년 5월 17일) "현재의 불황은 이제 그 힘을 다하였다."(1930년 11월 15일) 후버 대통령도 1930년 5월에 "우리는 이제 최악의 상황을 지났다"면서 "경기가 가을까지는 정상으로 돌아올 것"이라고 말했다.

이에 비추어 1929년 후반에 피셔가 피력했던 낙관론이 당시의 일반적인 사회분위기와 동떨어진 것은 아니었다. 그럼에도 경기불황과 함께 재앙과 같은 주식시장 폭락이 닥치자 당시 모든 사람이 크게 놀랐을 것이다.

1990년대도 1920년대와 매우 비슷하다. 기업 인수합병 열풍, 높은 부채비율, 금융완화 정책, 외국자본의 유입, 감량경영(1920년대에는 포드식 경영), 노동조건의 개선, 안정적인 물가, 일차산품 가격의 하락, 뮤추얼펀드(1920년대에는 투자신탁) 열풍, 은행의 투자전담 부서 강화, 컴퓨터(1920년대에는 라디오), 소프트웨어산업(1920년대에는 영화산업), 인터넷(1920년대에는 전력산업)의 발달, 특허출원 건수의 기록 경신, 주식투자의 장점을 부각시키는 책의 출간, 낙관적인 전망, 증권가 주요 인물의 스타화, 정치인과 업계 지도자들의 계속적인 낙관적 발언, 미국 경제가 회복하고 있다는 믿음 등이 두 시기에 똑같이 나타났다.

**지금 우리는 장기파동의 어느 위치에 있는가?**

우리가 경기 사이클의 어디에 와있는지를 판단해보기 전에 먼저 지적해둬야 할 점이 있다. 그것은 상대적인 위치는 알기 쉬우나 절대적인 위치는 알기 어렵다는 것이다.

우리는 구할 수 있는 데이터를 이용해 역사, 지리, 진화의 관점에서 우리의 상대적인 위치를 알 수 있다. 그러나 우리는 우주 전체 속에서 지구가 어디에 있는지, 우주에 우리와 다른 문명이 존재하는지에 대해서는 알지 못한다. 달리 말하면 우리는 미지의 것에 대해서는 거의 아무것도 알수 없다.

경제도 마찬가지다. 우리는 1930년대의 불황기, 1974년의 약세시장 바닥, 1980년의 일차산품 가격 정점, 2000년의 미국 주식시장 정점 등과 비교해 지금의 경제적 위치가 어디에 있는지를 안다. 그러나 우리는 자본주의 역사 전체에서 우리가 어디에 와있는지에 대해서는 거의 알지 못한다.

우리는 지금 자본주의 발달의 초기에 있는가, 아니면 라비 바트라(Ravi Batra)와 같은 경제학자의 말대로 '자본가의 시대'의 마지막 단계에 가까이 와있는가? 학계에서는 바트라를 그렇게 중요하게 취급하지 않지만, 나는 그의 사회적 순환이론이 매우 흥미롭다고 생각한다. 그는 사회가 노동자의 시대, 전사의 시대, 지식인의 시대, 소유자의 시대를 거친다고 보고, 그러한 이행과정이 어떻게 진행되는가를 설명했다. 그는 이런 이론에 근거해 1970년대에 이미 공산주의가 몰락할 것이라고 예언했다. 하지만 나는 중장기적 사이클에서 우리가 어디에 있는가를 파악하는 노력은 잘해야 가설을 세우는 데 불과하다는 점을 강조하고 싶다.

콘드라티예프와 슘페터에 따르면 세 번째 장기순환의 정점은 1914~1920년에 있었다. 그 후에 나타난 일차산품 가격의 하락, 농업의 침체, 금리의 하락, 대불황의 발생 등은 1930년대 말부터 1940년대 초까지는 장기순환이 하락세였음을 보여주는 징후들이었다. 1930년대에 일차산품 가격이 바닥을 치고 금리가 1940년대 중반부터 반등한 것을 보면 콘드라티예프의 제4순환은 1940년대 중 어느 시점부터 시작됐다고 생각할 수 있다. 이런 가정은 콘드라티예프의 장기순환이 48~60년의 주기를 갖는다는 점과 부합한다. 왜냐하면 제3순환이 1890년대 중반에 시작되어 1943~1955년 사이에 마무리됐기 때문이다.

제4순환의 고점은 1970년과 1980년 사이에 있었을 것이다. 이는 〈표 7-3〉의 1인당 국내총생산(GDP) 증가율 수치로 증명된다. 1973~1995년에 세

⟨표 7-3⟩

**지역별 소득증가율 비교**
1인당 국내총생산 증가율(연율, %)

|  | 1820~1950 | 1950~1973 | 1973~1995 |
|---|---|---|---|
| 서유럽 | 1.06 | 3.89 | 1.72 |
| 북미 | 1.58 | 2.45 | 1.54 |
| 일본 | 0.81 | 8.01 | 2.53 |
| 중남미 | 1.01 | 2.50 | 0.62 |
| 중국 | −0.24 | 2.87 | 5.37 |
| 기타 아시아 | 0.32 | 2.78 | 2.49 |
| 아프리카 | 0.56 | 2.01 | −0.32 |
| 세계 전체 | 0.88 | 2.90 | 1.11 |

계의 1인당 GDP 증가율은 1.11%로 1950~1973년 평균인 2.9%보다 현저히 낮았다. 최근에는 아시아와 중남미 등 신흥 주식시장의 위기, 경기퇴조 분위기의 영향으로 세계의 1인당 GDP 증가율이 더욱 낮아지고 있다.

몇몇 경제학자들은 콘드라티예프 장기파동이 최근 몇 년 사이에 상승 반전했다고 주장하고 있다. 동태적 체계이론(System Dynamics)을 구축한 MIT대학의 제이 포레스터는 네 번째 장기순환은 1970년대 말에 정점을 찍었고 1990년대에는 이미 바닥을 지났다고 주장했다. ⟨뱅크 크레딧 애널리스트⟩ 1995년 6월호는 미국 경제가 20세기의 세 번째 장기순환의 상승기에 이미 들어섰다고 주장했다. 거시경제 컨설팅 회사인 롬버드 스트리트 리서치(LSR)의 경제학자인 브라이언 리딩은 1993~2013년에 세계적인 대호황이 펼쳐질 것이라고 말했다. 이들의 주장대로 만약 콘드라티예프 제4순환의 정점이 1970년대에 있었고 그 후의 저점도 이미 지나갔다고 한다면, 이제는 세계적으로 강력한 경제성장이 뒤따를 차례일 것이다.

그러나 나는 몇 가지 이유에서 콘드라티예프 파동이 이미 상승국면으로 반전했다는 말을 믿기 어렵다. 우선 슘페터에 따르면 경기순환의 하강국면에 있는 경제가 균형을 회복하려면 부채구조가 건전해져야 한다. 그러나 지금 어느 누구도 부채구조가 건전한 상태로 회복됐다고 말할 수 없을 것이다. 지금 대부분의 선진국들에서 부채의 증가율이 국내총생산의 성장률보다 높다. 게다가 미국 경제는 주택건설과 소비자신용의 증가에 의해 성장세가 떠받쳐지고 있는 상황이다.

게다가 앞에서 알아본 바와 같이 1930년대 불황의 주요 원인 가운데 하나는 1920년대에 여전히 경제의 주도부문이었던 농촌의 구매력 상실이었다는 사실을 기억하자. 1920년대에 미국 경제에서 농촌이 차지한 위상은 오늘날 세계경제에서 신흥경제가 차지하는 위상과 비슷했다. 지금 개발도상국들이 생산하고 수출하는 제품들의 가격은 하락세인 반면에 이들이 선진국들로부터 수입하는 제품들의 가격은 상승하고 있다. 그 결과로 많은 개발도상국들의 무역적자가 확대되고 있다. 이런 점이 1997년 아시아 위기의 한 원인으로 작용했고, 개발도상국들의 1인당 국민소득을 감소시켰다.

부유한 선진국들과 가난한 개발도상국들 사이의 부의 불균형은 오늘날 세계경제의 성장 감속을 장기화시키는 원인이 될 수 있으며, 저소비나 과잉생산과 결합되면 심각한 경기위축을 가져올 수도 있다. 1997년 이후 아시아와 최근 중남미의 실질 일인당 국민소득 감소, 유럽의 높은 구조적 실업률, 일본의 장기침체, 지난 몇 년간 투자를 주도하며 경제성장의 원동력 역할을 해온 하이테크 산업의 세계적인 몰락으로 미루어 세계경제가 제5순환의 상승국면에 이미 접어들었다고 보기 힘들다. 그보다는 우리가 여전히 장기 하락파동 속에 있거나 기껏해야 그 바닥에 접근하고 있다고 보는 게 옳다.

이상의 이유들 외에 세계경제가 여전히 장기적인 하락파동 속에 있다고 생각할 만한 다른 이유들도 있다. 우선 콘드라티예프가 각 국면을 분별하면서 관찰한 경험적 패턴을 되새겨보자.

① 장기파동의 상승국면이 시작되기 전 또는 시작될 즈음에는 경제에 심대한 변화가 일어난다. 예를 들어 중대한 발명이 이루어지거나, 세계경제에 새로운 국가가 참여하거나, 금의 공급 또는 화폐의 유통에 획기적인 변화가 일어나게 된다.

상승파동 직전 10여 년 동안에는 기술발명 분야가 활기를 띠고, 그러한 발명이 경제활동에 적극 반영된다. 주요한 발명과 혁신은 하락국면에서 일어난다. 어려운 경제상황으로 인해 비용절감과 기술개발을 위한 노력이 활발해지기 때문이다. 주요 인수합병도 하강국면에서 증가할 가능성이 높다. 기업이 자사의 부진한 시장점유율과 가격책정상 불리한 위상을 개선하기 위해 합병을 통한 비용절감에 나서고 시장에서 경쟁을 제거하려고 하기 때문이다. 기업들은 경기가 나쁠 때에 비해 경기가 좋을 때 비용에 덜 민감하다. 최근 기업합병 규모가 기록경신을 계속하는 것은 아직 하락국면이 계속되고 있음을 보여준다.

많은 나라들이 새로이 세계경제에 편입되고 공산주의가 와해된 이후 새로운 시장들이 생겨나는 것이 제5순환의 상승기를 시동시킬 것이라고 주장하는 경제학자나 투자전략가가 많다. 그러나 오늘날의 자본주의에서 새로운 시장이 열리는 것은 산업화된 선진국들이 제품판매를 위해 새로운 시장을 열망할 때 이루어진다. 새로운 시장을 찾는 주된 목적이 19세기에는 천연자원을 싼 값에 얻는 데 있었지만 그 뒤에는 저임금 노동력과 아직 개방되지 않은 잠재적 시장을 획득하는 데 있었다. 선진국들은 잉여 생산능력을 안고 있어 제품을 덤핑해야 할 필요가 있으면 새로운 시장을 찾아 나선다. 그럴 때는 오히려 선진국들의 국내시장 성장이 둔화되는 하강파동의 끝 무렵인 것이다.

이런 맥락에서 나는 1990년대에 가속화한 세계화는 우연한 것이 아니었다고 생각한다. 부유한 서방 국가들은 국내시장의 성장부진과 포화에 직면해 과잉생산된 제품을 소화해줄 새로운 개발도상국 소비시장을 절실히 필요로 했고, 이 때문에 세계무역기구(WTO)의 설립을 밀어붙이고 개발도상국들에 수입관세의 인하를 강력히 요구했다. 따라서 새로운 시장의 등장과 이로 인한 세계무역의 증가는 장기파동의 상승세를 가져오는 것이기보다는 향후 수 년간 장기 하락파동의 바닥 다지기에 기여하는 것이라고 생각된다.

② 각 순환의 상승국면에서는 종종 전쟁이나 혁명과 같은 거대한 사회적 소용돌이와 급격한 변화가 발생한다. 세계경제에 새로운 국가가 등장해 기존의 국가를 밀어내려고 할 때, 즉 정치적, 경제적 헤게모니를 잡기 위한 경쟁이 펼쳐질 때에는 국제 정치관계가 악화하고 군사적 충돌이 증가한다. 이와 동시에 국내적으로도 생산력이 새로이 빠르게 성장하면서 신흥집단과 변화를 가로막는 노후한 사회경제적 집단 사이에 계급갈등이 증폭된다.

이런 관점에서 보면 프랑스혁명, 나폴레옹전쟁, 1848년 유럽의 혁명, 크림전쟁, 미국의 남북전쟁, 보불전쟁, 1904년 러일전쟁, 1차 세계대전, 러시아의 2월혁명이 모두 장기 사이클의 상승파동 속에서 일어났다는 사실이 매우 흥미롭다. 2차대전은 예외로, 제3 장기순환 하락파동의 끝과 제4 장기순환의 시작이 겹치는 시기에 일어났다. 1938~1949년에서 1973~1980년 사이에 걸치는 제4순환의 상승파동 기간에는 식민지 독립전쟁, 한국전쟁, 베트남전쟁이 발생했고, 이 상승파동의 끝 무렵인 1978년에는 공산주의 와해의 첫 징조로 중국이 개방정책을 발표했다.

하락국면이 시작된 1980년 이후에는 중동전쟁과 유고슬라비아 사태 등 세계경제에 큰 영향은 주지 못하는 제한적인 분쟁만 벌어졌다. 최근의 테러와의 전쟁이 사회적 긴장과 국제적 갈등이 고조되고 있음을 보여주는 징후인지는 아직 확실치 않으며, 이것이 하락국면에서 상승국면으로의 전환을 나타내는 것인지도 좀 더 두고 볼 일이다. 단 내가 보기에 중국이 세계의 경제적, 정치적 강대국으로 등장하는 것과 푸틴 대통령의 지도 아래 러시아의 힘이 의미 있는 회복세를 보이고 있는 것은 분명히 세계 전체의 지정학적 긴장을 높이는 요인이다.

③ 각 순환의 하락국면에서 일차산품 가격의 하락과 함께 농업부문의 침체가 장기간 두드러지게 나타난다. 특히 농업부문은 장기 사이클이 하락국면으로 전환하는 시점에 즉시 타격을 받는다. 가격이 떨어질 때 공산품보다는 농산품의 가격이 더 빨리, 그리고 더 많이 떨어지기 때문이다. 그래서 하락파동의 초기 국면에서 농업부문이 가장 어려운 입장에 놓이게 된다.

그러나 농산품 가격이 상대적으로 크게 떨어짐에 따라 은행, 공업, 무역 등 다른 산업부문들에는 상대적으로 유리한 자본축적 환경이 조성된다. 또한 농산품 등 일차산품 가격이 떨어지면 금리하락의 여지도 그만큼 넓어진다. 그러므로 1920년대나 1980년대 초 이후에 그랬듯이 하락파동의 초기 국면에 들어서서도 금융시장은 여전히 호황을 보이는 경우가 많다.

④ 경제적, 사회적, 정치적 추세에 대한 아르투르 슈피트호프의 역사적

연구를 살펴보면 7~12년 주기의 중기 사이클인 쥐글라 파동은 장기 사이클상 상승기에서도 일어나고 하강기에서도 일어난다. 다만 장기 상승파동 속의 중기 사이클상 나타나는 불황은 빈번하지 않고 지속기간이 짧으며 경제적 영향도 크지 않다. 반대로 장기 하락파동 속에서 나타나는 중기 사이클상 불황은 격심하고 지속기간도 길다. 슘페터는 1930년대의 불황이 장기파동, 중기파동, 단기파동의 하락국면이 동시에 겹쳐 일어나서 생긴 현상이라고 설명했음은 앞에서 보았다.

 제4순환의 상승파동 기간(1938~1949년부터 1973~1980년까지)에도 불황이 그다지 빈번하지 않았고 그 지속기간도 상대적으로 짧았다. 이 기간 중 우리가 경험한 최초의 심각한 불황은 1973~1974년의 불황이었다. 그러나 그 이후 장기파동이 하락세로 돌아서면서 불황이 훨씬 심각해졌고, 반등은 비교적 약했다. 예를 들어 1981년 이후 중남미 경제의 침체는 고물가와 결합된 형태로 1980년대 말까지 계속됐으며, 1982년의 세계적인 경기침체도 상당히 심각했다. 1990년 이후 일본 경제의 침체는 10년 이상 계속됐고, 공산주의 와해 이후 러시아와 동유럽의 경제 붕괴, 1991년 불황 이후 유럽의 미약한 성장, 아시아의 경제위기 이후에 나타난 극단적인 경기침체, 2001년 30년 만에 최저 수준으로 떨어진 전 세계의 성장률 등은 이전에 비해 경기침체의 정도가 훨씬 심해졌음을 보여준다.

 이 모든 요소들과 함께 1980년대 초 이후에 나타난 일차산품 가격의 하락, 금리의 하락, 실질임금의 상승세 둔화 등을 감안하면 우리는 아직 장기파동의 하락국면에 있다고 할 수 있다. 그러나 지금과 같은 산업화 또는 후기 산업화 사회에서 나타나는 하락파동의 효과는 농경사회에서의 효과와 다르다. 장기파동 자체는 지금도 과거와 다름없이 건재하고 있는 것으로 보이지만, 농산물 가격의 상승과 하락이 장기파동의 상승과 하락에 반영되는 정도는 과거보다 줄어들었다. 어쨌든 콘드라티예프의 연구는 세계적으로 농촌인구가 도시인구를 능가하고 농업이 가장 주도적인 산업이었던 19세기의 통계와 사건들을 토대로 한 것이었다. 그가 이야기했듯이 새로운 파동은 새로운 역사적 환경 속에서, 그리고 생산력 발달의 새로운 단계에서 전개된다. 다시 말해 새로운 파동은 과거의 사이클을 단순히 반복하는 게 아니다.

따라서 우리는 20세기의 후반기에 일어난 변화를 고려하는 가운데 자본주의 사회의 동학에 대한 분석을 해야 한다. 19세기에는 밀, 옥수수, 면화가 가장 중요한 일차산품이었지만 이제는 석유가 세계의 지정학적 구조에 대해 갖는 중요성은 차치하고 산업에 미치는 가치나 비용의 측면에서도 압도적으로 중요한 일차산품이 됐다. 19세기에는 임금의 변동이 농산물 가격의 변동을 그대로 반영했다. 농업생산이 호황이면 농장의 임금도 올라갔고, 농산물 가격이 하락하면 임금도 따라서 하락했다. 그러나 오늘날의 산업사회에서는 농업에 고용된 인구가 그리 많지 않으며, 따라서 농산물 가격의 하락과 농업의 침체가 경제 전체의 실질임금 동향에 미치는 영향이 그다지 크지 않다.

하락파동의 충격을 감소시킨 또 하나의 요소는 이전지급, 적자재정 등에 의한 정부지출의 역할이 증가했다는 점이다. 정부의 개입이 하락파동을 완화하는 역할을 하는지, 아니면 오히려 하락파동을 연장시키고 심화시키는지는 논란의 여지가 있지만, 자유시장 경제학자들은 정부의 개입은 경제법칙의 작동을 멈추게 하고 경기변동을 심화시킨다고 주장한다.

경제규모에 비해 과도하게 정부지출이 이루어져온 유럽에서는 1990년대에 높은 실업률이 고착화됐다는 비판이 있고, 일본에서도 정부의 정책이 1990년대의 경기침체를 장기화시켰다는 게 대체적인 지적이다. 만약 일본 정부가 적자재정을 통한 개입을 하지 않았더라면 일본의 경제시스템이 보다 원활히 작동했을 것이라는 얘기다. 공공부문이 하락파동 기간에 안정장치의 역할을 한다는 점을 인정한다 하더라도 상승파동 중에는 공공부문의 개입이 경제활동의 활기를 떨어뜨리는 역할을 한다는 것이다.

금융시장이 장기순환을 무의미한 것으로 만들어버렸다고 생각하는 사람도 있을 수 있다. 물론 실제로 그랬을 리는 없다. 하지만 하락파동 기간 중에 주요 주식시장의 활황이 있었다는 사실은 흥미로우며, 이는 분명 우연이 아닐 것이다. 1834~1837년의 운하주와 은행주 붐, 1868~1873년의 철도업종 붐, 그리고 1921~1929년과 1982~2000년의 주식시장 붐은 하락파동 기간 중에 일어났다. 이런 맥락에서 볼 때 최근의 주식시장 붐도 그 강도와 지속기간이 특이하다면 특이하달 뿐 그 자체는 특이한 현상이 아니다.

콘드라티예프의 연구에 따르면 하락파동에서 농산품 가격은 공산품 가격에 비해 상대적으로 더 많이 하락한다. 이런 상대적인 가격하락 차이는 농산물뿐 아니라 기타 원자재 가격에서도 발생하며, 기업의 이익을 늘리는 역할을 한다. 더욱이 원자재 가격이 하락함과 동시에 금리도 하락하게 되어 채권의 가격과 주식의 가격에 큰 호재로 작용한다. 그래서 하락파동의 초기국면에서 금리의 하락과 기업이익의 개선이라는 두 가지 요소에 힘입어 주식시장이 흔히 큰 폭의 상승을 보여주는 것이다.

여기서 나는 상승파동 중의 주식시장 하락은 단기간에 그치고 경제에 미치는 효과도 미미한 데 비해, 하락파동 중의 주식시장 하락은 매우 심각하며 경제에 큰 영향을 준다는 점을 다시 한 번 지적해두고자 한다. 1873년과 1929~1932년의 주가 대폭락, 1989년 이후의 일본 시장과 최근 아시아 시장의 주가 폭락 등이 바로 하락파동 중의 주식시장 하락의 예들이다.

따라서 주식시장 폭락이 경제에 어느 만큼의 영향을 주는지를 파악함으로써 우리가 여전히 장기 하락파동 속에 있는지, 아니면 장기 상승파동으로 옮겨 갔는지를 판별할 수 있을 것이다.

투기의 사이클을 살펴봐도 지금 우리가 상승파동에 들어섰다는 시나리오를 의심하게 된다. 부동산, 원자재, 튤립, 운하, 철도, 주식 등 어떤 것에 대해서든 투기적 과잉과 거품은 항상 경기순환의 정점에서 발생했다. 경기순환의 정점이 다가오면 투기자금은 이 시장에서 저 시장으로 매우 빠르게 이동하며 국제적으로 옮겨 다니기도 한다. 반대로 장기파동의 저점에서는 투자자와 기업가들이 피구가 말한 '비관론의 오류'에 빠져 모든 위험을 다 회피하려고 한다.

최근 기술, 통신, 미디어 산업의 세계적인 붐, 주식거래량의 최고치 경신, 레버리지 투자를 비롯한 새로운 금융방식들, 위험회피의 양상, 대중의 투자 붐, 신규상장 주식에 거래 첫날부터 높은 프리미엄이 붙는 현상 등은 장기파동의 저점이 지나갔다는 신호라기보다는 투기적 과잉의 징후일 것이다.

장기파동 이론과 관련해 또 하나 고려해야 할 점이 있다. 콘드라티예프의 장기파동 이론은 주로 일차산품의 가격변동에 관한 자료를 갖고 만들어졌으며, 이 이론이 나왔던 당시에 일차산품 가격이 경제에 미치는 영향은 지금보다 훨씬 컸다. 19세기 후반기의 급격한 산업화에도 불구하고 1900년 미국의 농업부문은 총고용 중 40% 이상을 차지하는 산업이었고, 이런 농업의 고용비중은 공업에 비해 훨씬 컸다. 그러나 오늘날 서구의 총고용 중 농업부문이 차지하는 비중은 단지 3%에 불과하고, 서비스부문과 공공부문이 80% 이상을 차지한다. 과거에는 농산품 가격이 상승하면 임금이 올라갔고, 이는 경제 전반에 좋은 영향을 주었다. 그러나 이러한 이야기는 오늘날의 선진국들에는 더 이상 들어맞지 않는다.

그러면 선진국들만이 아닌 세계 전체에서는 농업이 지금 어떤 역할을 하는가? 앞에서 나는 오늘날 석유가 예전의 농산물처럼 가장 중요한 일차산품이 됐다고 말했다. 그러나 이 말은 부분적으로만 옳다고 봐야 한다. 지금도 여전히 개발도상국에는 농업에 생계를 의존하는 사람들이 석유산업에 고용된 사람들보다 훨씬 많다. 아프리카와 아시아에서는 인구의 60% 이상이 농업을 주된 소득원으로 삼고 있다. 일반적인 농산물 외에 코카인, 아편 등과 석유, 천연가스 등도 모두 더한 일차산품 전체로 보면 지금도 세계 인구의 3분의 2는 일차산품의 가격이 오르면 직간접적으로 혜택을 입고 일차산품 가격이 내리면 손해를 본다.

오늘날 세계 인구의 25%를 차지하는 선진국들이 총생산의 3분의 2를 차지하는 상황에서는 빈곤한 국가들의 구매력을 높이지 않고서는 세계경제의 성장을 실현하기 어렵다. 그러나 1990년대에는 서구의 다국적기업들만 큰 이익을 거두었고, 신흥경제국가들은 통화가 심하게 평가절하되면서 불이익을 당했다. 통화의 평가절하로 인해 중국을 제외한 대부분의 신흥경제들은 달러 표시 실질소득에서 나아진 게 거의 없다.

게다가 19세기 미국에서 서부개척으로 농산물 가격이 하락함으로써 농업부문에 심각한 불황이 왔던 것과 마찬가지로 오늘날에는 인구가 많은 중국, 인도, 브라질, 멕시코 등의 산업화로 공산품 공급이 급격히 확대되면서 공산품 가격의 하락이 초래되고 있다. 19세기 미국의 서부개척이 철도와 운하 같은 교통수단의 발달에 힘입었던 것처럼 오늘날 신흥경제국가들의 산업화는 컨테이너, 대형 수송기와 같은 새로운 교통수단과 통신의 발달에 힘입고 있다. 19세기 미국에서 농산물 가격의 하락이 농업부문의 임금에 부정적인 영향을 주었듯이, 오늘날 공산품 가격의 하락은 전 세계 비숙련 노동자들의 임금에 부정적인 영향을 주고 있다.

이처럼 각각의 장기순환은 새로운 사회적, 정치적, 경제적 상황 속에서 일어나므로 새로운 장기파동은 지난번 장기파동의 단순한 반복이 아니다. 하지만 장기순환의 상승과 하락에 영향을 주는 요인들은 반복될 수 있다. 이런 관점에서 장기파동 이론을 현실에 적용해 보노라면, 현재 세계의 경기가 하락하는 정도가 얼마나 심각한 것인지, 그리고 앞으로 올 회복의 강도는 어느 정도일지가 관심을 끈다.

세계는 더 빨리, 더 많이 변하고 있지만 변하지 않는 것도 많다. 새로운 세력이 일어났다가 망하고, 새로운 산업이 번성했다가 사라진다. 부는 축적되다가도 결국 스스로 파괴돼버린다. 사람의 수명은 길어졌지만 병으로 인한 고통은 더 오래 겪어야 한다. 많은 병력이 참호 속에서 서로 대치하는 전쟁은 이제 더 이상 가능하지 않지만 테러리즘, 무역제재, 외채불이행 선언, 석유 카르텔과 같은 공급통제, 재산몰수, 컴퓨터 바이러스 유포 등을 통해 전쟁은 계속 이어지고 있다.

19세기에는 서구열강이 무력침공을 통해 식민지를 건설했지만 오늘날에는 맥도널드, 코카콜라, 하겐다스, 스타벅스, 할리우드, CNN, 고금리 자본의 대대적인 이동을 통해, 그리고 시장개방은 자동적으로 번영을 가져다준다는 교리를 통해 서구열강의 침략이 이루어진다. 이러한 상황 속에서 1990년대에 세계 시장경제 질서에 편입한 나라들은 금융자원도 넉넉하지 못한데 과연 세계시장에서 경쟁을 해나갈 수 있을까?

또 하나 지적해두어야 할 것은, 중앙은행의 개입을 비롯한 경제정책은 경기하락을 늦출 수는 있을지 몰라도 그것을 완전히 없앨 수는 없다는 점이다. 농업 중심 경제에 기반을 둔 콘드라티예프 파동도 그 각각의 국면이 지닌 특징은 시대에 따라 바뀔 수 있지만 그 기반이 되는 데이터를 19세기의 농업에서 20세기의 것으로 바꿔놓고 보면 여전히 살아있고, 또 유효하다고 나는 생각한다.

**금융시장**

1990년대에 주도적이었던 부문을 하나만 고르라고 한다면 이론의 여지 없이 금융시장이 우선적으로 꼽힐 것이다. 19세기에는 농업이 가장 중요한 경제부문으로서 장기파동의 순환을 이끌었다. 오늘날에는 금융시장이 세계경제에서 가장 중요한 부문이다. 특히 최근의 경제성장이 신용팽창과 주식가격 상승에 기반을 둔 것이었다는 점에서 더욱 그러하다. 1980년대 이후 금융시장이 실물부문에 비해 불균형적으로 많이 성장한 결과 이제는 실물부문이 경제를 이끄는 게 아니라 거꾸로 금융부문이 경제환경을 결정하는 가장 중요한 요인이 됐다. 다시 말해 19세기에 농산물 가격이 세계경제를 좌우했다면 오늘날에는 금융시장이 세계경제를 좌우한다. 따라서 최근의 세계적인 금융시장 불황은 때가 되면, 다시 말해 느슨한 통화금융 정책의 효과가 소진되고 나면 심각한 경제적 결과를 가져올 수도 있다.

과거의 예를 보면 하락파동의 중간 무렵에 경기침체가 특히 심했다. 이 무렵은 새로운 발명과 금리의 인하, 그리고 원자재 가격의 하락으로 형성된 투자 붐의 거품이 꺼진 직후다. 그러나 지금과 같이 부채의 증가와 금융완화 정책으로 경기하강이 지연되면 장기 하락파동의 끝 부분에서 매우 심각한 경기침체 내지 시장의 폭락을 맞게 될 수 있다. 이런 가설은 금융적 과잉투자론과 피셔의 부채 디플레이션 이론, 즉 과잉투자와 과다부채가 경제의 붕괴를 가져온다는 이론과 맥을 같이 한다.

앞에서 나는 경기순환 이론에 대한 피셔의 비판을 인용했다. 파도와 바람에 의해 흔들리는 배 위의 흔들의자가 보여주는 움직임은 어떤 때는 규칙적이지만 어떤 때는 불규칙하다. 슘페터로부터 우리는 장기, 중기, 단기 등 주기를 달리하는 경기순환의 세 가지 하락파동이 동시에 겹친 결과로 대공황이 발생했다는 이야기를 들었다.

돌이켜보면 1974년의 심각한 경기침체를 시작으로 우리는 1982년까지 8년 동안 쥐글라 파동의 하락국면에 있었다. 이어 1982년부터 8년 동안에는 쥐글라 파동이 강력한 상승세를 보였다. 이때의 쥐글라 상승파동은 미국의 쌍둥이 적자, 즉 무역적자와 재정적자의 동시적인 확대에 의해 지탱되고 일본과 신흥시장의 활황으로 확산됐으나, 1990년부터는 완만한 하강세로 돌아섰다. 그 뒤로 새로운 중기파동의 상승이 시작됐으나 일본의 심각한 불황으로 인해 그 강도는 약했으며, 2000~2003년에는 마무리 단계에 들어섰을 것이다.

문제는 1990년대 초반에 급성장하던 신흥시장 경제가 1997년 이후 위기를 겪으면서 더 이상 세계 경제성장의 견인차가 되지 못하고 있다는 점, 미국 경제가 불안하다는 점, 그리고 1998년 이후 세계경제 활황에 중심적인 역할을 해오던 기술·미디어·통신 업종이 2001~2002년에 부채증가에 의해 인위적으로 떠받쳐졌지만 이제는 점점 더 불안해 보인다는 점이다.

그래서 나는 이렇게 생각해 보았다. 단기의 키친 순환은 대규모 재고조정 과정을 거치며 2001년 중에 하락세로 반전한 게 분명하다. 중기의 쥐글라 순환은 2000년 이후 하이테크 거품이 꺼지고 주식시장이 침체하면서 여전히 하락국면에 있다. 이런 상황에서 만약 장기파동까지 하락국면에 있다면 슘페터의 이론에 비추어 세계경제는 심각하고 장기적인 수축

국면에 들어갈 가능성이 있는 게 아닐까?

나는 앞에서 경기순환의 복잡성을 여러 차례 이야기했다. 그리고 내가 모든 답을 다 갖고 있는 것도 아니다. 그러나 침체의 정도와 침체국면이 계속되는 시간을 살피면 우리가 지금 장기파동의 어느 국면에 있는지에 대한 단서를 찾을 수 있을 것이다. 만약 우리가 장기파동의 상승국면에 있다면 이번 침체는 심각하지 않은 수준에서 짧은 기간 동안만 지속되다가 마무리될 것이다. 그러나 아직 장기파동의 하락국면에 있는 것이라면 우리는 파괴적인 침체상황을 맞게 될 것이다. 이 두 가지 가운데 어느 쪽이 맞는지를 확인할 수 있기까지는 그리 오랜 시간이 걸리지 않을 것이라고 나는 생각한다. 왜냐하면 1990년대의 불황 이후에 시작된 경제팽창도 이미 하락세로 반전됐기 때문이다.

콘드라티예프는 장기파동의 '이론'을 제시하고자 하지 않았다. 그는 그러나 가격, 임금, 생산, 무역 등에 관한 장기간의 경험적 자료들을 가지고 연구한 결과를 토대로, 경제에 장기적인 파동이 존재할 가능성이 매우 높다는 의견을 밝혔다. 그러면서도 다른 한편으로는 경기순환을 설명하는 것은 매우 어려운 일이라고 토로했다.

그러나 산업국가 또는 후기 산업국가의 경제에서 장기파동은 이미 무의미해졌다는 일부 경제학자들의 주장은 그릇된 것으로 보인다. 역사학자인 아놀드 토인비는 《역사의 연구(A Study of History)》(1954)에서 "경제에서 보이는 장기파동은 환영이 아니다. 장기파동은 영국에서 산업혁명이 일어나기 전의 근대 서구 300년의 역사 속에서 이미 전개되고 있었던 정치적 현실의 경제적 반영일 수 있다"고 말했다. 그는 또 "전쟁과 평화의 순환은 사회적 유산의 전수에서 나타나는 세대간 순환"의 결과임을 설명하는 과정에서 경제의 장기적 순환에도 적용될 수 있는 설득력 있는 논리를 제시했다.

전쟁기간에 동원대상 연령이었으나 살아남은 세대는 그들의 여생 내내 그들 자신이나 자식세대가 전쟁의 비극적인 경험을 되풀이할까 두려워한다. 그래서 평화를 깨뜨리는 어떠한 움직임에 대해서도 심리적 저항감을 갖는다. 이러한 사회적 저항감은 새로운 세대가 자라나 사회의 주도세력이 될 때까지 계속된다. 거꾸로 평화 시에 자라난 세대는 별 생각 없이 전쟁에 뛰어들고, 그렇게 시작된 전쟁은 오래 계속되는 전쟁의 비극에 지친 세대가 사회적 주도권을 넘겨받을 때까지 계속될 가능성이 있다.

이런 세대간 순환은 금융시장에도 존재한다고 나는 생각한다. 1929년의 위기와 그 뒤에 이어진 불황의 시기에 투자를 했다가 알거지가 돼본 사람들은 이제 다시는 주식에 돈도 대지 않을 것이며 남은 생애 동안 자기 집을 담보로 돈을 빌리는 일은 절대로 하지 않겠다고 맹세했다. 반대로 오늘날 투자자의 절대 다수는 심각한 장기 약세시장과 고통스러운 불황을 한 번도 경험해보지 못했기 때문에 위험에 대한 거부감을 덜 갖고 있다.

지금 장기파동이 이미 상승반전했는지에 대해서는 확실하게 대답할 수 없지만, 앞에서 설명했듯이 경제여건은 그렇지 않다는 신호를 보내고 있다. 물론 몇 년 안에 상승세로 돌아설 가능성은 높다. 만약 상승세로 돌아설 경우에는 완전히 새로운 투자법칙이 작동하게 될 것이다. 상승파동이 오면 일차산품 가격이 오르고, 인플레이션이 더 빨라지고, 금리도 덩달아 오를 것이다. 따라서 장기파동이 상승세로 전환하면 투자자들은 채권을 팔아치울 것이다. 그리고 일차산품 가격이 오르면 부존자원이 많은 신흥시장의 주식을 비롯한 자원 관련주가 선진 산업국가의 주식보다 더 가파른 상승세를 보일 것이다.

 마지막으로 나는 19세기의 경기순환과 가격변동의 관계에 대해 언급하고자 한다. 〈그림 7-3〉과 〈그림 7-4〉에서 보았듯이 19세기는 고도로 디플레이션적인 시대였다. 미국의 인구가 1800년의 400만 명에서 1900년에는 8000만 명으로 크게 늘어나고 미국경제의 실질성장률이 연 4%에 이르면서 미국이 세계 최대의 산업강대국으로 떠올랐음에도 불구하고 일차산품 가격지수는 1910~1914년의 수준을 100으로 놓을 때 1800년의 140에서 1896년에는 70으로 하락했다. 장기금리도 하락했다. 연방정부 채권의 수익률은 1800년의 8%대에서 1900년에는 2%대로 떨어졌다. 농산품 가격과 금리만 하락한 것도 아니었다. 1872년부터 1898년 사이에 철강의 가격은 거의 80%나 떨어졌다.

 이처럼 전반적으로 가격이 하락하는 속에서도 급속한 경제팽창이 이루어진 데에는 두 가지 요인이 작용했다. 그 가운데 하나는 평원의 개발로 경작이 가능한 토지의 면적이 여러 배로 급증한 것이고, 다른 하나는 새로운 발명과 혁신으로 농업과 공업의 생산성이 뚜렷하게 증가한 것이다. 게다가 대대적인 철도건설로 운송비용이 크게 하락했다. 1850년부터 1914년까지 철강산업의 일인당 생산성은 30배 이상으로 증가했다.

 '디플레이션적 호황의 시기'라고 일부 전문가들이 부르는 1873~1900년의 기간이 모든 사람에게 똑같이 황금시대였던 것은 아니다. 특히 유럽의 곡물 생산농가는 심각한 어려움에 빠졌다. 영국에서는 '들판의 반란'이라고 불리는 소요가 일어났고, 미국과 유럽, 러시아에서도 농촌에서 소요사태가 발생했다. 토지의 가격으로 보든 지대의 수준으로 보든 농지의 수익성은 하락했다. 그러나 농촌을 포함한 모든 곳에서 실질임금은 사회 전체의 생산성 향상에 따라 큰 폭으로 올랐다. 19세기 후반에 유럽의 지

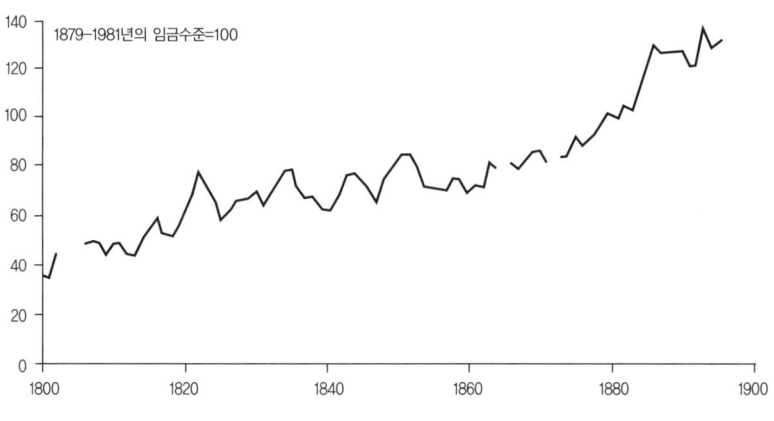

〈그림 7-8〉

**19세기의 실질임금 추이**
영국 남부지역 건축분야 숙련공의 실질임금

1879~1981년의 임금수준=100

　주계급은 농산품 가격의 하락, 지대 수입의 감소, 실질임금의 상승이라는 삼중고를 겪어야 했다.

　그러나 이 시기에 많은 새로운 지역들이 경제적 발전을 이루었음을 잊어서는 안 된다. 이에 따라 미시시피는 면화, 아르헨티나는 쇠고기, 호주는 밀, 뉴질랜드는 양고기, 아프리카는 철광석, 캐나다는 목재를 각각 수출하게 됐고, 이러한 수출이 1869년의 수에즈 운하 개통을 비롯한 수송의 혁신으로 가능해진 수송비용의 하락과 결합되면서 통합된 일차산품 세계시장이 창출됐고, 세계무역이 촉진됐으며, 규모의 경제 효과가 크게 일어났다. 새로운 기술과 혁신에 의해 디플레이션이 촉진된 덕분에 미국은 미주대륙 전체와 그 외 새로운 지역의 자원을 저렴한 비용에 조달할 수 있게 되면서 세계의 선도적 산업강국으로 떠올랐다. 이런 점에서 미국에는 당시의 디플레이션이 충격이라기보다 호황을 가져다준 호재였다.

농촌의 지주계급은 심각한 타격을 받았지만, 모든 토지 소유자가 다 피해를 본 것도 아니었다. 도시화가 진행됨에 따라 1873~1878년의 위기 이후에는 대도시의 부동산 가격이 다시 상승했다. 특히 미국 캘리포니아 남부의 땅값은 1886년까지 몇 년간 급등했다. 이런 점으로 볼 때, 지금의 디플레이션 속에서 부동산이 크게 매력적인 상품이 아닐 수도 있고 이미 땅값이 비싼 금융 중심지의 경우에는 특히 그러하겠지만 1995년 말 이후 토지의 자본가치가 50% 이상 떨어진 중국의 상하이나 베이징 같은 곳에서는 지금도 여전히 부동산에서 큰 수익을 기대할 수 있다고 생각된다.

1873~1900년에는 고정금리 증권 보유자들이 큰 재미를 봤다. 디플레이션으로 인해 영국 국채의 수익률은 1866년 3.41%에서 1897년에는 2.21%로 하락했다. 신용도가 높은 미국 철도채권의 수익률 역시 1861년 6.49%에서 1899년에는 3.07%로 떨어졌다. 디플레이션이 기업의 이익에는 유리하지 않았고, 이런 연유로 1876년 이후 채권투자의 수익률은 주식투자의 수익률을 능가했다.

요약하자면 19세기는 디플레이션의 시대였음에도 빠른 인구증가와 더불어 대단한 경제성장이 이룩된 시기였다. 본디 디플레이션은 두려워해야 할 대상이 아니다. 많은 경제학자들이 디플레이션을 두려워하는 것은 1930년대 대공황의 어두운 기억 때문이다. 그러나 그들은 대공황의 원인을 분석해보기보다는 대공황이 초래한 파멸적인 결과들에만 초점을 맞춘다. 1929년부터 전개된 대공황은 1920년대의 신용팽창과 과도한 투기 붐이 낳은 결과일 뿐임을 그들은 간과하고 있다.

경기순환과 장기파동에 대한 연구에 반드시 따라야 할 것이 투자열풍 현상에 대한 고찰이다. 경기팽창이 길어지고 주식이든 일차산품이든 부동산이든 어떤 자산의 가격상승이 오래 계속되다 보면 그 자산에 대한 투자열풍이 생길 수밖에 없다. 투자열풍의 특징에 대해서는 다음 장에서 살펴보겠다.

## 경제와 전쟁의 사이클

역사학자에게 전쟁의 사이클이 갖는 의미는 경제학자에게 경기의 사이클이 갖는 의미와 같다. 국가 간 무장갈등은 국민들 사이에 특정한 '분위기' 또는 호전적인 정서가 존재할 때 일어나는 경향이 있다. 앞에서 보았듯이 아놀드 토인비는 평화시에 성장한 세대는 전쟁의 공포에 젖은 세대에 비해 더 쉽게 전쟁에 뛰어드는 세대간 사이클 때문에 전쟁과 평화의 사이클이 생겨난다고 생각했다. 토인비의 견해 중에는 지금의 이라크 전쟁과 관련해 우리를 낙담케 하는 부분이 있다. 그것은 일단 전쟁이 촉발된 다음에는 평화시에 성장해 깊은 생각 없이 전쟁에 뛰어든 세대가 전쟁에 지친 세대에 의해 교체될 때까지 전쟁이 계속될 가능성이 높다고 주장하는 부분이다!

니콜라이 콘드라티예프는 일차산품 가격의 상승을 특징으로 하는 상승파동의 시기에는 그 어떤 하락파동의 시기보다 혁명이나 전쟁과 같은 사회적 격변이나 사회적 삶의 급격한 변화가 상당히 더 많이 일어난다는 점을 경험적으로 입증하고 다음과 같이 말했다.

사업환경의 고양과 생산력의 성장은 새로운 시장, 특히 새로운 원자재 시장을 둘러싼 싸움을 격화시키는 원인이 된다. 이는 한편으로는 세계시장의 범위가 확대되고 무역의 네트워크에 새로운 국가와 지역이 추가되는 결과로 이어지고, 다른 한편으로는 국제 정치관계의 악화, 군사적 갈등의 계기 증가, 그리고 군사적 갈등 자체의 발생으로 이어진다. 이와 동시에 새로운 생산력의 급속한 성장이 그러한 생산력의 성장에 이해관계를 갖고 있는 계급과 집단들의 활동을 부추겨, 발전을 방해하는 낡은 사회경제적 관계에 대항하는 싸움이 격렬해지는 데 필요한 전제조건을 실현한다. 또한 그것은 커다란 내부적 격변이 일어나는 데 필요한 전제조건도 실현한다.

나폴레옹 전쟁, 크림 전쟁(1853~1856), 미국의 남북전쟁, 보불전쟁(1870~1871), 중일전쟁(1895), 미서전쟁, 러일전쟁(1905), 1차대전, 러시아의 2월혁명(1917), 미국과 일본의 2차대전 참전, 베트남전쟁과 같은 큰 전쟁이나 사건은 모두 콘드라티예프 상승파동의 시기에 일어났다.

일차산품 가격이 2001년 이후 몇 년째 강력한 상승세를 유지했다는 점에서, 경기의 사이클이라기보다는 가격의 사이클이라는 성격을 다분히 갖고 있는 콘드라티예프 장기파동이 이미 상승세로 돌아섰다고 말할 수 있을지도 모르겠다. 그리고 개별 일차산품 가격은 상대적으로 짧은 사이클을 갖고 있더라도 장기 사이클, 특히 실질치로 본 일차산품 가격의 장기 사이클은 앞으로 상승세를 지속할 가능성이 높다. 내가 이렇게 예상하는 것은 20년 이상 약세시장을 거친 탓에 일차산품의 가격이 2001년 봄 현재 믿기지 않을 정도로 억눌린 상태에 있었기 때문이다. 이와 함께 앞에서 보았듯이 일차산품 가격은 상승국면과 하락국면이 각각 15년 이상 지속되는 장기 사이클 속에서 오르내리는 경향을 갖고 있다는 점을 고려하면, 일차산품 가격은 앞으로도 계속 상승할 가능성이 높다. 사실 일차산품 가격이 전반적인 물가수준보다 더 많이 떨어져 실질치 기준으로 새로운 저점을 만드는 식의 미래 시나리오는 상정하기 어렵다.

세계적인 불황이 일차산품 가격을 다시 억누르게 될 수도 있기는 하다. 그러나 디플레이션적 불황 속에서는 주택과 같이 레버리지가 높은 종류의 자산과, 식량이나 연료와 달리 구매를 상당기간 늦출 수도 있는 내구소비재와 같이 레버리지가 높은 소비자들에게 수요와 가격결정을 의존하는 제품에 비해 일차산품의 가격 하락폭이 작을 공산이 크다. 이제는 특히 아시아 국가들을 비롯해 경제발전의 초기단계에 있는 나라들이 일차산품에 대한 최대의 수요집단이 됐기 때문에 더욱 그렇다. 지금 일차산품의 가격이 강세시장의 초기단계에 나타나는 움직임을 보이고 있다면, 그리고 콘드라티예프의 이론과 토인비의 이론이 맞는다면 아마도 전쟁의 사이클도 상승세로 전환하고 있을 것이다.

퀸시 라이트(Quincy Wright)는 1942년에 펴낸 저서 《전쟁에 대한 연구(A Study of War)》에서 전쟁의 사이클을 이론적으로보다는 경험적으로 분석함으로써 전쟁의 사이클 이론의 시조로 인정받는 학자다. 그는 "지난 300년 동안 대략 50년 주기로 전쟁이 집중적으로 일어나는 경향을 보여 왔고, 그럴 때마다 전쟁의 양상은 점점 더 격렬해졌다"는 관찰결과를 남겼다. 그는 심리적 요인, 경제적 요인, 그리고 이 두 요인의 결합이라는 세 가지 요인이 세계체제 속에서 전쟁의 사이클을 만들어낸다고 주장했다.

만약 국제체제가 전쟁이 일어나게 하는 방향으로 지속적인 압력을 가했다면, 그리고 격심한 전쟁 뒤의 복구와 다음 번 전쟁에 대한 준비에 필요한 경제적, 기술적 소요기간이 전후의 전쟁반대 정서 제거와 국민적 사기의 회복에 필요한 심리적, 정치적 소요기간과 같았다면 역사적으로 전쟁의 강도는 분명한 주기성을 보이면서 변동했을 것이다.

라이트는 50년 주기로 전쟁이 집중되는 현상을 설명해주는 심리적 요인으로 '세대교체'를 꼽았다. "전쟁터에 나가 싸워본 사람은 또 다시 그렇게 하게 되는 것을 원하지 않을 뿐 아니라 자기 아들도 전쟁에 반대하는 생각을 갖게 만든다. 그러나 그의 손자는 전쟁을 낭만적으로 생각하도록 가르쳐진다."

이와 같은 라이트의 주장은 토인비의 세대간 전쟁 사이클 이론을 예고한 것이라는 점에서 주목된다. 토인비는 115년 주기로 전쟁과 평화가 교대한다는 전쟁 사이클 이론을 정식화했다.

에이에프케이 오르간스키(A. F. K. Organski)는 퀸시 라이트가 말한 경제적 요인을 토대로 수립한 자신의 '권력이행' 이론을 통해 권력구축의 과정이 전쟁으로 이어지며, 그 과정에서 가장 중요한 작용을 하는 요인은 경제적 요인이라고 설명했다. 오르간스키는 "무장갈등을 이용해 지도자들이 보존하거나 증가시키려고 하는 자원은 바로 경제권력"이라고 지적했다.

역사를 보면 거의 비슷한 힘을 갖고 있는 나라들 가운데 어느 한 나라가 지배력을 독점하지 못하게 하는 '힘의 균형'이 존재하는 동시에 그것을 토대로 해서 평화와 안정이 유지되는 상황보다는 어느 한 나라가 국제체제를 독점적으로 지배하는 상황이 더 흔했다는 것이다. 국내총생산으로 본 나라별 경제성장률의 차이는 국제 위계질서 속에서 나라별 '상대적 능력'이 커지거나 줄어드는 데 영향을 미치고, 바로 이것이 군사적 충돌을 불러온다고 오르간스키는 설명했다.

만약 한 나라의 힘이 현저하게 강해지면 다른 나라들에 대한 그 나라의 상대적 지위 개선이 다른 나라들에 두려움을 불러일으키고, 그들로 하여금 전쟁을 통해 그러한 상태를 원래의 상태로 되돌리려는 시도에 나서게 한다. 거꾸로 적에 대해 우위에 서게 된 나라는 무력으로 그 적을 더 위축시켜서 자국의 우위를 영구적인 것으로 만들려고 노력하게 된다. 어느 쪽이든 권력의 변화가 개전의 이유가 되는 것이다.

국제사회에서 새로운 자기 자리를 확보하려고 하는 도전국가는 힘으로 지배적인 나라에 맞서 경합을 하거나 지배적인 나라를 능가할 수 있다고 믿으며, 지배적 지위가 훨씬 더 큰 이익과 특권을 줄 것으로 보일 때에는 국제문제에서 종속적인 지위를 받아들이려고 하지 않는다. (오르간스키와 쿠글러, 《전쟁의 장부(The War Ledger)》, 1980)

독일의 역사가인 루트비히 데히오(Ludwig Dehio)도 《위태로운 균형: 4세기에 걸친 유럽의 힘겨루기》(1948)에서 비슷한 논의를 전개했다. 그에 따르면 지난 몇 백년간 유럽에서는 대륙세력이 거듭 헤게모니를 추구하는 움직임을 보였고, 그 각각의 움직임은 제해권을 갖고 있는 섬나라 또는 섬나라들의 연합, 즉 해양세력에 의해 좌절당했다. 1차대전과 2차대전은 유럽의 '힘의 균형' 체제를 양극적 국제질서로 전환시켰고, 이는 '근대의 거대 게임', 다시 말해 유럽에서의 헤게모니 투쟁이 끝났음을 의미하는 것이었다. 그런데 이미 '출산의 진통' 단계에 이른 새로운 국제질서가 해양세력(미국)이 대륙세력(소련)을 봉쇄하는 패턴을 되살렸다고 데히오는 지적했다. "또다시 대륙세력과 해양세력이 정면으로 맞서게 됐다. 다만 이번에는 그러한 대치가 가장 단순하고 극단적인 형태와 지구적인 규모를 갖게 된 게 다를 뿐이다." 데히오는 새로운 기술이 해양세력에 '심각한 위협'으로 작용했다고 보았다. 새로운 기술 때문에 섬나라 또는 해양국가의 해군은 더 이상 로켓과 전투기를 이용한 적의 공격으로부터 자국을 보호할 수 없게 됐다는 것이다. 이에 따라 1948년 당시에 "세계정치에 나타난 광범하고도 깊숙한 조류"가 "대륙세력을 유리하게" 만들면서 "서구에 몰락의 위협"을 가하기 시작했다고 데히오는 진단했다.

위와 같은 다양한 전쟁의 사이클 이론을 지금의 지정학적, 경제적 상황에 적용해보는 것은 우리가 해야 할 몫이다. 지금의 상황은 무엇보다 일차 산품 가격이 상승하고 있다는 사실에 의해 규정된다. 콘드라티예프의 주장에 따르면 일차산품 가격의 상승은 '새로운 시장'(콘드라티예프는 물자의 조달, 특히 원료의 확보를 염두에 두고 '새로운 시장'을 거론했다)을 둘러싼 갈등을 심화시키고, 군사적 충돌이 발생할 계기를 증가시킨다. 토인비의 이론에 따르면 지금의 주력 세대는 평화시에 성장한 세대이며, 그 속에는 공격적인 여성운동 세력도 있고 관용의 태도는 거의 갖고 있지 않고 독선적이기만 한 집단도 다양하게 존재한다. 오늘날의 이런 세대는 전쟁에 지친 세대에 비해 전쟁에 뛰어들고 징벌의 원정에 나설 가능성이 훨씬 더 높다. 라이트와 토인비가 말한 전쟁과 평화의 장기 사이클로 보면, 지난번의 사이클이 1914년에 시작됐으니 앞으로 10여 년 뒤에는 군사적 충돌의 상승세가 다시 시작될 수 있다. 게다가 오르간스키의 '권력이행' 이론에 따르면 지금은 도전국가들이 세계 속에서 새로운 자국의 지위를 확보하려고 하는 시기다. 마지막으로 데히오가 1948년에 관찰한 바에 따르면 탄도탄 기술이 발달한 오늘날과 같은 세계에서는 대륙세력에 비해 해양세력이 갈수록 더 취약해진다.

나는 지금 중국을 염두에 두고 있다. 중국은 미국을 밀어내고 스스로 지구적 헤게모니 국가가 되는 데 관심을 갖고 있는 것은 아니라 하더라도 적어도 아시아에서 지배적인 강대국의 지위를 확보하는 데 열중하고 있는 것은 분명하다. 데히오는 다음번에 헤게모니를 행사할 대륙세력으로 러시아를 생각했지만, 오늘날 아시아가 급속한 경제발전을 이루는 것을 보면 새로이 형성되고 있는 세계질서 속에서는 중국이 모종의 헤게모니를 행사하는 가운데 아시아가 다음번의 대륙세력이 될 것 같다.

이런 맥락에서 우리는 미국의 경상수지 적자가 아시아를 결집시키는 요소로 작용하고 있다는 점에 주목할 필요가 있다. 극소수의 예외를 제외하면 아시아의 나라들은 모두 거액의 외환보유액을 쌓고 있으며, 그 대부분을 미국 달러로 보유하고 있다. 내 생각에 이런 흐름이 계속되다 보면 앞으로 어느 시점에는 유로와 비슷하지만 유로보다 더 강력한 기반을 가진 아시아 통화단위의 수립으로 이어질 것이다. 이와 동시에 중국의 급속한 산업화에 따라 아시아 안에서 교역이 매우 빠르게 증가하고 있고, 그 과정에서 중국은 아시아의 다른 나라들에 대해 거액의 무역수지 적자를 내고 있다. 아시아 안에서 국가 간 경제적 연관관계도 강화되고 있다. 중국은 동남아시아 일대에 많은 투자를 하고 있고, 일본을 포함한 동북아시아는 매우 빠른 속도로 중국에 대한 투자를 확대하고 있다.

게다가 중국과 인도 사이의 관계도 상당히 개선됐다. 2003년에 인도의 바지파이 총리가 중국의 베이징을 방문했을 때 두 나라의 정부는 두 나라 사이의 유일한 전천후 육상교역로인 히말라야 산맥의 '나투라 고갯길'을 재개통하기로 합의했다. 42년간이나 폐쇄됐던 이 고갯길이 다시 열리게 되면, 일인당 소득이 전국 평균의 절반에 불과한 빈곤한 상태로 2억 8천만 명의 인구가 거주하는 중국 서부내륙 지역이 발전의 계기를 맞게 될 것이다. 또한 중국과 인도가 1000km에 걸쳐 국경을 맞대고 있다는 점에도 주목할 필요가 있다. 이미 인도의 일부 기업들은 중국에 소프트웨어, 엔지니어링, 제조업 분야의 사업센터를 설치했고, 거꾸로 중국의 기업들은 인도의 방갈로르에 연구센터를 설치하는 한편 인도 현지에서 자사 제품을 제조해 바로 판매한다는 계획을 수립해 추진하고 있다. 중국과 인도가 1962년의 국경분쟁 이후 적대적인 관계를 유지해왔음을 고려하면 이러한 움직임은 의미심장한 것으로 보지 않을 수 없다. 1998년만 해도 당시의 인도 국방장관이 중국을 "첫째가는 잠재적 위협"으로 규정했던 것에 비하면 큰 변화가 일어나고 있는 것이다.

  중국과 아시아 내 중국의 역할에 관해 지적하고 싶은 점이 또 하나 있다. 아시아의 다른 나라들과 비교해볼 때 당장 눈에 띄는 중국의 특징은 그 광대한 영토다. 중국은 북쪽으로는 러시아 극동지역, 북한, 몽골과, 남쪽으로는 베트남, 라오스, 미얀마, 인도, 부탄, 네팔과, 서쪽으로는 타지키스탄, 키르기스스탄과 각각 국경을 맞대고 있다. 게다가 중국은 인접한 모든 나라에 대해 전략적 이해관계를 갖고 있다. 남쪽과 동쪽으로는 대만은 물론이고 남사군도, 라오스, 캄보디아도 중국에 전략적 가치가 있다. 또한 말라카 해협이 중국에 전략적으로 긴요하기 때문에 말레이시아, 싱가포르와 함께 인도네시아의 수마트라 섬도 주목의 대상이다. 중동에서 중국으로 석유를 실어오는 주된 수송로의 길목인 말라카 해협은 가장 좁은 곳의 폭이 2.8km에 지나지 않아 적대국의 전투기에 의해 쉽게 차단될 수 있다. 미얀마, 인도, 파키스탄은 트럭을 통한 석유 수송이나 새로운 송유관 부설을 통한 대안의 석유 수송에 경유지로 삼을 만한 위치에 있어 중요하다. 또한 중국으로서는 러시아와의 강력한 유대관계를 유지하는 데도 신경을 쓰지 않을 수 없다. 러시아 땅을 통하면 러시아 극동지역에서 중국의 동북쪽 국경지역으로, 또는 몽골을 거쳐 중국의 북쪽 국경지역으로 상당량의 석유를 수송해올 수 있기 때문이다.

  중국이 카자흐스탄도 자국의 세력권에 포함시키려고 하는 원인도 석유에 있다. 중국은 자국의 영향력이 미치는 범위를 아프가니스탄으로도 확장하려고 할 가능성이 얼마든지 있다. 왜냐하면 앞으로 중국이 이란으로부터 석유를 수입해야 하는 상황이 전개될 수도 있기 때문이다. 중국이 아프가니스탄에 송유관을 부설하는 일은 비용을 거의 들이지 않고도 할 수 있다. 중국은 월 100달러의 임금만 지급하면 10만 명의 노동자를 동원할 수 있을 것이고, 아프가니스탄의 군벌들은 유엔과 미국을 비롯한 다른 나라들의 원조자금 가운데 빼돌린 돈이나 마약을 수출해 벌어들인 돈으로 송유관 부설에 필요한 자재를 구입해 댈 수 있을 것이다. 마약의 밀무역은 탈레반이 통치하던 기간에는 거의 잊히다시피 했지만 최근에 다시 복구됐고, 아프가니스탄에 주둔하고 있는 평화유지군이 통제력을 발휘하지 못하고 있는 덕분에 전례 없는 수준으로 활성화되고 있다. 경제학의 관점에서 보면 이는 정부의 개입이 낳은, 의도하지 않은 결과라는 성격을 가진 현상이다. 지금 아프가니스탄에서 밀수출되는 엄청난 양의 헤로인과 아편은 탈레반이 저지를 수 있었던 인명살해보다 훨씬 더 넓은 지역에 걸쳐 훨씬 더 규모가 큰 인명살해의 원인이 되고 있다. 19세기에 영국과 미국을 비롯한 서구 국가들이 중국으로 보낸 인도산 아편이 많은 중국인들의 삶을 파괴했지만 지금은 아프가니스탄에서 밀수출되는 마약이 많은 서구인들의 삶을 파괴하고 있다는 것은 기묘하고도 아이러니한 역사적 반전이다. 하지만 중국은 이러한 마약 밀무역을 중단시키는 일에는 아무런 관심도 보이지 않고 있다.

여기서 내가 강조하고 싶은 것은, 중국이라는 나라는 주변의 수많은 나라들에 줄 수 있는 것을 많이 갖고 있다는 점이다. 주변의 나라들에 중국은 석유, 산업용 일차산품, 농산물을 사주는 최대의 고객이 될 수 있을 뿐만 아니라 그 나라들의 사회간접자본 시설을 매우 저렴한 비용으로 건설

해줄 수도 있다. 중국의 영향력이 급속히 커지고 있는 아프리카에서는 이미 중국의 건설회사들이 아주 활발하게 활동하고 있다. 또한 중국은 주변의 나라들과 무역협정을 체결하는 방식으로 자국 제조업 제품의 수출시장을 확대할 수 있다. 중국은 이와 같은 여러 가지 방식으로 자국과 관계를 맺는 모든 나라의 국내 정치에도 영향력을 행사할 수 있는 입지를 얻을 수 있다. 중국 정부는 미국이 내세운 테러와의 전쟁을 지지한다. 테러와의 전쟁은 중국 정부가 누구든 원하는 대로 탄압할 수 있게 해주기 때문이다. 테러와의 전쟁 덕분에 중국 정부는 혼란을 초래하려는 사회불안 요소를 다룬다는 명분을 내걸고 인권침해를 자행할 수 있게 된 것이다. 그러나 미국이 이라크나 아프가니스탄에서 군사적 성공을 거두는 것은 분명히 중국이 원하는 게 아니다. 미국이 이라크와 아프가니스탄에서 더 큰 군사적 실패를 할수록 중동과 중앙아시아에 대한 중국의 영향력이 더 커질 것이다. 미국은 여러 개의 전선에서 동시에 전쟁을 벌이는 데 필요한 병력도 갖고 있지 않고, 그렇게 하려는 의지도 갖기 어려울 것이다. 따라서 미국이 중동과 중앙아시아에 발목이 잡히면 잡힐수록 중국이 아시아에서 운신할 수 있는 공간이 더 넓어진다.

외교정책에서 중국은 미국보다 훨씬 더 일관성이 있고 실용적이다. 미국은 민주주의라는 이름 아래, 그리고 때로는 나름대로는 선의에서 다른 나라를 침공하거나 다른 나라의 무역을 차단하는 조치를 취하곤 한다. 또한 아프리카와 우즈베키스탄에서 볼 수 있듯이 미국은 가증스러운 인권침해를 저지르는 지극히 억압적인 정권을 후원하기도 한다. 이와 달리 중국은 자국의 경제력을 강화해주거나 자국의 영향력이 미치는 범위를 넓혀주는 나라라면 그 어떤 나라와도 협상을 하고자 한다.

그렇다고 해서 내기 여기서 중국의 외교방식을 지지하려고 하는 것은 아니며, 도덕적인 이유에서 그렇게 할 수 없는 점도 있다. 그러나 분명한 사실은, 지금 세계에서 미국의 후원에 기대어 권력을 유지하고 있는 일부 봉건세력을 제외하면 아직도 미국의 친구로 남아있는 나라나 세력은 거의 없다는 것이다. 이와 달리 중국은 비정치적으로 보이는 완전한 임기응변식 접근방식을 통해 개발도상국들과의 관계에서 큰 진전을 이루고 있고, 자국의 경제적, 정치적 촉수를 조용히 지구상의 모든 곳에 뻗치고 있다. 사실 현재 세계의 정치적 상황에서 가장 우려되는 측면은, 미국의 부시 행정부가 중국의 지도자들을 탁월한 능력가로 만들어주기만 하는 게 아니라 모든 신흥경제국가의 우호적인 동반자로도 만들어주고 있다는 점이다. 특히 최근에는 중국이 베네수엘라와 매우 친해지는 등 중남미에서도 점점 더 많은 지정학적 성과를 얻어내고 있어 주목된다.

중국이 이렇게 전 세계에 걸쳐 지정학적 진전을 이루고 있는 가운데 미국은 함포외교만 계속하고 있어 국제적 긴장이 해소되기를 기대하기는 어렵다. 이보다는 오히려 앞으로 10여 년 동안에 국제적 긴장이 상당히 더 고조될 가능성이 높다. 사실 나는 개인적으로 우리의 아이들에게 그들이 살아가는 동안에 커다란 군사적 충돌을 겪게 될 수도 있으니 대비하라고 경고해왔다. 중국을 비롯한 아시아 국가들의 경제적 부상은 중단되지 않을 것이고 자원, 특히 석유에 대한 그들의 수요는 계속 늘어날 것이다. 그런가 하면 미국이 주도하는 서구는 매우 강력한 저항이 없는 한 지금 누리고 있는 지배적인 군사적 지위를 유지해가려고 할 것이다. 이런 상황에서 오르간스키와 데히오의 전쟁 사이클 이론이 조금이라도 진리의 요소를 갖고 있다면 우리는 이미 불가피한 충돌의 길로 접어든 것일 수 있다.

이런 맥락에서 일차산품 가격의 상승은 대규모의 국제적 격변을 일으키는 작용을 함으로써 진부한 사회경제적 관계에 대항하는 투쟁이 격화하는 데 필요한 여건을 조성하는 역할을 할 수 있다는 점을 이해하는 것이 중요하다고 나는 생각한다. 그리고 나폴레옹 전쟁, 미국의 남북전쟁, 1차 대전 때 그랬듯이 큰 전쟁이 일어나면 일차산품의 가격은 거의 수직으로 치솟는 경향이 있다. 이런 점을 감안하면 앞으로 일차산품의 가격은 이따금씩은 상당한 하락압력을 받을 수도 있겠지만 장기적인 상승추세는 계속 이어갈 것이며, 궁극적으로는 다음번의 큰 전쟁이 일어날 때 정점을 이룰 것으로 생각된다.

# 8장 | 새로운 시대, 열광, 거품

> 투기가 견실한 기업활동의 강물 위에 떠다니는 거품이라면 해악을 주지 않는다.
> 그러나 기업 자체가 투기라는 소용돌이 속의 거품이 돼버리면 문제가 심각해진다.
> 한 국가의 자본형성이 도박장의 부산물로 이뤄진다면 무엇인가가 크게 잘못되기 마련이다.
> – 존 메이너드 케인스(John Maynard Keynes, 1883~1946)

나는 열광이라는 현상에 큰 흥미를 느낀다. 십자군전쟁, 종교재판, 마녀사냥, 연금술, 최면술, 매카시즘 등은 모두 열광이다. 자본주의 체제에서는 투자열풍이 종종 일어났고, 그런 때는 언제나 경기순환상 가장 화끈한 국면이었다.

이 책에서 나는 1980년대의 일본 주식시장, 1990년대의 미국 주식시장과 같이 투자자들에게 큰 이익을 가져다줄 수 있는 화끈한 투자테마를 찾아 제시해보려고 노력하고 있다. 경기침체, 불황, 위기도 굉장한 투자기회를 제공해줄 수 있다. 하지만 투자열풍은 일생에 한번 만날까 말까 하는 매도기회를 제공해준다는 점을 깨닫는 것도 중요하다.

시장의 상승세는 상승장의 마지막 단계에 가장 가파르다. 투자자로서는 바로 이 단계에 편승하는 것이 이상적이겠지만, 투자자가 정점 근처에서 시장을 빠져나오기란 사실상 불가능하다. 한번 투자열풍이 불면 투자자는 파는 것에 대해서는 까맣게 잊어버린다. 열풍이 휩쓰는 가운데 눈앞에 보이는 이익을 놔두고 시장을 빠져나와 그동안 확보한 이익을 지키는 투자자를 나는 별로 보지 못했다. 그래서 이 장에서 나는 투자열풍이 어떻게 생기게 되는지, 투자자는 어떻게 하면 투자열풍을 인식할 수 있는지, 그리고 투자열풍을 어떻게 매도기회로 활용할 수 있는지를 살펴보겠다.

앞에서 본 바와 같이 낙관론은 종종 들불처럼 온 세계를 뒤덮곤 한다. 그럴 때 사람들은 모두에게 번영과 부를 가져다 줄 '신시대의 새벽'을 목격하고 있다고 느낀다. 그러나 이런 신시대 개막의 느낌은 실제로는 번영의 시대를 여는 새벽이 아니라 흔히 번영의 시대를 닫는 저녁 때 투자자들을 사로잡는다. 투자열풍은 바로 그 저녁에 생긴다. 잘 알려진 예를 든다면 1720년대의 미시시피 계획과 사우스시 회사 거품, 19세기의 운하, 철도, 부동산 붐과 호주 및 캘리포니아의 금광 붐, 1920년대 후반의 미국 주식시장 붐, 1970년대 후반 쿠웨이트의 주식과 부동산 붐 등을 꼽을 수 있다.

최근에도 낙관주의와 신시대론의 불길이 투자자들을 휩쓸고 지나갔다. 공산주의의 붕괴, 많은 새로운 시장의 개방, 유망한 신기술의 개발, 기업의 감량경영, 중대한 군사적 위협의 부재, 낮은 물가상승률, 금리의 하락, 세계화, 자유무역 확대 등의 파도가 무한한 이익의 기회를 가져다줄 것으로 기대됐다. 투기적인 나스닥 지수에 이끌린 미국 주식시장은 1990년대에 놀라운 수익률을 보여주었다. 그러나 지금 우리는 상승의 마지막 단계였던 1997~2000년의 미국 주식시장 상황은 우리 시대의 가장 심각한 금융거품이었고, 그 이전의 다른 금융거품들과 마찬가지로 폭락으로 마무리됐다는 사실을 잘 알고 있다.

### 투기적 시장과 비투기적 시장

투기적인 시장에 대해 더 잘 이해하기 위해서는 투기적이지 않은 시장에 대해 먼저 알아보는 것도 좋은 방법이다. 대표적인 예가 1980년대 중후반의 아르헨티나다(5장의 〈그림 5-3〉 참조). 당시 아르헨티나 주식시장의 상황을 돌이켜보면 주가가 자산가치보다 낮음에도 불구하고 거래가 매우 한산했고, 신규 주식공급은 거의 없었고, 외국인 투자는 거의 들어오지 않았고, 경제의 규모에 대한 상장주식 시가총액의 비율이 현저하게 낮았고, 아무도 증권회사에 취직하려 하지 않았고, 증권회사 사무실은 초라했고, 시장에 대한 신뢰도는 낮았고, 주식시장에 대한 기대수익률도 아주 낮았다. 1980년대 초반 아시아 시장의 모습도 마찬가지였다(2장의 〈그림 2-2〉, 〈그림 2-3〉, 〈그림 2-4〉 참조).

간단히 말해 비투기적 시장이란 보수적인 잣대로 재도 가격이 억눌려 저평가된 시장이다. 2차대전 직후의 미국 주식시장을 생각해보자. 평균 주가는 1929년의 최고치에 미치지 못했고, 거래량은 저조했으며, 모든 사람이 1929년의 증시폭락과 그에 이어진 1930년대 초의 불황을 생생히 기억하고 있었다. 미국이 전쟁에서 승리하긴 했지만, 미래에 대한 투자자들의 기대는 높지 않았다. 전쟁이 끝났으니 새로운 시대가 열릴 것이라고 생각하는 사람은 많지 않았다. 오히려 전쟁특수가 종료돼 새로운 불황이 닥칠지도 모른다는 불안감이 팽배했다.

주식투자의 수익률과 채권투자의 수익률을 비교해보면 당시의 분위기를 잘 알 수 있다. 두 수익률 간 격차가 가장 컸던 1947년에 주식의 배당률이 채권 금리에 비해 3배나 높았다. 성장에 대한 기대감이 아주 낮았기 때문에 채권 금리가 낮은 수준에 머무른 탓이었다. 주식투자의 장점을 설명하거나 역사적으로 주식이 채권보다 높은 수익률을 가져다주었다는 내용의 책은 거의 발간되지 않았다.

1950년대의 부동산시장도 비투기적 시장의 예다. 사람들은 거주하기 위해 주택을 샀고, 농민들은 농사를 짓기 위해 농지를 샀으며, 투자자들은 집세 수입을 올리기 위해 건물을 샀다. 누구도 매매차익을 올리기 위해서나 인플레이션에 대한 방어수단으로 부동산을 구입하지 않았다. 금과 은을 비롯한 일차산품 시장 역시 1950년대와 1960년대에는 비투기적이었다. 일차산품 시장의 구매자들은 실제로 일차산품을 원자재로 사용해야 하는 사람이 대부분이었고, 원자재를 사용할 일이 없으면서도 단지 가격 변동을 이용해 매매차익을 올리려고 원자재를 사는 사람은 거의 없었다.

예술품이나 수집품 시장도 투기적인 시장이 전혀 아니었다. 실제로 예술품이나 수집품을 소장하려는 사람들만 그림이나 야구카드를 샀다. 나의 학교동창 중 한 친구의 할머니와 대고모는 프랑스에서 유학 중이던 1900년대 초에 주머닛돈으로 인상파 화가들의 그림을 사 모았다. 투자수익을 얻기 위해서도 아니었고, 아무도 사려고 하지 않는 것을 사는 역발상 투자자여서도 아니었다. 그들은 파리에서 우연히 인상파 화가들의 이상한 그림을 보게 되자 그저 좋아서 그것들을 샀을 뿐이다. 지금 그 친구의 가족은 전 세계에서 민간에서는 인상파 화가들의 그림을 가장 많이 소장하고 있는 집안이 됐다. 비투기적 시장의 진수는 반 고흐가 죽기 전 그의 그림 시장일지도 모른다. 그는 일생 동안 자신의 그림을 단 한 점만 팔았을 뿐이다.

비투기적 시장에 공통된 대표적인 특징은 차입에 의한 투자가 없어 레버리지가 전혀 없다는 것이다. 주식, 채권, 부동산, 그림, 금 등이 모두 신용이 아닌 현금으로 주로 기래된다. 그래서 나는 이렇게 정의하고자 한다. 비투기적 시장이란 투자에 따른 자본이득에 대한 기대가 낮고 거래량이 적은 가운데 오직 소수의 직접수요자들에 의해 거래가 이뤄지며 일반 대중은 참가하지 않는 시장을 말한다.

그러면 투기적 시장은 무엇일까? 그동안 상당 기간에 걸쳐 금융시장이 전반적으로 극단적인 투기시장화했다고 느껴온 나는 '과도한 투기'가 뭔지를 정의하는 것이 쉽지 않다는 생각을 점점 더 강하게 갖게 됐다. 17세기의 네덜란드 튤립구근 시장과 1720년의 사우스시 회사 주식 시장은 누가 봐도 투기적이었다. 두 경우 모두 참담한 재앙으로 마무리됐다.

그러나 1929년의 미국과 1973년의 홍콩이 과연 과도한 투기의 상태였을까? 두 경우 모두 그 뒤로 주가가 최고치에 비해 90%나 떨어지고 많은 기업들이 파산했지만, 두 시장 모두 완전히 파탄난 것은 아니었다. 장기 투자자들은 큰 수익을 거두었을 것이다. 1929년 다우지수의 최고치는 381, 1973년 홍콩 항생지수의 최고치는 1700에 지나지 않았다. 마찬가지로 1836년의 시카고, 1886년의 캘리포니아, 1926년의 플로리다에서 일어난 부동산 열풍 역시 붐이 끝난 뒤에는 물론 가격이 폭락했지만, 비록 그 당시 가격의 최고점에서 투자를 했다고 해도 취득한 부동산을 그 뒤로 오랜 기간 계속 보유했다면 상당한 투자이익을 올릴 수 있었을 것이다.

과도한 투기를 정의할 때 겪게 되는 또 하나의 어려운 점은 과도한 투기의 시점과 가격이 꼭짓점을 찍는 시점이 불일치하는 문제다. 1988년의 일본 주식시장은 이미 투기적이었을지 모른다. 그러나 그 뒤에도 일본 주식시장은 1989년 12월까지 추가로 30%나 더 올랐다. 1970년대의 은 시장도 마찬가지다. 1979년 12월에 은의 가격은 12개월 전에 비해 두 배 이상으로 올라 온스당 18달러에 이르렀다. 당시 귀금속 시장은 이미 매우 투기적이었다. 하지만 은을 공매도해 놓은 투자자들이 은 가격의 지속적인 상승으로 예상되는 손실 폭이 커지자 손실을 줄이기 위해 현물 은을 마구 사들임에 따라 4주 뒤에는 은 시세가 무려 40달러까지 폭등했다. 물론 그 후 온스당 은값은 1980년 5월에 11달러로 떨어졌고, 1992년에는 4달러 이하로 추락했다. 그런가 하면 1999년 초의 나스닥도 이미 그 전 4년간에 걸쳐 주가가 4배나 올랐지만, 그 후 2000년 3월 10일에 5132의 정점을 기록하기까지 2.5배나 더 올랐다.

그러므로 몇 가지 특징으로 시장이 투기적인지의 여부를 판단할 수는 있지만 열풍이 얼마나 더 이어질지, 거품이 꺼질 때까지 가격이 얼마나 더 오를지를 예측하기란 거의 불가능하다. 지난 30여 년간을 투자전문가로 살아온 나도 "천체의 운동은 계산할 수 있지만 사람의 광기는 계산할 수 없다"고 한 아이작 뉴턴과 같은 심정을 갖게 된다. 뉴턴은 사우스시 회사 주식을 샀다가 팔아서 투자원금에 맞먹는 7000파운드의 이익을 올렸다. 그러나 불행하게도 그는 주가의 정점에서 이 회사 주식에 다시 투자했다가 2만 파운드를 잃었다.

그럼에도 나는 투기적 열풍과 거품의 징후들을 살펴보려고 한다. 그에 앞서 보통의 투자자들에게는 투기적 시장보다는 비투기적 시장에 투자하는 것이 더 나은 투자방법이라는 점을 먼저 지적해두고자 한다.

### 투기적 과잉의 징후

붐과 열풍, 투기적 과잉은 경기나 투자 사이클의 마지막 상승단계에서 나타난다. 상승세가 더 오래 지속될수록 더 큰 열풍이 일어날 가능성이 높다. 왜냐하면 사람들이 가격의 상승세기 영원히 계속될 것이라는 믿음을 갖게 되기 때문이다.

열풍은 소형 열풍과 대형 열풍으로 나누어볼 수 있다. 소형 열풍은 그 거품이 터지더라도 경제 전체에 큰 영향을 주지 않는다. 소형 열풍의 경우에는 투매가 지나간 뒤에 상승세가 되살아난다. 소형 열풍의 예로는 1983년의 미국 기술주 열풍, 1987년의 세계적인 주식시장 거품, 1988~1990년의 신흥시장 붐을 들 수 있다.

대형 열풍은 한 세대에 한 번 정도 일어난다. 대형 열풍은 거품이 꺼진 뒤 경제에 심각한 영향을 준다. 1920년대 말의 열풍 뒤에는 전 세계적으로 불황이 이어졌고, 1980년대의 일본 주식시장 붐 뒤에도 장기간에 걸친 고통스러운 불황이 이어졌다. 1970년대 말의 갑작스러운 원유 가격 폭락은 중동의 원유 생산국들은 물론 미국의 원유 생산지역인 텍사스에도 불황을 몰고 왔다. 당시 텍사스에서는 거의 모든 은행이 파산하지 않으면 구조조정을 해야 했고, 수많은 석유 개발업자들이 커다란 고통을 겪었다.

1990년대의 기술·통신·미디어 업종 붐과 미국 주식시장의 불꽃같은 활황은 단순한 열풍이 아니라 열풍의 절정이며 '모든 열풍의 어머니'와 같았다. 대형 열풍은 드물게 일어나며, 거품이 터지고 나면 그 투자대상에 대한 모든 사람의 믿음이 흔들린다.

소형 열풍은 몇 년에 한 번씩 일어날 수 있고 불과 2~3년간의 상승 후 열풍의 정점에 도달하기도 하지만, 대형 열풍은 보통 10~25년 정도 지속되는 장기 상승국면의 마지막 무렵 혹은 그 정점에서 나타난다. 1920년대 말의 열풍은 '광란의 20년대'로 불린 10년간에 걸친 상승국면의 끝에 나타났고, 1960년대 말부터 1970년대 초의 열풍은 20년가량 지속된 장기활황을 마무리 짓는 역할을 했다. 1980년대 후반 일본 주식에 대한 투자열풍 역시 〈그림 8-1〉에서 보듯 1974년 이후 16년간 계속된 장기 상승국면

〈그림 8-1〉

## 오래 뜸 들였다가 급등급락
일본 닛케이지수

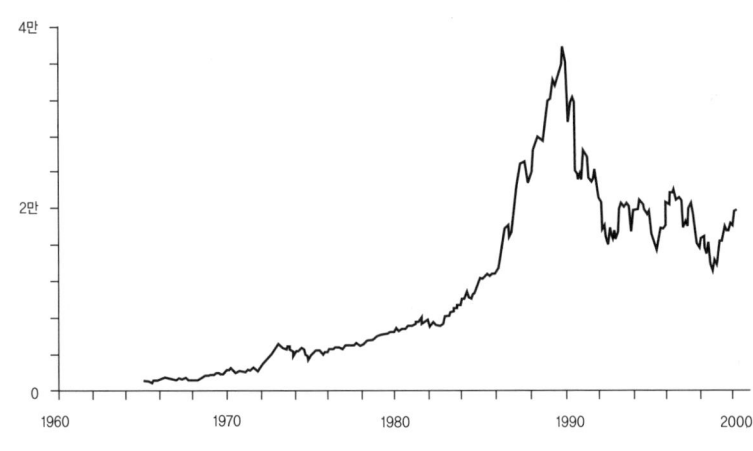

〈그림 8-2〉

## 미국 주가를 실질치로 보면
소비자물가지수로 조정한 미국의 실질주가 추이

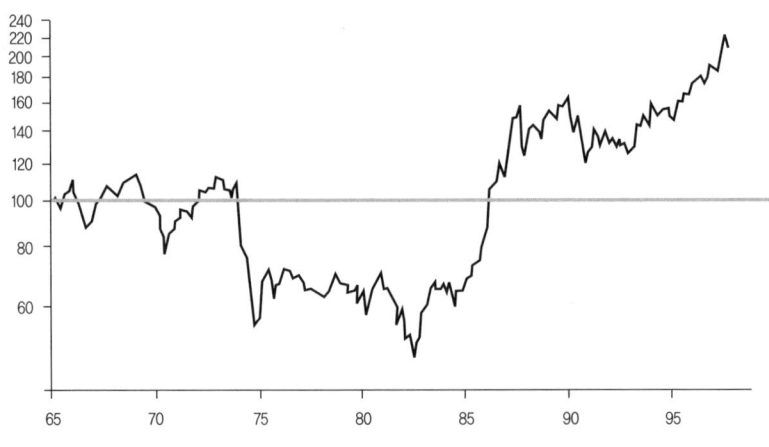

의 정점에서 나타난 것이었다.

그런가 하면 2000년 미국의 거품은 1982년 여름에 800이던 다우지수를 1만 2000 이상으로 끌어올린 장기 강세장을 마무리했다. 1982년의 다우지수는 1974년보다 높았지만 인플레이션과 달러화의 평가하락을 감안한 실질치로 보면 1974년의 최저치보다 오히려 낮은 수준이었음을 〈그림 8-2〉에서 확인할 수 있다. 따라서 2000년 3월까지의 강세장은 1974년부터가 아니라 1982년부터 18년간 계속된 것으로 봐야 한다.

주식시장 순환에서 '시간'의 요소가 몇 가지 이유에서 나를 매혹시켰다. 우선 앞에서 말한 대로 강세 시장은 장기화할수록 마지막에 더 요란한 투기장이 되고, 그 뒤에는 심각한 붕괴가 이어진다. 따라서 10~20년간 지속된 장기호황의 정점에 가까운 최종단계에서는 가격상승이 더욱 가속화하고 신고치가 형성된다. 이렇게 신고치가 한번 기록되면 1929년의 미국 주식시장과 1989년의 일본 주식시장에서 기록된 신고치처럼 그 후 10~20년 동안 경신되지 않고 그 기록이 유지된다. 미국에서는 주가가 1929년에 기록한 고점을 1954년이 되어서야 회복했고, 일본에서는 1989년에 기록된 주가의 고점이 10여 년이 지난 최근에도 아직 회복되지 못하고 있다.

거품붕괴 뒤의 약세시장은 여러 가지 모습으로 나타난다. 1929~1932년에 미국 주식시장에서는 주가가 90% 가까이 하락했고, 1973~1974년에 홍콩 주식시장에서는 주가가 90% 이상 하락했다. 반면에 일본에서는 거품붕괴 후 12년이 넘은 시점에도 주가지수가 최고치 경신은 엄두도 못 내고 최저치만 경신했을 뿐이다. 하락의 폭이 크고 하락이 시작된 지 오래됐을수록 주식시장은 덜 위험한 투자대상이 된다. 어떤 경우든 주식시장의 하락에는 매도압력이 소진되는 끝이 있기 때문이다.

그러나 개별 부문에서는 이런 법칙이 반드시 들어맞지는 않는다. 시장 전체의 주가지수는 여러 가지 요소들이 복합된 것이어서 위험분산이 돼 있지만, 주가지수가 90% 하락한 다음에도 개별 부문의 주가는 더 하락할 수 있다. 뿐만 아니라 부채가 지나치게 많다는 이유로도 개별 부문의 주가가 더 하락할 수 있고, 그런 부문이 아예 시장에서 퇴출돼 없어져버릴 수도 있다.

현재의 아시아 주식시장은 달러 기준으로 1990년에 정점에 달한 뒤 장기간 하락세를 지속한 결과로 주가가 정점에 비해 70% 이상 낮아진 상태다. 나는 지금 아시아 주식시장이 저점을 통과했거나, 〈그림 8-3〉이 보여주듯이 견고한 기술적 바닥 다지기의 과정에 있다고 본다. 따라서 나는 앞으로 조만간 강력한 상승장이 나타날 것으로 기대한다.

소형 열풍은 주식시장 순환 중 어느 시점에서도 생길 수 있지만, 대형

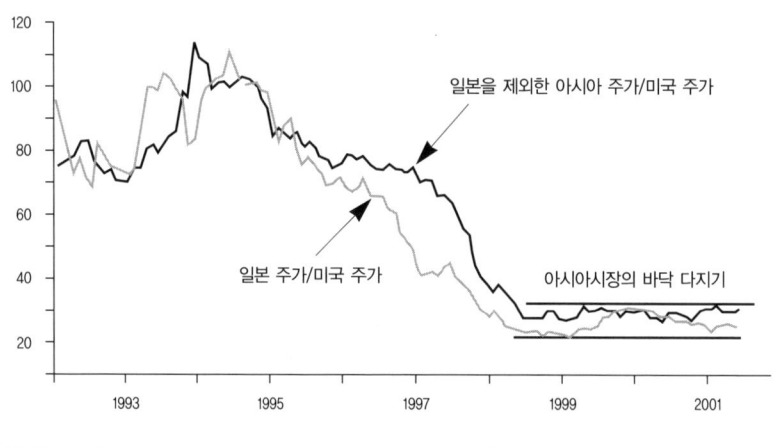

〈그림 8-3〉
**바닥 다지기**
미국 주가 대비 아시아 주가 추이

열풍은 10~20년간 지속되는 긴 상승기가 지난 뒤에야 비로소 나타난다는 점을 우리는 앞에서 살펴봤다. 그래서 나는 아시아 주식시장이 지금의 불안정한 상태를 마감하고 상승세로 진입한다고 하더라도 당분간은 1980년대 말부터 1990년대 초에 나타났던 것과 같은 투기적 시장이 올 것으로 예상하기는 어렵다고 본다. 특히 당시에 대만 주식시장은 불과 몇 년 만에 20배 가까이 상승했으나 그런 현상이 되풀이되리라고 기대하긴 힘들다.

**군중심리**

강세국면에서 열풍이 불면 사람들이 분위기에 취한다. 약세시장의 저점에서는 투자자들이 투매를 하는 반면에 상승기의 열풍국면에서는 투자자들이 무조건 시장에 진입하려고 한다. 주식시장에 조금이라도 조정이 나타나면 투자자들은 그것을 매수기회로 생각하고 더욱 열광적으로 투자에 나선다. 강세장이 오래 계속됐을수록 사람들은 지금의 상승이 '새로운 시대의 영구적인 특징'이라고 생각한다. 그리고 열풍의 마지막 단계에 접근할수록 사람들은 전통적인 가치기준을 내던져버린다.

붐 때에는 새로운 관념들이 생겨나고, 미래의 이익이 엄청날 것이라는 낙관론이 팽배한다. 이때 투자자들은 아무리 높은 가격에도 주식을 사도 된다는 심리적인 믿음을 갖게 된다. 위험은 무시되고, 신용에 의한 투자가 증가하며, 지나친 믿음과 비합리적인 의사결정이 일반화된다.

열풍 시기의 전형적인 특징은 군중행위다. 개인의 비판능력은 마비된다. 귀스타브 르 봉(Gustave Le Bon)은 19세기 말에 펴낸 저서 《군중(Crowd)》에서 "군중은 일관성 있는 논리적 주장을 수용하지 않는다. 그러므로 그들에 대해 분별력이 없다, 그릇된 판단을 한다, 이성이 마비됐다고 이야기할 수 있다"고 지적했다. 1830년에 존 램지 맥컬럭은 "투기는 전염되며 군중행위와 같다"고 말했다. 사실 열광의 시기에는 항상 수요가 과대평가되고 공급은 과소평가된다. 1970년대 후반의 석유 붐 때에도 '석유 값이 상승하면 공급이 늘어나고 에너지 절약이 유도돼 수요가 줄어든다' 는 점이 진지하게 고려되지 않았다.

1980년대의 미국 부동산 거품 때에는 미국의 상업용 부동산에 대한 일본인들의 수요가 과대평가됐다. 마찬가지로 1990년대 후반의 홍콩 부동산시장에서도 수요가 과대평가됐다. 국경 너머에 있는 보다 값싼 중국 본토 부동산이 경쟁상대로 등장할 것이라는 점을 투자자들이 미처 깨닫지 못했던 것이다.

게다가 모든 열풍의 시기에 현금은 전적으로 무시당한다. 사실 현금으로부터의 탈출은 드문 현상이 아니다. 1970년대 후반에는 사람들이 가속되는 인플레이션으로 인해 현금은 가치를 잃게 될 것이라고 생각했다. 그래서 사람들은 금이나 은과 같은 귀금속이나 자원 관련 주식으로 몰려들었다.

최근에는 사람들이 이자만으로는 퇴직 이후를 보장받을 수 없다는 생각에서 주식시장으로 몰려들었다. 중앙은행의 금융완화 정책으로 인해 경제팽창기에 금리가 너무 낮은 수준으로 유지된 것도 주식시장의 활황과 투자열풍에 원인이 됐다.

홍콩의 부동산시장을 예로 들어보자. 홍콩의 부동산시장이 1997년에 정점에 이르기까지 금리가 낮은 수준에서 유지된 반면에 부동산 가격과 임대료는 연 20% 이상 상승했다. 사람들은 가파르게 오르는 임대료에 대해 걱정하기 시작했고, 많은 가구가 아예 주택을 매입하기로 결정했다. 그러나 이미 1995년까지 집값이 너무 많이 오른 뒤였던 탓에 주택의 매입이 늘어나면서 부동산 담보대출 규모가 엄청나게 늘어날 수밖에 없었다. 그래서 그 뒤에 부동산 가격이 떨어지자 많은 가구가 집값보다 대출 잔액이 더 큰 초과채무 상태에 빠졌다. 집을 팔아도 빚 즉 담보대출 잔액을 다 갚지 못하는 처지가 된 것이다.

투자열풍은 '무리본능'에서 기인하는 군중심리 및 군중행동과 밀접한 관련이 있다. 파울 라이발트(Paul Reiwald)는 《군중의 마음(The Mind of Crowds)》(1946)에서 군중심리와 군중행동에 대한 저명한 생물학자, 심리학자, 사회학자 등의 견해와 이론을 살폈다. 그 결과에 따르면 모든 개인은 군중의 일부가 되기를 원하며, 일단 군중에 포함되면 혼자일 때와는 완전히 다르게 행동한다는 데 대해 학자들 사이에 이론이 없다. '무리의 목소리'는 사람의 행동에 매우 강력한 영향을 끼치며, 사람은 폭도들 속에 있으면 그들의 폭력적 열정에 쉽게 빠지고 패닉 속에 있을 때는 군중의 공포심리에 쉽게 빠진다.

지그문트 프로이트는 지도자는 개인에게 최면을 거는 것과 같은 영향을 준다고 했다. 개인은 자신을 지도자와 동일시하는 과정에서 자아를 잃는다. 이런 동일시를 확고하게 하기 위해 지도자는 흔히 어린이나 애완동물과 함께 찍은 사진을 내보인다. 그 사진은 대중으로 하여금 지도자가 자신들과 하나라고 생각하게 한다.

프로이트는 1918년에 독일 국민이 보여준 행동과 1943년에 독일 국민이 보여준 행동의 차이를 대중과 지도자의 관계라는 측면에서 설명했다. 1차대전 말인 1918년의 독일은 2차대전 말인 1943년보다 훨씬 더 나은 상황이었음에도 연합국에 쉽게 항복했다. 1차대전 때보다 2차대전 때에 독일의 대중은 패배와 시련을 더 잘 견뎌냈다. 프로이트의 이론에 따르면 이는 독일 국민이 1차대전 때 지도자였던 황제나 장군들에 대해서보다 2차 대전 때 지도자였던 히틀러나 나치 관리들에 대해 훨씬 더 자신들과 밀접하게 연결돼있다고 생각했기 때문이다. 지도자에 대한 군중의 애착이 클수록 지도자나 지도자의 위엄이 상실될 때 대중이 더 급속히 패닉에 빠진다는 점을 이해하는 것도 역시 중요하다. 프로이트는 또한 관념이나 사상도 군중을 이끌 수 있고, 그런 관념이나 사상을 대표하는 사람은 2차적 지도자가 될 수 있다고 말했다.

이런 이론은 투자열풍에도 그대로 적용된다. 대박의 꿈은 열풍을 이끄는 원동력이 되고, 신문이나 텔레비전에 자주 소개되는 기업인, 성공한 투자자, 중앙은행 총재, 경제부처 장관, 투기자 등은 2차적 지도자가 된다. 군중 속의 개인은 본능, 조건반사, 충동, 습관, 대중매체의 유도 등에 따라 성공한 투자자를 모방하고, 감정적으로 흥분한 상태에서 비이성적인 사고를 하면서 붐에 참가하며, 자신도 대박의 기회를 누릴 수 있다고 믿는다. 이러한 충동 때문에 군중의 지적 능력은 객관적인 입장을 유지할 수 있는 개인보다 항상 낮을 수밖에 없다.

군중 전체의 지적 능력은 낮기 때문에 어떤 생각이나 신념이 군중에게 받아들여지려면 그 내용이 지극히 간단해야 한다. 그래야만 그 생각이나 신념이 군중 가운데 지능이 낮은 사람들에게도 호소력을 발휘할 수 있고, 그들도 그것을 받아들일 수 있다. 이러한 점은 르 봉에 의해서도 관찰됐다. 그는 군중의 사고는 항상 저열하며, 아무리 훌륭하고 진실된 생각이라 하더라도 군중의 지적 능력에 수준을 맞추지 않으면 군중에 대해 영향력을 가질 수 없다고 했다. 이런 이유에서 원래는 훌륭하고 진실된 생각이라도 결국은 그 훌륭함과 진실이 모두 사라진다는 것이다. 칼 융도 아무리 이성적인 사람들로 이루어진 집단이라도 군중으로서의 집단은 도덕성과 지능의 관점에서 볼 때 몸집은 크지만 어리석은 맹수와 같으며, 수백 명의 영향력 있는 사람들의 모임도 그 전체로서는 멍텅구리 집단이 돼버리고 만다고 했다.

사회학자와 심리학자들은 마녀사냥, 십자군전쟁, 공산주의, 사회주의, 나치즘, 혁명, 사적 징벌(린치) 등을 예로 들어 군중행동에 대한 설명을 시도했다. 그러나 그들은 군중이 왜 기대를 바꾸고, 희망을 포기하고, 패닉에 빠지는지에 대해 충분한 설명을 하지 못하고 있다. 어쨌든 군중은 현실감각을 상실한다는 공통점을 갖고 있다. 르 봉은 "군중은 그들의 욕구와 그 욕구의 충족 사이에 존재하는 괴리를 받아들일 준비가 돼있지 않다. 그래서 군중 속의 개인에게는 불가능이라는 개념은 사라져버린다"고 했다.

군중은 여러 가지 다양한 충동과 본능의 영향을 받기 때문에 놀랄 만큼 유동적이라는 데 대해 대부분의 학자들이 동의한다. 그런데 르 봉은 "하나의 생각이 군중의 마음속에 자리 잡는 데 긴 시간이 필요하고, 그 생각이 다시 군중의 마음속에서 지워지는 데도 그만큼 긴 시간이 필요하다"고 주장했다. 이런 르 봉의 주장은 군중의 마음이 유동적이라는 일반적인 견해와 상충되는 측면이 있다.

이런 상충되는 측면을 해소하려면 '군중의 머리는 지배적인 관념을 따르지만 그 심리적 분위기는 즉각적인 영향을 주는 요인에 의해 좌우된다'고 가정해야 한다. 이 말을 주식시장에 적용하면, 투자자들은 주식시장에서 주가가 잠깐잠깐 하락할 수는 있겠지만 장기적으로는 계속 올라갈 것이라고 생각하며, 그러면서도 시장의 단기적인 움직임에 의해 민감하게 영향을 받는다는 얘기가 된다.

위험은 사람들을 패닉에 빠뜨린다. 군대는 지휘자가 없으면 패닉에 빠진다. 그러나 지휘자가 있든 없든 군대는 이전에 부닥쳤던 위험에 비해 정도가 약한 위험에 부닥치더라도 그 위험이 즉각적인 것이면 패닉에 빠질 수 있다. 이런 점을 고려해 프로이트는 위험의 정도와 패닉의 발생 사이에는 아무런 연관관계가 없으며, 패닉은 중요하지 않은 사건에 의해서도 일어나고 확산될 수 있다고 주장했다.

패닉은 두 가지 환경에서 생겨난다. 하나는 위험이 실제로 심각한 경우이고, 다른 하나는 지도자의 위엄이 손상됨으로써 지도자에 대한 군중의 감정적인 결합이 약해지는 경우다. 르 봉에 따르면 위엄은 어떤 관념이 동조, 반복, 전염에 의해 전파되고 있을 때 그 관념에 큰 힘을 부여한다. 위엄을 지닌 개인, 행동, 관념은 사람들의 비판능력을 마비시키고 사람들의 마음을 숭배와 존경으로 가득 채움으로써 사람들을 지배한다. 이 점에서 르 봉이 말한 위엄은 오늘날의 용어 가운데 카리스마와 뜻이 같다고 말할 수 있다. 사람이든 관념이든 위엄이 성립하는 조건은 성공해야 한다는 것이다. 만약 어떤 개인이나 행동이 실패하면 위엄에 대한 의문이 생긴다. 르 봉은 실패한 위엄은 순식간에 사라진다면서 수에즈 운하를 건설한 페르디낭 드 레셉스의 일생을 예로 들었다.

레셉스는 파나마에서도 수에즈 운하의 성공이 반복될 것으로 생각했다. 그러나 그는 나이가 들었고 신념도 약해졌다. 산도 움직일 수 있다던 신념은 너무 높은 산은 움직일 수 없다는 생각으로 바뀌었다. 연이어 발생한 재앙으로 그에 대한 과거의 찬사는 사라졌다. 그는 모국의 관리들에 의해 역사상 가장 위대한 영웅에서 가장 사악한 범죄자로 끌어내려졌다.

이어 르 봉은 이렇게 말했다. "위엄이 논쟁에 붙여지면 서서히 닳아 없어진다. 위엄이 의문시되면 그 순간 위엄이 아니다. 신도 그렇시만 오랫동안 위엄을 유지하는 사람은 결코 자신의 위엄이 논쟁의 대상이 되도록 놔두지 않는다."

이런 설명은 언제 투자자들의 낙관적인 기대가 돌변해 패닉으로 치닫는가에 대한 우리의 탐구에 중요한 통찰을 제공한다. 주식시장에 대한 투자자들의 신념은 심각한 손실의 우려가 생기면 급속히 사라져버린다. 예상치 못한 급작스런 경제적, 정치적 변화, 즉 경기침체, 주요 금융기관의 파산, 전쟁, 테러도 마찬가지 원인이 된다. 프로이트는 중대하지 않은 사건도 패닉의 촉매제가 된다고 주장했다.

최근의 사례를 보면, 18년간 이어진 강세장의 결과로 주식시장이 누리던 위엄은 점차 의문의 대상이 되어갔다. 기업의 수익성이 나빠질 것이라는 우려가 현실화되고 몇 가지 사기사건이 터지면서 의문의 강도는 점점 더 높아졌다. 기술·미디어·통신주의 거품은 이미 터졌다. 하지만 1990년대에 그랬듯이 미국 시장의 주가가 앞으로도 계속 상승할 뿐만 아니라 신흥시장의 실적을 능가하기도 할 것이라는 신념이 투자자들의 뇌리에서 완전히 사라지려면 아직 시간이 더 필요할 것이다. 그러나 1980년 이후의 금과 은 시장, 1990년대의 일본 주식시장을 돌이켜보면 알 수 있지만, 그 같은 신념이 일단 사라지고 나면 회복되기까지 상당히 오랜 세월이 걸릴 것이다. 주식시장은 항상 오른다는 신념이 완전히 제거되지 않는 한, 주식시장은 하락세가 이어지는 가운데서도 짧은 기간에 큰 폭의 반등이 나타나기도 하는 등 매우 불안한 양상을 보일 것이다.

2001년의 9.11 테러가 미국 금융시장의 완전한 붕괴로 이어지지 않은 이유가 뭔지를 궁금해 하는 독자도 있을 것이다. 9.11 테러 이후 미국 주식시장은 한동안 약세를 보이다가 2002년에 들어 강하게 반등했다. 내 생각에 이런 주가의 급반등에는 두 가지 이유가 있었다.

테러가 일어났을 때 투자자들 사이에는 연준의 앨런 그린스펀 의장이 1988년에 롱텀캐피털매니지먼트가 파산했을 때 보여준 바와 같이 시장의 충격을 완화시키고 강력한 반등을 만들어낼 능력을 지니고 있다는 믿음이 퍼져 있었다. 게다가 2001년에는 조정은 바로 매수의 기회라고 생각하는 분위기가 지배적이었다. 또한 전쟁은 항상 좋은 투자기회를 제공해준다고 주장하는 글이 많이 발표됐다. 2002년 급반등의 두 번째 이유는 이 해의 1~4월에 나타난 강력한 경기회복이다. 이에 대해 일부 전문가들은 2001년의 침체가 끝나고 새로운 경기확장 국면이 시작되는 것이라고 해석했다.

선전활동이 군중을 형성하고 그들에게 어떤 확신을 심는 데 매우 중요한 역할을 한다는 점은 오래 전부터 잘 알려져 있다. 레닌, 히틀러, 무솔리니, 마오쩌둥 등은 이 점을 확실히 알았던 이들이다. 무솔리니와 히틀러는 군중이란 강력한 리더십 없이는 아무것도 이루어낼 수 없는 존재라고 생각했다.

무솔리니는 한 인터뷰에서 자신과 대중의 관계에 관한 질문을 받고 대중이란 조직화되지 않은 상태에서는 양떼와 같고, 그들을 통치하려면 그들을 이끌 수 있어야 하며, 그렇게 하는 유일한 방법은 그들에게 열광과 흥미를 불러일으켜야 한다는 생각을 털어놓았다. 무솔리니가 한 말의 뜻은 대중을 지도자와 긴밀히 결합시키고, 그들로 하여금 비판능력을 잃고 수용적인 동시에 맹목적인 태도를 갖게 해서 그들을 쉽게 통제할 수 있으려면 그들을 대상으로 끊임없이 선전을 펼쳐야 한다는 것이었다.

대중을 열광시키고 대중의 흥미를 불러일으키기 위해서는 거짓말이 끝없이 동원돼야 한다. 히틀러는 저서 《나의 투쟁》에서 "대중에게는 작은 거짓말보다 큰 거짓말이 더 잘 통한다"고 했다. 왜냐하면 대중은 작은 거짓말은 쉽게 하지만 큰 거짓말은 감히 하려고 하지 않는 속성을 갖고 있으므로 다른 사람에 대해서도 누가 무모하게 그렇게 극단적으로 진실을 왜곡하겠느냐고 생각하기 때문이라는 것이다(내가 보기에는 클린턴과 블레어도 이런 점을 잘 아는 지도자였던 것 같다). 게다가 나중에 비록 진실이 드러나더라도 의심은 남는다는 것이다. 히틀러는 대중을 향해 선전이 계속 반복돼야 하고, 그 내용은 극히 간단해야 한다고 생각했다. 선전은 대중 가운데 가장 교육을 적게 받은 사람들을 겨냥해야 하고, 대중의 규모가 클수록 더 간단해야 한다. 큰 거짓말을 퍼뜨리는 이런 선전활동의 메커니즘이 바로 히틀러, 무솔리니, 스탈린, 마오쩌둥, 사담 후세인과 같은 독재자들로 하여금 오랜 기간 권력을 유지할 수 있게 했다.

마찬가지로 투자대중의 열광과 흥미를 지속적으로 자극하는 선전이 부단히 반복되면 투자열풍이 생각하는 것보다 오래 지속될 수 있다. 이는 증권시장에서 주가가 계속 올라가는 것이 정치인, 경제정책 입안자, 기업인, 증권회사, 증권전문가, 투자전략가, CNBC나 CNN과 같은 미디어, 금융 웹사이트, 벤처 자본가는 물론 대중에게도 두루 이익이 된다는 점에 비추어 이해하기 어렵지 않다. 상승하는 주가, 많은 거래량, 기업 인수합병, 주식의 신규발행, 신종 금융상품의 도입, 미디어의 시청자나 조회 수 증가 등에 따른 이익을 모두가 나누어 가질 수 있기 때문이다. 그래서 열풍이 정점을 지난 시점에도 주식투자의 이점을 강조하는 선전이 계속되고, 그러다 보면 실제로 주가의 강한 반등이 오기도 한다.

대중매체에 의해 일어나는 현상은 선전에 관한 히틀러의 관점에서 보면 보다 쉽게 이해된다. CNBC와 같은 방송은 시청자의 수에 따라 기업이익이 정해진다. 그래서 방송은 투자자들이 주식시장에 대해 계속 열광하도록 모든 노력을 다한다. 좋은 기사는 과장되게 다루어지는 반면에 나쁜 기사는 조그맣게 취급되거나 무시된다. 뿐만 아니라 온갖 좋은 뉴스를 매체가 스스로 만들어내기도 한다. 어떤 주식이 10% 정도 오르면 CNBC는 그 주식에 대한 열광적인 논평을 내어 투자열기를 더욱 부추긴다. 그 주식이 오르기 직전의 몇 개월 동안 98%나 주가가 폭락했더라도 마찬가지다.

CNBC에 출연하는 전문가들의 논평은 독일 나치스의 선전과 마찬가지로 대부분 매우 단순하며 반복적이다. 생산성이 주도하는 성장이 이루어지고 있다, 물가가 안정됐다, 금리가 하락하고 있다, 주가는 계속 오른다, 약세는 매수의 기회다, 기술이 경제성장을 이끌고 있다, 기업의 이익은 여전히 양호하다, 그린스펀이 이미 연착륙을 실현하고 있다, 유가는 다시 떨어진다는 등의 선전이 대중매체를 통해 반복된다.

내가 CNBC에 대해 무슨 억하심정을 갖고 있는 것은 아니다. 내가 말하고자 하는 것은 CNBC와 같은 현대의 상업방송은 가능한 한 많은 시청자를 끄는 것이 목표이므로 어떤 문제에 대해서도 대중이 좋아하는 것을 진정으로 비판적인 시각으로 다루지 않는다는 것이다. 미디어 자체가 대중에 의해 끌려간다는 측면도 있다. 현대의 대중매체가 이처럼 지능수준이 낮은 대중에 의존한다는 것은 민주주의에만이 아니라 자본주의에도 위험 요소라고 하지 않을 수 없다. 그러나 프리드리히 폰 비저가 《권력의 법칙》(1926)에서 말했듯이 어떤 운동에 목표와 계획을 주는 것은 지도자이지만 그 지도자의 권력은 대중이 준다는 사실도 잊어서는 안 된다.

투자열풍이 반드시 자기도취적 낙관론에서만 생기는 것은 아니라는 점을 강조하고 싶다. 1970년대 후반에 투자자들은 금과 은에 대해 매우 높은 가격을 기꺼이 지불했는데, 그 이유는 경제전망이 낙관적이어서가 아니라 미국 달러화의 가치가 떨어지고 인플레이션이 가속화할 것이라고 생각했기 때문이다. 이처럼 실물자산 투자 붐은 일차산품 가격이 상승할 것이라는 낙관에 의해서만 일어나는 것이 아니라 비관적인 경제전망에 의해서도 일어난다. 이런 측면에서 볼 때 실물자산 붐은 '공포에 바탕을 둔 탐욕의 표현'일 수도 있다.

그러나 금융열풍에서 공포라는 요소는 그리 중요하지 않다. 금융열풍 기간에 유일하게 의미있는 공포는 다른 사람이 자기보다 더 많은 돈을 벌지 모른다는 데 대한 공포다. 그리고 과도한 탐욕과 투기욕구는 경제와 이익기회에 대한 낙관적인 전망에서 나온다.

물론 예외는 있다. 경제적, 사회적 여건이 너무 열악해 주식시장 외에는 다른 투자대안이 없는 나라도 있다. 초인플레이션 속에서 엄격한 외환통제를 유지하는 나라를 생각해보자. 이런 나라에서는 보통 주식시장으로 자금이 몰리고, 여건에 따라서는 부동산으로 자금이 몰리기도 한다. 그리고 금융시장이 붕괴 직전인 나라에서는 은행을 더 이상 믿지 못하게 된 투자자들이 돈을 주식시장에 묻어두려고 한다.

붐 기간에 공통적으로 나타나는 또 다른 특징은, 분위기가 너무 낙관적이고 득의만만해서 나쁜 소식이 무시되거나 오히려 반대로 좋게 해석되기도 한다는 것이다. 1970년대 말에 IMF와 미국 재무부가 금을 매각한 것을 예로 들어보자. 당국이 금을 대량으로 매각하면 금의 시장가격이 떨어지는 게 당연하다. 그러나 당시에 금 매각을 위한 경매가 성공적으로 실시된 뒤에 오히려 금 매수 열풍이 이어졌다. 2001년 미국 채권시장의 하락세도 거꾸로 해석됐다. 당시에 채권시장의 하락세는 주식시장으로 자금 이동을 일으키므로 호재라고 주장하는 이들이 많았다.

열풍의 기간에는 낙관주의가 대중에만 머무르지 않는다. 1970년대 말에 기업들은 석유와 같은 천연자원 개발에 적극 진출했다. 코노코, 맨해튼오일, 산타페인터내셔널, 케네코트, 아나콘다, 사이프러스마인스, 델리인터내셔널, 케티오일, 슈피리어오일 등 천연자원 개발회사들이 모두 일차산품 시장의 붐이 정점에 이른 시기에 다른 기업에 인수됐다. 이들 천연자원 개발회사를 인수한 것은 처음에는 높게 평가됐으나, 그 뒤에 일차산품 가격이 하락함에 따라 비참한 결과를 낳고 말았다.

한 가지 예를 더 들어보자. 1981년에 캘리포니아의 스탠더드오일은 주당 75달러의 가격으로 아맥스(Amax)를 인수하는 시도에 나섰다가 포기했다. 당시 스탠더드오일의 경영진은 아맥스가 그만한 가치가 있다고 생각했음에 틀림없다. 이에 아맥스 경영진은 자사 주주들에게 회사의 가치가 그보다는 훨씬 높다고 설득했고, 결국 경영권을 방어하는 데 성공했다. 그러나 그로부터 4년 뒤에 아맥스의 주가는 10달러로 떨어졌다.

미국 기업들이 터무니없는 가격으로 다른 기업을 인수하거나 자사주를 사들이려는 시도는 최근에도 계속 이어지고 있다. 이런 시도는 대체로 빚으로 필요한 자금을 조달하게 하므로 기업 재무구조의 악화를 초래한다. 기업 경영자들의 지나친 낙관주의를 보여준 사례로 자사 주식에 대한 '무방비 풋옵션(naked put)'을 팔았던 것도 들 수 있는데, 이 기법은 2000년 3월의 증시폭락 과정에서 대단히 값비싼 대가를 치르게 했다.

열풍의 시기에는 기관투자가 등 전문적인 투자자들의 태도가 대중보다 조심스럽게 되기는 한다. 그러나 그들도 단기적인 성과경쟁에 내몰리고 있으므로 붐에 발을 들여놓지 않을 수 없다. 단기적인 투자수익률에 따라 투자자들이 자금을 이리저리 옮기는 분위기 때문에 기관투자가들도 가장 상승세가 강한 주식들을 펀드에 편입하지 않을 수 없다. 그래서 열풍 때 가장 흔하게 듣게 되는 이야기 중 하나가 "우리도 어쩔 수 없다"다.

1970년대 말에는 많은 펀드매니저들이 석유를 비롯한 자원 관련주들은 지나치게 고평가된 상태라고 생각했다. 그러나 1980년에도 그런 주식들만 움직였기 때문에 펀드매니저들이 너도나도 그런 주식의 매수에 나설 수밖에 없었다. 일본 주식시장 붐 때에도 마찬가지였다. 많은 외국계 펀드매니저들이 일본 주식은 과대평가된 상태라고 생각했다. 그러나 일본 주식을 배제하면 국제 주식시장의 지수 상승률을 따라갈 수 없었기 때문에 그들도 어쩔 수 없이 일본 주식에 투자했다.

보다 최근의 하이테크 주식을 봐도 그렇다. 많은 펀드매니저들이 하이테크 주식이 꼭지에 올라섰음을 확실히 알고 있었다. 그러나 1998년 이후에는 하이테크주 외의 다른 주식들은 실적이 좋지 못했기에 그들도 투자자들을 계속 유치하기 위해서는 하이테크주를 편입할 수밖에 없었다.

매수열풍이 불면 전염효과가 일어나 모두가 투기의 소용돌이에 빠져들 수밖에 없다. 아무도 그 대열에서 소외되기를 원하지 않는다. 대중은 위험은 아랑곳하지 않고 오로지 이익만 생각하며 앞으로 나아간다. 그때 그들은 "달리 어디에 투자할 수 있단 말인가, 대안은 없다"고 외친다. 기업들은 자사 제품에 대한 수요를 과다추정하고 미래에 대해 지나치게 낙관한다. 전문 투자자들도 급등하는 시장을 그저 지켜만 보고 있을 수가 없다. 이런 점에서 1720년 사우스시 거품 때 한 은행가가 했다는 말은 시사해주는 바가 있다. "세계가 다 미쳤다면 우리도 어느 정도는 미친 척해야 한다."

이런 전염효과의 관점에서 보면 2000년까지 이어진 미국 주식시장 붐은 매우 흥미롭다. 당시 우리가 아는 거의 모든 기관투자가들이 매우 조심스러워 했다. 그러나 그들은 시장에 대해 잘 모르는 투자자 대중이 돈을 계속 주식시장으로 집어넣는다는 데서 모순된 안도감을 느끼곤 했다. 맥컬럭이 말한 대로 투기가 시작되면 한 사람의 확신은 다른 사람들에게 빠르게 확산된다.

**국제적 파급**

20세기 초의 고무 붐, 1960년대 초의 중소기업 투자회사 붐, 1978년의 도박 관련주 붐, 1970년대 말의 미국 농지 붐과 같은 소형 열풍은 국지적인 성격을 띠는 반면에 대형 열풍은 국제적인 성격을 띤다. 영국 런던에서 사우스시 회사 거품이 일어났다가 붕괴한 시기는 프랑스의 미시시피 계획 붐과 유럽대륙의 보험주 투기열풍이 일어났다가 붕괴한 시기와 거의 일치한다. 영국의 투자자들은 존 로의 미시시피 회사에 투자하기 위해 파리로 몰려갔고, 대륙의 투자자들, 특히 네덜란드의 투자자들은 사우스시 회사 주식을 앞 다투어 사들였다. 이로 인해 1720년 상반기에 영국의 파운드가 네덜란드의 플로린에 대해 10% 이상 평가절상됐다.

1873년 초에 부동산과 주식투자 붐이 유럽과 미국을 휩쓸고 지나간 뒤에 오스트리아와 독일에서 먼저 일어난 위기는 이탈리아, 네덜란드, 벨기에 등을 거쳐 미국에까지 전파됐다. 1870년대 초에 미국의 철도 주식과 서부지역 토지에 투자했던 유럽 대륙의 투자자들이 자기 나라에서 진 빚을 갚기 위해 미국에서 돈을 빼나갔기 때문이다.

붐이 국제적으로 파급되기 때문에 위기 역시 국제적으로 전개된다. 1920년대 말에 유럽의 주식시장도 미국의 주식시장만큼은 아니었지만 급등했다. 1950년대부터 1973년까지는 세계의 모든 주식시장이 상승했다. 이와 마찬가지로 1929년 직후와 1973년 직후에 일어난 주식시장의 하락세도 세계적으로 동시에 일어났다. 최근에는 유럽의 주식시장들이 미국 주식시장의 강세에 발맞춰 동반 강세를 보인 바 있다. 나스닥이 2000년 3월까지 정점으로 치닫는 동안 독일의 노이어마르크트, 일본의 자스닥, 한국의 코스닥도 급등했다. 1929년, 1973년, 2000년 3월에는 세계의 모든 시장이 동시에 하락했다.

　1980년대와 1990년대의 금융자산 강세도 세계적인 현상이었다. 1980년대 초반부터 1990년대 후반까지 선진국 시장은 물론 신흥시장들에서도 주가가 같이 상승했다. 그리고 옛 사회주의 국가들에도 주식시장과 선물시장이 개설됐다. 최근 20여 년 동안에는 새로운 금융상품도 전례 없이 많이 쏟아져 나왔다. 내가 월스트리트에서 일하기 시작한 1970년부터 옵션, 금리선물, 통화선물, 지수선물, 심지어는 이런 선물에 대한 옵션, 스왑 등 다양한 파생상품과 그 변종이 잇달아 등장해 선진국뿐 아니라 신흥시장을 포함한 전 세계에서 거래되기 시작했다.

　현대 통신기술의 발달에 힘입어 미디어들은 세계 방방곡곡에 금융시장 소식을 전하고 있고, 각국의 외환규제 폐지와 은행제도 확충으로 금융시장은 실로 새로운 시대에 돌입했다. 자본이 이 나라에서 저 나라로, 이 시장에서 저 시장으로, 이 테마에서 저 테마로 끊임없이 이동하는 가운데 각국의 금융시장들이 서로 밀접하게 연결됐다. 이 때문에 어느 한 나라의 붐은 다른 나라들에도 붐을 만들어낸다. 마찬가지로 어느 한 곳의 투자열풍은 국경을 넘어 다른 나라의 투자자들에게도 심리적으로 전파된다. 다른 나라에서 투자열풍으로 주가가 오르면 우리나라의 주가도 오를 것이라는 기대심리가 팽배해진다. 일본 시장의 주가수익배율이 70배가 됐다면 우리나라의 주가수익배율은 100배가 되지 말란 법이 있느냐는 식의 막연한 주장도 나온다.

　투기적 과잉이 국제적으로 전파되는 것은 마치 화산의 폭발과 같다. 여기저기 업종을 넘나들며 전혀 예상치 못한 과격한 상승이 생겨난다. 그것은 마치 큰 파도에 배들이 울렁이는 것과 비슷하다. 다만 그 시기와 강도에 차이가 있을 뿐이다. 투기의 파도는 1980년대 말에 일본시장을 들어

올렸다가 1993년에는 신흥시장을 들어 올렸으며, 그 뒤에는 미국 나스닥 거품을 만들어냈다.

**투자 붐에서 외국인 투자자가 하는 역할**

글로벌 자본시장의 번성으로 각국의 시장, 통화, 심지어는 개별 주식에까지 외국인 투자의 흐름이 점점 더 큰 영향을 미치고 있다. 그런데 외국인 투자자들은 경기순환을 완충시키는 방향으로 행동하기보다는 마치 떼를 지어 이동하는 나그네쥐와 같이 행동한다.

외국인 투자자들은 시장이 최저 수준에 있을 때에는 들어오지 않는다. 1980년대 중반의 중남미, 1989년 천안문 사건 직후의 중국, 최근 위기 이후의 아시아와 같이 경제환경이 좋지 않을 때에는 외국인 투자자가 거의 들어오지 않는다. 외국인 투자자들이 매수에 나서는 때는 모든 것이 좋아 보이는 시점, 즉 정점에 근접한 시점이나 정점 직후다. 외국인 투자자들이 정점 직후에도 들어오는 것은 정점 직후의 첫 침체를 상승장 속의 조정으로 착각하기 때문이다.

따라서 외국인 투자자들은 두 가지 측면에서 시장의 마지막 급등을 만들어내는 역할을 한다. 두 가지 측면 중 하나는 투자열풍의 마지막 국면에 외국인 투자자들이 매수의 규모를 늘린다는 직접적인 측면이고, 다른 하나는 외국인들의 투자가 늘어나면서 내국인들이 그에 익숙해져 외국인 투자자들의 매수가 계속 더 늘어날 것이라는 믿음을 갖게 된다는 간접적인 측면이다. 이런 두 가지 측면의 영향으로 인해 내국인들은 외국인들이 무한정 주가를 끌어 올리는 역할을 해줄 것으로 기대하고 주식을 더 많이 사거나 향후 더 큰 이익을 실현하기 위해 매도시점을 늦추게 된다.

나는 붐 기간에 투자자들이 외국인들 덕분에 가격이 더 올라갈 것이라고 확신하지 않는 경우를 이제까지 본 적이 없다. 1970년대 말의 골드 붐 때에는 금에 대한 중동 투자자들의 열기에 모든 사람이 기대를 걸었다. 1980년대 중반에는 미국인들 사이에 미국 부동산에 대한 일본인들의 매수 열기가 결코 중단되지 않을 것이라는 생각이 퍼져 있었다. 일본 주식시장 붐 때에는 외국인들이 저평가된 일본 주식의 편입비중을 확대할 것이라는 기대감이 컸다. 1993~1994년의 신흥시장 붐 때에는 모든 신흥시장 국가가 외국인 포트폴리오 투자의 유입이 계속 늘어날 것이라고 기대했다.

내 경험을 돌이켜보면, 투자 붐 때에는 외국인들의 수요가 실제 이상으로 과장되게 인식되는 게 보통이었다. 특히 최근 몇 년 동안 미국인들은 미국의 경상수지 적자가 미국의 주식과 채권에 대한 외국인 투자의 유입

〈그림 8-4〉

**미국 시장을 떠받친 외국자본**
미국의 해외자본 유입 추이

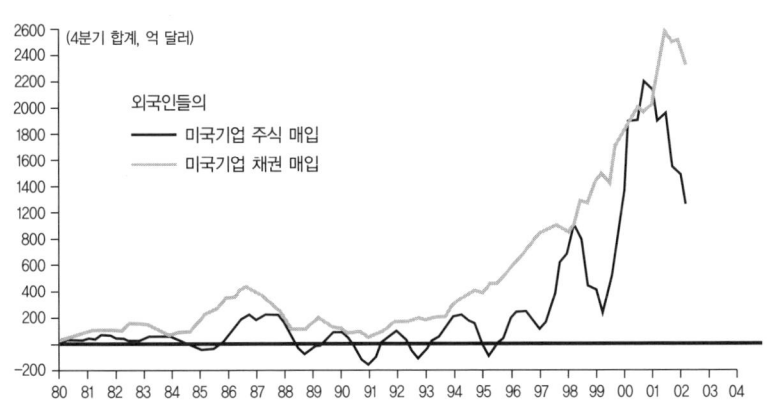

8장 | 새로운 시대, 열광, 거품　**243**

(〈그림 8-4〉)에 의해 계속 메워질 것이라고 생각해왔다. 그러나 내 생각에는 미국의 경우에도 언젠가는 외국인들이 미국 자산을 순매도하게 될 것이다.

**투자 풀과 신규 발행**

모든 투자열풍의 특징 가운데 하나는, 많은 투자 풀이 생성되고 주식의 신규 공급이 홍수처럼 일어난다는 것이다. 17세기 초에 설립된 네덜란드의 동인도 회사, 1720년대에 열풍을 일으킨 영국의 사우스시 회사와 프랑스의 미시시피 회사 등 최초의 공개회사들은 특정한 사업목적을 가진 기업

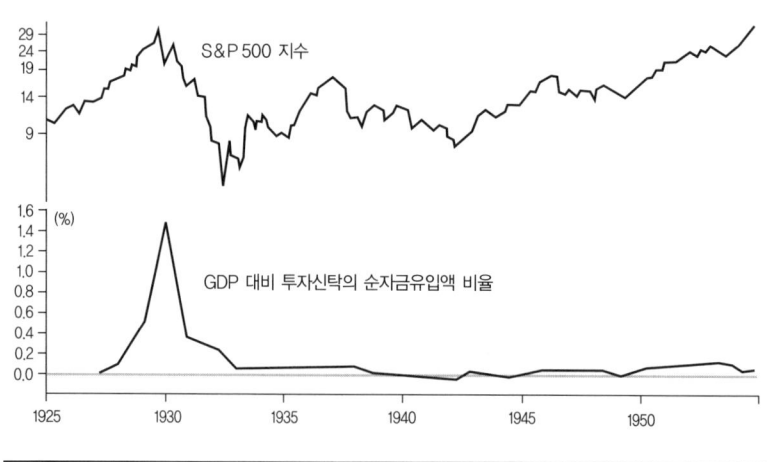

〈그림 8-5〉

**투자자금 풀의 영향**
1925-1955년의 미국 주가와 투자신탁

이라기보다는 일종의 투자 풀에 가까웠다. 이는 사우스시 거품이 한창인 시점에 이 회사가 신주를 발행할 때 "위대한 기회를 실현할 회사, 그러나 그 기회가 무엇인지는 아무도 모르는 회사"로 설명됐다는 점에서도 확인된다.

그러나 투자신탁회사들이 대거 등장한 것은 1920년대 후반의 일이었다(〈그림 8-5〉). 그 뒤 1960년대 후반에는 뮤추얼펀드의 설립이 급증했다. 뮤추얼펀드 붐은 최근에 다시 일어났고, 이번 뮤추얼펀드 붐은 세계적으로 폭넓게 일어나는 양상을 보였다.

경제학자들은 많은 수의 투자회사가 설립되는 것이 시장의 주요 정점과 시기적으로 일치하는 현상에 대해 그동안 제대로 설명하지 못했다. 경제학 이론에 따르면 가격이 하락하면 수요가 증가하고, 가격이 상승하면 수요가 줄어든다. 그러나 투기적인 시장에서는 그 반대가 맞는 것 같다. 1930년대나 1970년대와 같이 주가가 낮을 때에는 새로운 투자회사가 생겨나지 않았다. 그러나 최근처럼 주가가 상당히 오른 상태에서는 새로운 투자회사들이 비온 후 죽순 나듯 생겨나고 있다. 일본의 '자이테크 펀드'나 '도킨 펀드' 등도 시장의 정점 근처에서 인기를 끌었다(〈그림 8-6〉).

미국에서는 투자클럽이 투자회사에 비해 설립하거나 해산하기가 쉽다. 이 때문에 투자클럽이 많이 생겨나서 열광적으로 활동해 시장의 비정상적 상태를 더욱 증폭시킨다. 미국에서 결성되는 투자클럽 수는 1992년까지만 해도 연간 1000개를 넘지 않았으나 1990년대 말에는 투자자금을 합쳐 운영하는 방식에 대한 투자자들의 관심이 고조되어 하루에 수천 개의 투자클럽이 결성되기도 했다. 특히 일리노이 주의 작은 도시 비어즈타운의 나이 든 부인들이 결성한 '비어즈타운 레이디스 투자클럽'이 자신들의 성공투자 스토리를 엮어서 펴냈다는 책이 베스트셀러가 된 뒤로 투자

〈그림 8-6〉

**일본에서도**
1982-1998년의 일본 주가와 투자신탁

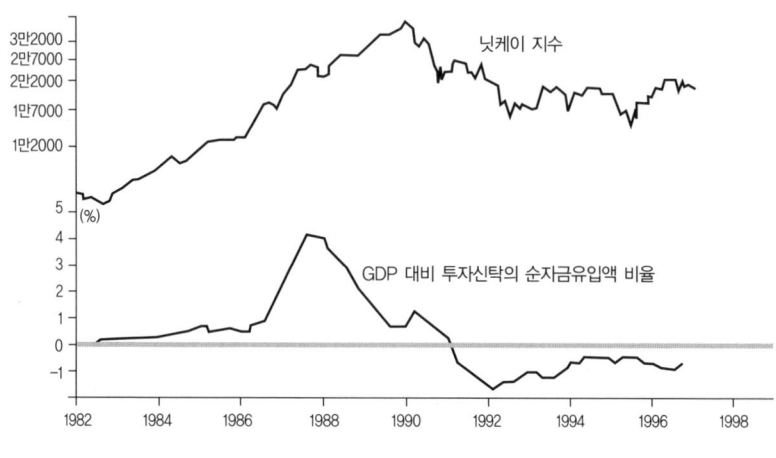

클럽에 대한 사람들의 관심이 폭발적으로 커졌다. 그러나 비어즈타운 부인들의 투자 성공담은 조작된 것이었음이 나중에 밝혀졌다.

미국의 뮤추얼펀드 가운데 투자자들의 자금이 집중적으로 유입되는 펀드의 종류가 시기에 따라 다르다는 점은 흥미롭다. 1987년만 해도 채권형에 77%의 자금이 몰렸으나 1993년에는 신규 유입자금이 주식형과 채권형에 절반씩으로 나뉘었고, 1990년대 말과 2000년에는 거의 대부분의 자금이 주식형, 그 가운데서도 특히 하이테크주와 성장주 펀드로 유입됐다. 최근에는 채권형으로 유입되는 자금이 다시 증가하고 있다.

투자 붐 때에는 많은 투자 풀이 만들어질 뿐 아니라 신규 주식도 홍수처럼 발행된다. 19세기의 운하 붐, 철도 붐, 부동산 붐 때에도 그랬다. 1920년대 후반과 1960년대 후반의 미국, 1993년 말의 신흥시장, 1970년대의 자원 관련 업종도 마찬가지였다. 1983년의 소형 기술주 붐 때에는 신규 주식발행이 소형 기술주 일색이었다. 1980년대 중반은 정크본드의 시대였고, 1990년대 말에는 중국 관련 주식, 그 뒤에는 하이테크와 인터넷 주식의 발행이 크게 늘어났다.

공모주 청약이 대성황을 이루고 상장 첫날에 주가가 치솟는 것도 과도한 투기를 보여주는 현상이다. 만약 어떤 산업에서 공모주 발행이 크게 늘어난다면 그 산업은 장기순환의 정점에 가까워지고 있을 가능성이 높다. 신주발행 붐의 끝 무렵에는 기업공개를 하는 회사의 질은 나빠지는 반면에 공모주 발행가격은 높아진다. 그럼에도 불구하고 모든 다른 열풍과 마찬가지로 공모주 열풍의 경우에도 그 광란의 상태가 어디까지 갈지를 예측하기란 어렵다.

## 붐 기간의 가격과 거래량 변동

비투기적 시장에서는 여러 해에 걸쳐 가격변동이 별로 없는 가운데 거래량도 적을 수 있다. 1950년대와 1960년대의 석유, 금, 은 시장, 1975년부터 1985년까지의 대만 주식시장 등이 그랬다. 이와 달리 투기적 시장에서는 가격이 점점 더 빨리 오르며 정점 가까이에서는 거의 수직상승하기도 한다. 열풍의 국면에서는 거래량 역시 비정상적으로 늘어나고, 가격변동이 폭이 크고 불규칙하게 된다.

비투기적 시장은 상당 기간, 때로는 20년 이상도 횡보하면서 여러 차례 바닥을 확인하지만, 투기적 시장의 움직임은 대부분 순식간에 끝나버린다. 꼭지를 찍고 나면 곧바로 급락이 이어지고, 꼭지에서 기록된 최고치는 적어도 10~20년 이상의 아주 오랜 기간 동안 회복되지 못한다. 투기적 시장의 마지막 단계에서는 시장이 몇몇 한정된 수의 주도주에 의해 좌우된다. 소수의 주식들만 급등하면서 전체 지수를 끌어올린다. 나머지 대부분의 주식들은 잘 움직이지 않으며, 신고치를 경신하는 개별 종목 수가 점점 줄어든다.

대공황이 발생한 1929년의 미국 주식시장을 예로 들어보면, 시장 전체는 그 해 여름에 정점을 지났으나 대부분의 개별 종목들은 전해인 1928년에 이미 최고치를 기록하고 하락세로 돌아섰다. 1973년에도 마찬가지였다. 미국 주식시장은 그 해 1월에 50대 우량주 주도로 상승해 신고치를 기록했으나, 주식시장 전체의 실적 둔화는 1972년에 이미 시작됐다. 1979~1980년의 붐 기간에도 전체 시장은 그다지 움직이지 않았지만 석유와 유전탐사 업종의 주가는 급등했고, 이에 따라 1980년 말부터 1981년 초까지 시장 전체 지수가 신고치를 기록했다. 일본에서는 은행을 비롯한 금융주의 강세에 힘입어 1989년 말에 시장 전체 지수가 크게 상승했다. 미국 주식시장에서는 1998년부터 대부분의 주식들이 조정에 들어갔음에도 불구하고 기술·미디어·통신 업종의 주가는 계속 상승했다.

이처럼 한정된 소수의 주식들, 특히 어느 한 업종에 투기가 집중되는 것은 주식시장의 열풍이 끝날 때가 가까워졌음을 말해주는 신뢰할 만한 징후다. 투기적인 상승장의 마지막 무렵에는 인기업종으로 업종전환을 하는 기업들이 많이 나타나고, 회사의 내용은 그대로인데 이름만 바꾸는 경우도 있다. 1990년대 후반에 호주에서는 많은 광산회사들이 단지 자사 주가를 끌어올릴 목적으로 '닷컴'을 회사 이름에 집어넣어 투자자들을 현혹했다.

지난 몇 년간 미국 시장은 이런 징후들을 빠짐없이 보여주었다. 1998년

⟨그림 8-7⟩

**황홀했던 기술주 파티**
미국 나스닥지수 추이

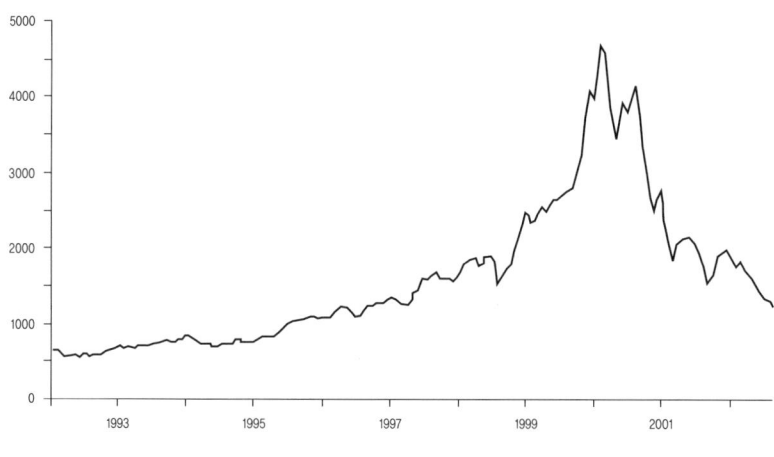

이후 미국 주식시장에서는 대부분의 주식들이 더 이상 오르지 않거나 떨어지는 가운데서도 하이테크주, 미디어주, 통신주를 주축으로 나스닥 지수가 급등했다. ⟨그림 8-7⟩에서 보듯 2000년 3월까지 나스닥 지수가 정점으로 치닫던 모습은 1980년대 말 일본 주식시장을 연상시킨다. 사실 1996년부터 2000년 정점까지 나스닥 지수는 1985년부터 1989년 정점까지 일본 주식시장 지수가 상승한 것보다 더 많이 상승했다. 과거의 정점들과 비교해봐도 2000년에 미국 주가는 1929년, 1969년, 1973년, 1983년의 최고치보다 높은 수준으로 올랐다.

거품의 시기에는 한정된 주식들에 거래가 집중된다. 2000년 이후 최근까지 가장 활발하게 거래된 주식은 기술주다. 기술주의 상장 첫날 거래량이 공모발행 주식 수보다 많은 경우도 허다했다. 나스닥의 거래량이 뉴욕

증권거래소의 거래량을 쉽게 넘어서곤 했던 것도 진정한 신시대의 징후라기보다는 지나친 열풍을 보여주는 신호였다.

**붐 시기의 언론보도, 책, 투자설명회**

어빙 피셔에 따르면 1920년대 말에는 주식투자의 수익률이 채권투자의 수익률보다 높다는 점을 강조하는 내용의 책이 많이 출간됐다. 1929년 8월에 민주당 전국위원회 의장인 존 라스코프는 '모든 사람이 부자가 되어야'라는 제목으로 〈레이디스 홈 저널〉이라는 잡지에 기고한 글에서 당시에 설립과정을 밟고 있었던 '에퀴티스 시큐리티 컴퍼니'라는 증권회사를 통해 매달 15달러씩을 주식에 투자할 것을 권하기도 했다. 1920년대 말에는 주식종목 선택과 관련된 정보지와 잡지가 많이 생겨났다. 유명한 경제 주간지 〈비즈니스 위크〉도 1929년에 창간됐다.

1970년대 말에는 주가수익배율이 높은 성장주에 투자하라고 권하는 내용의 책이 쏟아져 나왔다. 윈스럽 놀턴의 유명한 책《돈 나무 흔들기(Shaking the Money Tree)》는 성장주들을 초토화시킨 1973~1974년의 주식시장 불황이 닥치기 직전인 1972년에 출간됐다. 1970년대 말에는《위기의 투자법(Crisis Investing)》(1979),《금융위기로부터 새로운 이익을(New Profits from the Monetary Crisis)》(1978),《다가올 불황기에 번영하는 방법(How to Prosper During the Coming Bad Years)》(1979) 등의 책들이 나왔다. 이런 책들은 모두 이제 미국 달러의 시대는 끝났으며, 곧 초인플레이션이 시작되어 귀금속 가격이 폭등할 것이라고 주장했다. 그러나 실제로는 달러의 가치가 1979년 말에 바닥을 친 뒤 1985년까지 거의 두 배로 올랐고, 금과 은의 가격은 1980년 1월 이후 하락세를 보였다.

당시 주식투자 전문가들도 투자설명회나 뉴스레터를 통해 금, 은, 석유, 에너지 관련주를 주로 추천했다. 그때에는 투자대상으로서 금이 지닌 장점을 강조하며 금에 대한 투자를 적극적으로 권하는 '골드 버그(Gold Bug)'들이 엄청난 인기를 누렸고, 그들이 전 세계를 돌아다니며 여는 투자설명회에 엄청나게 많은 사람들이 모여들었다. 신문과 방송의 머리기사와 잡지의 표지기사는 석유, 석유수출국기구, 금, 사우디아라비아의 억만장자, 이란 국왕, 텍사스, 덴버, 농장, 다이아몬드, 약한 달러, 석유 관련 회사, 중동 오일달러 등에 관한 이야기로 채워졌다. 텔레비전 시청자들은 당시에 가장 인기 있는 쇼 프로그램이었던 〈댈러스〉가 끝나면 석유수출국기구의 회의 결과나 사우디아라비아의 야마니 석유장관 또는 사우드 국왕의 변덕스러운 동정을 살폈다. 월스트리트에서 일하는 석유산업 분석가들은 커다란 영향력을 갖고 있었고, 증권회사들은 석유 관련 주식에 관한 두꺼운 분석보고서를 집중적으로 펴냈다.

1987년의 주가폭락 직전에는 수많은 경제 관련 서적들이 기업 인수합병에 대해 자세히 다뤘다. 티 분 피킨스, 이반 보에스키, 마이클 밀켄과 같은 인수합병 전문가나 아비트리지 거래자들의 이야기가 신문에 자주 보도됐다. 일본의 주식과 부동산 거품이 꺼지기 직전은 '주식회사 일본'의 시대였다. 일본 시스템의 장점을 설교하는 책이 많이 출간됐고, 증권회사들은 일본 주가의 높은 수준을 정당화해주는 내용의 분석보고서를 펴냈다.

최근에는 성공적인 투자전략이나 유명한 주식투자자를 다룬 책이 많이 발간됐다. 다우지수가 3만 6000~10만까지 상승한다고 예측하는 책도 많이 쏟아져 나왔다. 1970년대 후반에 석유와 금이 그랬던 것처럼 최근에는 하이테크와 인터넷이 잡지 표지기사에 많이 등장했다. 새로운 경제잡지와 경제전문 방송이 세계적으로 우후죽순처럼 생겨났다. 주식 초보자들이 어떻게 하면 주식시장에서 돈을 벌 수 있는가를 다룬 투자지침 서적이 큰 인기를 누렸다.

서점 진열대에서 가장 눈에 잘 띄는 자리에 경제와 주식시장에 관한 책이 진열되기 시작하는 것은 투자열풍의 표시다. 1990년대 말에는 주식시장에 관한 책과 성공한 하이테크 기업 경영자에 관한 책이 서점 진열대의 가장 앞줄에 배열됐다.

**투자열풍은 언제 어떻게 끝나나**

유감스럽게도 명확한 대답은 찾아볼 수 없다. 단지 어리석은 대중이 주식시장으로 쇄도하는 반면에 기업 내부자와 투자 전문가들은 주식시장에서 서둘러 빠져나가려고 하는 때가 바로 열풍이 끝나는 시점인 경우가 많다고나 할까?

1920년대 말에도 대중은 주식시장에 대해 확신하고 있었지만 많은 전문가들은 주식시장에 대해 부정적이었다. 1970년대 말에는 많은 전문가들이 금, 은, 석유주에 대해 대규모 공매도를 해놓고 있었다. 1983년의 하이테크 미니 열풍 때에는 코모도어와 같은 정보기술(IT) 기업 주식에 대한 공매도 잔량이 엄청나게 쌓였고, 1988년과 1989년 초에는 헤지펀드들이 이미 일본 주식시장에 대해 공매도 포지션으로 돌아섰다.

투자열풍의 마지막 무렵에는 기업 내부자들이 보유주식을 팔려고 한다. 특히 자신이 보유하고 있는 주식이 과대평가된 상태이거나 해당 기업의 사업환경이 나빠질 것이라는 정보가 있을 경우 그들은 보유주식 처분에 안달을 한다. 기업의 최고경영자가 투자설명회에서 자기 회사에 대해 낙관적으로 이야기하면서도 다른 한편으로는 자신이 보유하고 있는 주식을 몰래 파는 일이 드물지 않게 일어난다. 하이테크 기업의 경영자들도 그랬다. 그들은 자기 회사의 미래에 대해 계속 장밋빛 전망을 늘어놓으면서도 이미 1990년대 말부터 보유주식을 팔기 시작했다.

사기행위가 빈발하는 것도 거품의 또 다른 특징이다. 그러나 사기행위가 겉으로 드러나 사건화하는 때는 대개 거품이 꺼지고 난 뒤다. 왜냐하면 붐이 계속되고 주가가 상승하는 동안에는 의심스러운 행동이나 사기성 있는 행위에 대해서도 아무도 문제 삼지 않기 때문이다. 그러나 거품이 터지고 나면 투자자들이 분통을 터뜨리며 희생양을 찾게 된다.

많은 회사들이 붐 기간에 부채를 과다하게 늘리는데다 이익을 부풀리기 위해 회계장부를 조작하기도 하기 때문에 붐이 끝나고 사람들이 보다 현실적이면서 비판적인 자세를 갖게 되면 붐 기간의 비정상적인 행동이 뒤늦게 사기로 판명되는 것이다. 그리고 붐 기간의 엄청난 이익은 거품붕괴 뒤에는 엄청난 손실로 돌변한다. 붐 기간에 사기행위가 늘어나는 현상에 대해 킨들버거는 그의 저서 《열풍, 공황, 그리고 붕괴》에 다음과 같이 썼다.

사기를 치고 사기를 당하는 정도는 붐 기간에 사람들이 투기를 하는 정도에 비례한다. 붐 기간에 사람들은 스스로 사기사건의 씨앗을 뿌린다. 대박이 터지고 사람들이 탐욕스러워지면 사기꾼들이 사람들의 탐욕에 편승한다. 그러다가 마침내 신용이 엄격해지면서 주가가 상승을 멈추고 하락하기 시작하면 사람들의 재정적 고민이 증가하고 사기사건의 발생이 늘어난다.

킨들버거는 로열아프리칸회사, 동인도회사, 유니언퍼시픽 등의 내부자들이 자신들의 통제 아래에 있는 다른 회사와의 계약을 통해 주주들에게 돌아가야 할 이익을 착복한 사례들을 소개했다. 그는 1920년대를 그 시대 사람들이 "세계 역사상 유례없이 비뚤어진 고도금융의 시기"라고 불렀다고 전했다. 그는 붐 기간의 사기, 부정행위, 자금유용 등이 어떤 의미를 가진 것인지에 대해 다음과 같이 지적했다.

그것은 제 자리에 있어야 할 것들이 제 자리에서 벗어났다는 사실을 알려준다. 그제야 사람들은 멈춰 서서 그것들이 무엇인지를 살핀다. 자수, 체포, 도주, 자살의 형태로 위법행위들이 하나씩 드러나는 것은 도취가 끝날 때가 됐다는 징후다. 과도한 거래의 국면은 곧 끝나게 되고, 장막이 걷히면서 혐오감과 불신감이 고개를 든다.

사실 모든 열풍은 어느 정도 폰지의 수법과 같은 성격을 갖는다. 카를로 폰지(Carlo Ponzi)는 1920년에 미국 보스턴에서 금융 피라미드 사기극을 벌인 자다. 그는 자신에게 돈을 맡기면 45일 만에 50%의 수익을 보장한다면서 사람들을 유혹했다. 그의 계획은 통화의 가치가 낮은 외국에서 국제우편연합의 우편쿠폰을 싸게 사서 그것을 통화의 가치가 높은 미국으로 가져와 미국의 우표로 바꾸는 방식으로 차익을 올리고, 그 차익을 투자자들에게 수익으로 돌려준다는 것이었다. 그러나 이런 그의 계획은 완전히 허구였음이 드러났다. 그가 체포될 때까지 모은 800만 달러 가운데 미국의 우표로 보유 중인 금액은 불과 61달러에 지나지 않았다. 그는 나중에 투자한 사람의 돈으로 먼저 투자한 사람에게 원금과 이익을 지급했던 것이다. 그의 금융 피라미드 수법은 투자한 돈을 돌려받지 못할 것을 우려하게 된 투자자들이 일시에 투자금의 반환을 요구하고 나서면서 무너져버렸다.

폰지의 수법과 같은 사기사건은 신흥경제국가에서 종종 발생한다. 신흥경제국가에는 아직도 단기간에 50%의 수익을 안겨준다는 말을 믿는 순진한 사람들이 많기 때문이다. 나중에 투자한 사람의 돈을 먼저 투자한 사람에게 지급하는 구조는 많은 종류의 투자에서 실제로 되풀이되고 있다. 어찌 보면 투자 붐이나 열풍도 마찬가지다. 나중에 뒤따라 사는 사람들이 많아야 상승장세가 유지될 수 있다. 만약 추가로 유입되는 돈이 줄어들기 시작하고 투자자들이 이익의 실현에 대해 의문을 품게 되면 붐이 끝나버린다. 1920년대, 1960년대, 1990년대의 미국 주식시장에서도 일찍 투자한 사람들은 대박을 터뜨렸지만 늦게 들어온 사람들은 상투를 잡고 큰 손해를 보았다. 금과 은 시장의 붐이나 1980년대 일본 주식시장 등 다른 모든 거품시장에서도 그랬다.

어쩌면 투자거품이라는 것 자체가 거대한 폰지구조가 아닐까? 투기적인 투자파티 속에서는 기업인들이 사업을 벌여 이익을 올릴 생각을 하는 대신에 벤처기업을 세운 다음 기업공개를 하고 증자를 해서 사람들에게 주식을 팔아먹으려고만 한다. 그리고 투자자들은 기업의 가치에 따라 투자를 하겠다는 생각을 버리고 더 많은 돈을 기꺼이 지불하는 다른 얼간이 투자자들에게 주식을 떠넘기고 시장에서 빠져나가겠다는 생각만 한다. 이런 투자파티는 폰지구조와 다를 게 없다.

폰지의 금융 피라미드 사기극은 몇 가지 의문을 불러일으킨다. 왜 그렇게 많은 사람들이 연거푸 속아 넘어갔을까? 폰지의 사기극은 1년도 지나지 않아 끝났지만 다른 많은 사기극은 폰지의 사기극보다 훨씬 더 오랜 기간 지속되기도 했는데, 그 이유는 무엇일까?

투자자들이 사기극에 현혹되는 가장 큰 이유는 매우 높은 수익률 약속에 있다. 만약 카를로 폰지가 45일 간의 수익률을 50%가 아닌 2%로 약속했다면 아무도 거들떠보지 않았을 것이다. 폰지의 사기극은 제한된 지역에서 이뤄졌다는 데서 한계가 있었다. 그가 만약 보스턴 지역에만 국한되지 않고 오늘날의 CNBC, CNN, 인터넷과 같은 수단의 도움을 받아서 미국 전체 또는 그 이상으로 활동범위를 넓힐 수 있었다면 그의 사기극은 훨씬 더 오래 번성할 수 있었을 것이다. 기존 투자자들에게 돌려줘야 할 돈보다 더 많은 돈이 추가로 유입되는 한 폰지의 수법은 계속될 수 있기 때문이다.

만약 이런 식으로 폰지의 사기극이 오랫동안 계속됐다면 더 많은 사람들이 그의 금융마술을 믿고 그에게 투자했을 것이고, 심지어는 중앙은행까지 그에게 준비자산을 맡기고 운영해달라고 부탁했을지도 모른다. 설사 시중금리가 연 20%까지 오른다 해도 폰지의 사기극은 별다른 영향을 받지 않을 것이다. 폰지가 실패한 이유는 돈을 충분히 빨리 모으지 못했고, 그러다 보니 투자자들의 신뢰가 무너졌다는 데 있다.

오늘날 폰지가 다시 살아나서 내용은 같지만 보다 세련된 수법을 쓴다고 가정해보자. 폰지의 수법은 자본주의 체제, 앨런 그린스펀, 그리고 위기가 발생하면 언제나 구제금융이 동원될 것임을 보장하는 미국 재무부의 뒷받침을 받을 것이다. 미국 재무부와 그린스펀은 멕시코 위기, 아시아 위기, 롱텀캐피털매니지먼트 위기, 브라질 위기 등 위기 때마다 구제금융에 나섰다. 이에 비추어 오늘날에는 미국 재무부와 그린스펀을 포함한 체제 자체가 연 20%의 고수익을 보장하고 있는 형국이다. 게다가 미디어들이 이런 구조를 뒷받침해준다. 미디어들은 그동안 미국 나스닥의 기술주에 투자하면 연 100%의 수익 실현도 가능하다고 떠들어댔다.

연간 100%의 수익률이 확실하다면 어떤 투자자라도 현혹될 것이다. 나스닥이 이러한 수익률을 계속 유지할 수 있다면 어떤 투자자든 채권, 머니마켓펀드(MMF), 양도성예금증서(CD), 가치주 등에서 나스닥의 하이테크주로 돈을 옮길 것이다. 100%의 수익률이 가능한 상황이라면 금리가 인상되더라도 아무런 문제가 없다. 인상되는 금리보다 수익률이 훨씬 더 높을 것이기 때문이다.

그러나 이런 상황은 영원히 계속될 수가 없다. 시장에 새로 유입되는 돈이 충분하지 못하거나 주식의 공급이 수요에 비해 지나치게 많아지면 시장이 조정국면에 접어들고 투자자들이 손실을 보기 시작한다. 시장을 믿지 못하게 된 투자자들이 돈을 빼내가기 위해 줄을 서게 되고 모든 게 순식간에 와해된다. 1999년에 미국에서 555개 회사가 기업공개를 해서 736억 달러어치의 주식을 공모했을 때 바로 그랬다. 이런 공모주 총액은 555개 회사의 시가총액 전체에 비해 27%에 불과한 것이었다. 그러나 이들 회사의 내부자들은 주식매도 금지기간이 끝난 2000년부터 모두 2000억 달러어치가 넘는 주식을 시장에 내다팔 수 있었다. 게다가 2000년 초반에 일주일 간 신주공모 규모가 50억 달러를 넘은 경우가 여러 번 있었던 데서 알 수 있듯이 새로운 기업공개도 계속 이어졌다.

투자열풍 때에는 프로 투자자들이 너무 일찍 비관적으로 되어 공매도를 하는 탓에 이들이 제일 먼저 압박을 받게 된다. 나의 개인적인 경험으로 미루어 이런 측면도 투자열풍의 특징이라고 할 수 있다. 프로 투자자들은 가장 고평가된 주식에 대해 공매도를 한다. 따라서 투자열풍이 끝날 무렵에는 가장 투기적인 부문에서 공매도자들이 엄청난 압박을 받게 된다. 특히 모멘텀 투자를 주특기로 하는 투자세력이 공매도 잔량이 많은 주식을 겨냥해 대량 매수에 나서기 때문에 이런 현상이 심해진다.

투자열풍의 끝 무렵이 되면 시장의 차별화 현상이 두드러지게 나타난다. 주도주는 극히 소수에 한정된다. 시장 전체는 더 이상 오르지 않는데도 어느 한 업종의 주가는 계속 상승한다. 1980년 에너지 업종 붐 때 에스앤피 지수는 11월까지 상승세를 보이다가 꺾였다. 그러나 투기적인 석유주의 비중이 더 큰 아메리칸 증권거래소의 지수는 이듬해인 1981년의 8월까지 상승했고, 그 뒤에야 9개월 간에 걸쳐 40% 가까이 떨어졌다. 2000년에는 뉴욕증권거래소의 다우지수가 1월 초에 이미 정점에 도달하고 하락세로 돌아섰지만 나스닥과 에스앤피 지수는 두 달 뒤인 3월까지도 상승세를 유지했다.

열풍의 마지막 단계에는 파열음이 나기 시작한다. 기업들의 이익이 저조하게 나오고 개별 주식들이 폭락한다. 기업의 이익이 다소 좋게 나오더라도 그 같은 양호한 실적은 이미 주가에 반영된 재료인 경우가 많기 때문에 주가가 하락한다. 1929년의 경우처럼 경제뉴스의 내용이 점차 나빠지고 정치적, 사회적 여건이 악화되기도 한다.

1990년대 후반과 2000년에는 열풍에 수반되는 과잉의 현상들이 명확하게 나타났다. 또한 구경제 주식들이 하락하는 가운데 나스닥 주가는 거의 수직상승하고 있었지만 마지막 단계, 즉 거품이 꺼질 시점이 곧 닥칠 것임을 시사해주는 징후가 완연했다.

소형 열풍이 끝나면 시장의 관심을 끌던 인기업종 주식들만 한꺼번에 폭락한다. 1960년대 초의 거품이 꺼진 뒤에는 중소기업 투자회사와 가전회사 등의 주식이 85%가량 하락했다. 1983년의 기술주 거품이 꺼진 뒤에는 애플, 데이터포인트, 오크인더스트리, 마이크론테크놀로지, 텔레비디오, 왕, 컴퓨터비전, 코모도어 같은 주식들이 평균 80% 이상 급락했다. 붐을 이끌던 대부분의 주도주들과 붐 기간에 시장에 나온 신규상장 주식들이 완전히 사라져버리거나 잊혔고, 열풍 때의 가격수준을 오랫동안 회복하지 못했다. 그러나 그러는 가운데서도 지수는 다시 반등해 새로운 최고치를 만들어내기도 한다.

소형 열풍의 종말은 시장의 주도주를 바꾸는 정도에 그치지만 대형 열풍의 종말은 시장의 주도주를 바꾸는 데 그치지 않고 시장 전체의 방향을 완전히 바꾸어 놓는다. 시장 전체 지수와 대부분의 종목이 오랜 기간에 걸쳐, 다시 말해 10년은 물론이고 25년이 지나도 직전 최고치를 회복하지 못한다. 대형 열풍 때 기록된 최고치가 영원히 회복되지 못하는 경우도 있다.

열풍이 끝나면 시장의 주도주가 바뀐다는 것은 아주 중요한 사실이므로 이에 반드시 주목해야 한다고 말하고 싶다. 왜냐하면 아직도 많은 사람들이 하이테크주가 또 다시 시장을 이끌게 될 것이라고 기대하고 있기 때문이다. 1920년대의 주도주는 가전제품, 라디오, 영화, 전력산업이었다. 그러나 〈그림 8-8〉에서 보듯 1929년부터 1930년대 중반까지는 전력산업을 포함한 유틸리티 업종이 시장을 주도하고 회복시키기는커녕 스스로 하락세를 면치 못했다. 다우 평균지수는 1932년에 저점을 기록했지만, 다우 유틸리티 지수는 1941년에 저점을 기록했다. 또한 다우 평균지수는 1929년 고점 이후 25년 만인 1954년에 최고치를 경신했지만, 다우 유틸리티 지수는 1965년에야 1929년의 고점을 경신했다.

거품이 터지면 항상 주도주가 바뀐다. 이런 점에서도 나는 미국 주식시장이 다음번 장기 상승파동에서는 결코 주도시장이 되지 못할 것이라고 생각한다. 미국 주식시장에 대한 나의 이런 전망에 대해서는 12장에서 자세히 설명할 것이다.

너무 늦었다는 생각이 들기 전에는 열풍 그 자체가 제대로 인식되지 않는 법이지만, 대형 열풍의 경우에는 더욱 그렇다. 학자와 전문가들은 주식

〈그림 8-8〉

**주도주가 한번 꺾이면**
다우 유틸리티 지수

시장의 근본여건이 바뀌는 대변혁이 일어나고 있다면서 열풍이 낳은 높은 가격수준을 정당화한다. 1929년 10월의 대폭락 직후에 대부분의 투자자들은 주식시장이 하락할 만큼 하락했다고 생각했지만, 주가는 그 이후에도 한참 동안 더 떨어졌다. 1990년 말에 일본 시장에서 닛케이 지수가 2만 4000 정도까지 떨어졌을 때, 그리고 금값이 850달러에서 두 달 만에 490달러로 떨어진 1980년에도 이와 비슷한 상황이 벌어졌다. 최근에는 하이테크주 거품 붕괴 이후 2001년까지도 미국에서 대부분의 전문가들이 하이테크주에 대한 낙관론을 버리지 못했다.

 결국 투자열풍의 가장 교묘한 점은 그것이 사람들로 하여금 시장의 상승에 대해서도, 그리고 그 붕괴에 대해서도 과소추정하게 한다는 것이다. 따라서 열풍이 마감될 때 손해를 입지 않고 살아남는 사람들은 극소수에 불과하다. 비관적인 사람들은 폭락 이전의 상승기 때 이익을 낼 기회를 놓치거나, 열풍의 정점에 도달하기도 전에 너무 일찍 공매도에 나섰다가 손해를 입는다. 그런가 하면 낙관론을 바탕으로 공격적인 투자를 한 사람들은 바로 그 낙관론 때문에 주식을 처분하지 못하고 계속 손에 쥐고 있다가 망하고 만다.

마지막으로 열풍의 마감과 관련해 반드시 주의해야 할 점을 지적해두고 싶다. 거품의 시기에 많은 사람들이 투기가 지나친 상태에 이르러 조만간 거품이 터질 것을 알아차린다. 그러나 대박의 유혹 때문에 가장 조심스러운 투자자들도 투자열풍의 마지막 단계에 매수에 가담하게 된다. 왜냐하면 열풍의 마지막 단계에서는 시장에서 가격이 수직으로 상승하므로 빚을 내어 투자를 하더라도 이익을 거둘 수 있을 것처럼 보이고, 그 이익의 기회가 너무 커 보이기 때문이다.

이런 투자자들은 자기가 아는 경제학 지식과 자기가 시장에서 쌓아온 경험을 활용하면 거품이 터지는 시점을 정확하게 예측할 수 있으므로 그 전에 자기는 시장에서 빠져나갈 수 있을 것이라고 생각한다. 그러나 시장의 현실 속에서는 투자열풍에 어떤 문제가 있는지가 잘 보이지 않고, 따라서 빠져나갈 시점이 언제인지를 정확하게 판단하기가 어렵다.

문제는 투기열풍 그 자체에 있다. 열풍은 한순간에 꺼져버리고, 그 붕괴의 규모가 실물경제의 규모에 비추어 상당히 크기 때문에 경제시스템 전체를 위협한다. 1980년대 말의 일본, 1997년 위기 직전의 아시아에서 전개된 상황이 바로 이런 것이었다. 실물경제에는 별다른 이상이 없는데도 주식시장이나 부동산시장에서 거품이 크게 일어났다가 꺼지면서 경제 전체가 극심한 타격을 입고 사람들이 고통을 겪게 되는 것이다. 이 점에 대해서는 다음 장에서 자세히 다루고자 한다.

# 9장 | 아시아의 기회

> 발전의 요령은 변화 속에서 질서를 유지하고 질서 속에서 변화를 추구하는 것이다.
> – 앨프레드 화이트헤드(Alfred North Whitehead, 1861~1947)

앞에서 우리는 그동안의 경기순환과 투자열풍에 대해 살펴봤다. 신흥경제국가는 경제규모가 상대적으로 작은 반면에 경제성장이 빠르기 때문에 사업조건과 금융시장의 변동성이 크다. 소자본 성장주가 대형 우량주보다 더 심한 가격변동을 보여주듯이 신흥경제국가의 주식시장도 선진국의 거대한 주식시장보다 변동성이 크다.

## 초기의 아시아

내가 처음 홍콩으로 옮겨온 1973년에는 일본을 제외한 모든 아시아 국가가 가난했고, 물가도 선진국에 비해 아주 낮았다. 당시 홍콩에서 월 800달러면 고급 아파트를 임대할 수 있었지만, 지금은 매달 7000달러는 줘야 한다. 당시 홍콩 택시의 기본요금은 20센트도 안 됐다. 홍콩과 중국 본토의 주룽반도를 오가는 카페리의 요금은 공짜나 다름없었고, 해저터널은 아직 공사 중이었다. 쇼핑을 할 때에는 모든 게 너무 싸서 물건 값이 홍콩달러 기준인지 미국달러 기준인지를 물어봐야 할 정도였다. 당시 환율은 5홍콩달러가 1달러였다.

한국과 대만 역시 매우 가난한 나라였다. 한국의 은행들은 유로달러 시장에서 자금조달을 하기도 어려웠고, 대만은 철저한 외환통제를 실시하는 가운데 국가신뢰도가 낮아 암시장에서 달러화를 사려면 공식 환율에 20%의 프리미엄을 얹어줘야 했다. 대만은 중국의 위협을 받고 있었기 때문이다.

서울, 타이베이, 싱가포르 등 아시아의 대도시들도 당시에는 현대적 건물이 거의 없고 초라했다. 다만 타이베이는 밤의 천국이었다. 아시아 전역에서 돈 많은 화인들이 주말마다 타이베이의 화려한 호텔 '프레지던트'의 유명한 나이트클럽 '샴페인 룸'에서 오케스트라 연주에 맞춰 아시아에서 가장 아름다운 여성들과 탱고, 왈츠, 차차를 추었다. 인도네시아에는 아직 증권시장이 없었고, 홍콩과 싱가포르 주식시장의 상장주식 시가총액은 각각 20억 달러와 10억 달러에 불과했다.

그때는 팩스도 휴대폰도 없었고, 옵션은 미래의 일이었으며, '파생상품'이라는 말은 존재하지도 않았다. 자카르타와 마닐라의 전화는 항상 불통이었다. 〈아시아 월스트리트 저널〉은 창간되기 전이었고, 외국 증권회사 간판은 거의 찾아볼 수 없었다. 당시 홍콩에는 내가 다니던 증권회사인 화이트웰드를 비롯해 메릴린치, EF허튼, 바체와 같은 미국계 증권회사와 WI카, 제임스케이플, 비커스다코스타와 같은 영국계 증권회사들이 조그마한 사무실을 열어놓고 있었다. 영국계 회사들은 유럽의 투자자들에게 아시아 주식을 팔았지만, 미국계 회사들은 미국의 주식을 아시아 투자자들에게 파는 일을 주로 했다. 1980년대 초만 해도 미국의 포트폴리오 투자자들이 소수의 일본 주식을 편입했지만, 다른 아시아 국가들에 대한 서구의 투자는 사실상 전무했다.

1973년부터 1978년 사이에 나는 많은 시간을 일본에서 보냈고, 그때 열심히 일하는 일본 국민을 보고 깊은 감동을 받았다. 나는 한국과 대만도 정기적으로 방문했다. 이 두 나라는 일본에 비해 출발은 늦었지만 일본과 마찬가지로 커다란 경제적 잠재력을 갖고 있다는 생각이 들었다. 나는 얼마간의 돈을 한국과 대만에 투자했다. 사람들은 나에게 엄격한 외환통제가 있는 그 두 나라에 투자를 했다가 나중에 어떻게 돈을 빼낼 수 있겠느냐고 걱정해주는 말을 했다. 나는 두 나라는 유망하기 때문에 투자를 한 것이고, 두 나라의 국민이 자신감을 갖게 되어 외환통제를 제거할 때까지 내 돈을 거기에 묻어둘 것이라고 대답했다.

1970년대 초에 인기를 끈 투자테마는 제철, 해운, 조선이었다. 모든 나라가 제철소를 갖고 싶어 했고, 더 현대적인 설비와 더 큰 규모를 추구했다. 당시 아시아의 부자들은 모두 해운산업의 가능성에 주목했다. 홍콩의 파오위강(包玉剛, Y. K. Pao), 홍콩의 초대 행정장관인 둥젠화의 아버지 둥하오윈(董浩雲, H. Y. Tung), 인도네시아의 로빈 로(Robin Lo)와 같은 해운업계 거물들은 아시아에서 최고의 부자이자 존경받는 기업인들이었고, 대중매체들은 그들의 이야기를 종종 머리기사로 다뤘다.

부자 가문들은 모두 선박을 갖고자 했다. 이러한 선박 열풍은 은행을 비롯한 국내외 금융회사들로 하여금 선박 관련 리스업에 뛰어들게 했다. 선박 리스는 오늘날의 주택저당증권(MBS) 거래만큼 안전하고 이윤이 많이 나는 비즈니스였다. 선박 관련 투자 붐은 선박건조 주문을 증가시켰고,

이에 따라 일본과 한국의 조선소들이 호황을 누렸다.

그러나 1970년대는 쉽지 않은 시기였다. 석유위기와 1974년의 경기침체는 아시아 국가들에게 큰 타격을 주었다. 많은 제철소가 애물단지로 변했고, 석유 운반선의 운임이 하락해 선박 소유자와 선박 임대업자들에게 큰 손해를 입혔다. 그러나 자원부국인 인도네시아와 말레이시아는 경기가 회복돼 1970년대 말에 작은 호황을 맞기도 했다. 역설적이게도 석유가 나지 않는 필리핀에서 가장 큰 석유주 붐이 일어났다. 필리핀의 석유주 붐은 근거가 없는 것이었다. 필리핀 지질학자들의 유전발견 주장은 에누리해서 들어야 하는 것이었다.

1970년대에는 아시아의 투자자들이 광산과 석유 관련주에 투자하는 것을 제외하고는 주식투자에 별로 관심이 없었다. 그들의 주된 관심사는 구리, 금, 은이었고, 아시아 각지의 무허가 금 중개소는 밤낮 없이 북적거렸다. 1970년대 말의 금 투자 열풍 때 나는 드렉셀 번햄 램버트의 홍콩지사에 근무하고 있었는데, 밤에 우리 사무실 근처는 카지노를 방불케 했다. 도박꾼들이 몰려와 귀금속을 거래했기 때문이다. 그들은 차입금으로 귀금속에 투자하는 경우가 많았다. 그러나 이런 차입투자 붐이 끝난 뒤 1980년대 초에는 홍콩의 일차산품 브로커들이 치명적인 손해를 입었다.

당시에는 실업수당 신청자 수, 소비자신뢰지수, 비농업 임금지수 등의 경제통계에는 아무도 관심을 기울이지 않았다. 모두가 노심초사 기다린 것은 미국 재무부와 국제통화기금이 파는 금을 중동의 투자자와 중앙은행들이 얼마나 많이 매수했느냐에 관한 뉴스였다. 1970년대 말에 일차산품 중개업자와 금 거래자들은 많은 돈을 벌었다. 당시 홍콩에서 일차산품 선물 브로커는 누구나 선망하는 직업이었다. 당시만 해도 주식분석가, 펀드매니저, 투자전략가, 증권 세일즈맨 등은 생소한 단어였다. 아시아에는 투자전략가가 없었고, 펀드매니저도 워들리, 자딘플레밍, 슈뢰더스 등 소수의 회사들에만 있었다.

## 붐 시기

불황이 전 세계를 휩쓴 1982년은 많은 아시아 국가들에게 매우 힘든 해였다. 오일달러의 유입은 말라붙었고, 홍콩과 싱가포르를 비롯한 아시아의 부동산시장은 폭락했다. 그러나 다른 한편으로는 이때부터 미국의 소비 증가에 힘입어 아시아 국가들의 수출이 증가하면서 아시아가 이륙하기 시작했다.

1985년부터 1990년까지 아시아는 경제의 모든 엔진을 다 가동했다. 일본의 경제기적이 최고조에 달했고, 일본 경제의 성장세가 영원히 멈추지 않을 것처럼 보였다. 아시아의 수출은 전체적으로 연 25%의 속도로 늘어나 무역수지와 경상수지의 흑자가 빠르게 증가했고, 이로 인해 아시아 각국에서 유동성이 급증했다. 이런 상황에서 아시아 주식시장에서 주가가 급등한 것은 당연한 일이었다. 1985~1990년에 대만, 한국, 필리핀, 태국의 주식시장에서 주가가 10배가량으로 올랐고, 2장의 〈그림 2-2〉에서 보았듯이 대만의 주가는 20배 이상으로 치솟았다.

누가 내게 이 세상에서 가장 좋았던 곳을 하나만 꼽으라면 나는 주저 없이 "1980년대 후반의 아시아"라고 대답할 것이다. 당시 풍부한 유동성에 의해 뒷받침된 일본 경제의 호황은 동남아시아 각국으로 넘쳐흘렀다. 미국시장에서 아직은 동남아시아의 수출에 대해 중국, 멕시코, 중남미의 수출이 경쟁자로 느껴지기 전이었다. 또한 상기해야 할 중요한 점으로, 동남

아시아는 외국인 직접투자의 혜택을 독점하고 있었다. 철의 장막은 거둬지기 전이었고, 중국의 값싼 노동력은 사회간접자본의 미비로 아직 활용되기 어려운 상태였다. 철의 장막 너머에서는 어느 나라도 자본시장을 갖고 있지 않았다. 중남미는 아직 침체에서 깨어나지 못하고 있었을 뿐 아니라 초인플레이션에 허덕이고 있어 관심의 대상도 되지 않았다.

신흥시장에 투자하고자 하는 포트폴리오 투자자들은 동남아시아를 투자처로 선택하는 것 외에는 다른 대안이 없었다. 한마디로 1980년대 후반에 중국을 제외한 아시아는 미국, 유럽, 일본의 소비 붐이 주는 혜택을 혼자서 누릴 수 있는, 사람의 일생에 해당하는 기간에 한 번 올까말까 하는 호기를 맞고 있었다. 이런 수출 주도의 성장은 아시아 지역에 전례 없는 번영을 가져다주었으나, 다른 한편으로는 1990년대 후반에 아시아 각국이 겪게 될 문제들의 씨앗을 뿌려놓는 과정이기도 했다.

**파괴의 씨앗들**

1985년부터 1990년까지의 붐 기간에 아시아의 수출은 장기적인 추세를 훨씬 넘는 연평균 25%의 속도로 증가했다. 이런 증가속도는 지속가능하지 않은 것이 분명했다. 아니나 다를까, 아시아의 수출 주도 성장은 여러 가지 문제점에 봉착했다.

1990~1991년에 유럽과 미국의 경기침체로 선진국들의 소비가 급격히 감소했다. 그 뒤에 경기가 다소 나아지면서 선진국들의 소비가 회복되긴 했지만, 대규모 부채 부담 등 1980년대 소비 붐의 후유증으로 인해 소비 증가율이 예전보다는 많이 낮았다. 일본은 1990년 이후 장기적인 침체에

들어갔고, 이로 말미암아 아시아의 천연자원에 대한 일본의 수입 수요가 줄어들었다.

이와 동시에 후발 개발도상국들, 특히 중국이 구조적인 정치경제 개혁과 경제개방에 나서면서 서구 소비시장에서 중국 상품의 경쟁력이 강화되기 시작했다. 반면에 그때까지 아시아의 주요 수출국이었던 한국, 대만, 홍콩, 태국 등은 국내 물가, 특히 임금과 부동산 가격이 상승하면서 세계 시장에서 경쟁력이 크게 악화됐다.

중국이 새로운 경쟁자로 등장하지 않았더라도 이들 아시아 국가의 수출 증가율은 둔화될 수밖에 없었다. 일본을 포함한 아시아 국가들 전체의 수출 총액이 1985년에는 세계 전체 수출의 20%에도 못 미치는 4000억 달러였으나 1996년에 이르면 세계 전체 수출의 30%에 가까운 1조 4000억 달러로 늘어났기 때문이다. 세계 전체 수출에서 차지하는 비중이 20%일 때에 비해 30%일 때에는 수출을 더 늘리기가 어려운 게 당연하다.

수출이 부진해진 반면에 수입은 크게 늘어나기 시작했다. 소득수준이 높아지고 부가 더 많이 축적되면서 아시아의 신흥 부자들이 값비싼 외국 브랜드를 선호하기 시작했다. 페라가모 신발, 피에르카르뎅 양복, 구치 혁대, 에르메스 넥타이, 랄프로렌 셔츠 등이 성공한 비즈니스맨의 상징처럼 되었다. 여자들도 외제의 의류, 신발, 보석 등으로 다른 여자들과 다르게 보이고 싶어 했고, 실제로 그렇게 하다 보니 오히려 기괴하고 저속한 장식물을 너무 많이 붙인 크리스마스트리와 비슷해지기도 했다. 부유층 젊은 이들은 메르세데스 벤츠나 BMW 승용차, 할리 데이비슨 오토바이를 갖고 싶어 했고, 그들의 집은 이탈리아산 가구와 일본산 가전제품으로 장식됐다. 그들은 처음에는 헤네시 코냑을 많이 마시더니 차츰 고급 프랑스 와인과 테킬라를 즐기기 시작했고, 쿠바산 시가를 피웠으며, 해외여행을 자주

다녔다. 이 같은 아시아 부유층의 소비 증가는 소비재 수입의 급증으로 이어졌다.

자본재의 수입도 급속히 늘어났다. 1990년대 초반에 아시아 기업들은 1980년대 후반과 같이 연 25~30%의 수출증가가 영원히 계속될 것이라는 착각에서 벗어나지 못했다. 선진국들의 소비증가도 중단되지 않을 것처럼 보였다. 이 때문에 아시아 곳곳에서 수출을 위한 생산설비 확충 투자가 계속됐다. 전형적인 낙관론의 오류였다.

외국계 기업들도 아시아 시장의 수요증가에 대응하기 위해 직접투자 규모를 늘렸다. 외국인 직접투자는 아시아의 경제에 유익한 승수효과도 가져다주었지만, 아시아의 무역적자를 더욱 늘리는 역할도 했다. 외국계 기업의 아시아 현지 공장들에서는 거의 모든 자본재를 외국에서 수입해야 했고, 공장이 완공된 뒤 가동에 들어가면 자동차 엔진과 같은 고부가가치 부품을 외국, 특히 일본에서 수입해야 했다. 이렇게 해서 1980년대 말에는 아시아의 수입 증가율이 수출 증가율을 앞지르게 됐고, 결과적으로 아시아의 무역수지가 크게 악화됐다.

1980년대 후반의 세계적인 경기활황 시기에는 아시아의 외국인 관광객 수가 매년 20% 정도씩 급증했다. 이에 따라 호텔업이 대호황을 누렸다. 아시아의 부자들은 호텔과 골프장을 운영하기를 원했고, 여기저기에 새 호텔들이 지어졌다. 태국에서는 호텔이 더 없이 좋은 돈세탁 수단이기도 했다.

그러나 1991년에 이라크 전쟁이 발발함과 동시에 일본 경제가 장기적인 침체에 접어들면서 아시아 지역 내 관광객 수가 줄어들기 시작했다. 게다가 아시아의 기존 관광지들은 동유럽, 중국, 베트남, 중남미와 같은 새로운 관광지의 등장으로 타격을 입었다. 그 결과로 아시아 각국 도시의 호텔은 관광 투숙객이 줄어듦에 따라 빈 방이 현저하게 많아졌다. 아시아 경제위기 직후인 1998~1999년에는 호텔의 빈 방 사태가 절정을 이뤘다. 특히 방콕의 호텔은 거의 텅텅 비다시피 했다. 이처럼 외국인 관광객 수가 줄어든 속에서도 아시아인들 사이에서는 유럽, 미국, 호주 등지로 떠나는 해외관광 붐이 일어나 여행수지가 점차 악화됐고, 이는 경상수지에 추가적인 부담으로 작용했다.

1980년대 후반의 호황기에 과잉 유동성이 아시아의 물가수준을 심각하게 올려놨다. 과잉 유동성은 먼저 주식과 부동산의 가격을 올렸다. 수출 붐으로 도시 근교에 수출품 생산을 위한 공장들이 우후죽순으로 들어섰고, 인구가 도시로 집중됨에 따라 부동산 가격이 더욱 급등했다. 그 과정에서 고용이 늘어나고 임금이 상승했다. 한편 아시아로 진출한 외국 회사들은 각지에 공장을 짓고 사무실을 열었으며, 본국에서 파견되거나 현지에서 고용된 이들 회사의 고임금 직원들이 부동산 수요를 더욱 증가시켰다. 아시아 대도시들의 주거용, 상업용 부동산 가격은 몇 배씩 뛰어올랐다. 사람들은 1970년 말~1980년대 초에 부동산 가격이 정체하거나 하락했던 사실을 잊어버리기 시작했다. 내국인과 외국인의 수요가 증가한 것에 힘입어 부동산 가격이 급등하자 부동산 가격은 영원히 오르기만 한다는 신화가 생겨났고, 그 결과 전례 없는 부동산 건설 붐이 일어나 이미 1990년부터는 모든 곳에서 공급이 과다해지기 시작했다.

그러나 홍콩의 사무실 건물 자본가치 지수(〈그림 9-1〉)가 전형적으로 보여주듯이 대부분의 아시아 국가들에서 실물자산과 금융자산의 가격은 1985~1990년에 상승했다가 1990~1991년에 잠깐의 휴식기를 거친 다음 1993년부터 다시 상승하기 시작했다. 임금 상승률을 훨씬 능가하는 자산 가격 상승으로 소득과 자산가격 사이의 불균형이 심화됐다. 부동산을 소

⟨그림 9-1⟩

**홍콩의 사무용 건물 가격상승**
사무실의 자본가치 지수

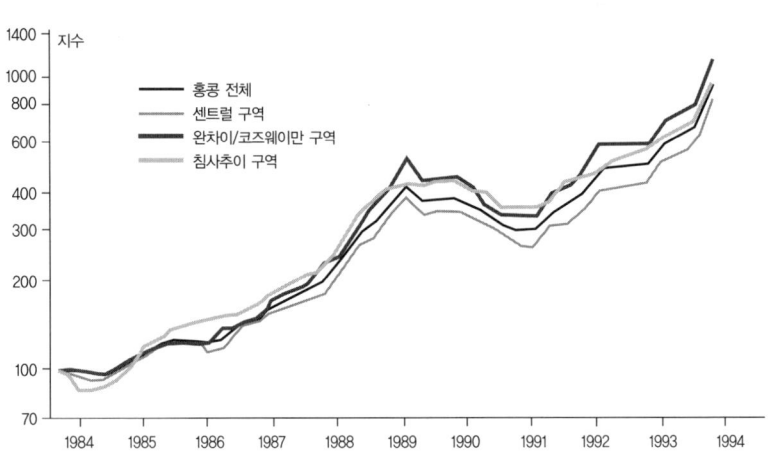

유한 사람들은 엄청나게 부유해진 반면에 부동산을 소유하지 못한 노동자나 연금생활자들은 점점 더 오르는 집세를 내거나 이미 가격이 많이 오른 집을 사기 위해 빚을 많이 져 더욱 더 가난해졌다. 이런 식으로 확대된 부의 불균형은 결국 소비 증가율의 하락으로 이어질 수밖에 없었다.

사실 이러한 문제들은 1980년대 후반의 경제 붐에서부터 생기기 시작한 것이었다. 문제가 표면화된 시점은 내 예상보다 오히려 늦은 감마저 있었다. 문제 표면화의 시점이 이처럼 지연된 것은 1997년 아시아 위기 이후의 불황을 더욱 심각하게 만들었다.

1987년에 미국에서 시작되고 세계적으로 확산된 주식시장 폭락이 아시아 주식시장에 영향을 미친 기간은 길지 않았다. 한국과 스리랑카의 주식시장에서는 뉴욕시장이 대폭락한 날인 10월 19일의 바로 다음날에 오히려 주가가 오르기도 했다. 뉴욕 주식시장은 1988년에도 1987년의 최고치를 회복하지 못했다. 그러나 1988년에 대부분의 아시아 주식시장은 1987년의 최고치를 회복했다. 1989~1990년에 한국은 〈그림 9-2〉에서 보듯 1987년 뉴욕증시 폭락 이전의 최고치에 비해 250% 상승했고, 같은 기간에 대만 주식시장은 300% 상승했다. 〈그림 9-3〉을 보면 인도네시아의 주식시장은 1987년까지 사실상 유명무실했는데 그 뒤 1990년까지 이 나라의 주가가 거의 6배로 상승한 것을 알 수 있다. 일본의 닛케이 지수도 1987년 뉴욕증시 폭락 이전의 최고치였던 2만 6646에서 1989년 말에는 3만 8915까지 상승했다.

이런 아시아 주식시장의 놀라운 반등으로 투자자들은 아시아 주식시장은 뭔가 특별한 곳이라는 생각을 갖게 됐고, 아시아 시장의 주가하락은 바로 새로운 매수기회라고 여기게 됐다.

1990년 이후 일본의 경기침체와 미국의 금융완화 정책은 동아시아 지역에 심대한 영향을 주었다. 당시 아시아 각국의 통화는 달러에 밀접히 연계돼 있었기에 환율변동의 위험은 별로 없다는 인식이 퍼져 있었다. 이런 인식은 투자자들로 하여금 안심하고 아시아에 투자하도록 했다. 게다가 1995년 이후에는 일본의 금리가 하락하기 시작했고, 엔화도 약세를 이어갔다. 엔화로 차입해 다른 통화 표시의 자산을 매입하는 '엔 캐리 트레이드'가 아시아 전체의 경상수지 적자를 메워주고 있었다.

당시 아시아 각국 지도자들은 외국인들이 엔과 달러로 자금을 빌려서 태국 바트, 말레이시아 링기트, 인도네시아 루피아로 표시된 채권을 사는 투자행위를 바라만 보고 비판하지는 않았다. 외국인 투자자들은 오히려 아시아 국가들이 채택하고 있었던 고정환율 제도를 활용해 그러한 투자행위를 하도록 권장받는 입장이었다.

〈그림 9-2〉

**1980년대 후반의 놀라운 주가상승**
한국의 종합주가지수

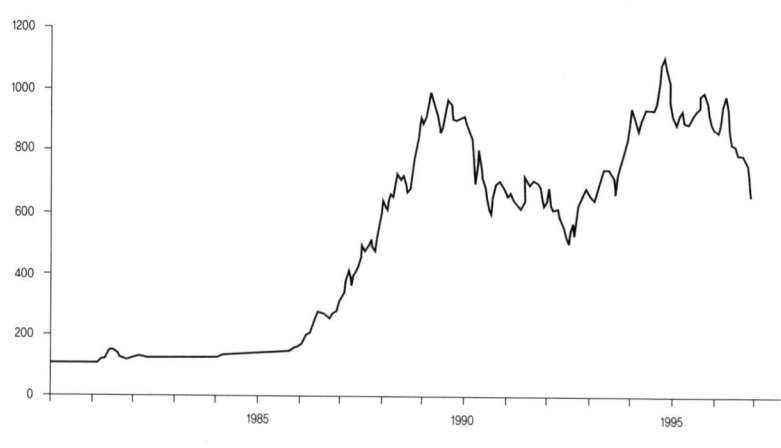

〈그림 9-3〉

**3년 만에 6배 이상으로**
인도네시아 자카르타 종합지수

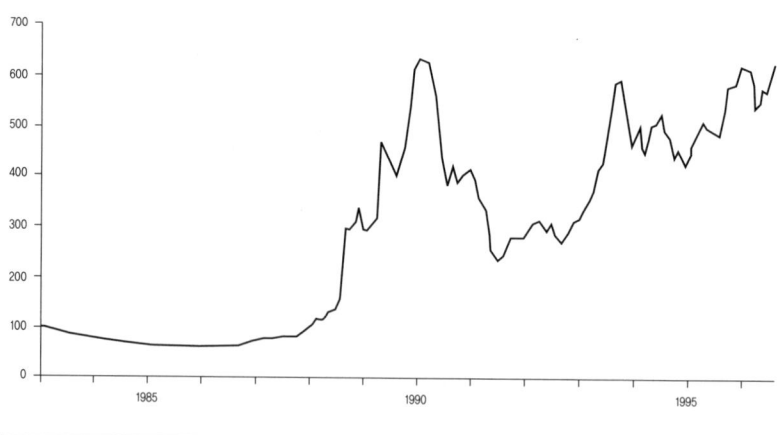

바로 그때인 1995년 초에 멕시코 위기가 터졌고, 이로 인해 상대적으로 아시아 경제에 대한 신뢰는 더욱 커졌다. 완고한 낙관주의자들은 이렇게 말했다. "멕시코를 보라. 중남미는 외국인의 포트폴리오 투자에 지나치게 의존한 탓에 금융위기를 맞았다. 아시아의 외국인 투자는 포트폴리오 투자가 아니라 직접투자가 주종이다." 외국인 직접투자는 하루아침에 빠져나가는 포트폴리오 투자보다 훨씬 안정적이기 때문에 아시아에서는 중남미와 같은 문제가 결코 일어나지 않을 것이라는 게 그들의 주장이었다.

당시에 어떤 전문가도 멕시코 위기로 인한 페소의 가치 하락과 북미자유무역협정(NAFTA) 체결이 멕시코의 수출경쟁력을 크게 강화시킴으로써 의류와 섬유 등 이 나라의 수출품이 아시아 국가들의 수출품과 경쟁하게 되리라고 예측하지 못했다. 늘어나는 아시아의 무역적자 문제도 무시되는 분위기였다. 무역적자의 원인은 자본재 수입의 증가에 있으며 자본재 수입은 수출을 위한 것이니 문제 삼을 게 없다고 주장하는 이들도 있었다. 그러나 당시의 자본재 수입 가운데 상당부분은 수출을 위한 것이 아니라 국내 소비재 생산을 위한 것이었다. 이로 인해 아시아의 무역적자는 더욱 커졌다.

아시아에 대한 도취는 1994년의 주가폭락 때 끝날 수도 있었다. 그러나 멕시코에 대한 구제금융으로 인해 그러한 각성이 연기됐고, 도취가 오히려 더 심화됐다. 1994년의 국제 채권시장 위기 이후 채권시장은 강한 회복세를 보였고, 멕시코 위기로 확대됐던 신흥시장 가산금리도 점차 축소됐다. 고수익에 굶주린 국제 투자자들은 국제적인 금리 하락과 가산금리 축소에 따른 이중의 이익을 노리고 위험에도 아랑곳하지 않고 신흥시장의 고금리 채권에 대한 투자에 열중했다.

게다가 1996~1997년에 미국 증시가 계속 강세를 보였고, 그 결과로 돈이 아시아 등 신흥시장으로 계속 쏟아져 들어갔다. 특히 1997년의 아시아 위기 직전 2년간에는 이런 자금흐름이 열풍과 같았다. 아시아 주식시장은 계속 타올랐고, 아시아 기업들의 해외 증권발행도 계속 이어졌다.

**열풍**

1990년대 초까지 아시아는 국내외 증권회사 사람들과 투자은행가, 펀드매니저, 프라이빗 뱅커들로 북적거렸다. 아시아에서 거품이 형성됐다가 터지는 과정에서 이런 이들이 한 역할도 살펴볼 필요가 있다.

나는 1973년부터 아시아에서 거주하며 일해 오는 동안 태국, 말레이시아, 필리핀, 인도네시아의 증권회사 사람들 가운데 자기 나라 시장의 전망에 대해 부정적으로 말하는 사람을 본 적이 없다. 그들은 오로지 자기 나라 주식을 팔겠다는 목적 하나로 세계 방방곡곡을 돌아다녔다. 그 배경에는 아시아에 팽배한 자신감, 민족주의, 자존심 등이 깔려 있었다. 게다가 증권회사 사람이 자기 나라 주식시장에 대해 부정적인 말을 하면 매국노로 간주되던 분위기도 영향을 미쳤을 것이다.

1997년의 위기 직후에는 홍콩에서 통화당국의 수장이 홍콩달러를 공매도하는 외국 펀드매니저에게는 절대로 자금을 예탁하지 않겠다고 공언한 적도 있다. 싱가포르에서는 자기 나라 경제에 대해 부정적인 내용의 애널리스트 의견을 발표한 펀드매니저나 증권회사는 더 이상 싱가포르 정부당국과 거래를 할 수 없었고, 해당 애널리스트는 해고당해야 했다. 이러한 일들은 아시아의 정치지도자나 정부관리에 대한 서구의 평가에 부정적으로 작용했지만, 사실 따지고 보면 미국의 최근 관행도 더 나을 게 없다.

1990년대에 아시아 자본시장의 규모가 급속히 커지자 아시아를 담당할 펀드매니저의 수가 일시적으로 부족해졌다. 이 때문에 경력이 2년도 안 되는 20대 중반의 신참 펀드매니저들이 많이 등장했다. 그들 대부분은 '아시아의 기적'이라는 말 외에는 아는 것이 별로 없었다. 중남미나 동유럽의 국가들이 각각 지구상의 어디에 있는지도 제대로 알지 못했고, 아시아가 아닌 다른 지역의 자본시장에 대해서는 아예 무지했다. 그들은 국제 자금흐름의 중요성도 알지 못했고, 경제학 지식도 형편없었다. 중국이 1990년대에 경제개방에 나선 뒤로 중국의 수출이 무서운 속도로 늘어나고 있었으나, 그들 펀드매니저 가운데 어느 누구도 중국으로 인해 태국, 말레이시아, 인도네시아의 수출이 타격을 입고 이들 나라에 대한 외국인 직접투자가 줄어들 것이라고 경고한 적이 없다.

　그들의 밥줄은 오로지 자기가 맡은 펀드에 가능한 한 많은 돈을 끌어들이는 데 달려 있었다. 그래서 아시아 위기가 일어나기 전의 몇 년 동안 그들은 아시아의 경제기적에 대한 회의론에 격렬하게 저항했다. 폴 크루그먼이 아시아의 경제성장 전망에 대해 비판적인 논문을 발표했을 때 아시아의 많은 펀드매니저와 투자전략가들은 그가 아시아에 대해 잘 몰라서 그러는 것이라고 폄하했다. 아시아의 한 저명한 경제학자는 1996년 11월 6일자 〈아시아 월스트리트 저널〉에 실린 기고문에서 "아시아의 경제구조는 견고하다"며 "아시아는 조만간 이 경기순환적 침체에서 벗어날 것"이라고 장담했다. 공정하게 말한다면 여기서 나는 폴 슐트, 데이비드 서프, 데이비드 스콧, 짐 워커를 비롯한 몇몇 아시아 경제 전문가들은 당시에 아시아 경제에 대해 우려를 품었다는 사실을 언급해야만 한다. 그러나 그들의 논평은 강력한 항의에 직면할 것으로 예상한 탓인지 대개는 너무 조심스럽고 신중했다.

국제적인 투자은행, 증권회사, 프라이빗 뱅커들도 외국인 투자자들을 오도했음을 잊어서는 안 된다. 이제 막 비싼 비용을 들여 아시아 지역 사무실을 연 증권회사들은 주로 국제 투자자들에게 아시아의 주식이나 채권을 팔아 이익을 거두어야 했다. 따라서 그들은 자사에서 일하는 애널리스트가 내부적으로 아시아의 어떤 나라나 어떤 기업에 대해 부정적인 의견을 갖게 되더라도 겉으로는 침묵해야 했다. 그렇지 않고 부정적인 의견을 공표하면 그 나라나 그 기업과는 더 이상 거래를 할 수가 없었다. 일부 경험이 부족한 프라이빗 뱅커들은 달러나 엔으로 돈을 빌려 바트나 루피아에 투자하는 것은 위험이 전혀 없으면서도 고수익을 거둘 수 있는 투자 기법이라고 속삭이며 고객들에게 레버리지를 높이도록 부추겼다.

그러나 아시아에 대해 지나치게 낙관적이었다는 비난을 증권업자나 투자자들에게만 할 수는 없다. 1980년대 후반에 '주식회사 일본'에 관한 책이 많이 나왔던 것과 마찬가지로 1993~1996년에는 짐 로웨의 《아시아의 부상(Asia Rising)》과 비슷한 제목을 단 책들이 잇따라 발간됐다. 경제나 증권 관련 잡지들은 아시아의 호랑이 국가들에 관한 기사를 수시로 표지 기사로 다뤘다. 언론이 뒷받침한 이런 아시아 띄우기 붐에 학자들도 가세했다. 학자들은 너도나도 '아시아적 가치'라는 표현을 사용하기 시작했다. 아시아적 가치가 경제성장과 자본주의에 얼마나 유익한가에 관한 주장이 쏟아져 나왔다. 아시아의 정치지도자들도 이구동성으로 이런 학자들의 주장을 옹호했다. 아시아의 주식시장에 대한 투자자들의 낙관론은 '아시아의 소비 붐', '동양의 부상', '아시아의 호랑이들', '패러다임 시프트'와 같은 유행어에 의해 더욱 부추겨졌다.

위기가 일어나기 직전에 아시아에 대한 '비합리적 열광'이 어느 정도였는지를 독자들이 느낄 수 있게 하기 위해 당시에 나왔던 논평 몇 개를 소개하겠다. 공교롭게도 그 내용은 1999~2000년의 미국 증시 호황이 마무리되는 국면에서 거의 그대로 반복됐다. 먼저 1995년 11월 16일자 〈파이스턴 이코노믹 리뷰〉의 기사를 인용해보자.

지금 아시아에서 일어나고 있는 일은 세계에서 가장 중요한 현상이다. 그 무엇과도 비교될 수 없는 아시아의 현대화는 다음 천년으로 가는 길목에서 세계의 모습을 영구히 바꿔놓을 것이다. 1990년대에 아시아는 성년이 됐다. 2000년을 눈앞에 두고 아시아는 경제적, 정치적, 문화적으로 세계를 압도하는 지역이 되고 있다. 우리는 아시아 르네상스의 문턱에 서있다.

존 나이스비트도 대표적인 아시아 낙관론자였다. 그는 자신의 저서 《메가트렌드(Megatrends)》(1993)에서 "아시아는 한때 세계의 중심에 있었다"며 "지금 세계의 중심이 다시 아시아로 돌아오고 있다"고 했고, 《글로벌 패러독스(Global Paradox)》(1994)에서는 "아시아태평양 지역의 성장은 세계경제가 커질수록 작은 나라들이 더욱 강력해진다는 지구적 역설의 교과서적인 사례"라고 했다.

경제주간지 〈비즈니스 위크〉도 1993년 11월에 이렇게 맞장구를 쳤다. "아시아의 은행들은 자본비율이 6~9%로 재무구조가 건실하다. 아시아의 부동산개발회사, 항공사, 유틸리티 회사들도 부채비율이 20% 정도로 놀랄 만큼 낮다. 정부와 기업들은 차입을 꺼린다."

나는 이러한 주장들 가운데 일부에 아주 길게 보아 아시아의 미래 전망에 들어맞는 요소가 있다는 점까지 부인하지는 않는다. 다만 1997년 위기 이전에 나온 아시아 낙관론은 근본적으로 과장이었다고 말하고 싶다. 기업인, 증권업자, 정부관리, 펀드매니저, 투자전문가 등은 극소수만 제외하고는 사실을 객관적으로 이야기하는 것보다는 자신들의 이익을 챙기는 것을 우선했다. 그러나 이제 와서는 누구나 잘 알겠지만, 아시아 경제는 1997년 위기의 직전이 아니라 그보다 훨씬 더 전인 1990년대 초부터 이미 위기로 이어질 수 있는 긴장의 징후를 드러내고 있었다.

**거품의 붕괴**

앞에서 이야기한 대로 아시아 경제는 1990년대 초에 이미 과잉설비의 문제에 부닥쳤다. 〈그림 9-4〉에서 볼 수 있듯이 태국의 부동산시장은 1990년대 전반기에 이미 공급과잉 상태에 들어갔다. 1994년의 세계적인 금리 상승과 1995년의 멕시코 위기 이후에는 아시아 주식시장도 급락했다. 〈표 9-1〉은 태국의 부동산 관련 주식들이 1994년과 1995년 초에 얼마나 급락했는지를 보여준다.

앞에서도 말했지만 1995년에 멕시코에 대해 실시된 구제금융 덕분에 아시아의 거품이 터지지 않고 극적으로 유지됐다. 1995년 하반기에는 아시아의 주식시장이 반등했다. 태국은 1996년 말까지, 그 외의 아시아 국가들은 1997년 봄까지 주가가 상당히 회복됐다. 그러나 그 뒤에 위기가 닥치자 통화의 가치가 폭락하면서 주식시장도 폭락의 재앙에 휩싸였다. 〈표 9-1〉에 열거된 부동산 관련 주식들의 가격이 대부분 1995년 봄까지 최고치에 비해 80% 이상 폭락했고, 1998년에는 영에 접근했다. 위기는 들불처럼 번져 아시아를 쑥대밭으로 만들었고, 1998년에는 러시아에까지 번졌다.

시장에서 가격이 최고치에 이른 뒤 몇 년간 박스권을 움직이다가 붕괴하는 패턴은 1997년 이후의 아시아, 1985년 이후의 석유시장, 2000년 이후

〈그림 9-4〉

**위기 이전 태국의 사무실 붐**

A급 사무실 공급량과 공실률 추이

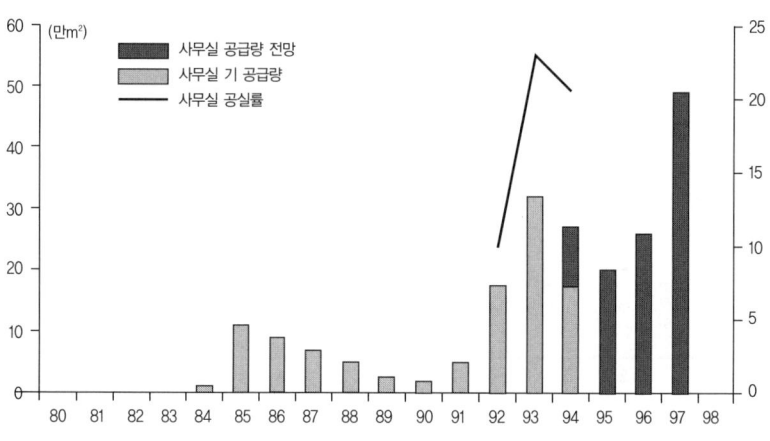

〈그림 9-5〉

**절벽에서 추락하듯**

인도네시아 자카르타 종합지수 (달러 기준)

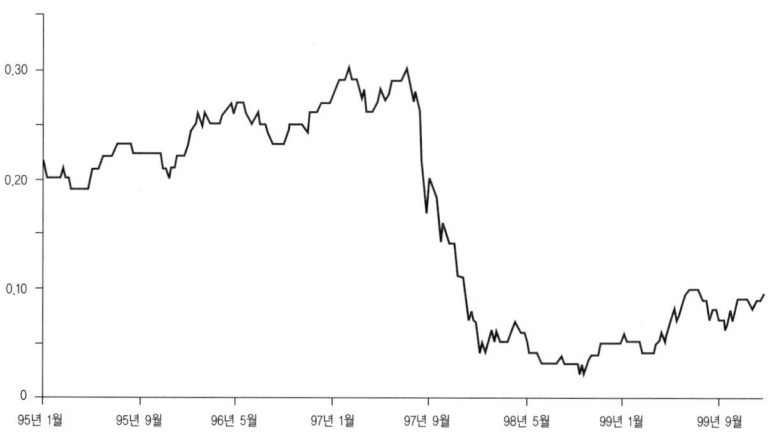

〈표 9-1〉
**태국의 부동산 관련주 붐**
1994-1995년의 주가상승

| 기업 이름 | 1994년 1월 4일<br>주가(바트) | 1995년 4월 21일<br>주가(바트) | 주가상승률<br>(%) |
|---|---|---|---|
| 헤마라즈 | 352.00 | 56.00 | (84.09) |
| 수팔라이 | 300.53 | 47.74 | (84.11) |
| 솜프라송 랜드 | 280.00 | 42.75 | (84.73) |
| 라이몬 랜드 | 151.24 | 33.25 | (78.02) |
| 방콕 랜드 | 170.00 | 31.00 | (81.76) |
| M.D.X. | 195.00 | 38.50 | (80.26) |
| 타나용 | 119.00 | 31.00 | (73.95) |
| 라타나 | 56.00 | 15.50 | (72.32) |
| L & H | 716.00 | 362.00 | (49.44) |

의 일본시장에서 마찬가지로 나타났다. 그 가운데 1997년 이후의 아시아에서 위기가 특히 심각했던 것은 멕시코 위기 때 구제금융이 제공된 것과 같은 예외적인 변수로 인해 아시아의 붐이 길어진 데 있었다. 이로 말미암아 아시아 지역 경제의 기본여건상 조정이 반드시 필요한 시점에 다다랐음에도 아시아 각국에서 국내외 기업들이 더 오래, 그리고 더 많이 투자를 하고 사업을 확대함으로써 붐 이후의 위기가 증폭됐던 것이다.

아시아 위기의 참상은 너무나도 심각해서 그 직전의 아시아 붐에 대해 줄곧 회의적이었던 나도 커다란 충격을 받았다. 나는 항상 경제사에 관심을 갖고 있었기 때문에 신흥경제의 호황과 불황, 투자열풍이나 금융열풍, 그리고 그 결과로 겪게 되는 고통을 잘 알고 있었고 전쟁, 몰수, 불황으로 인해 부가 송두리째 파괴되는 현상도 잘 알고 있었다. 나는 1973~1974년의 세계적인 경기침체와 약세시장, 산유국의 오일 붐과 그 후의 공황, 일본의 경기침체, 공산주의 붕괴 이후 러시아의 침체 등을 관찰해본 바도 있었다. 그러나 아시아 위기가 시작된 이후 6개월 동안 그렇게 짧은 기간에 모든 사람의 예상을 거슬러 그토록 철저하게 대규모로 경제가 무너지고 부가 파괴되는 모습은 책에서 읽어본 적도 실제로 목격해본 적도 없다.

1달러당 태국 바트의 환율이 25에서 54로, 인도네시아 루피아의 환율이 2500에서 1만 5000 이상으로 폭등할 것이라고 과연 누가 상상이나 할 수 있었을까? 만약 위기 이전에 그렇게 예상하는 사람이 있었더라면 그는 아마도 주위 사람들로부터 심하게 조롱을 받거나 앰뷸런스에 실려 정신병원으로 보내졌을 것이다. 회의론자인 나조차도 자문회사인 콘도르 어드바이저스가 1997년 10월 31일에 발표한 〈표 9-2〉와 같은 아시아 통화 및 주가 전망을 보고 너무 지나치다고 생각했다. 그러나 바트와 루피아는 불과 한 달 후인 1997년 11월에 이미 일 년 후 전망치를, 필리핀 페소와 말레이시아 링기트는 두 달 만인 1997년 12월에 이미 반년 후 전망치를 넘어설 정도로 폭락했다.

나를 놀라게 한 것은 아시아 위기의 격렬함, 강도, 누적적 악순환만이

〈표 9-2〉

**선견지명 있는 예측**
콘도르 어드바이저스의 아시아 환율 및 주가 전망

|  | 기준일<br>(1997년 10월 31일) | 3개월 뒤 | 6개월 뒤 | 1년 뒤 |
|---|---|---|---|---|
| 바트/달러 환율 | 40 | 43 | 46 | 50 |
| 링기트/달러 환율 | 3.40 | 3.90 | 4.50 | 4.75 |
| 루피아/달러 환율 | 3600 | 4200 | 4800 | 5000 |
| 페소/달러 환율 | 34.70 | 40.00 | 45.90 | 48.00 |
| 태국 주가지수 | 445 | 400 | 360 | 325 |
| 말레이시아 주가지수 | 662 | 530 | 420 | 400 |
| 필리핀 주가지수 | 1813 | 1540 | 1300 | 1200 |
| 인도네시아 주가지수 | 503 | 430 | 360 | 325 |

아니었다. 나는 세계경제가 염려스러웠고, 그토록 사람들의 입에 회자되던 '신시대' 현상이라는 것은 그렇다면 도대체 무엇이었는지를 깊이 고민하지 않을 수 없었다. 공산주의가 와해되고 세계화가 추진되기 전에 존재했던 세계경제의 균형상태는 사라지고 세계가 미지의 망망대해에 들어선 느낌이었다. 2~3년 뒤의 세계가 어떤 모습일지를 도저히 짐작할 수 없었다. 아시아 위기도 1995년의 멕시코 위기처럼 사람들의 머릿속에서 금세 잊어질까? 아니면 그것은 1930년대식의 세계적 대공황이나 1980년대 중남미의 침체와 같은 불황으로 진입하는 신호탄일까? 그로 인해 일부 국가들 또는 전 세계가 초인플레이션을 맞게 되는 것은 아닐까?

아시아 위기를 맞아 나는 경제추세와 금융추세를 다시 면밀히 조사하고 싶은 충동을 느꼈다. 왜냐하면 이번과 같은 형태의 위기는 어떤 놀라운 투자기회를 제공할지도 모른다는 생각이 들었기 때문이다. 콘드라티예프에 따르면 위기는 상승, 위기, 침체로 이어지는 자본주의 경기순환의 세 국면 가운데 하나에 불과하다. 위기 뒤에는 침체국면이 오겠지만 동시에 새로운 상승을 위한 토대가 다져질 것이고, 새로운 상승에 앞서 주가가 먼저 움직일 것이다.

앞에서 말한 바와 같이 1980년대 중반 이후 아시아의 급속한 경제성장은 미국의 소비증가에 힘입어 아시아의 수출이 크게 늘어난 덕분이었다. 미국은 레이건 행정부 시절에 재정적자 확대를 통한 팽창정책을 실시함으로써 소비를 부추겼다. 1990년대에 들어서는 아시아의 수출 증가세가 둔해졌음에도 불구하고 각국이 수출 대신 신용의 과도한 확대(어빙 피셔가 말한 부채 인플레이션)와 그 결과인 과잉투자를 가지고 활황을 유지시켰다. 이 때문에 당시 아시아의 경기순환이 억지로 늦춰져 부작용이 빚어졌다. 특히 호텔을 비롯한 부동산 분야로 비정상적인 투자가 집중되어 질적인 측면에서 신용의 불균형 현상이 초래됨으로써 경제시스템이 교란되고 말았다(6장에서 소개한 뢰프케의 과잉투자론).

이러한 관점에서 볼 때 당시 아시아의 붐은 다른 붐들과 다르지 않았다. 19세기 미국의 운하나 철도 붐, 1920년대의 신시대 붐, 1970년대 후반의 텍사스 유전 붐과 마찬가지로 아시아의 붐도 커다란 이익의 기회에 현혹된 기업과 정부들이 점점 더 많은 빚을 지는 과정이었다. 어빙 피셔의 지적에 따르면 새로운 투자기회는 과잉부채를 낳고, 금융완화 정책은 과다차입의 주된 원인이 된다.

### 특이한 위기?

아시아를 비롯한 1990년대 신흥경제 위기의 사례들을 보면, 그 전의 붐 기간에 기업들이 진 빚 가운데 많은 부분이 외화 표시였다는 게 특이한 점으로 드러난다. 이는 외화 표시로 해외에서 차입을 하거나 채권을 발행하는 것이 국내에서 자금조달을 하는 것보다 조달비용이 저렴했기 때문이다.

1990년대에 위기를 겪은 신흥경제국가들의 또 다른 공통된 특징은 기업과 정부의 해외차입이 은행들의 협조융자나 정부차관 방식보다는 주로 외화 표시의 주식이나 채권 발행 방식으로 이뤄졌다는 점이다. 이는 19세기 말과 1970년대 후반의 중남미나 1895~1915년의 러시아와 같은 다른 시기의 다른 신흥경제에서 일어났던 붐과는 다른 모습이었다. 1980년대에는 세계은행이나 아시아개발은행과 같은 국제기구의 융자, 정부간 차관, 상업은행 대출 등이 신흥시장으로 유입된 자금의 80%를 차지했으나, 1990년대에는 이런 것들의 비중이 25% 이하로 줄어들었다. 반면에 은행이외의 민간 채권자나 주식투자자 등이 공급하는 자금이 늘어나면서 신흥시장에 유입된 자금의 75% 이상을 차지했다.

다시 말해 1990년대에 신흥경제국가들을 떠받친 해외자본은 전통적으로 대출채권을 만기까지 유지하고 대출채권에 대한 일일 시가평가를 하지 않는 은행들이 아니라 실적에 민감한 뮤추얼펀드나 헤지펀드와 같은 기관투자가들이 주로 공급했다. 이처럼 신흥경제국가의 정부나 민간부문이 정부차관이나 은행대출에서 탈피해 해외의 주식시장과 채권시장에서 직접 자금을 조달하는 방향으로 자금조달 방법이 바뀐 이유가 무엇인지는 분명하지 않지만, 굳이 그 이유를 따지자면 몇 가지를 꼽을 수 있다.

그것은 1980년대 초의 중남미 위기 이후에 국제적인 은행들이 대출을 기피했다는 점, 금융자산의 증권화가 진전됐다는 점, 과잉 유동성으로 인해 세계적으로 금융장세가 펼쳐졌다는 점, 대중 투자자들의 태도가 위험을 기꺼이 감수하는 쪽으로 돌아섰다는 점, 전 세계에 걸쳐 민영화가 대대적으로 진행됐다는 점, 외환규제가 완화되거나 철폐되는 추세였다는 점, 새로이 시장개방을 하는 나라들이 생겨났다는 점, 기술과 정보통신이 발달했다는 점, 자유롭고 규제가 없는 시장이 자원배분에 더 효율적이라는 신념이 강화됐다는 점 등이다. 이런 점들은 모두 국제금융의 구조적인 변화에 기여했다.

1990년대에는 차입에 의한 투자와 관련해서도 국제금융 구조에 특징적인 변화가 나타났다. 은행을 포함한 금융기관들은 물론 개인들까지 단기 금리로 차입해 장기 고수익 증권에 투자하거나 일본 엔과 같이 금리가 낮은 화폐로 차입해서 태국 바트나 인도네시아 루피아와 같이 금리가 높은 화폐로 투자하는 것이 유행했다. 이런 행태 자체가 잘못된 것은 아니었으나 국제 금융시장의 변동성을 더욱 키우는 결과를 낳았다. 실적 지향적인 기관투자가들과 투자수익 실적에 따라 보수가 결정되는 펀드매니저들은 시장의 모멘텀에 편승하는 투자경향을 나타냈다. 이런 경향은 붐의 지속 기간을 늘리는 효과를 가져왔지만, 붐의 부작용도 그만큼 더 커지게 했다. 그럴 수밖에 없는 것이, 일단 가격이 하락하기 시작하면 모두가 앞 다투어 빠져나가려고 하기 때문이다.

이런 측면에서 아시아 위기는 특이한 점이 없지 않다. 19세기 미국의 경제위기는 주로 유럽의 금융긴축으로 말미암아 당시 신흥경제였던 미국으로의 자금유입이 급감함으로써 일어났다. 그러나 아시아 위기는 다른 어떤 곳의 금융긴축에 의해 초래된 것이 아니었다. 아시아 위기의 원인은 이 지역에 대한 신뢰의 상실이 갑자기 발생해 들불처럼 사방으로 번졌고, 그에 따라 통화의 가치와 금융자산, 실물자산의 가격이 폭락한 데 있었다.

킨들버거는 위기의 원인을 먼 원인과 가까운 원인으로 나누었다. 아시아의 경우 먼 원인은 한국의 경상수지 추이(〈그림 9-6〉)에서 볼 수 있는 바와 같은 국제수지의 악화, 방만한 부동산 투기, 생산설비의 지나친 확장, 사기행위, 중국의 등장과 그로 인한 세계 수출시장에서의 각국 점유율 하락 등이었다. 그런가 하면 가까운 원인은 헤지펀드와 은행 등 소수의 외국 금융회사들과 일부 국내 부호들의 기대가 반전된 것이었다. 이 점은 특히 강조될 필요가 있다. 왜냐하면 나중에 외국인들이 아시아 위기를 일으킨 주범으로 비난받게 되지만, 일부 국내 자본들이 위기를 더욱 심각하게 만든 측면도 있기 때문이다.

1997년 초에 태국에서는 외국인 투자자뿐 아니라 일부 똑똑한 국내 투자자들도 바트화 자산을 투매하기 시작해 위기의 발생을 촉진하는 역할을 했다. 1997년의 아시아 위기 때 외국인 투자자들 가운데서는 오직 소수만이 위기의 발발에 기여했다는 점도 여기서 강조해두고 싶다. 당시 대

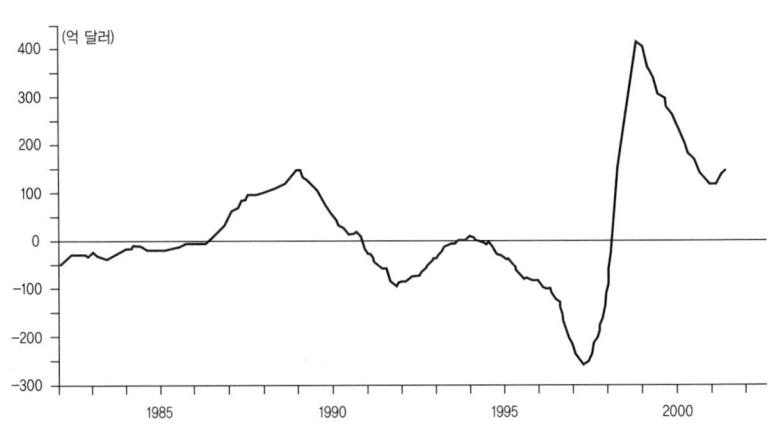

〈그림 9-6〉

**위기의 배경**
한국의 경상수지 (12개월 누적액)

부분의 외국인 투자자들은 위기가 터지기 직전까지도 아주 행복하게 아시아에 투자하고 있었다.

기업들이 외화표시 부채를 잔뜩 짊어지고 있었고 이로 인해 불운하게도 자산과 부채 사이의 미스매치가 발생했다는 점, 그리고 국제금융 구조에 큰 변화가 일어났고 이로 인해 국제 금융시장의 변동성이 커졌다는 점 외에 아시아 위기가 그 전의 다른 위기들과 다른 점이 또 있다. 19세기에는 농업이 주도적인 산업이었고, 금융시장의 비중은 아직 작았다. 농촌은 자급자족했고, 대부분의 물자거래는 물물교환이나 현금거래로 이루어졌다. 그런데 1990년대 후반에는 모든 것이 달라진 상황이었다. 특히 주식, 채권, 정부차관, 주택담보대출, 할부금융, 신용카드, 파생상품, 차입투자 등으로 금융시장이 실물경제에 비해 불균형적으로 비대해진 상태였다.

앞에서도 이야기했듯이 콘드라티예프 파동의 차원에서 볼 때 19세기의 경기순환은 주로 농업에 의해 일어났다. 농산품의 가격이 오르면 경기가 좋아졌고, 농산품의 가격이 내리면 경기침체가 왔다. 이와 마찬가지로 1970년대 후반에 미국 텍사스 지역이나 중동 산유국들의 경제는 석유 가격에 의해 좌우됐다. 석유 가격이 급등하면 미국의 댈러스나 휴스턴, 그리고 중동지역의 산유국들이 전례 없는 붐을 맞았다. 그러나 1985년에 석유 가격이 급락하자 텍사스 지역은 거의 모든 은행이 문을 닫는 등 심각한 침체를 겪었고, 아랍 국가들에도 불황이 닥쳤다.

이렇듯 경제에서 가장 크거나 지배적인 부문의 가격 변화는 곧바로 경기에 영향을 준다. 1990년대 후반에는 금융시장이 경제에서 가장 지배적인 부문이 됐다. 그래서 활발하게 움직이는 금융시장은 경기확장의 원동력으로 작용하지만 위축되는 금융시장은 경기침체를 불러오게 됐다.

## 위기의 후유증

아시아 위기가 발생한지 얼마 지나지 않아 아시아 각국의 경상수지가 흑자로 돌아서자 위기가 곧 극복될 것이라고 많은 경제학자들이 예측했다. 그러나 인도네시아, 말레이시아, 태국, 한국, 필리핀 등의 경제가 달러 기준으로 50% 이상이나 위축된 상태였기에 위기 이전의 수준으로 조속히 회복될 것으로 기대하기는 어려웠다.

1997년 12월 중 태국의 자동차 판매량은 전년 같은 달에 비해 73.9%나 줄어들었고, 1997년의 연간 판매량은 전해에 비해 38% 줄어들었다. 인도네시아의 상황은 더 나빴다. 루피아의 폭락으로 달러 기준 1인당 국민소

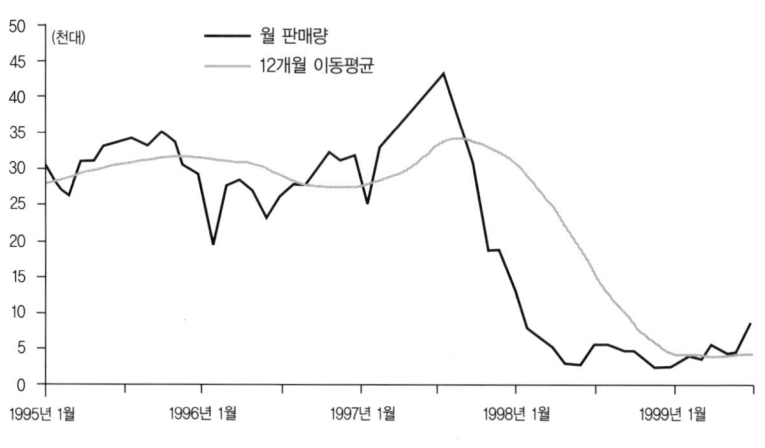

〈그림 9-7〉

**아시아 위기의 타격**
인도네시아의 자동차 판매 추이

득이 70%나 감소했다. 〈그림 9-7〉에서 볼 수 있듯이 이 해 12월 중 인도네시아의 자동차 판매량은 같은 해 5~8월에 비해 50%가량 줄어들었는데, 이때만 해도 달러당 루피아 환율은 5000루피아 수준을 유지하고 있었다. 그러나 1998년 1월에 인도네시아 최대의 자동차 제조회사인 아스트라는 자동차 판매가격을 40~45% 올리지 않을 수 없었다. 환율이 상승함에 따라 수입부품 값이 급등했기 때문이다. 그 뒤에 루피아 환율이 달러당 1만 5000루피아를 웃도는 수준까지 오르자 이 회사는 수지를 맞추기 위해 자동차 판매가격을 또 다시 2배로 올리지 않을 수 없었다.

통화 가치의 폭락, 즉 환율의 폭등으로 아시아 국가들이 겪어야 했던 것은 전형적인 부채 디플레이션 위기였다. 그 와중에 달러 기준으로 실질 제품가격이 급락함에 따라 기업들의 이익과 나라 전체의 국내총생산이 줄

〈그림 9-8〉

**통화 평가하락의 효과**
인도네시아의 국내통화 기준 외채 규모

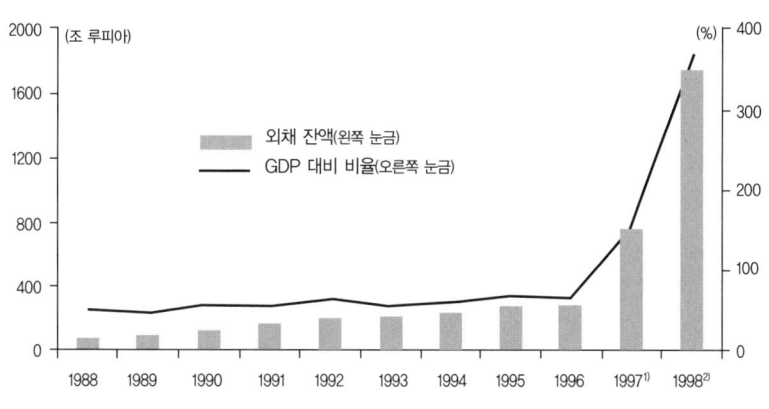

1) 달러당 6000루피아 기준.  2) 달러당 1만 3000루피아 기준

어들었고, 대부분 달러나 엔 표시로 차입된 외채의 국내 통화 기준 실질부담이 대폭 커졌다(〈그림 9-8〉). 당시에 아시아 통화의 평가하락에 따라 무거워진 아시아의 실질 부채부담은 미국의 대공황 때보다 더 심각했다. 사실 대공황 때의 물가하락 폭은 30%에 그쳤다. 이와 관련해 주목해야 할 점은, 신흥경제국가들은 국제경쟁력을 높이기 위해 통화의 평가절하를 시도하더라도 그로 인한 자국 통화 기준 외채원리금 상환부담 증가로 인해 그 같은 평가절하 정책의 효과를 그리 크게 기대하기 어렵다는 점이다.

게다가 아시아의 두 가지 성장엔진인 수출과 외국인 직접투자에도 문제가 생겼다. 환율상승이 가져온 경쟁력 강화는 수입해야 하는 부품 및 원자재 가격의 상승으로 인해 도루묵이 돼버렸다. 게다가 금융비용 부담까지 증가하면서 환율상승의 수출가격 경쟁력 강화 효과를 상쇄시켰다. 사실 위기 이후 몇 달 동안 아시아 각국은 국제 금융시장에서 어떤 금리로도 대출을 받을 수 없었고, 이로 인해 생산과 수출에서 애로가 컸다. 따라서 당시에 일부 아시아 국가들의 무역수지와 경상수지가 호전된 것은 수출이 증가한 결과가 아니라 국내 경제의 완전한 몰락으로 수입수요가 급감한 결과였다고 봐야 한다.

아시아 각국의 수입이 격감하자 일본의 수출도 타격을 받았다. 전체 수출 중 아시아 지역으로의 수출이 72%였던 일본 산업기계 부문의 수주액이 1997년 11월에 56%나 줄어들었다. 이런 점에 비추어 당시에 일본이 통화팽창으로 경기부양을 시도했다고 하더라도 그에 따른 내수개선 효과는 수출부진에 의해 상쇄돼 버렸을 것이다. 아시아 국가들은 일본시장에 대한 수출을 늘리지 못했고, 일본은 아시아 지역에서 경제성장 엔진의 역할을 하지 못했다.

그러나 그때 아시아 국가들에 반가운 일들이 벌어졌다. 1998년 가을 이후 러시아의 경제위기와 롱텀캐피털매니지먼트의 파산위기를 계기로 연준이 공격적인 금융완화 정책을 펴기 시작한 것이다. 이에 따라 1999년부터 2000년 초에 걸쳐 하이테크주 열풍이 불었고, 미국의 소비가 살아나기 시작했다. 이런 변화는 〈그림 9-9〉에서 보듯이 미국의 무역적자를 두 배로 확대시키면서 아시아의 수출을 되살려냈다. 이와 동시에 아시아 국가들의 국내소비도 비교적 빨리 회복되면서 1998년 후반부터 1999년까지 경기회복에 힘을 보탰다.

외국인 직접투자는 거의 중단된 상태가 그대로 계속된 것은 아니지만 경제학자들이 기대한 만큼 회복되지는 못했다. 일부 외국 기업들은 아시아 국가 통화들의 평가하락으로 훨씬 저렴해진 아시아의 자산에 눈독을 들였다. 그러나 아시아에 자동차 조립공장을 새로 짓거나, 제조업 공장 설

〈그림 9-9〉

**아시아 수출 회복의 배경**
미국의 무역수지 적자 추이

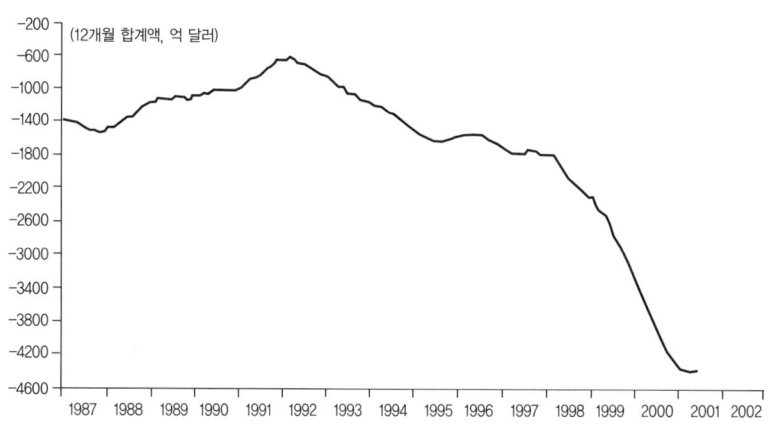

비를 늘리거나, 호텔을 새로 세우려고 하지는 않았다. 아직 과잉설비가 너무 많이 남아 있었기 때문이다. 대신 그들은 기존의 자산이나 기업에 눈을 돌렸다. 아시아 국가들의 기존 자산이 아주 헐값에 팔렸다. 외국인들의 이런 아시아 자산 매입으로 인해 아시아의 기존 자산 가격이 상승하기도 했고, 몇몇 기업들은 기사회생의 기회를 잡기도 했다.

그러나 이런 식의 기존 자산 매매는 신규 투자 프로젝트처럼 경기를 자극하는 승수효과를 내지는 못하는 것이었다. 긴급히 필요한 사회간접자본을 건설하기 위한 프로젝트들은 자본조달이 안 돼 연기되거나 방치됐다. 국내에서 자본동원을 하기가 불가능했던 데다가 국제 금융시장에서 자본유치를 하기도 거의 불가능했기 때문이다.

아시아에 대한 외국인 직접투자의 회복이 미약했던 데는 또 하나의 이

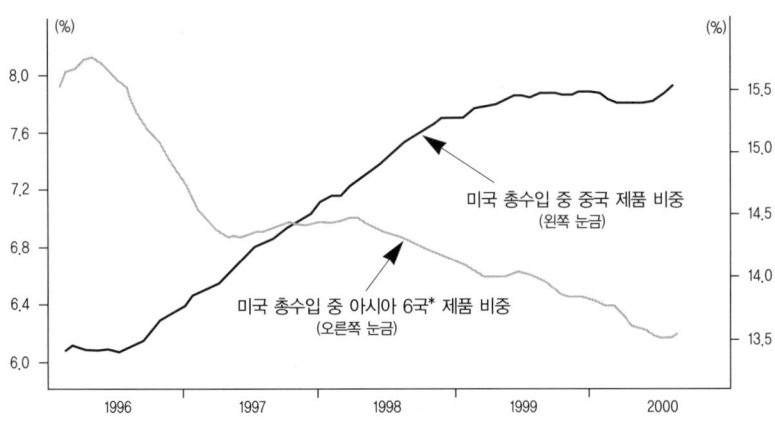

〈그림 9-10〉
**이웃나라 밀어내기**
중국과 아시아 6국의 미국시장 점유율 비교

* 아시아 6국은 한국, 싱가포르, 말레이시아, 태국, 필리핀, 인도네시아

유가 있었다. 그것은 바로 중국의 등장이었다. 개방정책으로 국제경제 무대에 등장한 중국은 1990년대에 들어서자 다른 아시아 국가들과 국제 수출시장을 놓고 다투는 강력한 경쟁자가 됐다. 이로 인해 경제성장을 수출에 의존하던 아시아 국가들은 직접적인 타격을 받았으며, 이런 사정은 〈그림 9-10〉에서 확인해볼 수 있다.

그러나 수출시장에서의 경쟁보다 아시아 국가들에 더 큰 타격을 준 중국의 영향이 있었다. 그것은 중국의 낮은 임금수준 등 유리한 제조업 입지 여건과 중국 내수시장의 거대한 잠재력이 주는 영향이었다. 이로 인해 중국으로 외국인 직접투자가 몰리면서 다른 아시아 국가들은 외국인 직접투자를 유치하기가 그만큼 더 어려워졌다. 다른 아시아 국가의 기업들도 중국의 낮은 임금수준과 그동안 개선된 사회간접자본 여건에 이끌려 중국에 점점 더 많은 투자를 하기 시작했다. 이와 더불어 2000년까지 증가하던 아시아 각국의 수출 역시 미국에서 하이테크 붐이 잦아들고 경기가 하강하면서 위축되기 시작했다. 이에 따라 아시아 경제는 다시 고난의 시기에 접어들었다.

농촌부문은 상대적으로 안정된 모습을 보였다. 많은 아시아 국가들에서는 여전히 많은 인구가 농촌에서 살고 있다. 신흥경제국가의 농촌경제는 일차산품 가격에 의해 크게 좌우된다. 1997~1998년의 위기 기간에 다음과 같은 재미있는 일이 벌어지기도 했다. 인도네시아 루피아의 환율이 달러당 2500루피아에서 1만 5000루피아 이상으로 상승한 결과, 일차산품의 국제시장 가격이 전반적으로 약세였지만 이 나라에서 생산된 일차산품의 국제가격이 루피아 기준으로는 엄청나게 올랐다. 환율상승과 경기침체로 도시의 제조업과 부동산 등은 치명적인 타격을 입었지만, 농촌의 여건은 도시에 비해 상대적으로 괜찮았다.

이런 이유들을 배경으로 대부분의 아시아 국가들은 2001~2002년에 수출이 부진함에도 불구하고 내수 주도의 경기 회복세를 보였다.

## 어둠 속 서광

아시아 위기는 재앙과 같은 부의 파괴를 가져왔지만, 한편으로는 놀라운 투자기회이기도 했다. 금융위기는 특이한 투자기회를 만들어내기도 한다. 가격이 절벽에서 뛰어내린 듯 과도하게 떨어지면 다시 탁구공처럼 급하게 튀어 오르기 때문이다. 그러나 이때의 반등은 대개의 경우 일시적이어서 증권시장 은어로 '죽은 고양이의 반등(dead cat bounce)'일 뿐이며, 가격이 다시 하락하는 수가 많다는 점을 잊지 말아야 한다.

자산가격의 하락이 주식, 부동산, 기타 자산별로 다양한 형태를 보인다는 점도 중요하다. 전형적인 자산가격 하락은 1930년대 대공황 시기의 예에서 볼 수 있다. 1930년대 초까지 주식시장은 90%나 하락했다. 최근 나스닥의 하락도 유사한 사례다. 그런가 하면 어떤 나라의 자산가격이 그 나라 통화 기준으로 완만하게 하락하더라도 통화가치의 하락이 겹치면 달러 기준으로는 자산가격 하락폭이 훨씬 더 커진다. 이런 현상은 1919~1923년 초인플레이션 시기의 독일, 1980년대의 중남미, 1993~1994년의 러시아, 1995년의 멕시코, 1997~1998년의 아시아에서 나타났다.

자산가격 하락은 특히 위기 때 금융자산에서 두드러진다. 주식과 채권 같은 금융자산은 신뢰의 위기가 닥칠 경우에 즉시 현금화할 수 있는 거의 유일한 투자대상이기 때문이다. 인도네시아의 담배 제조회사인 삼포에르나의 경우 1997년 봄에 60억 달러를 넘었던 기업가치가 금융위기 뒤인 1998년 초에는 1억 2000만 달러까지 떨어졌다. 그러나 위기가 농촌부문에는 영향을 주지 않아 이 회사의 사업여건은 별다른 영향을 받지 않았고, 그 뒤에 주가가 급상승해 1999년 말에는 기업가치가 160억 달러로 증가했다.

1919년의 독일에서도 마르크의 가치 하락과 함께 주식시장에서 주가가 거의 90%나 하락했고, 1980~1981년 오일달러 위기 이후의 중남미와 최근의 브라질, 아르헨티나 등에서도 환율상승이 주가급락으로 이어졌다.

## 피해복구에 걸리는 시간

우리는 1995년 멕시코 페소화의 평가절하 및 1994년 중국 위안화의 평가절하로 아시아 각국의 수출이 크게 영향을 받은 사례를 앞에서 보았다. 특히 중국이 1994년에 위안화를 55%나 평가절하한 뒤에 중국 제품의 대미 수출이 크게 늘어나 아시아의 대미 수출에서 중국이 차지하는 비중이 1987년 6%에서 2000년대 들어서는 20% 이상으로 확대됐다. 그래서 아시아 위기 때에는 반대로 아시아 각국의 통화가 평가절하됐으니 아시아 국가들의 수출경쟁력이 개선됐을 것이라고 생각할 수 있다.

그러나 1997~1998년 아시아 각국 통화의 평가절하가 발휘한 효력을 과대평가해서는 안 된다. 멕시코와 중국의 인건비는 여전히 태국, 말레이시

〈그림 9-11〉

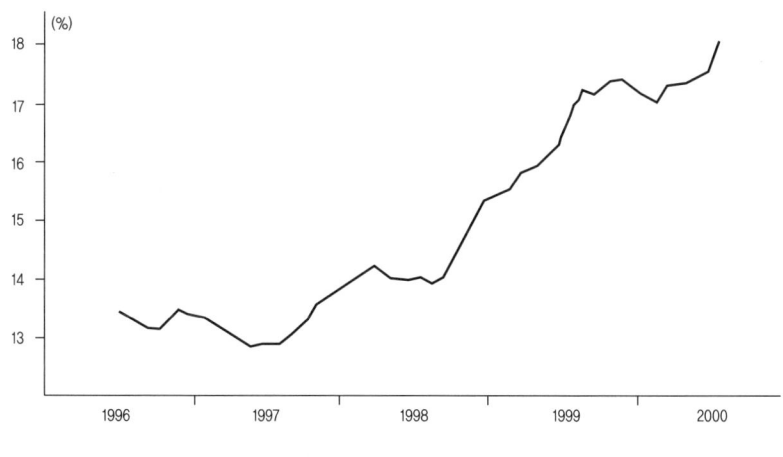

**전자강국이 되어가는 중국**
중국의 총수출 중 전자제품 비중

⟨표 9-3⟩

**미국의 경기침체에 취약한 아시아**
아시아 각국의 대미수출 의존도

|  | 2000년 GDP대비 수출의 비율(%) | 총수출 중 대미수출의 비중(%) | 총 대미수출 중 IT분야 수출의 비중(%) |
|---|---|---|---|
| 인도 | 10 | 39 | 30 |
| 일본 | 10 | 31 | 31 |
| 중국 | 23 | 40 | 30 |
| 한국 | 37 | 23 | 55 |
| 대만 | 48 | 27 | 55 |
| 싱가포르 | 85 | 24 | 73 |

아, 인도네시아, 필리핀보다 싸다. 멕시코는 미국시장과 인접해 있다는 지리적 이점도 누리고 있고, 북미자유무역협정에 의한 관세상 혜택도 누리고 있다. 중국은 생산성 향상으로 단위노동비용이 나날이 낮아지고 있다.

특히 중국은 ⟨그림 9-11⟩에서 보듯 전자제품의 수출을 성공적으로 늘려가고 있다. 현재는 전자제품이 다수 아시아 국가들의 수출에서 압도적인 비중을 차지하는 수출상품이다(⟨표 9-3⟩). 하지만 중국이 과거에 섬유, 의복, 신발, 장난감의 세계최대 수출국이었듯이 앞으로 전자제품, 통신장비, 반도체의 세계최대 수출국이 될 것으로 예상된다. 전자업종이 현재 세계적으로 과잉설비 단계에 와있음을 감안하면, 중국에서 증설되고 있는 설비들이 완전가동에 들어간다면 그것은 아시아 제조업체들에게 재앙이 될 것이다. 그래서 나는 세계경제가 회복되더라도 중국을 제외한 다른 아시아 각국의 제조업 부문이 크게 좋아지리라고 기대하지 않는다. 물론 13장에서 살펴보겠지만, 아시아 각국의 일부 부문에 대해서는 중국이 차츰 최대 소비국이 되어갈 것이다.

아시아 위기가 던져준 교훈은 무엇인가? 아시아 위기는 경기순환이 여전히 건재하며 쉽게 관리되지 않는다는 사실을 똑똑히 보여주었다. 또한 투자자의 입장에서 말하면, 외국자본의 유입에 의존해 과도한 소비를 하는 나라에 대해서는 항상 경계해야 한다는 점을 아시아 위기는 보여주었다. 이런 교훈은 미국에도 당연히 적용된다.

## 10장 | 인플레이션의 경제학

> 국가를 통치하는 데서 최악의 만병통치약은 인플레이션이고, 그 다음은 전쟁이다.
> 둘 다 단기적으로는 번영을 가져다주지만, 결국은 국가를 파멸로 이끈다.
> – 어니스트 헤밍웨이(Ernest Hemingway, 1899~1961)

20년 전에 투자회사인 지에이엠(GAM)의 창설자이자 내 친구이기도 한 질베르 드 보통이 나에게 이탈리아의 경제학자인 코스탄티노 브레시아니-투로니가 지은 《인플레이션의 경제학(The Economics of Inflation)》이라는 책을 읽어보라고 권했다. 바이마르 공화국의 초인플레이션 시절에 독일의 전쟁배상위원회 위원이었던 브레시아니-투로니가 1931년에 펴낸 이 책을 나는 투자에 관심이 있는 사람에게는 누구에게든 강력하게 추천한다. 이 책은 내가 지금껏 읽은 다른 어느 책보다도 인플레이션의 원인과 인플레이션이 경제활동, 예산, 대외무역, 사회구조, 물가, 자산, 일차산품, 외환 등에 미치는 영향을 가장 포괄적으로 훌륭하게 설명하고 있다.

많은 투자자들은 인플레이션이 금융자산에는 나쁘고 금, 은, 다이아몬드나 부동산 같은 실물자산에는 좋은 것이라고 생각한다. 그러나 고인플레이션 환경 속에서 어떤 시점에는 주식의 실질가치가 터무니없이 저평가되어 놀랄 만한 매수기회가 생겨난다는 사실은 흔히 간과된다. 나는 이런 현상을 '인플레이션의 역설'이라고 부른다. 즉 초인플레이션 상황 속에 있는 나라에서는 자본이 대대적으로 해외로 빠져나가면서 통화의 평가하락이 초래돼, 해외의 투자자들이 볼 때 그 나라의 주가가 극단적으로 낮은 수준이 된다.

나는 고인플레이션 경제에서 주식 가격이 휴지 값이 된 사례를 여러 번 보았다. 1985~1986년의 필리핀, 1989년의 아르헨티나, 1990년의 페루와 브라질 등이 그 예다. 1980년대 초 마르코스 치하의 필리핀은 고인플레이션과 취약한 경제적, 사회적, 정치적 여건으로 인해 주식 가격이 바닥세였고 페소화 역시 약세를 면치 못했다.

1985년의 필리핀 주가지수를 1980년의 최고치와 달러 기준으로 비교해 보면 상업지수는 76%, 광업지수는 94%, 석유업지수는 97%나 폭락했다. 1985년까지 벵게트, 산미구엘, 필리핀장거리전화(PLDT), 아틀라스, 필렉스, 아얄라 등 6개 대형주의 시가총액 합계액은 3억 4000만 달러로 쪼그라들었고, 필리핀 증시의 전체 상장주식 시가총액은 5억 달러에도 미치지 못하는 수준으로 감소했다. 필리핀장거리전화의 발행주식 시가총액은 4000만 달러 이하였고, 주가수익배율은 1.4에 불과했다. 맥주회사 산미구엘의 발행주식 시가총액은 6000만 달러로, 이 회사가 75%의 지분을 갖고 있었던 홍콩 자회사의 시장가치보다 낮았다. 그러나 위기가 끝난 뒤인 1990년대 말에는 필리핀장거리전화와 산미구엘의 발행주식 시가총액이 각각 40억 달러와 45억 달러를 넘었다.

## 1980년대의 중남미

나는 '고인플레이션과 낮은 가격'의 경제에 대한 흥미에 끌려 1988년에 아르헨티나, 1990년에는 페루와 브라질을 방문했다. 중남미 나라들은 1980년대 내내 경기침체, 사회적 혼란, 초인플레이션, 저조한 외국인 직접 투자, 대규모 외화도피, 통화가치 하락으로 고통을 받았다. 그 결과로 나타난 것이 자산가치의 극단적인 저평가였다.

초인플레이션 시기였던 1980년대의 아르헨티나와 태환정책을 통해 경제안정을 되찾은 1990년대의 아르헨티나를 비교해보면 인플레이션의 역설이 어떤 것인지를 잘 알 수 있다. 〈표 10-1〉에서 아르헨티나 주식시장의 변화를 살펴보면, 인플레이션이 가장 심했을 때가 가장 좋은 주식매수 기회였음을 확인할 수 있다.

〈표 10-1〉

**인플레이션의 역설**
아르헨티나의 16개 대형주 시가총액과 인플레이션

|  | 16대주 시가총액(백만 달러) | 물가상승률(%) |
|---|---|---|
| 1977 | 292,056 | 160.4 |
| 1978 | 771,334 | 169.8 |
| 1979 | 2,010,622 | 139.7 |
| 1980 | 1,801,148 | 87.6 |
| 1981 | 674,855 | 131.3 |
| 1982 | 349,867 | 209.7 |
| 1983 | 722,715 | 433.7 |
| 1984 | 567,346 | 688.0 |
| 1985 | 1,092,563 | 385.4 |
| 1986 | 637,550 | 81.9 |
| 1987 | 584,728 | 131.3 |

1988년에 아르헨티나를 방문한 나는 이 나라 증시의 상장주식 시가총액이 7억 5000만 달러에 불과하고 하루 거래대금이 100만 달러에도 미치지 못하는 것을 보고 경악을 금치 못했다. 최고급 송아지 요리는 5달러, 고급 아파트는 7만 달러, 가장 좋은 위치에 있는 상업용 건물 한 채 값은 100만 달러에 지나지 않았다. 그때 물가상승률은 연 600%였다.

그러나 그로부터 불과 6년 뒤인 1994년에 이 나라의 물가상승률은 연 10% 이내로 안정됐고, 부에노스아이레스는 1970년대와 마찬가지로 다시 세계에서 가장 물가가 비싼 도시 중 하나가 됐다. 주식시장에서 주가도 급등했다. 1987년에 기업가치가 2000만 달러에 지나지 않았던 몰리노스는 1994년에는 5억 1500만 달러짜리 회사가 됐고, 1986년에 1200만 달러에 팔린 피카르도라는 기업은 발행주식 시가총액이 2억 1300만 달러로 치솟았다. 국가 자산의 민영화도 가세하면서 증시 전체의 상장주식 시가총액이 340억 달러로 확대됐다. 채권 값도 많이 올랐다. 국채 '보넥스'의 수익률은 1980년대 말에는 20%를 웃돌았으나 1994년에는 9%대로 떨어졌고, 그 가격은 1989년의 12에서 1994년에는 80 이상으로 올랐다.

페루 역시 알베르토 후지모리 대통령 치하에서 1991~1994년에 유사한 변화를 경험했다. 연 1000%였던 물가상승률은 10% 이하로 떨어졌고, 증시 전체의 시가총액은 6억 달러에서 50억 달러로 늘어났다. 국채 가격의 변화는 더욱 드라마틱해 3에서 70 이상으로 올랐다. 선진국이든 신흥경제국가든 곤경에 빠진 기업이나 국가의 채권은 종종 대박투자의 기회를 제공한다. 지금 나는 쿠바와 북한의 국가채권에 투자할 생각을 갖고 있다.

내가 기억하는 1990~1991년 당시의 페루는 내전 직전의 상태였고, 여행하기에 안전한 곳이 아니었다. 그러나 밤의 거리는 놀라운 활기를 보이고 있었다. 열악한 정치적, 사회적 상황이 초인플레이션과 결합되는 곳은 투자와 여흥의 환상적인 기회를 만들어낸다.

## 1990년대 전반의 러시아와 초인플레이션 시기의 독일

1993~1994년의 러시아도 비슷한 상황이었다. 많은 사람들은 당시 러시아의 정치적, 경제적 상황을 1919년 8월에 바이마르 공화국이 성립한 뒤의 독일과 비교하곤 했다. 그러나 이런 비교가 적절한지는 논란의 대상이 될 수 있다. 왜냐하면 독일은 1919~1923년에 초인플레이션을 겪은 뒤 1920

〈그림 10-1〉

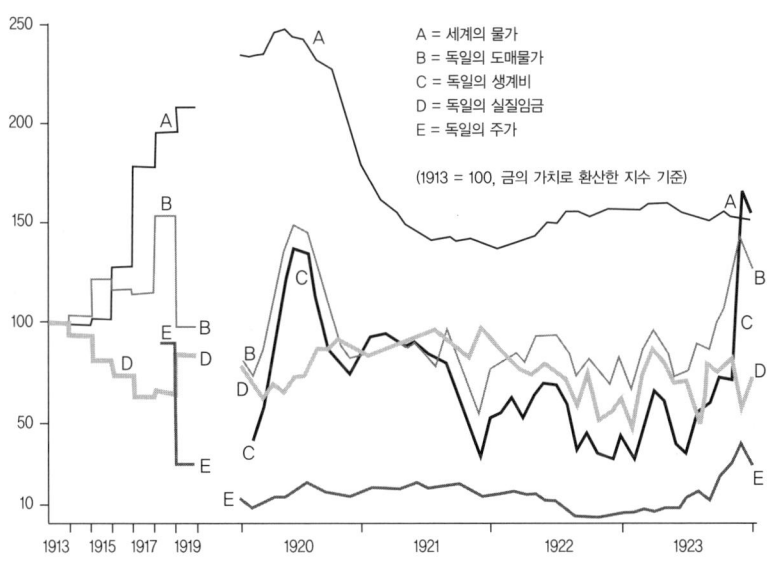

**바이마르 디플레이션(1)**
1913-1923년 독일의 물가

A = 세계의 물가
B = 독일의 도매물가
C = 독일의 생계비
D = 독일의 실질임금
E = 독일의 주가

(1913 = 100, 금의 가치로 환산한 지수 기준)

년대 후반부터 호황으로 진입했지만, 러시아의 경우는 그렇지 못했기 때문이다.

브레시아니-투로니가 그린 〈그림 10-1〉을 보면 독일에서는 도매물가, 생계비, 임금, 주가가 1922년까지 극적으로 떨어지다가 1923년 이후 급반등했다. 이 그림은 인플레이션의 역설을 분명하게 보여준다. 1913년 수치를 100으로 놓을 때 1922년 독일의 실질 생계비 지수는 40으로 세계 평균인 150에 비해 현저히 낮은 수준까지 떨어졌다. 독일의 경제학자인 리하르트 가에텐스(Richard Gaettens)는 저서 《인플레이션(Inflationen)》에서 1923년에 독일을 여행한 네덜란드 사업가의 이야기를 소개했다. 그 사업가는 독일의 넥타이 가격이 네덜란드의 20%에 지나지 않는다는 사실을 알고, 자신이 들른 독일 가게의 넥타이 4000개를 모두 사 들고 네덜란드로 돌아가 팔아 엄청난 이익을 올렸다. 가에텐스는 외국인들이 독일의 부동산과 주식을 떨이 값으로 사들인 사례도 소개하고 있다. 〈그림 10-1〉과 〈표 10-2〉는 당시 독일의 주가와 마르크화의 가치가 얼마나 많이 떨어졌는지를 보여준다.

최초의 대박 매수기회는 1920년 2월에 찾아왔다. 이때 독일 주식들의 달러 표시 지수는 1913년을 100으로 놓을 때 8.47까지 떨어졌다. 그 후 5개월 동안 마르크가 잠깐 큰 폭의 평가절상을 하게 되어 지수가 2배로 상승했다. 1920년 여름부터 1922년 2월까지는 주가지수가 큰 변화 없이 유지됐으나 그 후 급격히 하락했다. 달러에 대한 마르크의 가치하락 속도가 마르크 표시 주식가격의 상승 속도보다 훨씬 빨랐기 때문이다. 브레시아니-투로니에 따르면 마르크 표시로 1914년과 비교할 때 1922년 11월에 주가는 89배, 달러화 가치는 1525배, 석탄 가격은 1250배, 철강 가격은 2000배, 도매물가지수는 945배로 올랐다.

## 바이마르 디플레이션(2)

1918-1923년 독일의 주일의 주가(1913 = 100)

⟨표 10-2⟩

| | 1918 | | 1919 | | 1920 | | 1921 | | 1922 | | 1923 | |
|---|---|---|---|---|---|---|---|---|---|---|---|---|
| | 마르크 기준 | 달러 환산치 기준 | 마르크 기준 | 달러 환산치 기준 | 마르크 기준 | 달러 환산치 기준 | 마르크 기준 | 달러 환산치 기준 | 마르크 기준 | 달러 환산치 기준 | 마르크 기준 | 달러 환산치 기준 |
| 1월 | 126 | 101.55 | 97 | 49.68 | 166 | 10.73 | 278 | 18 | 743 | 16.27 | 21,400 | 5.24 |
| 2월 | 131 | 104.32 | 98 | 45.57 | 200 | 8.47 | 260 | 17.82 | 841 | 16.98 | 45,200 | 6.79 |
| 3월 | 132 | 106.48 | 97 | 39.2 | 196 | 9.82 | 265 | 17.84 | 986 | 14.57 | 33,600 | 6.66 |
| 4월 | 133 | 109.23 | 96 | 31.99 | 184 | 12.93 | 275 | 18.17 | 1018 | 14.69 | 50,200 | 8.61 |
| 5월 | 138 | 112.75 | 91 | 29.74 | 160 | 14.45 | 277 | 18.71 | 873 | 12.63 | 95,100 | 8.38 |
| 6월 | 137 | 107.36 | 96 | 28.77 | 167 | 17.93 | 299 | 18.12 | 823 | 10.89 | 352,000 | 13.44 |
| 7월 | 137 | 99.34 | 100 | 27.85 | 187 | 19.92 | 337 | 18.45 | 897 | 7.63 | 1,349,400 | 16.03 |
| 8월 | 143 | 98.53 | 99 | 22.08 | 204 | 17.98 | 389 | 19.36 | 1156 | 4.28 | 12,474,300 | 11.33 |
| 9월 | 135 | 86.03 | 112 | 19.56 | 220 | 15.94 | 492 | 19.69 | 1262 | 3.61 | 531,300,000 | 22.56 |
| 10월 | 109 | 69.28 | 124 | 19.41 | 245 | 15.06 | 644 | 18 | 2062 | 2.72 | 1,713억 | 28.47 |
| 11월 | 95 | 53.72 | 125 | 13.7 | 260 | 14.12 | 936 | 14.94 | 5070 | 2.96 | 236,800억 | 39.36 |
| 12월 | 88 | 44.63 | 127 | 11.4 | 274 | 15.79 | 731 | 15.99 | 8981 | 4.97 | 268,900억 | 26.8 |

당시 주식시장의 평균 주가가 달러 표시로 97% 이상 폭락했을 때의 개별 주식 가격을 보면 참으로 터무니없는 일도 있었다. 당시 독일에서 가장 규모도 크고 수익성도 좋은 기업이었던 다임러는 주식시장에서 평가되는 기업가치가 9억 8000만 마르크 이하로 떨어지기도 했다. 당시 차 한 대의 평균 가격이 300만 마르크였던 점을 감안하면 다임러의 기업가치가 차 327대의 값에 지나지 않았던 셈이다. 16개의 대형 상점을 보유하고 있었던 소매업체 티츠의 기업가치는 남자양복 1만 6000벌의 값과 같은 수준이었다.

1922년 말도 독일 주식을 살 절호의 기회였다. 달러 표시로 독일 주가지수는 1922년 10월의 2.72에서 1923년 11월에는 39.36까지 치솟았다. 단 13개월 만에 무려 15배 가까이로 상승했던 것이다. 따라서 1919년 3월 이후에 독일 주식을 사서 1923년 11월까지 보유한 사람은 달러 기준으로 볼 때 누구나 대박을 거뒀음에 틀림없다.

1923년 당시는 프랑스가 루르 지역을 점령하고 독일 내 실업률이 급상승한 시기였음에도 주가가 이처럼 폭등한 것은 대단히 비정상적이었다. 그러나 초인플레이션 기간 내내 투기열풍이 독일 주식시장을 휩쓸었다는 점을 감안하면 당시의 주가폭등 현상을 설명할 수 있다. 당시 대중은 1919년 이래 마르크화 가치하락 위협을 경험하고 있었고, 마르크가 더 이상 가치저장의 기능을 하지 못한다고 판단했다. 따라서 그들에게 주식을 사는 것은 잉여자본이나 저축금을 장기적으로 투자해놓는 방법인 동시에 단기적으로도 유동자산의 가치를 유지하는 수단이었던 것이다.

상황이 더 나쁠 수록 주식시장이 더 큰 폭으로 반등하는 일이 실제로 드물지 않게 일어난다. 1923년 7월에 당시의 경제지 〈플루투스〉는 "그동안 모든 주식의 가격이 엄청나게 올랐는데, 그 주된 이유는 경제상황이 재난과 같은 수준으로 악화된 데 있다"고 보도했다. 역설의 상황을 제대로 파악했던 셈이다.

2001~2002년에는 아프리카의 짐바브웨에서 이 나라 통화 기준으로도 주식시장이 급등했다. 당시 짐바브웨에서는 초인플레이션, 통화가치 하락, 백인농장 몰수 등이 동시에 진행되고 있었고, 이런 경제여건 속에서 가지고 있는 돈의 가치를 유지할 수 있는 유일한 방법은 주식을 사두는 것이었기 때문이다.

독일의 초인플레이션은 1923년 10월 15일 '렌텐마르크'를 도입한다는 정부의 포고령과 함께 종식됐다. 이는 1조 마르크를 1렌텐마르크로 하고 렌텐마르크의 발행규모를 24억 렌텐마르크 이내로 한정하되 그 가운데 12억 렌텐마르크는 정부가 사용할 수 있게 한다는 내용의 화폐개혁이었다. 사람들이 말하는 '렌텐마르크의 기적'이라는 표현처럼 이 화폐개혁 이후 정말로 기적적으로 소비가 회복되고 생산이 늘어났다. 독일 국민의 육류 소비량은 1차대전 직전의 1인당 52킬로그램에서 1923년에 22킬로그램까지 줄어들었으나 1924년에는 41킬로그램으로 회복됐다. 맥주 소비량 역시 1921년부터 1923년까지 50% 이상 감소했으나 1924년에는 2배로 증가했다.

1924년의 강력한 경기회복에 이어 1925년에는 기업들의 운전자본 부족으로 인한 '인플레이션 안정화 시기의 위기(안정공황)'가 찾아왔다. 인플레이션 시기에는 기업들이 유동자산보다는 고정자산을 선호하기 때문에 유동자산에 비해 고정자산의 비중이 지나치게 커지는 자본의 부동화(不動化) 현상이 발생하고 운전자본이 부족해진다. 1925년에 화폐공급은 대단히 긴축적이었고, 주식시장은 급락세를 보였다.

그러나 안정화 시기의 위기는 장기적인 관점에서는 유익한 것이었다.

독일의 산업이 극적인 합리화를 강요받게 됨으로써 묶여있던 자본이 풀려났고, 국내 금리가 상승함으로써 개인저축이 동원되고 외국인투자의 유입이 활발해졌다. 그리하여 활발한 경기팽창이 이어졌고, 1930년대의 대공황에 휘말리기 전까지는 호황 기조가 유지됐다. 바이마르 인플레이션, 1923년의 화폐개혁, 안정화 시기의 위기, 강력한 경기회복으로 이어진 당시 독일 경제의 전개과정은 여러 가지 경제적 현상들이 복합된 것이었고, 경제학을 공부하는 학생이라면 반드시 연구해봐야 할 주제다.

그러나 여기서 우리의 목적은 초인플레이션을 겪는 나라나 1997~1998년의 아시아와 같이 통화의 극심한 평가절하를 겪는 나라에서는 주식 가격이 터무니없을 정도로 싸진다는 사실을 확인하자는 것이다. 이런 관점에서 반드시 기억해둬야 할 사실은, 독일 주식시장이 바닥을 친 시점은 렌텐마르크가 도입되기 1년 전인 1922년 10월이었다는 점이다. 독일 주가는 이때 바닥을 치고 상승세로 돌아서서 1년 뒤 렌텐마르크가 도입된 시점에는 이미 10배 이상 상승한 상태였다. 렌텐마르크가 도입된 뒤 1926년까지는 주가가 그다지 오르지 않았으나 강력한 경제성장 회복세가 이어졌다. 게다가 1930년대의 세계적인 대공황 기간 중에 미국의 주가는 1920년대 초에 비해 훨씬 낮은 수준으로 추락했으나, 독일의 주가는 1922년의 최저치에 비해 상당히 높은 수준을 유지했다.

독일의 예에서 명백한 것은, 20세기 중에 독일 주식시장이 최선의 매수 기회를 제공했던 때는 바이마르 인플레이션이 절정에 달하고 독일이 경제적, 사회적, 정치적으로 끔찍한 상태인 시점이었다는 점이다. 그 후 독일 주식시장은 〈그림 10-2〉에서 보듯 1962년에 최고치를 기록했고, 이때의 기록은 22년 뒤인 1984년에야 경신됐다.

내가 인플레이션의 역설을 자세하게 이야기한 데는 두 가지 목적이 있

〈그림 10-2〉

**불안정 속의 기회**
독일 주가 지수의 움직임

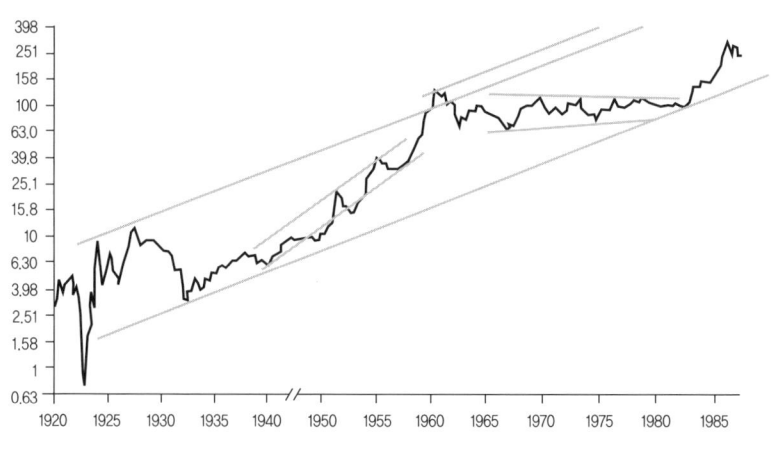

다. 첫째 목적은 어떤 이유에서든지 통화의 급격한 평가절하가 일어나면 주식시장은 흔히 극단적으로 저평가된다는 점을 강조하려는 것이다. 달러화의 가치가 유럽의 주요 통화들에 비해 70%나 하락한 1970년대의 미국이 그랬고 1980년대의 중남미, 1990년대 초의 러시아, 1997년 위기 이후의 아시아 등도 역시 그랬다. 인플레이션이 반드시 통화의 평가절하 때문에 오는 것은 아니지만, 거꾸로 통화의 평가절하는 항상 인플레이션 압력 때문에 일어난다. 1920년대 초의 독일, 1980년대의 중남미, 공산주의 와해 이후의 러시아 등의 사례에서 통화의 가치와 주식 가격의 하락을 가져온 것은 바로 초인플레이션이었다.

그러나 아시아의 경우는 달랐다. 아시아에서 통화의 과대평가에 이어 자산가격의 폭락을 가져온 것은 초인플레이션이 아니라 과대평가된 자산

10장 | 인플레이션의 경제학 **311**

가격, 특히 부동산과 주식의 과대평가된 가격이었다. 게다가 9장에서 지적한 대로 기업들이 외화 표시로 조달한 부채로 국내 통화 표시의 자산에 투자해 수익을 올리려다가 부채와 자산 사이에 발생시킨 미스매치가 문제를 더 심각하게 만들었다. 또한 고인플레이션이 주식 가격을 저평가 상태로 만든다면, 저인플레이션 국가에서는 주식가격의 과대평가가 나타난다는 점을 기억해둬야 한다. 1980년대 후반의 일본과 1990년대 후반의 서구 금융시장이 바로 그랬다.

내가 인플레이션의 역설을 이야기한 두 번째 목적은 1990년대 초의 러시아가 1920년대 초 초인플레이션 시기의 독일과 비슷한 일생일대의 대박기회를 제공했다는 점과, 러시아의 주식 가격이 그 뒤 많이 상승하긴 했지만 국제 수준에 견주면 아직도 극히 저평가된 상태이기 때문에 아직 기회는 남아 있다는 점을 강조하려는 것이다.

공산주의가 와해된 뒤로 옛 소련 국가들은 엄청난 경제붕괴를 경험했다. 〈표 10-3〉을 보면 1989년부터 1994년까지 러시아 경제는 절반으로 위

〈표 10-3〉

**구체제 붕괴 직후의 곤경**
동유럽 국가별 경제성장률(%)

|  | 1989 | 1990 | 1991 | 1992 | 1993 | 1994 |
|---|---|---|---|---|---|---|
| 러시아 | 3.0 | -2.0 | -12.9 | -18.5 | -15.0 | -9.0 |
| 우크라이나 | 4.1 | -2.6 | -11.2 | -14.0 | -15.0 | -10.0 |
| 카자흐스탄 | - | - | -12.0 | -13.0 | -15.0 | -10.0 |
| 폴란드 | 0.3 | -11.6 | -7.6 | 1.0 | 4.0 | 4.0 |
| 체코공화국 | 1.4 | -1.2 | -14.2 | -7.1 | 0.0 | 3.0 |
| 슬로바키아공화국 | 1.0 | -2.5 | -11.2 | -7.0 | -7.0 | -2.0 |
| 헝가리 | 0.1 | -3.3 | -11.9 | -4.5 | -3.0 | 1.0 |
| 불가리아 | -0.6 | -9.1 | -11.7 | -7.7 | -5.0 | 0.5 |
| 루마니아 | -5.8 | -7.4 | -13.7 | -15.4 | -6.0 | 1.0 |

축됐음을 알 수 있다. 그러나 나는 이런 공식 통계수치는 경제활동을 실제보다 적게 반영하고 있다고 본다. 옛 소련의 계획경제와 전체주의 정치체제 아래서는 모든 경제활동이 엄격히 통제됐다. 밀수는 거의 없었고, 암시장 활동도 극도로 제한적이었다. 생산량이 할당되던 옛 소련 체제에서는 한 해에 농산품이 얼마나 생산되는지, 산업 생산량은 얼마나 되는지를 국가가 정확히 알고 있었다. 그러나 공산주의 체제가 무너진 뒤에는 러시아의 국가기관들이 경제에 대한 통제력을 완전히 상실했다. 계획경제 대신 시장경제가 도입됐지만 자본주의에 필요한 법률적, 상업적 기반, 즉 재산소유권, 상업적 권리와 의무의 관계를 규정하는 상법, 공평한 조세체제, 합리적 회계기준 등이 구축되지 않은 상태였기에 약육강식의 정글경제가 펼쳐졌다. 그 결과로 공식적인 생산량은 극적으로 감소하고 암시장이 크게 번성했지만 암시장은 국가의 공식 통계에 반영되지 않았다. 비공식 경제활동의 상당부분은 마피아와 밀접히 연관돼있지만 경제활동을 규제할 법이 제대로 갖춰지지 않았을 뿐 아니라 설령 법이 존재했다고 하더라도 그것을 집행할 국가권력이 더 이상 국민의 신뢰를 받지 못하는 상황이었다. 무엇이 합법이고 무엇이 불법인지를 말할 수 있는 사람이 아무도 없었다.

사실 대부분의 신흥경제에서 경제활동의 많은 부분이 공식적으로 파악되지 않기 때문에 국민소득 통계가 실제보다 낮게 잡힌다. 특히 농촌경제의 많은 부분이 물물교환에 의해 이뤄지며 자급자족의 성격을 띠기 때문에 농촌이 지배적인 나라의 실제 국내총생산은 공식 통계보다 20~25% 정도는 클 것이라고 나는 생각한다. 반면 고도로 산업화된 선진국 경제들은 이전에 가정 안에서 수행되던 세탁, 요리, 바느질 등이 세탁소, 패스트푸드점, 주문요리 서비스 업체, 양복점 등에 아웃소싱되기 때문에 국내총생산이 실제의 경제활동보다 과다하게 계상된다고 볼 수 있다.

1990년대 초반 러시아의 상황은 완전한 경제적 무정부 상태였고, 19세기 미국의 '강도귀족 시대'가 재현된 것과 같았다. 그러나 실제로 러시아에 기업가 계급이 생기기 시작한 시점은 1989년에 공산주의가 붕괴한 뒤가 아니라 그보다 훨씬 전이라는 사실을 알아야 한다. 〈포천〉은 1981년 6월 29일자에서 이미 '러시아의 지하 백만장자들, 비즈니스가 불법인 곳에서 어떻게 비즈니스에 성공했나'라는 제목의 기사를 통해 러시아에서의 기업활동에 대해 보도했다. 1990년대 초에 두각을 나타낸 사업가 가문들은 이미 나름대로 비즈니스를 수행하는 방법에 익숙했다. 흔히 말하는 마피아들 가운데 상당수도 사실은 조직범죄자들이 아니라 혼란스러운 경제환경 속에서 조직적으로 사업을 영위해온 명민한 기업가들이었다.

나는 1981년 이래 여러 차례 러시아를 방문했다. 공식 통계로는 1990년대 초의 러시아는 국내총생산이 크게 하락하는 등 경제여건이 참담했다. 하지만 내가 실제로 보기에 1990년대 초의 러시아 사람들은 1980년대 초에 비해 훨씬 윤택해졌다. 비효율적인 공식경제는 위축됐지만 지하경제는 매우 빠른 속도로 팽창하고 있었다. 이 때문에 좋은 인맥을 갖고 있고 융통성이 있는 사람들은 빠른 속도로 부자가 됐다. 물론 연금생활자들은 어려운 시기를 보낼 수밖에 없었다. 그러나 이는 실물경제의 위축 때문에 나타난 현상이라기보다는 1990년대 초에 러시아 경제가 초인플레이션의 영향을 압도적으로 받고 있었기 때문에 나타난 현상이었다.

나는 체제전환을 하게 된 많은 나라들에서 사회의 양극화가 급속히 진전되는 것을 목격했다. 중국, 베트남, 동유럽 등에서 정부, 경찰, 군대, 비밀경찰에 소속된 사람들과 그들의 가족 및 친척 등은 공산주의가 무너진 뒤 짧은 기간에 상당한 정도의 부를 축적한 반면에 노동자와 연금생활자들은 어려움을 겪었다. 물론 그들도 그 전보다는 생활형편이 나아졌을 테지만 주변의 갑자기 부자가 된 사람들을 보면서 상대적인 박탈감을 크게 느꼈을 것이라고 생각된다.

러시아는 중국과 달리 공산주의 붕괴 이후 매우 빠른 속도로 급격한 사유화 정책을 밀어붙였다. 러시아는 1992년에 '대중적 일괄 사유화(Mass Privatization)' 정책을 채택했다. 이는 국영기업 자산의 45~51%를 노동자와 경영자들에게 주식으로 우선 배정하고 나머지 지분은 '국가자산 펀드'로 이전하는 것을 주요 내용으로 하는 정책이었다. 국가자산 펀드는 국영기업 자산의 29% 이상에 해당하는 지분을 바우처 방식으로 국민들에게 배분할 의무가 있었다. 이에 따라 러시아 국민은 일정한 소액의 수수료만 내고 바우처를 배분받았고, 바우처는 국가자산 경매 때 사용되는 유일한 지급수단이었다. 따라서 바우처는 국가자산 사유화에 참여할 수 있는 증서이자 수표였던 셈이다.

이런 사유화 정책에 따라 1993년 말까지 러시아 전체 인구의 96%인 1억 4400만 명이 1만 루블(1992년 6월 환율로 25달러)씩의 수수료를 내고 사유화 바우처를 배분받았다. 이 바우처는 루블로 가격이 정해져 있어 즉시 거래가 가능했고, 이에 따라 공식 인가를 받아 활동하는 바우처펀드(러시아판 뮤추얼펀드)가 속속 설립됐다. 1993년 말까지 7000개 이상의 중대형 기업과 9만 개 이상의 소규모 기업이 사유화됐다. 또 550개의 바우처펀드가 설립돼 발행된 바우처 전체의 17%를 보유하기에 이르렀다. 이처럼 사유화 정책은 공산주의 붕괴 이후 모든 일이 꼬이던 러시아에서 유일하게 큰 성공을 거두었다.

바우처는 발행된 이래 거래가 활발하게 이루어졌고, 그 가격은 3~26달러 사이에서 오르내렸다. 사유화된 기업의 주식을 받은 노동자와 경영자, 전략적 투자자, 바우처펀드, 투기자, 소수의 외국인 사이에서 장외거래가 이루어지는 방식의 유통시장도 형성됐다.

이런 거래를 통해 1993년 6월까지 러시아 전체 기업의 15%가 바우처 경매 방식으로 자사 주식을 매각했고, 이런 방식으로 사유화된 기업들의 주식 중 20%가 노동자나 경영자 등 기업 내부자가 아닌 외부자의 수중에 들어갔다. 외부자의 수중에 들어간 바우처 수는 약 1500만 장이었다. 바우처의 평균 가격을 8달러로 치면 그 총가치는 1억 2000만 달러였다. 따라서 1993년 당시 러시아 전 산업의 3%가 1억 2000만 달러에 거래됐다는 계산이 나온다. 1994년에는 바우처의 가격이 12달러였는데, 이 가격으로 계산해도 당시 러시아의 전체 산업이 불과 50억~60억 달러에 불과했다.

러시아는 석유, 천연가스, 망간, 티타늄, 니켈을 비롯한 다수의 광물이나 에너지 자원의 세계최대 생산국이다. 러시아의 알루미늄, 바나듐, 플래티넘 생산은 세계 2위, 금과 석탄 생산은 세계 4위다. 게다가 러시아는 잘 교육된 인적자원을 갖고 있었다. 그리고 어쨌든 러시아는 결코 제3세계 국가가 아니었다. 이런 점들을 고려하면 50억~60억 달러라는 러시아 산

〈표 10-4〉

**옛 소련 지역의 풍부한 자원**
자원별 매장량과 그 시장가치

| 자원 | 추정 매장량 | 시장가치(억 달러) |
|---|---|---|
| 석유 | 570억 배럴 | 12,680.0 |
| 망간 | 5억 쇼트톤 | 1,925.0 |
| 금 | 8710톤 | 1,036.0 |
| 니켈 | 810만 쇼트톤 | 575.1 |
| 바나듐 | 400만 톤 | 300.5 |
| 백금 | 600만 킬로그램 | 234.0 |
| 은 | 5만 톤 | 70.4 |
| 크롬 | 1억 2900만 톤 | 64.5 |
| 합계 | | 16,890.0 |

업 평가액은 터무니없이 저평가된 것이었다.

1993~1994년에 러시아 자산에 대해 이루어진 엄청난 저평가는 개별 기업의 시장가치로도 확인된다. 1994년에 세계 원유 생산의 2%를 차지한 러시아 최대의 석유회사 수르구트네프테가스는 1993년에 사유화됐는데, 1994년 초에 이 회사의 발행주식 시가총액은 1억 7000만 달러에 지나지 않았다. 각각 3만 명 이상을 고용하고 있었던 우랄마시와 페름스키 모터스는 700만 달러와 400만 달러로 기업가치가 평가되고 있었다. 모스크바 최대의 소매업체로 크렘린궁 바로 옆에 임대점포이긴 하지만 주 영업점을 두고 있었고 그 외에도 모스크바에 15개의 상점망을 보유하고 있었던 굼 백화점의 시장가치는 2400만 달러였다.

러시아 자산의 가치가 이처럼 저평가된 데는 인플레이션의 역설 외에도 여러 가지 이유가 작용했다. 러시아는 사유화 정책을 채택할 때 사유화 대상 기업들의 자산 가치를 1992년 7월 1일자로 평가해 고정시켰다. 그러나 그 뒤 루블화의 가치는 80%나 폭락했다. 이에 따라 1993년에 실제로 사유화를 위한 경매가 실시될 때 달러로 환산한 그 거래가격이 낮아진 것이다. 또 다른 이유는 사유화 대상 기업의 노동자와 경영자 등 내부자는 1992년 7월 1일 평가된 가치대로 주식을 살 권리를 갖고 있었다는 점이다. 내부자들은 기업주식 배정비율이 상대적으로 높았고, 보통은 51%를 배정받았다. 내부자들이 저평가된 가격으로 자기 회사 주식을 사서 보유할 수 있었으므로 전체적인 주식 거래가격이 낮은 수준으로 억제됐다.

공산주의가 무너진 뒤에 러시아는 다른 사안들에서는 잘못된 것이 많았지만 사유화에서 큰 성공을 거두었다. 다른 어떤 옛 공산주의 국가도 1990년대 초의 러시아만큼 많은 국유자산을 그렇게 빨리 민간부문으로 이전시키지 못했다. 러시아의 사유화 조치는 수천 개 기업의 사유화에 그치지 않았다. 주택 역시 저가로 거주자에게 분양됐다. 그 결과 대부분의 러시아 국민이 주식과 주택 등 자산을 소유하게 됐고, 이에 따라 비효율적인 계획경제로 되돌아가는 것이 어려워졌다. 사실 1990년대 초에 러시아에서는 아무도 정부의 규제와 법에 개의치 않았다. 관심은 오로지 비공식 경제에서 가능한 한 많은 돈을 가능한 한 빨리 버는 데 있었다. 무질서하고 극단적인 적자생존식 자본주의 경제질서의 확산은 많은 문제를 낳기도 했지만 역동적인 민간부문을 만들어냄으로써 1998년 위기 이후의 러시아에 강력한 경제발전을 가져오는 원동력이 됐다.

러시아는 광활한 영토를 가진 자원부국이다. 만약 앞으로 10년간 국제 일차산품 가격이 상승한다면 러시아는 아르헨티나, 브라질, 인도네시아, 말레이시아, 태국, 베트남, 그리고 산유국들과 함께 그 주된 수혜국이 될 것이다.

여하튼 1990년대 초에는 러시아 금융자산의 가격이 극단적으로 억눌린 탓에 더 떨어지지는 않을 가능성이 높았고, 설사 더 떨어지더라도 그렇게 많이 떨어지지는 않을 것이 분명했다. 왜냐하면 러시아의 부자들이 주식을 계속 사들여 기업에 대한 지배지분을 확보하려고 했기 때문이다. 앞에서도 말했지만 1993년 말에 러시아 내 기업자산 전체의 시장가치는 50억~60억 달러에 불과했다. 당시 홍콩 증시의 상장주식 시가총액이 3000억 달러를 웃돌았던 것에 비하면 러시아 기업자산의 가치가 얼마나 저평가된 상태였는지를 알 수 있다.

내가 초인플레이션 국가에서 생겨나는 자산 저평가 상태와 인플레이션의 역설을 자세히 논의한 데는 또 하나의 이유가 있다. 1980년대 이후 국제 일차산품 가격과 전반적인 물가가 장기간 약세를 보여 왔다. 이에 따라 선진국에서는 인플레이션에 대한 걱정이 사라지고, 오히려 디플레이션을 우려하는 분위기가 나타나고 있다. 사실 현재 중국이 세계 어느 나라보다 싼 비용으로 공산품을 만들어 수출함으로써 디플레이션을 수출하고 있기도 하다. 이런 가운데 제조업 제품들도 가격이 계속 하락하고 있는 것처럼 보인다.

그러나 나는 서구의 중앙은행들이 지금과 같은 금융완화 정책을 계속한다면 어느 시점에 가서는 심각한 인플레이션 압력이 나타날 것이라고 생각한다. 지금과 같은 불안정한 세계경제 여건이 지속될 경우에 과연 세계가 긴축정책으로 돌아설 수 있을지 의문이다.

따라서 나는 앞으로 몇 년 안에 세계경제에서 적어도 부분적으로는 인플레이션이 문제가 될 가능성이 높다고 본다. 따라서 투자자들은 인플레이션이 가져다줄 주식시장의 기회에 대해 미리 공부해둘 필요가 있다.

게다가 2002년 현재 미국의 국공채가 인기를 끌고 있지만, 미국의 국공채는 이미 1981년 9월 이후의 가격상승으로 그 수익률이 40여 년만의 최저수준에 있다. 이는 곧 미국 채권시장이 인플레이션에 매우 취약하다는 의미다. 1940년대 중반부터 1981년까지 존재했던 인플레이션 현상이 앞으로 다시 나타난다면 채권 보유자에게는 완전한 재앙이 될 것이다. 내가 앞으로 몇 년 안에 도래할 것으로 예상하는 인플레이션 가속화의 환경 속에서는 투자자는 채권보다 실물자산이나 주식을 갖고 있는 편이 더 나을 것이다. 특히 주식은 싼 가격에 살 수만 있다면 아주 좋은 투자대상이 될 것이며, 사실 대부분의 신흥경제국가 주식시장들이 지금 그런 기회를 제공해주고 있다.

신흥경제와 관련해 한 가지 더 고려해야 할 것이 있다. 세계의 경제지도는 여러 가지 중대한 사건들, 다시 말해 전쟁, 새로운 통상로의 발견, 새로운 발명과 산업의 출현 등에 따라 크게 바뀌어왔다. 최근에는 사회주의와 공산주의의 붕괴로 수십억 명의 인구가 새로이 자본주의 시장경제로 들어왔다. 오늘날과 같은 기술진보의 시대에 일어난 이러한 변화는 세계의 산업, 무역, 금융에 예상하기 어려운 큰 변화를 불러올 것이다. 이에 대해서는 다음 장에서 알아보자.

# 11장 | 번영 중심의 성장과 몰락

> 과거에 위대했던 도시들의 대부분이 이제는 대단치 않은 곳이 돼버렸다.
> 지금 강력한 도시들은 옛날에는 미약한 존재였다.
> 나는 이 두 가지 역사를 공평하게 다뤄야 한다고 생각한다.
> 행복은 결코 영원히 한 곳에 머무르지 않는다.
> – 헤로도토스(Herodotus, 기원전 5세기)

나는 도시의 성장과 몰락, 그리고 경제지리의 변화에 항상 관심을 가져왔다. 경제적인 측면에서 주목할 만한 것은 성장과 발전이 참으로 불균등하게 이루어져왔다는 점이다. 고대 이래 많은 도시와 국가, 문명들이 번영했다가 몰락했다. 경제성장의 특징 가운데 하나는 끊임없는 변화다. 어느 지역이 한동안 다른 지역보다 빨리 성장하지만 결국은 그 지역도 쇠락하고 만다.

이러한 '번영 중심의 성쇠'를 이해하기 위해 우선 1850년 이래 미국 10대 도시의 면면을 살펴보자. 〈표 11-1〉에서 볼 수 있듯이 1850~1900년의 10대 도시 가운데 지금도 10대 도시 명단에 남아있는 곳은 뉴욕, 필라델피아, 보스턴 등 3개뿐이다. 지난 100여 년간 미국의 10대 도시 명단에서 볼티모어, 뉴올리언스, 신시내티, 세인트루이스, 피츠버그, 버펄로, 클리블랜드 등은 사라진 반면 로스앤젤레스, 시카고, 샌프란시스코, 디트로이트,

〈표 11-1〉

**대도시의 부침**
미국 10대 도시와 인구 변천(단위:만 명)

| 1850 | | 1900 | | 1930 | | 1950 | | 1986 | |
|---|---|---|---|---|---|---|---|---|---|
| 뉴욕 | 52 | 뉴욕 | 344 | 뉴욕 | 693 | 뉴욕 | 789 | 뉴욕 | 1781 |
| 필라델피아 | 34 | 시카고 | 170 | 시카고 | 338 | 시카고 | 492 | 로스앤젤레스 | 1237 |
| 볼티모어 | 17 | 필라델피아 | 129 | 필라델피아 | 195 | 로스앤젤레스 | 400 | 시카고 | 804 |
| 보스턴 | 14 | 세인트루이스 | 58 | 디트로이트 | 157 | 필라델피아 | 292 | 필라델피아 | 576 |
| 뉴올리언스 | 12 | 보스턴 | 56 | 로스앤젤레스 | 124 | 디트로이트 | 266 | 샌프란시스코 | 569 |
| 신시내티 | 12 | 볼티모어 | 51 | 클리블랜드 | 90 | 보스턴 | 223 | 디트로이트 | 458 |
| 세인트루이스 | 8 | 클리블랜드 | 38 | 세인트루이스 | 82 | 샌프란시스코 | 202 | 보스턴 | 403 |
| 피츠버그 | 5 | 버펄로 | 35 | 볼티모어 | 81 | 피츠버그 | 154 | 휴스턴 | 357 |
| 버펄로 | 4 | 신시내티 | 33 | 보스턴 | 78 | 세인트루이스 | 140 | 워싱턴 | 343 |
| 워싱턴 | 4 | 샌프란시스코 | 34 | 피츠버그 | 67 | 클리블랜드 | 138 | 댈러스 | 335 |

휴스턴, 댈러스 등이 새로이 명단에 올랐다. 특히 로스앤젤레스의 부상은 눈부셨다. 1890년까지만 해도 인구가 5만에 불과했던 이 도시는 지금 미국에서 두 번째로 큰 도시가 됐다. 이처럼 지난 100년간만을 봐도 다른 도시나 지역을 압도한 곳도 있고, 상대적으로 침체하거나 아예 몰락한 곳도 있다.

나는 앞에서 지금의 세계가 15세기 말의 대항해 시대, 또는 제조업뿐만 아니라 운하와 철도 등 교통수단도 발달하고 신흥국가인 미국이 세계경제에 편입된 19세기 하반기의 기술발전 시대와 비슷한 격변기에 있다고 했다. 앞의 두 시대에 일어난 극적인 변화는 새로운 도시와 지역이 새로 번성하게 하고, 그 전에 번영을 누렸던 도시와 지역이 침체하다가 마침내는 몰락하게 하는 계기로 작용했다. 이와 마찬가지로 오늘날 공산주의와 사회주의의 몰락 이후에 일어나고 있는 변화들, 다시 말해 새로운 신흥경제국가들의 등장과 시장경제로의 통합은 새로운 경제중심을 등장시키면서 그 밖에 다른 곳들은 쇠락하게 하는 계기로 작용할 것이다.

나는 1973년부터 홍콩에서 살아오면서 아시아의 많은 도시와 국가들이 화려한 경제발전을 이룩하는 모습을 보았다. 25년 전만 해도 대만, 한국, 싱가포르, 말레이시아는 가난한 나라였다. 그러나 오늘날 이들 국가는 부유해졌고, 현대적 면모를 갖춘 큰 규모의 수도를 갖고 있으며, 그 수도에는 20~30년 전에는 볼 수 없었던 훌륭한 기반시설이 갖춰져 있다. 지금 우리는 새롭게 등장한 국가들, 즉 중국, 러시아, 베트남, 동유럽 국가 등의 성장속도를 과소평가하고 있는지도 모르며, 번영의 중심지가 바뀌고 있는 것을 놓치고 있는지도 모른다.

홍콩을 생각해보자. 중국의 개방과 홍콩의 중국 반환 이후 홍콩은 어떤 길을 걷고 있는 것일까? 16세기의 신항로 발견으로 인해 몰락한 투루판, 호탄, 카슈가르, 사마르칸트, 박트리아 등 실크로드 도시들의 전철을 밟는 것은 아닐까? 11세기에 베르베르 왕국에 통합되면서 몰락의 길로 접어든 스페인의 도시 코르도바와 같은 운명을 맞게 될까? 1803년에 오스트리아에 합병된 뒤로 쇠퇴의 길을 걸은 잘츠부르크와 비슷한 운명을 맞을까? 아니면 로마의 지배 아래 번성한 알렉산드리아나 오스만제국의 지배 아래 번영을 누린 콘스탄티노플처럼 홍콩도 중국의 지배 아래에서도 번영을 계속할까? 알렉산더 대왕이 기원전 332년에 만든 알렉산드리아는 이집트 프톨레마이오스 왕조의 통치를 받다가 기원전 30년 클레오파트라의 죽음과 동시에 이집트가 로마제국의 속주로 편입된 뒤로 로마제국의 2대 도시이자 경제 중심지로서 번영을 누렸다.

주식은 장기적으로 오르기만 한다는 주장도 있다. 만약 이런 주장이 옳다면, 고대에 부의 중심지였던 티루스, 시돈, 카르타고와 같은 도시들에 투자를 하고 2000년을 기다렸으면 엄청난 부자가 됐을 것이다. 그런 고대

도시에 1달러를 투자했다면 연 3% 복리로 계산할 경우 지금은 1420해 달러(1420조 달러의 1억 배)가 돼있을 것이다. 그러나 이는 환상이다. 역사의 과정에서는 종종 모든 것이 완전히 잘못되어 경제적 균형이 뒤집히곤 하기 때문이다.

내가 지금부터 살펴보려는 것은 한때 강력하고 부유했던 도시나 지역이 사회적, 경제적, 정치적 변화 속에서 사라져버린 사례들이다. 과거의 모든 도시를 다 살펴보는 것은 불가능하므로 우리에게 시사해주는 바가 있는 몇 가지 사례들만 골라 살펴보자.

그에 앞서 강력하고 부유하다는 것을 어떤 기준에 따라 정의하고 그 정도를 비교할 것인지를 생각해보자. 일단 인구수로 비교해볼 수 있다. 그러나 교역상의 장점 또는 특정 산업이나 천연자원 덕분에 인구는 적으면서도 부유한 도시나 지역도 있을 수 있다는 점을 염두에 두자.

**고대의 부**

역사상 가장 번영했던 도시들을 〈표 11-2〉에서 보면 많은 변화가 있었음을 알 수 있다. 고대 세계에서는 이집트, 수메르, 바빌로니아, 아시리아 등의 수도가 가장 큰 도시였고, 나일강이나 메소포타미아 강 유역에 있었다. 이런 도시들은 주로 농업이나 광업으로 부를 축적했고, 그 가운데 일부는 바빌론처럼 지리상의 위치 덕분에 국제무역의 중심지로 번성했다. 이들 도시는 왕조의 수도로서 인접 지역과의 전쟁에서 얻게 된 전리품의 혜택을 보았다. 전쟁에서 진 것이 이들 도시의 몰락에 직접적인 원인이 되었지만 내부적인 부패도 도시 몰락의 주요 원인이었다.

⟨표 11-2⟩

**대도시의 흥망성쇠**
역사상 세계 최대 도시와 인구

| 도시 | 연도 | 도시 | 연도 |
|---|---|---|---|
| 멤피스 | BC 3100년부터 | 코르도바 | 935 |
| 아카드 | 2240 | 카이펑 | 1013 |
| 라가쉬 | 2075 | 콘스탄티노플 | 1127 |
| 우르 | 2030 | 메르브 | 1145 |
| 테베 | 1980 | 콘스탄티노플 | 1153 |
| 바빌론 | 1770 | 페스 | 1170 |
| 아바리스 | 1670 | 항저우 | 1180 |
| 멤피스 | 1557 | 카이로 | 1315 |
| 테베 | 1400 | 항저우 | 1348 |
| 니네베 | 668 | 난징 | 1358 |
| 바빌론 | BC 612 (20만 명 돌파) | 베이징 | 1425 |
| 알렉산드리아 | 320 | 콘스탄티노플 | 1650 |
| 파트나 | 300 | 베이징 | 1710 |
| 창안 | 195 | 런던 | 1825 (500만 명 돌파) |
| 로마 | 25 | 뉴욕 | 1925 (1000만 명 돌파) |
| 콘스탄티노플 | AD 340 | 도쿄 | 1965 (2000만 명 돌파) |
| 크세시폰 | 570 | | |
| 창안 | 637 | | |
| 바그다드 | 775 (100만 명 돌파) | | |

함무라비 왕 때 전성기를 누린 바빌로니아 왕조는 기원전 1600년경에 히타이트족의 침략을 받고 멸망했다. 고대 도시 바빌론은 히타이트에 이어 카시트와 아시리아의 지배를 받으면서 점차 쇠퇴해갔고, 기원전 689년에 아시리아의 왕 센나케리브에 의해 완전히 파괴되어 일시 황무지가 되기도 했다. 그 다음 왕인 아슈르바니팔 왕 때 아시리아는 절정기였다. 그는 기원전 664년에 이집트를 정복하고 그 나라의 최대 도시인 테베를 파괴했다. 당시 아시리아제국의 수도인 니네베가 세계에서 가장 큰 도시가 됐다. 그러나 아시리아제국의 서아시아 통치는 그렇게 오래 계속되지 못

했다. 기원전 612년에 바빌로니아의 왕 나보폴라사르는 아시리아제국을 멸망시키고 니네베를 잿더미로 만들었다. 그의 아들 네부카드네자르는 이집트와 예루살렘을 정복했다. 신바빌로니아 제국은 네부카드네자르 왕 때가 전성기였고, 그때 바벨탑으로 알려진 바빌론 석탑이 완성됐다.

바빌론은 무역의 중심지라는 지리적 이점 덕분에 거듭 재건되고 번성했다. 처음에는 바빌로니아 치하에서, 그 뒤에는 기원전 550년에 키루스 대왕이 건국한 페르시아 제국의 일부로서 번성했다. 키루스 대왕은 리디아 왕국의 마지막 왕이자 대부호였던 것으로 유명한 크로이소스를 포획했고, 그때 크로이소스 왕은 산 채로 높이 매달린 상태에서 올리브유에 붙인 불로 태워졌다고 한다. 한편 페르세폴리스와 수사가 아케메네스 왕조 페르시아의 수도가 되기도 했으나, 이 두 도시는 지리상의 위치 때문에 무역의 중심지가 되지는 못했다. 이리하여 바빌론은 쇠퇴하는 단계에서도 세계 최대 도시로서의 지위를 잃지 않았다. 바빌론은 알렉산더 대왕(기원전 356~323년)이 아케메네스 왕조 전체를 무너뜨릴 때까지 약 300년간이나 세계 최대 도시의 지위를 지켰다.

바빌론이 번영과 파괴, 그리고 재건을 반복한 과정은 참으로 흥미롭다. 오늘날의 베를린, 상하이, 호치민, 상트페테르부르크, 프라하, 부다페스트, 아바나, 모스크바 등도 20세기 전반에 번영을 누린 뒤 공산주의의 몰락과 함께 경제적으로 황폐해졌지만 바빌론과 마찬가지로 다시 일어나 전보다 더한 번영을 누리게 될 수도 있지 않을까?

나일 강과 메소포타미아 강 유역의 도시들은 농업, 광업, 공물, 전쟁 등에 힘입어 번성한 데 비해 페니키아의 도시들인 비블로스, 시돈, 티레 등은 기원전 15세기부터 무역으로 번영했다. 페니키아인들은 선박건조와 항해에 능했다. 북극성도 그들이 발견한 것으로 알려져 있다. 그들은 각지에 카르타고, 우티카, 카디스를 비롯해 무역거점을 수백 곳 만들어 무역제국을 건설했다. 이로 인해 권력과 부의 중심이 지중해로 옮겨갔다. 지중해 도시들 가운데 아프리카 북부에 있는 카르타고가 잠시 가장 번성한 무역도시가 됐다. 이 도시의 인구는 한때 70만 명을 넘었다. 티레는 알렉산더 대왕에 의해 파괴됐고, 동서무역의 중심은 기원전 332년에 그가 나일 강 삼각주 지역에 새로 만든 알렉산드리아로 넘어갔다.

알렉산드리아는 프톨레마이오스 왕조 때 놀라운 번영을 이룩했고, 나중에 로마의 통치를 받으면서도 번영을 이어갔다. 지리적 이점 덕분에 알렉산드리아는 로마제국의 동서무역으로부터 혜택을 듬뿍 누렸다. 알렉산드리아는 한때 인구가 50만 명(노예까지 포함하면 100만 명)이 넘는 등 경제적으로 번성했을 뿐 아니라 헬레니즘과 유대주의의 중심이었다. 최초의 성경 번역인 '70인역'이 바로 이곳에서 이뤄져, 헤브라이어 구약 성경이 그리스어로 옮겨졌다. 로마의 하드리아누스 황제는 상업활동이 활발한 알렉산드리아를 두고 "눈먼 자도 일하는 도시"이며 "유대인과 기독교인은 물론 그 밖의 다른 종교를 믿는 사람들까지 모두가 돈을 신처럼 떠받드는 곳"이라고 말했다. 알렉산드리아의 거대한 파로스 등대는 60킬로미터 밖에서도 그 불빛이 보였고, 이 도시의 도서관에는 전 세계 모든 곳에서 천문학자, 철학자, 의사 등이 찾아왔다.

알렉산드리아가 경제적 번영을 누릴 수 있었던 데는 몇 가지 이유가 있었다. 프톨레마이오스 왕조 시절부터 이미 인도 및 극동과의 동방무역로에 변화가 일어나기 시작했다. 그리스의 배, 그 다음에는 로마의 배가 인도의 이곳저곳에 있는 항구로 가서 그곳의 재화를 싣고 홍해를 통해 이집트로 갔다. 로마의 마르쿠스 아우렐리우스 황제는 서기 166년에 바다를 통해 중국에 원정대를 보내기도 했다. 나일 강과 홍해를 잇는 운하가 건설되기도 했으나 제대로 이용되지 않아 수에즈 만에서 알렉산드리아까지는 낙타로 짐을 운반해야 했다.

로마시대에는 실크로드의 중요성이 많이 떨어졌고, 무역선들이 홍해를 통해 동방무역에 나섰다. 특히 로마인들이 계절풍을 발견해 활용함으로써 인도로 가는 항해에 걸리는 시간이 많이 단축된 것이 실크로드의 중요성을 떨어뜨렸다. 게다가 파르티아와의 전쟁이 계속되면서 실크로드는 더 이상 안전한 길이 아니게 되어 때때로 폐쇄되기도 했다. 티레가 알렉산더 대왕에 의해 파괴된 뒤로 이전의 위상을 회복하지 못한 것은 바로 이런 변화 때문이었을 수 있다.

그러나 번영을 누리던 알렉산드리아도 마르쿠스 아우렐리우스에 의해 부분적으로 파괴된 것을 시작으로 해서 로마제국의 몰락과 더불어 쇠퇴하게 된다. 해상무역로 상에 위치하고 있다는 지리적 장점 덕분에 영원히 상업의 중심지로 번영할 것 같았던 알렉산드리아는 역설적이게도 1497년에 희망봉을 돌아가는 더 좋은 해상무역로가 발견됨으로써 그 번영에 종지부를 찍게 됐다.

로마시대에 문화와 교역의 중심지 역할을 했던 페트라와 안티오키아도 같은 경로를 밟았다. 페트라는 오랜 기간 향료무역을 독점했다. 그러나 무역로가 다른 곳으로 바뀌자 이 도시는 완전히 해체되어 지도상에서 사라져버렸다. 많은 세월이 흐른 뒤인 1812년에 스위스의 탐험가 부르크하르트가 이 도시를 다시 발견해냈을 때 거기에는 유목민들만 살고 있었다. 그런가 하면 안티오키아가 몰락한 원인은 무역로의 변경이 아니라 전쟁이었다. 서기 260년에 인구가 30만 명에 이르렀던 안티오키아는 페르시아의 왕 샤푸르 1세에 의해 함락됐다. 샤푸르 1세는 로마의 발레리아누스 황제를 포획한 인물로도 유명하며, 말에 올라 탈 때에는 항상 로마인의 해

골을 발판으로 삼았다고 한다. 안티오키아는 1401년에 사마르칸트의 티무르 왕에 의해 다시 한 번 파괴됐고, 그 뒤로 300가구만 사는 조용하고 한가한 마을로 바뀌고 말았다. 서아시아의 위대한 도시들은 이렇게 사라져 갔다.

로마제국의 지리적 광대함은 무역의 발달을 촉진했다. 로마는 군사적, 정치적으로 강했고, 로마의 토목공학 기술은 19세기에야 비로소 그것에 견줄 만한 토목기술이 다시 발달할 정도였다. 로마는 상법, 민법, 해양법 등 법률제도도 매우 잘 정비된 도시였고, 이들 로마의 법은 제국의 전역에 동일하게 적용됐다. 로마는 또 훌륭한 다리와 터널을 갖춘 도로망을 체계적으로 구축한 최초의 도시였다. 매우 효율적인 우편통신 체계가 형성되어 뉴스전달 속도도 매우 빨랐다. 19세기에 철도가 놓인 뒤에야 비로소 로마제국 때와 같은 속도로 뉴스를 전파하는 것이 다시 가능해졌다고 평가될 정도다. 로마의 주화는 제국의 전역에서 통용됐다. 팍스 로마나 기간 중에는 제국의 전역이 비교적 안전했다. 노상강도와 해적은 거의 제거됐고, 항만과 도로도 훌륭하게 유지됐다.

로마가 별다른 생산품을 갖고 있지 않았던 점을 감안하면, 바로 이런 모든 요소가 로마의 번영을 뒷받침했음을 알 수 있다. 로마가 생산한 것은 상품이 아니라 지식, 지도자, 군사기술, 법, 질서, 원활하게 가동되는 금융시장, 행정체계 등이었다. 필요한 물건은 거의 모두 제국의 다른 지역이나 인접국가로부터 수입됐다. 금, 야생동물, 상아, 옥수수는 아프리카에서, 철, 양모, 과일, 은은 스페인에서, 의류, 진주, 섬유는 페르시아에서, 유황, 포도주, 삼나무 목재는 시리아에서, 향수는 이집트와 아라비아에서, 비단과 도자기는 중국에서, 귀금속과 향료는 인도에서 수입됐다. 로마의 인구가 늘어나고 소비수준이 향상되면서 사치재에 대한 욕구도 커졌고, 로마제국의 수도는 세계에서 가장 큰 소비재 시장이 됐다. 이런 점은 오늘날 미국의 역할과 비슷하다. 로마는 소비증가로 인해 무역적자가 커졌고, 이는 인플레이션과 통화가치의 하락을 초래했으며, 나아가 제국의 약화와 쇠퇴를 가져왔다.

3세기에 이미 상당한 정도로 진행된 로마제국의 쇠퇴는 서기 330년부터 가속화됐다. 이 해에 콘스탄티누스 황제가 비잔티움으로 거처를 옮겼다. 그는 비잔티움에 새로운 성당과 궁전을 건설하고, 도시 이름을 콘스탄티노플로 바꿨다. 그는 기독교로 개종했으며, 자신이 '신의 계시'를 받고 콘스탄티노플을 새로 건설했다고 주장했다. 이로써 제국의 중심이 로마와 콘스탄티노플로 갈라졌다. 그러나 인구로 보아 콘스탄티노플의 우세가 곧 분명해졌다.

쇠퇴를 거듭하던 로마는 결국 5세기에 서고트족, 동고트족, 반달족의 침입을 받고 몰락해버렸다. 455년에 반달족의 게이세리쿠스 왕은 로마를 14일 간 약탈했고, 그 뒤로 로마는 다시는 기력을 회복하지 못했다. 1세기에 50만 명이 넘었던 로마의 인구는 600년께는 5만 명으로 줄어들었고, 1300년경에는 3만 명으로 더 줄어들게 된다. 이런 90% 이상의 인구감소가 로마의 부동산 가격에 어떤 영향을 미쳤는지는 물으나 마나 한 질문이다.

콘스탄티노플은 흑해 입구에 위치한 지리적 이점 덕분에 역사상 가장 오랫동안 대도시의 지위를 유지한 도시들 가운데 하나다. 이 도시는 1453년에 오스만투르크에 의해 점령당한 뒤에 짧은 기간 동안 인구가 급감했던 것을 제외하고는 19세기까지 세계의 10대 도시 중 하나로 남았다.

로마제국 멸망 이후 500년 동안에는 서유럽이 전쟁, 문화적 붕괴, 경제적 참상 등으로 점철됐다. 반면에 632년에 메디나에서 예언자 무하마드가 사망한 뒤로 이슬람 세계는 칼리프의 지배체제 아래 강력한 제국으로 등장했다. 무하마드가 죽은 지 150년도 안 돼 칼리프들과 그들의 추종자들은 메소포타미아, 시리아, 중동 전역, 북아프리카, 스페인의 대부분에 걸치는 이슬람 제국을 건설했다. 750년에 알 만수르는 지금의 이라크 지역에 왕국을 세우고, 고대 파르티아 제국의 유적지인 크테시폰의 잔해에서 구한 돌을 이용해 바그다드라고 불리던 작은 마을에 '평화의 도시'라는 뜻의 '마디나트 알 살람'을 건설했다. 크테시폰은 637년에 아랍족에 의해 점령되기 전만 해도 세계에서 가장 큰 도시였는데 불과 120년 만에 완전히 사라진 상태였다. 오늘날로 치면 뉴욕, 도쿄, 런던과 같은 대도시가 흔적도 없이 사라진 것과 같았다.

바그다드는 문화와 상업의 중심도시로 급성장했다. 9세기 중엽에는 인구가 90만 명에 이르러 세계 최대의 도시가 됐다. 그러나 바그다드는 내전으로 인해 쇠락했다. 1000년께에는 인구가 15만 명으로 줄어들었고, 1258년에는 몽골의 훌라구 칸이 메소포타미아를 정복하고 바그다드의 주민들을 몰살했다.

칼리프들은 7세기에 북아프리카를 정복했다. 710년에는 베르베르족의 타리크가 스페인을 침략해, 5세기 이래 스페인을 점령해온 서고트족의 로데릭 왕을 격파하고 이베리아 반도의 대부분을 차지했다. 이렇게 성립된 우마이야 왕조를 통해 무어족이 지배한 스페인의 수도는 코르도바였고, 이 도시는 10세기에 이슬람 문화의 중심이 됐다. 코르도바는 종교에 관용적인 분위기로 인해 상인, 과학자, 시인 등이 모이고 온갖 종족과 종교가 수용되는 화합의 도시였다. 당대인들이 남긴 기록에 따르면 안달루시아, 즉 스페인 남부지역은 아랍족 정복자들의 정의롭고 현명한 지배를 받았다. 이에 따라 1000년경에는 코르도바가 세계에서 가장 큰 도시가 됐고,

스페인은 유럽에서 가장 인구가 많은 나라가 됐다.

  그러나 코르도바의 번영은 오래가지 못했다. 베르베르족, 아랍족, 유대인, 기독교도, 이슬람으로 개종한 스페인인 등이 서로 갈등하게 되면서 이 도시는 쇠퇴하기 시작했다. 마침내 1236년에 스페인의 왕 페르디난도 3세에 의해 정복된 뒤로 코르도바의 몰락은 가속화됐다. 1000년께 45만 명이 넘었던 코르도바의 인구는 1300년에는 그 10% 수준인 4만여 명으로 줄어들었다. 11세기에 코르도바가 쇠퇴하는 동안에는 마라케시와 페즈가 베르베르족의 지배 아래 교역과 문화의 중심지가 됐다.

  앞에서 말한 바와 같이 361년에 이미 콘스탄티노플은 로마를 능가하기 시작했다. 5세기에 서로마제국의 몰락이 가속화하면서 동로마제국(비잔틴제국)의 수도인 콘스탄티노플은 서구문명의 중심지가 됐다. 5세기부터 오스만투르크에 의해 멸망당하게 되는 15세기까지 콘스탄티노플은 힘에서는 로마를 대체했고, 교역에서는 알렉산드리아를 능가해 세계에서 가장 큰 시장이자 교역의 중심지였다. 동로마제국이 페르시아와 적대관계를 유지했던 탓에 흑해 연안에 여러 항구가 열렸고, 무역로가 그쪽으로 이동함으로써 카스피해와 아랄해를 거쳐 오늘날의 우즈베키스탄 지역에 해당하는 소그디아나에서 사마르칸트, 카슈가르, 중국으로 이어지는 북방 실크로드가 열렸다. 동로마제국은 유스티니아누스 황제(527~565) 때 전성기를 맞았다. 당시 동로마제국의 영토는 지중해 서부의 발레아레스 제도에서부터 사르디니아, 코르시카, 발칸, 더 나아가 베네치아, 다뉴브강, 소아시아, 북아프리카, 이집트, 시리아에까지 이르렀다.

  동로마제국은 아주 잘 발달된 금융시스템을 갖고 있었다. 세계의 다른 어느 곳보다 낮았던 금리는 동로마제국의 금융이 얼마나 번성했는지를 보여준다. 유스티니아누스 황제는 금리의 상한을 정했다. 농부에 대한 대출은 4%, 담보가 있는 대출은 6%, 상업적 대출은 8%, 선박 투자에 대해서는 12% 이상의 금리를 받지 못하게 했다. 그러나 콘스탄티노플의 번영은 유스티니아누스 황제가 사망한 직후부터 기울어지기 시작했다. 내부의 세력 간 갈등과 외부세력의 침입이 이어지면서 동로마제국은 쇠퇴하기 시작했다. 아바르족과 슬라브족이 다뉴브강을 건너 침입해왔고, 서부 아시아의 대부분은 페르시아에 의해 점령됐다. 곧이어 시리아, 이집트, 북아프리카도 이슬람 세력에 넘어갔다.

11세기에 동로마제국은 거의 망하는 것처럼 보였으나, 알렉시우스 콤네누스 1세 황제가 교묘한 외교로 이슬람 세력에 대항해 유럽의 세력을 강화시키고 8차례에 걸친 십자군전쟁을 시동시키는 데 성공함으로써 잠시 기사회생했다. 십자군전쟁은 1076년에 셀주크투르크가 예루살렘을 점령하고 순례자들을 박해하자 유럽세력이 이에 대항해 일으킨 전쟁이었다. 십자군은 예루살렘에서 셀주크투르크를 몰아내고 그곳에 예루살렘 왕국을 세웠다. 동로마제국은 이 전쟁으로 처음에는 되살아나는 듯했으나, 결국은 이 전쟁으로 인해 멸망하게 된다. 특히 십자군 세력은 4차 원정군에 공급할 보급품의 조달을 위해 1204년에 콘스탄티노플을 약탈했고, 이는 콘스탄티노플에 회복이 불가능할 정도로 상처를 입혔다. 결국 이슬람 세력은 1453년에 콘스탄티노플을 장악한 뒤에 그 이름을 이스탄불로 바꾸고 오스만제국의 수도로 삼았다.

이와 같이 내가 문명의 중심지 역할을 했던 도시들의 역사를 길게 살펴본 데는 두 가지 목적이 있다. 그것은 첫째로는 과거의 위대한 도시들 가운데 오늘날까지 문화적, 경제적, 정치적으로 중요한 도시로 남아있는 곳은 한 군데도 없다는 사실을 말하고자 하는 것이고, 둘째로는 새로운 산업이나 새로운 발명이 등장하면 거기에 먼저 올라타는 자만이 이익을 누릴 수 있다는 이야기를 흔히 듣게 되지만 과거에 위대한 문명의 요람이었던 도시들이 퇴락하거나 아예 없어진 역사에 비추어 '먼저 움직이는 자의 이익'이라는 것이 과연 실재하는지에 대해 의문을 제기하려는 것이다. 나는 적어도 아주 길게 보는 장기적 관점에서 보면 그런 이익은 존재하지 않는다고 말하고 싶다.

## 문예부흥기

11세기에서 16세기에 이르기까지 제노바, 아말피, 피렌체, 피사, 베네치아 등 이탈리아 반도의 무역도시들이 새로운 경제적 중심으로 등장한 데에는 여러 가지 이유가 있다. 로마제국의 멸망과 함께 동서무역은 위축됐지만, 9~10세기에는 프랑스와 북유럽의 도시들이 부흥하면서 동서무역이 다시 활발해지기 시작했다. 이런 유럽 북서부 지역의 역내교역이 활성화되면서 일부 산업과 광업이 발달했고, 그에 따라 아시아에서 나는 사치품과 향료에 대한 수요가 늘어났다. 아말피, 제노바, 베네치아와 같은 이탈리아의 해안도시들이 그 혜택을 입었다. 이들 도시의 배들이 알프스 이북의 북유럽 도시들과 샹파뉴 브리에서 매년 6차례 열리는 시장으로 상품을 보내기 위해 이집트, 팔레스타인, 북아프리카, 콘스탄티노플 등에서 짐을 실었다.

해상교역에 나선 이탈리아 도시들은 금융, 보험, 회계를 발달시켰다. 이들에 의해 복식부기가 처음으로 사용됐고, 1157년에는 베네치아가 최초의 정부채권을 발행했다. 특히 피렌체는 금융부문이 뛰어났다. 제노바와 베네치아가 부를 축적하게 된 계기는 십자군 전쟁이었다. 교황 우르반

2세에 의해 1096년에 시작된 십자군전쟁은 보급품과 군대를 팔레스타인 지방까지 싣고 갈 배를 필요로 했다. 이탈리아의 도시들이 금융서비스와 함께 바로 그런 배를 지원했고, 그 대가로 팔레스타인의 항구들에 대한 접근권을 확보했다. 전성기 때 베네치아는 크레타, 로도스, 네그라폰테, 렘노스, 키프로스 등의 섬들과 파마구스타와 같은 번화한 항구도시는 물론이고 서아시아와 아드리아해까지 잇는 장거리 해상운송로도 장악했다. 당시 베네치아의 경제력은 이 도시의 규모로 확인해볼 수 있다. 베네치아는 1300년부터 1500년까지 상주인구가 11만 명 정도여서 파리에 이어 유럽 제2의 도시였고, 콘스탄티노플보다도 규모가 컸다.

여기서 1346년에 몽골의 포위공격을 받은 크림반도의 무역도시 카파에서 흑사병이 발생했다는 사실을 언급해둘 필요가 있겠다. 흑사병은 유럽 전체로 번지면서 15세기 중반까지 유럽의 인구를 3분의 1 정도 줄어들게 했다.

베네치아의 무역활동과 관련된 중요한 사건으로 북유럽 한자동맹의 등장을 꼽을 수 있다. 한자동맹은 전성기에 뤼베크를 중심으로 독일 북부의 도시 100개 이상이 가입해 있었고 런던 브뤼주(브루게), 베르겐, 노브고로트 등에 독일의 법이 적용되는 해외사무소를 두고 있었다. 한자동맹 아래서는 브뤼주가 '북유럽의 베네치아'로 불리며 가장 번성한 도시로 등장했다. 브뤼주는 1200년 이후에 플랑드르 상권에 편입됐고, 이에 따라 외국에서 상인들이 몰려들었다. 한창 직물산업이 발달하고 있었던 플랑드르 지역에 양모를 공급하려는 상인들이 이곳으로 왔고, 노르망디의 곡물과 보르도의 포도주도 이곳에서 거래됐다. 13세기 말에서 14세기 초까지 제노바와 베네치아의 배들도 향료와 후추를 싣고 브뤼주에 와서 플랑드르의 직물을 사갔다. 일부 부유한 이탈리아 상인들이 브뤼주에 정착하기도 했는데, 그들을 통해 자본과 최신 금융기법이 브뤼주로 이전됐다.

1309년에는 유명한 브뤼주 거래소가 개설돼 금융시장의 중심 역할을 했다. 그러나 북유럽의 상거래에서 브뤼주가 누렸던 주도권은 그리 오래 지속되지 못했다. 즈윈 강 어구에 토사가 퇴적됨에 따라 15세기 후반에는 브뤼주의 활력이 떨어졌고, 대신 담이 주된 항구가 됐으며, 플랑드르의 양모업자들과 독일의 무역상들이 안트베르펜으로 옮겨갔다. 이렇게 해서 브뤼주 대신 안트베르펜이 북유럽의 주된 항구이자 금융과 상업의 중심 도시로 떠올랐고, 1460년에 안트베르펜 거래소가 개설됐다.

15세기에 독일에서는 뉘른베르크와 아우구스부르크가 쾰른과 함께 주요 도시로 성장했다. 뉘른베르크는 베네치아와 브뤼주를 잇는 교역로 상에 위치해 있었고, 아우구스부르크는 푸거, 뫼틀링, 벨저, 획스테터, 만리히 등 15~16세기 유럽 금융명문가들의 본거지였다. 이들 아우구스부르크의 금융명문가들은 안트베르펜을 활동무대로 삼기 시작했고, 그 과정에서 유럽 경제의 중심은 베네치아에서 안트베르펜으로 옮겨갔다.

북유럽 도시들의 성장은 단기적으로 베네치아의 상업적 중요성을 크게 부각시켰다. 16세기까지는 북유럽 상인들이 인도와 극동지역의 상품을 사려면 베네치아를 통하지 않을 수 없었기 때문이다. 그러나 베네치아의 이런 독점체제는 오래가지 못했다. 16세기에 세계경제의 판도와 무역의 흐름에 변화가 일어났고, 그 과정에서 브뤼주와 이탈리아 무역도시들의 위상이 꺾인 것이다.

16세기는 스페인, 영국, 프랑스, 오스만제국 같은 열강들이 주도권 싸움을 벌인 시기였다. 바로 이 시기에 아시아와 미주대륙으로 가는 새로운 무역로들이 개척됐다. 그러는 가운데 프랑스의 프랑수아 1세와 앙리 4세, 신성로마제국의 황제이자 스페인 왕인 카를 5세, 영국의 헨리 8세와 엘리자

베스 1세, 스페인의 펠리페 2세, 오스만제국의 술레이만 황제(술탄)와 같은 강력한 군주들이 나타났다. 특히 술레이만 황제는 빈에 대한 포위공격은 포기해야 했지만 탕헤르에서 바그다드까지, 즉 북아프리카, 이집트, 서아시아, 팔레스타인, 시리아, 발칸반도, 헝가리를 아우르는 광대한 제국을 이룩했다.

가장 간단하면서도 훌륭한 경제사 책인《상업의 역사》(1826)를 쓴 프랑스의 경제학자 블랑키(J. A. Blanqui)에 따르면, 1498년 바스코 다 가마의 희망봉 항로 발견은 베네치아에 날벼락이었다. 그 뒤에도 16세기로 넘어가기 전까지는 베네치아가 중요한 무역도시의 위상을 유지했다는 점을 고려하면 날벼락이라는 표현이 과장으로 들릴지도 모르겠다. 하지만 장기적인 관점에서 볼 때 당시 희망봉 항로의 발견은 몽테스키외가 말한 대로 베네치아를 세계의 구석진 곳으로 밀어낸 것이 사실이었다. 계속된 투르크족과의 전쟁도 베네치아가 쇠락하는 데 큰 영향을 끼쳤다.

희망봉 항로의 발견은 포르투갈이 15세기 초부터 서부 아프리카로 진출하려고 노력해온 결과이자 큰 성과였다. 희망봉을 돌아 동방으로 가는 무역항로는 북유럽 도시들과 아시아 사이의 수송에 드는 비용을 큰 폭으로 떨어뜨렸다. 그 전에는 북유럽에서 아시아로 가려면 알프스를 넘어 베네치아로 가서 배를 타고 알렉산드리아나 서아시아의 지중해 연안 도시로 간 다음에 중국으로 갈 경우에는 실크로드로, 인도로 갈 경우에는 배를 타고 바닷길로 가야 했다. 희망봉 항로의 발견으로 이런 복잡하고 위험한 기존의 무역로는 경쟁력을 잃어버렸다.

포르투갈은 '동방무역 제국'의 확장에 적극 나섰다. 포르투갈은 군사적 행동과 외교를 총동원해 호르무즈, 인도의 고아와 디우와 코친, 말라카, 마카오, 인도네시아의 스파이스 제도, 중국의 닝보, 일본의 나가사키,

실론, 모잠비크 등에 식민지를 건설했다. 포르투갈의 동방무역 제국은 베네치아에 즉각 영향을 주었다. 베네치아의 상인들은 포르투갈 상인들 때문에 인도에서 후추를 사기가 어려워졌다. 수송비 절감에 따라 포르투갈 리스본의 후추 가격은 베네치아의 절반 이하에 지나지 않았고, 이에 따라 후추를 사려는 북유럽 상인들은 당연히 리스본으로 몰려들었다.

**서구 제국들의 등장**

1550년께 세계경제의 모습은 15세기와 완전히 달랐다. 포르투갈은 동방의 향료무역을 거의 독점하고 있었다. 인도 서부해안의 항구도시인 고아가 포르투갈의 아시아 무역 중심도시가 됐다. 포르투갈은 말라카를 통해 인도양과 남중국해를 잇는 항로를 장악했고, 호르무즈를 통해 페르시아만과 중앙아시아로 가는 통로를 통제했으며, 아덴을 통해 아라비아 반도로 가는 교역로를 지배했다. 아프리카의 해안에 설치된 수많은 요새들이 희망봉 항로의 안전을 지켜주었다. 포르투갈은 마카오를 통해 일본과 교역을 활발히 했고, 인도네시아의 몰루카 제도를 통해 향료의 공급로를 확보했다.

아시아에서 포르투갈의 유일한 경쟁국은 스페인이었다. 마젤란이 1521년 세부에 상륙한 것을 계기로 스페인은 필리핀에 대한 영유권을 주장했다. 1571년에는 마닐라가 필리핀에서 스페인의 행정중심이 됐다.

유럽대륙에서는 리스본이 남부의 가장 중요한 상업중심이 돼있었고, 북쪽에서는 안트베르펜이 브뤼주의 지위를 이어받고 있었다. 브로델의 《15~18세기 문명과 자본주의》(1982)에 따르면 푸거가가 장악하고 있던 안트베르펜은 베네치아와 리스본을 밀어내고 국제경제의 중심이 돼가고 있었다. 후추를 실은 포르투갈의 배들이 브뤼주가 아닌 안트베르펜에 짐을 내려놓고, 거기서 독일의 광산에서 나온 구리와 은을 실어 갔기 때문이다. 안트베르펜은 처음에는 리스본과의 후추 무역 덕분에, 나중에는 은 무역 덕분에 번영했다. 안트베르펜은 스페인이 섬유, 목재, 가정용품, 밀, 호밀 등을 수입할 수 있게 해주고, 그 가운데 일부를 미국으로 재수출하는 역할도 했다. 스페인은 이런 무역의 대가로 안트베르펜에 은을 지급했다. 특히 스페인이 짊어진 거액의 전쟁부채에 대한 이자가 은으로 안트베르펜에 유입되면서 안트베르펜은 더욱 번성하게 됐다.

16세기 후반부터 안트베르펜은 일련의 불운한 사건으로 인해 위기를 맞았다. 1557년부터 몇 차례 되풀이된 스페인 왕실의 파산, 급여를 받지 못한 스페인 용병들의 약탈행위, 종교전쟁으로 인한 사회적 불안정 등이 안트베르펜에 부정적인 영향을 끼쳤다. 특히 1585년에 스페인이 안트베르펜을 다시 점령한 뒤에는 유대인과 신교도들이 대거 암스테르담으로 이동했다.

북유럽의 상업 중심도시로서 안트베르펜이 쇠퇴하고 암스테르담이 등장한 데는 다른 이유도 있었다. 16세기 중반에 암스테르담은 안트베르펜을 밀어내고 북유럽에서 가장 중요한 곡물시장이 됐고, 이에 따라 암스테르담에 많은 상인과 은행가들이 모여들었다. 1685년에 프랑스에서 낭트칙령이 폐기된 뒤로는 많은 숙련노동자와 기술자들이 암스테르담으로 거주지를 옮겼다. 스페인의 지배를 받는 안트베르펜보다는 암스테르담이 종교적 관용을 더 많이 베풀고 종교적 자유를 더 많이 허용했기 때문이다.

리스본의 번영도 그리 오래 가지 못했다. 원인은 1580년에 스페인과 포르투갈이 합병된 데 있었다. 네덜란드가 스페인으로부터 독립하기 위한 싸움을 벌이고 있는 상황에서 포르투갈이 스페인에 병합됐으므로 포르투갈도 네덜란드의 적이 돼버렸다. 이에 따라 리스본 항구를 더 이상 이용할 수 없게 된 네덜란드는 독자적으로 동방항로 개척에 나섰다. 네덜란드는 은과 향료를 찾아 동아시아로 갔고, 결국은 포르투갈이 누리던 동아시아 무역독점을 무너뜨렸다. 이에 따라 포르투갈은 붐이 끝나면서 최악의 침체에 빠졌다. 블랑키가 지적했듯이 포르투갈은 무역 붐의 기간에 농업을 완전히 무시했고, 이 때문에 더욱 심각한 침체에 빠졌다.

1596년에 네덜란드는 스파이스 제도에 상륙했다. 동방에서 네덜란드는 처음부터 포르투갈의 세력기반을 와해시키는 것을 목표로 삼았다. 이때 네덜란드에 무엇보다 반가운 일이 생겼다. 그것은 1588년의 전쟁에서 스페인의 무적함대가 영국 해군에 참패한 것이었다. 이로써 스페인의 제해권은 완전히 소멸됐다. 네덜란드는 1602년에 동인도회사를 설립했다. 이 동인도회사는 아시아에서 네덜란드 정부를 대신해 스페인과 포르투갈에 맞서 동인도 무역에서 네덜란드의 독점적인 지위를 확립하는 것을 목적으로 삼았다. 3장에서 이야기했듯이 이 네덜란드 동인도회사는 자본금이 넉넉했고 막강했다.

17세기 들어 네덜란드는 포르투갈과의 동방무역 경쟁에서 우위를 차지하기 시작했다. 1640년에 네덜란드는 동방무역에서 가장 중요한 전략항구인 말라카를 점령함으로써 포르투갈에 치명적 타격을 가했다. 네덜란드는 비슷한 시기에 포르투갈로부터 실론 섬을 빼앗았고, 일본에서 포르투갈이 종교적인 문제로 축출당한 틈을 타 이 나라의 나가사키에도 진출했다.

17세기 중반까지 아시아의 경제중심에도 큰 변화가 생겼다. 포르투갈의 지배 아래서는 고아가 인도의 서방무역에서 중심적인 역할을 하는 도시였고, 이 도시의 주된 무역거래 대상품은 향료였다. 그러나 네덜란드가 극동무역의 주도권을 잡게 되면서 바타비아(지금의 자카르타)가 새로운 경제중심으로 부상했다. 서방으로 가는 모든 화물은 바타비아에 일단 들러야 했고, 여기서 청산결제가 이뤄졌다. 물동량이 증가하면서 이런 무역체제에 비능률이 생기자 네덜란드 정부는 모든 극동무역을 동인도회사에 독점시켰다. 1680년까지 네덜란드는 극동무역을 거의 좌지우지했다.

아시아에서 바타비아가 고아를 대신하게 된 것처럼 당시 유럽에서는 암스테르담이 리스본을 대신해 상업 및 금융의 가장 중요한 중심지가 됐다. 이즈음 역사상 최초로 자본주의가 발달하기 시작했고, 암스테르담에 최초의 증권거래소가 들어섰다. 이에 따라 주식거래가 활성화됐고, 그 덕분에 고위험 사업인 해외무역의 위험을 분산시키는 것이 가능해졌다.

포르투갈은 극동무역에 대한 독점권을 네덜란드에 빼앗겼다. 그러나 영국은 중요한 경쟁자로 등장하기 전이었다. 이런 상황에서 네덜란드 동인도회사는 갈수록 막강해졌고, 전성기에는 150척의 무역선과 40척의 전함, 8000명의 인력을 거느리기에 이르렀다. 그러나 네덜란드의 주도권 역시 오래 지속되지 못했다. 거듭되는 유럽에서의 전쟁, 식민지 행정의 난맥상과 부패 등으로 인해 네덜란드의 국력이 쇠퇴하기 시작했다. 17세기 말에 접어들면서 네덜란드 동인도회사는 기세가 꺾이기 시작했고, 그 틈에 영국에 기회가 돌아갔다.

**영국과 극동**

영국은 1600년에 자바 섬의 반탐에 다수의 공장을 지으면서 아시아 진출에 나섰다. 영국은 그 뒤 1637년에는 일본과 중국에도 상륙했다. 영국 동인도회사는 인도에 주력했고, 인도에 몇 개의 식민지를 건설했다. 1765년에 영국 동인도회사는 인도에 광대한 토지를 소유하기에 이르렀고, 본사를 캘커타로 옮겼다. 이후 캘커타는 영국 동방제국의 중심이자 인도의 수도가 됐다.

18세기에 들어서자 영국은 중국과의 무역을 활성화시키기 시작했다. 영국이 네덜란드의 아시아 무역 거점들을 서서히 잠식해 들어가는 동안 유럽과 아시아 사이의 교역품목에 중대한 변화가 생겼다. 1700년경까지는 향료, 비단, 면화, 식품 등이 아시아에서 유럽으로 수출되는 주요 품목이었으나, 18세기에 들어서는 차와 커피가 더 중요한 품목이 됐다. 당시 차는 중국에서만 독점적으로 생산되고 있었고, 커피는 네덜란드 동인도회사의 식민지에서 생산되고 있었다.

중국과의 교역에는 문제가 있었다. 영국은 중국으로부터 비단과 차를 점점 더 많이 수입하게 된 반면에 중국은 약간의 면화, 양모, 모피 외에는 영국으로부터 수입할 것이 별로 없었다. 이에 따라 무역수지 불균형이 점점 더 확대됐고, 영국의 은 유출량이 점점 더 커졌다.

무역수지 불균형 문제를 해결하기 위해 고심하던 영국은 인도의 아편을 중국으로 수출하기 시작했다. 아편은 인도의 캘커타에서 중국 광저우의 공장들로 수출됐고, 거기서 중국인들에게 판매됐다. 아편을 중국에 수출한 것은 영국이 처음은 아니었다. 포르투갈은 이미 몇 세기 전부터 중국에 아편을 수출했고, 미국의 상인들도 터키산 아편을 중국에 가져가 팔고 있었다. 그러나 중국으로 대량의 아편을 싼값에 공급할 수 있는 나라는 영국뿐이었다. 기후조건이 좋아 아편의 주산지가 된 벵골 지역을 영국이 식민지로 통치하고 있었기 때문이다.

19세기에 들어선 뒤로 영국의 아편 수출이 더욱 빠르게 증가했다. 영국이 중국으로 수출한 아편의 양은 19세기 초의 2000상자(상자당 무게는 150파운드)에서 1836년에는 2만 6000상자로 늘어났다. 아편 수출은 대단히 수익성이 높은 사업이었고, 아시아에서 영국의 위상을 높이는 데 큰 역할을 했다. 1840년대에는 인도의 재정수입 중 25%가 아편 무역에서 조달됐다. 아편 무역이 증가하면서 무역수지는 중국에 불리하게 변했다. 이로 인해 중국에서 은이 대량으로 유출됐고, 아편 무역과 은의 유출이 중국 정부에 커다란 걱정거리가 됐다.

  당시 유럽에서 벌어진 전쟁도 아시아에서 영국의 위상을 강화시키는 역할을 했다. 나폴레옹 전쟁으로 인해 네덜란드는 프랑스에 병합됐고, 네덜란드 동인도회사도 프랑스 소유가 됐다. 그러나 트라팔가르 해전에서 프랑스 해군이 패하자 영국은 바타비아를 점령하고 자바 섬을 병합했다. 이어 1815년 워털루 전쟁에서 나폴레옹을 물리치고 유럽에서 완전한 승리를 거둔 영국은 말라카 반도의 끝자락에 있는 싱가포르를 취하는 대신에 동인도회사와 말라카를 네덜란드에 돌려주었다. 싱가포르는 인도의 캘커타와 중국의 광저우를 잇는 무역항로에 위치한 전략적 요충지였다. 영국은 싱가포르를 획득함으로써 중국과의 무역에서 관문을 확보한 셈이 됐다.

  1825년 당시 캘커타는 영국 동방제국의 수도이자 상업 중심지였다. 암스테르담은 1750년께부터 쇠퇴의 길로 접어들었고, 네덜란드는 나폴레옹 전쟁을 통해 프랑스에 병합되면서 세력이 위축됐다. 대신 영국의 런던이 새로이 유럽의 상업 및 금융 중심지로 떠올랐다. 1700년에 런던은 인구가 55만 명으로 영국 전체 인구의 10%에 이르면서 서유럽에서 가장 큰 도시가 됐다.

18세기와 19세기에 런던은 규모나 상업상의 중요성 면에서 그 위치가 독보적이었다. 18세기 영국의 인구가 프랑스나 스페인에 비해 절반도 채 안 됐다는 점을 감안하면 런던의 발전은 놀라운 것이었다. 런던은 영국의 수도이자 왕실이 있는 정치의 중심지였고, 영국의 전체 무역 가운데 4분의 3이 처리되는 최대의 무역항이었다. 게다가 런던은 영국 상류사회의 활동무대이자 상업, 금융, 문화의 국제적 중심이라는 점도 런던의 번영을 뒷받침했다. 아시아의 주된 상업활동은 인도 캘커타와 중국 광저우 사이의 무역이었다. 말라카나 페낭과 같이 예전부터 중요했던 도시들이 새로 건설된 싱가포르에 뒤처지기 시작했다. 싱가포르는 말라카 해협을 지나는 영국 배들이 도중에 들르는 중간기착항의 역할을 하는 중요한 항구로 부상했다. 호주대륙은 영국의 죄수들을 받아들이기 시작했고, 그들은 영국에서 수송돼오는 식량에 의존했다. 아시아 지역의 대부분은 아직 서구인들에게 미개척지로 남아 있었다. 예를 들어 자바 섬의 보로부두루 사원도 서구인들은 1814년에야 발견했다.

  1839년에 중국의 병사들이 광저우 지역의 외국인 소유 공장들을 포위하고 아편을 모두 넘겨줄 것을 요구했다. 이때 모두 2만 283상자의 아편이 몰수돼 즉시 불태워졌다. 이것이 1차 아편전쟁의 원인이 됐다. 이 전쟁에서 패배한 중국은 영국에 홍콩을 할양하고 광저우, 아모이, 푸저우, 닝보, 상하이 등 5개 항구를 조약에 의해 개방했다. 두 번째 영중전쟁(1856~1858) 뒤에 중국은 주룽반도 남단도 영국에 할양했고, 1898년에 영국은 주룽반도와 주변의 섬들을 99년간의 기한으로 조차했다.

  영국에 할양된 홍콩은 1851년에 3만 명이었던 인구가 1931년에는 88만 명으로 늘어나는 등 급성장했다. 일본이 1937년에 만주를 침략하고 이듬해에 광저우까지 점령하자 많은 중국인들이 홍콩으로 피난했다. 2차 세계대전이 발발했을 때 홍콩의 인구는 160만 명으로 늘어났다가 1941년에 일본이 홍콩을 점령하면서 중국인들을 쫓아냄에 따라 전쟁이 끝날 무렵에는 60만 명으로 급감했다. 그러나 전쟁이 끝나고 중국이 공산화되자 다시 한 번 중국인의 홍콩 유입이 붐을 이루어 1950년에 이르면 홍콩의 인구가 220만 명으로 늘어나게 된다.

**아시아의 발전**

중국이 5개 항구를 무역항으로 개방하자 무역이 매우 활성화됐다. 특히 상하이는 비약적으로 발달했다. 1930년께는 중국의 대외무역 중 54%가 상하이에 집중됐다. 상하이는 런던, 뉴욕, 베를린, 시카고에 비교될 정도로 규모가 크고 경제적으로도 중요한 도시로 성장했다.

2차대전이 발발할 무렵까지 아시아의 경제력 균형에 큰 변화가 일어났다. 상하이는 '동양의 파리'로 불리며 동아시아 최대의 도시로 군림하게 됐다. 미얀마(버마)는 개방되어 부유해지고 있었다. 미얀마의 수도 양곤(랭군)은 당시 방콕보다 경제적으로 훨씬 더 중요한 도시였다. 프랑스는 베트남을 점령했다. 캘커타의 전성기는 끝났다. 중국과 인도의 1907년 조약으로 아편 무역이 급감함에 따라 캘커타의 주요 수입원이 말라붙었다. 게다가 1911년에 델리가 인도의 새로운 수도가 됨에 따라 캘커타의 경제적, 정치적 위상은 가속적으로 추락했다.

일본은 1895년에 중국과의 전쟁, 1905년에는 러시아와의 전쟁에서 잇달아 승리하면서 강력한 군사대국으로 성장했다. 일본은 19세기 중반까지는 서구세계와 거의 접촉이 없었다. 이런 점을 감안하면 일본이 1854년에 미국의 페리 제독에 의해 문호가 개방된 이후 단기간에 이룩한 경제적, 군사적 성장은 놀라운 것이었다. 중국의 개항 과정에서 수립된 개항체제가 일본의 개항에도 그대로 적용됐고, 미국에 부여된 입항권은 다른 서구 열강에도 그대로 부여됐다. 문호개방 이후 일본은 메이지 유신을 단행해 구식의 봉건제 국가에서 현대적인 국가로 거듭났다.

1895년에 일본에 의해 점령된 대만은 농업국가에서 탈피하지 못하고 있었고, 한국은 러일전쟁 이후에 일본에 합병됐다. 홍콩과 싱가포르는 번영하고 있었지만 상하이에 비하면 아직은 작은 마을 정도에 불과했다. 마닐라는 점점 더 중요해졌다. 1898년에 스페인과의 전쟁에서 승리한 미국은 스페인으로부터 푸에르토리코, 괌과 함께 필리핀도 양도받았다. 마닐라는 16~17세기에는 부유한 도시였고, 은 무역의 중간집산 항구였다는 점에서 아시아 무역에서 중요한 위상을 지니고 있었다. 볼리비아의 포토시 은광에서 나온 은괴는 멕시코의 아카풀코에서 마닐라로 운반됐고, 마닐라에서 중국의 도자기, 진주, 귀금속은 물론이고 인도에서 온 고급 면화와도 교환됐다. 2차대전 직전까지 필리핀은 미국의 보호령이었고, 마닐라는 상하이와 도쿄에 이어 아시아에서 3번째로 중요한 도시였다.

중국에서는 일찍부터 문명이 발달했다. 중국이 역사상 여러 왕조를 거치는 동안에 많은 도시들이 번갈아 수도의 역할을 했다. 중국은 오랫동안 중앙집권적인 정치구조를 갖고 있었기 때문에 황제가 사는 수도가 가장 크고 번영하는 도시가 됐다. 당 태종의 재위기간(627~650년)에 중국은 부유했고, 수도인 창안은 부와 사치의 전시장이었다. 당시 유럽에서 비단 옷을 사려면 그 옷과 같은 무게의 금을 주어야 했지만, 창안에서는 인구의 절반 정도가 비단 옷을 입었고, 모피 옷을 입는 사람들도 창안에는 많았다.

송나라의 수도였던 카이펑은 11세기에 이미 120만 명의 인구를 가진 대

도시였다. 원나라의 침략으로 송나라는 수도를 양쯔 강 남쪽에 있는 항저우로 옮겼다. 항저우는 당나라 때부터 중요한 상업 중심지였다. 항저우와 베이징을 잇는 대운하의 완성으로 항저우는 더욱 중요한 도시가 됐다. 원나라 때 쿠빌라이 칸의 궁전에 머물렀던 마르코 폴로는 당시 항저우의 모습을 잘 기록해 놓았다. 그에 따르면 항저우는 모든 길이 돌과 벽돌로 포

〈표 11-3〉

**역대 중국 최대의 도시들**
기원전 14세기부터 오늘날까지

| 도시 | 인구(만 명) | 시기 |
| --- | --- | --- |
| 아오(지금의 장저우) | 3 | 1360BC |
| 안양 | 3 | 1200BC |
| 뤄양 | 5 | 800BC |
| 린쯔 | 8 | 650BC |
| 옌샤두 | 18 | 430BC |
| 창안* | 40 | 200BC |
| 뤄양 | 42 | 100AD |
| 난징 | 15 | 361 |
| 뤄양 | 20 | 200 |
| 창안 | 40 | 622 |
| 창안 | 60 | 800 |
| 창안 | 50 | 900 |
| 카이펑 | 40 | 1000 |
| 카이펑* | 44 | 1150 |
| 항저우 | 25 | 1200 |
| 난징 | 48 | 1400 |
| 베이징* | 67 | 1500 |
| 베이징 | 65 | 1700 |
| 베이징 | 110 | 1900 |
| 상하이 | 150 | 1925 |
| 상하이 | 500 | 1980 |

* 표시가 된 도시는 당시에 세계 최대의 도시이기도 했다.

장돼 있었고, 거리에 온갖 유희와 놀이가 넘쳐났고, 다리는 1만 2000개나 놓여 있었고, 유곽의 창녀 수는 헤아릴 수도 없었다. 원나라 때 베이징이 수도가 됐지만, 지폐가 대량으로 발행된 덕분에 베이징과 항저우는 물론이고 광저우, 닝보, 상하이, 원저우 등도 급속히 발달했다.

중국에서 때로는 상업의 중심지가 크게 발달하기도 했지만, 중국 도시의 성쇠는 주로 농업의 생산성을 개선하고 곡물수송의 효율성을 높이기 위한 수리관개 체계가 얼마나 잘 갖추어지는가에 좌우됐다. 고대 이래로 저수지, 관개수로, 배수로, 홍수통제시설 등의 공사는 국가적인 공공사업으로 이루어졌고, 정치와도 밀접한 연관성을 가졌다. 중국의 역대 왕조들은 수리시설을 중요한 정치적 도구로 이용했고, 지배층의 정치적 목적에 따라 수리시설이 개발되고 사용됐다. 중국의 역사를 보면 수리시설 정책의 변화는 혜택을 보는 지역과 불이익을 당하는 지역을 낳았고, 그 과정은 농민반란의 역사와 궤를 같이했다.

유럽에서는 주로 무역이라는 경제적인 이유로 상업의 중심도시가 바뀌었지만, 중국에서는 국가의 수리정책에 따라 지역별로 도시의 성쇠가 갈렸다. 중국 도시의 변천사를 보면 항저우보다 남쪽에 대도시나 왕조의 수도가 생긴 적이 없음을 알 수 있다. 이런 역사적인 사실로부터 우리는 미래 중국의 중심 지역이 어디가 될 것인지를 짐작해볼 수 있을지도 모르겠다. 아무튼 중국 문명의 발달은 비슷한 과정이 되풀이되는 과정을 밟아왔다. 다시 말해 중국에서는 도시나 지역의 성장과 쇠퇴가 항상 정치적, 경제적, 사회적 변화에 의해 좌우됐다.

역사상 위대했던 도시들에 대해 위와 같이 간략하게나마 살펴본 것을 토대로 우리는 도시의 성쇠를 가져오는 요인들에 대해 정식화를 시도해볼 수 있겠다.

## 도시 성쇠의 요인들

### 위치

도시의 명운을 어느 한 가지 요소만으로 설명할 수는 없지만, 위치가 중요한 요소임에는 틀림없다. 초기 문명의 도시들은 모두 다 토지가 기름지고 물 관리가 용이한 곳에서 성장했다. 메소포타미아 문명은 유프라테스 강과 티그리스 강 사이에서, 중국 문명은 황허 유역에서, 이집트 문명은 나일 강 유역에서 발생했다. 초기의 문명은 대부분 농업사회를 기반으로 했으므로 이는 당연한 일이었다.

상업이 발달하자 교역로 상에 위치한 도시들이 발전하기 시작했다. 교역로 상에 발달한 도시로는 투루판, 호탄, 사마르칸트, 부하라, 박트리아, 페트라, 메르브, 카슈가르, 텍실라, 마투라, 파탈리푸트라, 바빌론, 셀루시아 등을 들 수 있다.

이어 해상교통이 더 중요하게 되자 이번에는 항구들이 세계의 주요 도시로 떠올랐다. 예를 들어 티레, 트리폴리, 시돈, 카르타고, 가데스, 아테네, 마르세유, 시라쿠사, 로도스, 알렉산드리아, 오데사, 아덴, 호르무즈, 베네치아, 파마구스타, 제노바, 콘스탄티노플, 카파, 리스본, 보르도, 브뤼주, 뤼베크, 브레멘, 단치히, 리가, 함부르크, 안트베르펜, 카디스, 바르셀로나, 세비야 등이 그런 도시였다.

대발견의 시대 이후에도 통항로 상의 항구도시는 중요했다. 중남미로 가는 스페인의 창구였던 카리브해의 아바나를 비롯해 남미의 카르타헤나, 살바도르, 리우데자네이루, 아카풀코, 아시아의 말라카, 고아, 바타비아, 수라트, 항저우, 광저우, 상하이, 아모이(샤먼), 푸저우, 나가사키 등이 그런 도시였다. 북미에서는 살렘, 보스턴, 볼티모어, 뉴욕, 뉴포트, 뉴올리언스, 퀘벡, 몬트리올 등의 항구가 중요한 도시로 성장했다. 아프리카에서도 잔지바르, 몸바사, 모잠비크, 루안다, 케이프타운, 탕헤르, 알제리, 튀니스 등 해안도시가 발달했다. 미국 서부연안의 도시들도 바다로 나갈 수 있는 위치 덕분에 발달했고, 이에 따라 롱비치는 오늘날에도 미국 최대의 항만지역으로 유지되고 있다. 아울러 산업혁명기에는 지하자원 및 수자원과 얼마나 가까이 있느냐가 도시의 발달에 중요한 요소로 작용했다.

항구도시의 경우에는 위치만이 아니라 그곳을 통해 얼마나 많은 교역이 이뤄지는가도 중요한 변수가 된다. 희망봉을 도는 항로의 개발로 인해 지중해의 항구도시들이 쇠퇴했고, 수에즈 운하의 개통으로 인해 환적항구의 기능을 하던 세인트헬레나가 치명상을 입었다. 미국의 태평양 연안 항구들이 번성할 수 있었던 것은 아시아와의 교역량이 증가한 덕분이었다. 캘리포니아와 아시아 사이에 저렴한 운송을 가능하게 해주는 바다 대신에 거대한 사막이 가로놓여 있었다면 양쪽 사이의 무역은 결코 크게 늘어나지 않았을 것이다. 적어도 아직까지는 항구도시와 교역은 서로 보완 작용을 한다. 항구가 있어야 교역이 활성화되고, 교역이 활성화돼야 항구도시가 번영할 수 있다.

천연자원이 풍부한 지역에서도 도시가 번성했다. 17세기 초에 볼리비아의 은광도시 포토시는 남미 최대의 도시였다. 미국에서도 골드러시 때 금광이 발견된 지역에 많은 도시들이 생겨났다. 최근에는 휴스턴과 댈러스가 유전개발과 함께 급성장했다.

이처럼 역사상 언제나 위치는 중요했다. 그러나 앞으로도 위치가 과거만큼 중요할 것인가는 논란의 대상이 될 수 있다. 화물수송에서 항공수송의 중요성이 커지면서 항구도시의 중요도는 하락할 가능성이 있다. 항공수송의 허브가 되기에 유리한 위치가 도시의 성쇠에 더 중요한 요인이 될 수 있다. 또 대규모 소비지역과의 인접성이 더 중요한 요소로 부각될 수도 있다. 기술적 진부화가 빨라지면서 제품의 라이프사이클이 짧아지고 있기 때문이다. 이런 측면에서 최근에 멕시코가 미국과 인접해 있는 위치의 덕을 본 게 분명하다. 대학 등 고등교육기관이나 연구소 등도 도시를 번성하게 하는 요소가 될 수 있다. 어쨌든 위치는 도시의 번영을 좌우하는 중요한 요인으로 남을 가능성이 크다.

장기적인 관점에서는 도시의 지리적 조건이 중요하다. 역사가 시작된 이래 나일 강변에는 항상 중요한 도시들이 있었다. 멤피스, 테베, 알렉산드리아, 카이로 등 거대 도시들이 나일 강 주변에 생겨났다. 콘스탄티노플, 즉 오늘날의 이스탄불은 지중해와 흑해를 이어주는 지리적인 위치 덕분에 계속 그 중요성을 인정받고 있다. 말라카 해협에서는 말라카, 페낭, 싱가포르 등이 중요했다. 중국 북부에서도 주요 도시는 닝보와 톈진 사이의 해안에 생겨나 발전했다. 이렇듯 지리적으로 유리한 위치는 도시의 장기적인 발전에 도움이 되는 게 분명하다.

### 사회기간시설과 관용

기업의 장기적인 성공이 경영진의 질에 크게 의존하듯이 도시가 부유해지려면 우수한 행정력이 있어야 한다. 그렇다면 우수한 행정력이란 무엇인가? 싱가포르 식으로 강력하게 경제를 관리하는 정부가 필요한가? 아니면 홍콩과 같은 자유방임적인 체제가 더 나은가? 내 생각에 이 문제는 그렇게 중요한 것 같지 않다. 역사가 증명해주듯이 두 가지 유형 모두 성공할 수 있다. 다만 혼란과 반대되는 의미의 시스템은 존재해야 한다.

시장참여자 모두에게 공평하게 집행되는 명확한 민법 및 상법 체계, 다시 말해 잘 정의된 회계기준, 재산권 보호 법규, 자유로우면서도 잘 규제되는 재화시장과 서비스시장 및 노동시장, 효율적인 금융시장, 파산 관련 법률, 형평성 있는 조세제도 등이 필수적이다. 로마와 런던이 성공한 비결은 바로 이런 세련된 법제도에 있었다. 특히 런던의 경우에는 외국 상인을 차별하지 않는 법제도를 일찍부터 갖추었다. 공평하고 독립된 사법제도는 사람들이 흔히 생각하는 것보다 훨씬 더 중요하다.

과거에 성공적이었던 도시는 훌륭한 법률 인프라를 갖추고 있었을 뿐 아니라 경제발전을 촉진하는 그 밖의 다른 제도와 정책도 잘 갖추고 있었다. 과거에는 도로, 교량, 항구, 깨끗한 물과 음식 등이 도시의 성공에 매우 중요한 요소들이었다. 로마제국이 세계를 지배할 수 있었던 것은 놀라울 정도로 훌륭한 기반시설과 빠른 통신망을 갖추고 있었기 때문이다. 오늘날에는 싸고 기술적으로 발달된 통신체계, 안정된 전력공급, 편리한 공항접근, 즐길 수 있는 오락시설, 쾌적한 생활환경과 기후 등이 추가로 도시의 성공요인이 됐다. 사회질서의 유지도 중요하다. 사람들, 특히 소수민족 사람들에게는 효율적이면서도 부패하지 않은 경찰과 소방기관이 개인의 안전을 위해 절대적으로 필요하기 때문이다.

법의 엄격하고 공평한 적용과 같은 정도로 중요한 것이 관용이다. 과거에는 종교적인 관용이 도시의 발전에 중요한 요소였다. 예를 들어 코르도바는 포용력 있는 이슬람 왕조의 지배를 받을 때에는 부유해졌지만, 스페인이 이 도시를 장악해 이단탄압에 나서면서 몰락의 길을 걷기 시작했다. 역사를 통틀어 모든 위대한 상업도시들, 예를 들어 알렉산드리아, 베네치아, 제노바, 리스본, 안트베르펜, 암스테르담, 런던, 홍콩, 싱가포르 등은 소수집단에게도 활동공간을 제공했다.

종교적 또는 민족적 관용만이 관용의 전부가 아니다. 사회가 역동적인 곳이 되려면 지적인 관용도 있어야 한다. 다시 말해 양심과 사상의 자유,

표현의 자유, 이동의 자유가 보장돼야 한다는 것이다. 기존의 신념체계나 정부방침과 다르다는 이유로 지식인, 과학자, 철학자가 방해를 받고 감금, 고문, 살해를 당한다면 그들은 다른 곳으로 피할 것이고, 그렇게 되면 그들의 지식과 노하우도 같이 사라져버린다. 1685년의 낭트칙령 폐기로 시작된 프랑스의 종교탄압은 시계를 만드는 기술이 뛰어난 위그노 교도들로 하여금 스위스로 도피하게 했고, 이 때문에 프랑스가 아닌 스위스에서 시계공업이 발달했다.

19세기에 자원이 빈약한 북미가 경제적으로 성공한 반면에 자원이 풍부한 중남미는 경제성장이 부진했다는 점과 20세기에 서구의 경제가 시장을 기반으로 부를 축적하는 동안에 전체주의적 공산주의 국가들은 빈곤에서 벗어나지 못했다는 점에 비추어도 지적 관용과 종교적 자유는 중요함을 알 수 있다. 대학의 교수와 학생들이 얼마나 우수한가가 정치제도의 관용이 어느 정도인가에 따라 달라지는 것도 우연이 아니다. 이와 관련해 일본을 제외하고는 아시아에 아직 세계 수준의 대학이 존재하지 않는다는 점에 유의할 필요가 있다.

위에서 언급한 요인들과 관련해 한 가지 지적해두어야 할 것이 있다. 그것은 바로 원인과 결과가 항상 칼로 자른 듯 나누어지는 것이 아니라는 점이다. 정부의 우수한 행정능력, 공정한 사법제도, 관용, 자유로운 시장, 우수한 교육제도 때문에 도시가 번영하는 것인지, 아니면 도시가 번영해 부유하기 때문에 그런 것들이 가능해지는지에 대해서는 논란이 있을 수 있다. 그러나 분명한 것은, 도시가 번영하게 되면 그곳 사람들이 보다 나은 조직과 행정을 요구하게 된다는 것이다. 지배계급은 보다 확실한 법의 보호 아래 자신들의 재산을 지키고 자자손손 그것을 보존하기 위해 임의적인 제도를 법치주의 제도로 바꾸려고 하게 된다. 또한 소수집단은 지배

질서에 대해 보다 수용적인 태도를 취하게 되고, 사회는 점점 더 관용적으로 된다.

원래 해적이었지만 나중에 성공해 기사 작위까지 받은 17세기의 인물 헨리 모건이나, 자식을 미국의 비즈니스 스쿨에 보내 건전한 시민으로 만들고자 하는 마약거래자나 밀수업자를 생각해보라. 사회가 부유해지면 사람들 사이에 재산을 보존하려는 욕구가 증가하고, 실제로 재산을 보호하는 법률이 결국은 도입된다. 이런 측면에서 나는 러시아와 중국의 신흥 부호들도 자신들의 부를 보존하기 위해 앞으로 그들의 정부에 보다 체계적인 법과 제도를 도입하도록 압력을 가할 것으로 믿는다.

또 하나 강조하고 싶은 점은 부의 창출에 기여하는 요소들에 대해 너무 경직된 관념을 가질 필요가 없다는 것이다. 예를 들어 잘 정비된 재산권 제도는 장기적으로 경제발전에 필요한 것이지만, 반대로 재산권 제도의 부재가 단기적으로는 오히려 놀라운 경제발전에 도움이 된 사례도 있다. 광물자원이 발견된 도시나 해적활동의 중심이 된 도시가 특히 그랬다. 나는 최근 상하이의 발전을 보면서 상하이도 만약 오래 전부터 부동산에 관한 권리가 잘 보장돼 있었다면 그토록 짧은 기간에 그렇게 빨리 발전하지 못했을 것이라는 생각을 하게 된다. 물론 공산주의 아래서는 상하이가 침체됐고, 법의 지배와 재산권에 대한 보장이 있었다면 그렇게 침체하지 않았을 것이다. 하지만 단기적으로는 잘 정비된 법과 제도가 오히려 발전을 저해하는 요인이 되기도 한다. 그럼에도 합리적인 법적 토대를 갖추는 것은 경제발전을 위해 반드시 필요하다고 할 수 있으며, 법적 토대가 무너지면 해당 경제의 신뢰도와 발전이 크게 저해된다.

신앙, 철학, 이념도 도시나 사회를 번영하게 하는 요인으로 작용할까? 사회학자 막스 베버는 근검, 절약 등의 프로테스탄트 정신이 자본주의의 발전에 도움이 됐다고 주장했다. 정말로 그랬을까? 나의 한 친구는 적어도 자기 조국인 독일의 프로테스탄트 운동은 사원의 경제적 권력에 대항하고, 교회가 만든 종교적 휴일 때문에 노동자들에게 1주일에 7일을 다 일하게 하지 못하는 점에 대해 반대하는 운동이었다고 주장했다. 그러나 독일의 봉건지주들은 자신들이 부리는 노동자들을 더 열심히 일하게 만들 것이라는 기대에서 프로테스탄트 운동을 적극 지지했다.

중국은 일본과 달리 유교사상 때문에 자본주의가 발달하지 못했다고 주장하는 책들이 많이 출간됐다. 최근에는 이와 반대로 유교가 경제발전에 도움이 된다는 주장이 나오고 있지만, 적어도 중국에 대해 이런 주장을 하는 것은 억지라고 나는 생각한다. 자본주의와 자유시장의 기둥인 상인이 중국에서는 신분제도상 늘 최하위 계급에 속했다.

그렇다면 정답은 무엇일까? 나는 도시를 번영하게 하는 것은 도덕적 건전성이라고 생각한다. 근검, 절약, 교육, 약속이행, 믿음직한 태도 등은 모든 종교가 다 강조하는 덕목들이며, 이런 덕목들이 실천되는 도덕적 건전성이야말로 번영의 열쇠다. 자유와 관용을 희생시키는 열정이나 광신은 경제발전을 파괴하는 원인이 된다는 점은 중세의 종교재판과 공산주의의 역사가 분명히 보여주었다.

### 군사적, 정치적 힘

아시리아제국, 로마제국, 몽골제국은 자본주의가 도래하기 훨씬 전의 시대에 마치 자본주의와 비슷한 기법들을 활용해 부를 쌓았다. 그들이 정복한 지역의 주민들을 모두 노예로 삼은 것은 마치 자본주의 시대의 기업인수와 같은 것이었고, 스페인이 신대륙에 옮긴 인플루엔자가 수많은 원주민들을 죽게 한 것은 마치 감량경영과 같았으며, 로마인들이 피정복지 모두에 그들의 효율적인 행정기술과 법제도를 옮겨 심은 것은 리스트럭처링과 비슷한 효과를 냈다. 티무르제국의 창설자인 티무르는 헤지펀드 매니저의 원조처럼 보이기도 한다. 그는 엄청난 용기와 정복욕으로 적들의 도시를 약탈해서 자신의 수도인 사마르칸트를 부유하게 만들었다.

그러나 이들처럼 무력에 의존하지 않고 부자가 된 경우도 많았다. 고대 페니키아인들이나 이탈리아의 무역도시들, 그리고 한자동맹의 도시들은 군사적, 정치적 야욕은 전혀 없이 상공업만으로 성장했다. 오늘날의 스위스, 호주, 뉴질랜드, 싱가포르, 홍콩 등도 마찬가지다.

군사적, 정치적 힘은 부의 창출에 과연 얼마나 중요한 요인일까? 이에 답하려면 몇 가지를 고려해야 한다. 어느 민족이나 국가든 군사적으로 우월한 지위에 서게 되면 한편으로는 전쟁을 계속 해나가려는 관성적 욕구가 생겨난다. 한번 전쟁에서 승리하면 그로 인해 고양된 심리로 인해 더 많은 승리를 원하게 되어 또 다시 전쟁에 나서게 되는 것이다. 다른 한편으로 주로 가난한 피억압 민족에게는 더 이상 잃을 것이 없다는 심리가 나타날 수 있고, 이런 심리가 테러리즘으로 이어지기도 한다. 훈족, 타타르족, 몽골족, 로마, 알렉산더 대왕 치하의 그리스, 나폴레옹 치하의 프랑스, 히틀러 치하의 독일 등에서 이런 두 가지 심리 중 하나를 볼 수 있다. 그러나 단순한 무력은 오래 지속되는 부를 만들어낼 수 없다. 그것은 마치 기생충과 같아서 부유하지만 쇠락해가는 사회라는 숙주에 기생하므로 처음에는 번성하는 듯이 보이지만 조만간 비대해지면서 그 자신이 다른 기생충들의 숙주가 되고 만다.

로마는 군사력만으로 대제국으로 발전한 것이 아니다. 그보다는 토목공학 등 기술의 우위, 상식과 용기, 애국심을 함양하는 교육, 그리고 검약, 의무이행, 믿음직한 태도, 책임의식 등을 강조하는 규율이 효과적인 시민적 방어력이자 공격력이 되어 로마제국이 발달할 수 있었다.

베네치아 역시 강한 군사력을 갖고 있었지만 그 군사력은 오직 부를 지키기 위해서만 사용됐다. 베네치아의 부는 군사력에서 나온 것이 아니었고, 오히려 거꾸로 군사력이 부에서 나왔다고 단언할 수 있다. 미국도 마찬가지다. 미국은 티무르제국과 달리 군사적 침략을 통해 부를 일구지 않았다. 미국은 기술, 조직화 능력, 국민들의 애국심이 있는데다가 대규모 군대를 유지할만한 부를 갖추었기에 세계적인 군사강국이 된 것이다.

군사력이 단기적으로는 부를 낳을 수 있다. 하지만 놀랄 만큼 오랜 세월 동안 제국의 지위를 유지한 로마제국은 물론이고 대영제국이나 미국과도 같이 장기간 번영을 지속할 수 있기 위해서는 군사력 외에도 여러 가지 요인들의 뒷받침이 있어야 한다. 과거에는 어느 정도는 군사력이 번영을 연장시키는 데 필요했다. 그러나 군사력을 상실한 동로마제국과 베네치아가 결국 오스만투르크에 의해 멸망당했지만 그 수도였던 콘스탄티노플은 술레이만 대제 치하에서도 번영을 이어갔다.

도시의 성장에 혁신도 필요한가? 고대의 혁신은 항해, 수레, 전차, 수리시설과 같은 것에서 일어났다. 로마 시절에는 도로, 다리, 수로와 같은 기반시설의 건설과 법제도의 수립이 곧 혁신이었다. 중세에 이슬람 사회는 수학으로 문명의 혁신을 이룩했다. 이탈리아의 도시들은 상업과 금융의 기법에서 위대한 혁신의 발자취를 남겼고, 영국과 미국은 발명을 산업에 접목시킴으로써 부강해졌다. 발명과 혁신은 도시를 부유하게 만드는 요인임이 분명하다. 그러나 발명과 혁신만으로는 충분하지 않다. 중국은 발명과 혁신을 많이 했지만 그것을 상업적으로 이용하는 데는 유리한 여건을 갖고 있지 않았다. 반면 19세기 미국에서는 자유, 자본주의 정신, 자유시장, 이주자들의 성공욕구가 풍부한 자원과 결합되면서 발명과 혁신이 경제발전에 기여하는 데 매우 유리한 여건이 창출됐다.

## 도시의 덩치

도시의 덩치도 중요한가? 작은 도시가 큰 도시보다 더 부유해질 수 있을까? 부유한 중심지들은 거의 다 큰 도시로 변했다. 바빌론, 알렉산드리아, 로마, 콘스탄티노플, 코르도바, 런던, 항저우, 뉴욕 등이 다 그랬다. 그러나 덩치가 작은데도 대단히 번영한 도시들도 있다. 아말피, 카디스, 고아, 바타비아, 제네바, 아부다비, 모나코 등이 그랬다.

작은 도시와 큰 도시 중 어느 쪽이 더 나을까? 나는 확실히는 모르겠다. 기업도 마찬가지다. 큰 회사가 더 잘할 것 같기는 하지만, 작은 회사가 더 나은 경우도 많다. 어떤 시기에는 큰 도시가 성공하기 쉽지만, 어떤 환경에서는 작은 도시가 유리하다. 전쟁의 경우를 생각해보자. 정복군은 늘 어느 한 나라의 수도를 공격목표로 삼는다. 수도는 런던, 파리, 도쿄와 같이 경제중심이기도 하여 매우 취약하다. 반면에 브라질리아, 캔버라, 베이징과 같이 경제중심은 아니고 단지 정치중심이기만 한 수도는 그리 취약하지 않다. 미국의 경우를 보면 9.11 테러로 정치, 경제의 중심에 타격을 입었다.

여하튼 도시의 크기와 번영 사이의 관계를 일반화하기는 힘들다. 그러나 거대한 제국의 주변에서, 또는 그 안에서 고도의 자율성을 누리는 작은 도시가 번영하는 경우는 많다고 할 수 있다. 베네치아, 브뤼주, 고아, 탕헤르, 안트베르펜, 제노바, 싱가포르, 그리고 중국으로 반환되기 전의 홍콩 등이 바로 그런 경우다.

### 위대한 도시가 쇠퇴하는 이유

도시의 멸망이란 무엇일까? 폼페이는 서기 79년에 베수비오 화산의 폭발로 인해 완전히 파괴됐다. 니네베, 바빌론, 셀루시아, 카르타고, 로마, 파간, 앙코르도 몰락했다. 베네치아는 좀 특이한 경우다. 베네치아는 16세기 이후에 상업적 중요성이 줄어들었지만 18세기까지는 계속 번성했다. 그러므로 도시의 흥망을 이야기할 때에는, 도시가 번영하는 데는 오랜 세월이 걸리고 그 사이에 급속한 성장과 침체가 교대하며, 반대로 도시가 쇠퇴하는 데도 전쟁이나 자연재해에 의한 파괴를 제쳐놓는다면 오랜 세월이 걸리고 그 사이에 회복의 시기도 있음을 고려해야 한다.

대부분의 고대 도시들처럼 전쟁을 통해 부를 축적한 도시들은 일반적으로 전쟁으로 인해 몰락했다. 전쟁은 도시나 국가가 부를 잃는 데 중요한 요인으로 작용했다. 그렇다면 전쟁으로 번영하게 된 도시들이 왜 갑자기 전쟁으로 몰락한 것일까? 그 배경에 뭔가 이유가 있다. 전쟁으로 망한 도시들은 전쟁에 돌입하기 전에 이미 군사적인 경쟁력을 상실했고, 그 결과로 전쟁에서 진 것이었다. 전쟁 자체가 원인은 아니었다. 이는 마치 오늘날 자본주의에서 어떤 기업이 파산하는 것은 경쟁에서 졌기 때문이지 경쟁 그 자체가 파산의 원인이 아닌 것과 같다. 기업이 파산한 이유는 적절한 조치를 취하지 않았기 때문이다. 예를 들어 내부유보 적립, 부채비율 축소, 혁신, 신시장 개척, 신제품 개발, 비용절감 등 경쟁에서 이기기 위한 조치를 취해야 했는데 그렇게 하지 않았기 때문에 경쟁에서 지고 파산한 것이다.

성공과 부는 항상 실패의 씨앗을 낳는 것일까? 부유하고 강력해진 도시나 국가는 교만해지고, 지나친 자신감과 자기만족에 빠지게 되며, 과도한 소비를 하게 된다. 부와 권력이 축적되면 반드시 그 사회의 내부에 반목과 갈등이 생긴다. 번영을 이룩한 도시는 이미 성공한 사업에만 집중하고 다른 방향으로 사업을 분산시키려고 하지 않는다. 부유한 도시나 국가에는 자본이 넘치게 되고, 그 결과로 물가가 상승해 그 도시나 국가의 경쟁력이 약화된다. 시간이 흘러도 적절한 투자처를 발견하지 못한 자본은 수익률이 낮은 사업에 투자되고, 이로 인해 전반적으로 투자수익률이 떨어진다. 부유한 도시들은 예외 없이 외국에 투자하게 되고, 그 결과로 외부의 충격에 취약해진다. 그때 국내적 재난과 외부적 충격이 한꺼번에 밀어닥치면 내부에서 갈등과 분열이 시작된다.

우리가 어디에 있거나 무엇을 하든, 그리고 누구와 관계를 맺든 성공하게 되면 교만과 자가당착, 지나친 확신과 자기만족에 빠진다. 위에서 예로 든 성공한 도시나 사회들도 모두 다 이런 이유로 어려움을 겪었다. 엄청난 성공을 거둔 뒤에는 모든 것이 잘 될 것이라는 낙관론의 오류에 빠져 과잉 소비와 과잉투자를 하게 된다.

다각화를 하지 않은 것도 많은 도시들의 쇠퇴를 재촉했다. 대부분의 도시들은 어느 하나의 상품이나 어느 하나의 산업 덕분에 부유해진다. 그들은 또한 무역, 제조업, 금융의 중심지였거나 정복을 통해 부를 쌓았다. 그러나 어느 한 상품에 대한 의존도가 높을수록 그 상품에 대한 수요의 변화에 취약해진다. 어떤 시장이든 언젠가는 포화상태가 되기 마련이다. 정복도 마찬가지여서 정복할 대상이 점점 더 거리상으로 멀어지거나 그 수가 줄어든다. 게다가 여러 가지 형태로 경쟁은 점점 더 심해지고 이윤율은 갈수록 낮아진다.

최악의 상황은 어느 한 상품에 의존하고 있는데 그 상품에 대한 수요가 갑자기 사라지는 경우다. 포르투갈의 희망봉 항로 발견으로 인해 베네치아의 무역서비스에 대한 수요가 급감했고, 무역서비스의 이익률이 크게 낮아졌다. 게다가 베네치아는 시장을 지키기 위해 값비싼 전쟁까지 치름으로써 상황이 더욱 악화됐다. 붐을 누리는 도시들은 공통적으로 다각화를 하려고 하지 않는 성향을 띠게 된다. 포토시와 마나우스는 다각화에 완전히 실패해, 주산물에 대한 수요가 줄어들고 그에 따라 주산물의 생산이 줄어들자 금세 망각 속으로 사라졌다.

부유한 도시는 항상 물가상승이라는 문제에 직면한다. 그리고 물가상승은 경쟁력의 상실로 이어진다. 로마와 스페인도 인플레이션에 시달렸고, 이로 말미암아 그 제국의 군대유지 비용이 적이나 경쟁국에 비해 훨씬 커졌다.

사회적 갈등과 반목은 부유한 도시들의 고질병이었다. 통계는 없지만, 내 생각에는 이러한 사회적 불화의 원인은 불평등한 분배나 경제침체에 있었을 것 같다. 계급 간 갈등은 매우 큰 비용을 치르게 하고 도시 내 연대의식을 약화시킨다. 계급 간 갈등이 연대의식을 해치면 그 도시는 외부로부터의 침략과 충격에 대한 대응력을 점점 더 잃게 된다. 무엇인가가 잘못되면 그에 따른 사회적, 정치적, 경제적 소란에 대해 누군가가 책임을 져야 했다. 그 책임은 소수집단에 전가됐다. 최악의 경우에는 소수집단이 추방당하거나 위협을 견디다 못해 그들 스스로 다른 곳으로 떠났다. 유대인, 위그노교도, 아르메니아인 등이 바로 이런 운명에 처했다. 1492년의 스페인, 중세 유럽의 많은 도시들, 1970년대의 우간다 등에서도 소수집단이 추방되는 일이 벌어졌다.

역사적으로 상인과 은행가들이 소수파에 속한 때가 많았다. 그들은 사회적인 구조와 사업상 국제적인 속성 때문에 극도로 유동적이었다. 사업 여건이 나빠지거나 사회불안이 생기면 그들은 간단히 짐을 싸들고 떠났다. 중세에 유대인들이 특히 그랬다. 당시 그들은 토지소유를 할 수 없었기에 움직이기가 쉬웠다. 이런 측면과 관련해 지금 홍콩의 상황이 악화될 경우에 중국인들이 어떻게 대응하고 나올지 궁금하다. 과연 어느 집단이 책임추궁을 당하게 될까?

도시와 제국들의 역사를 보면 매우 빨리 성장했다가 금세 쇠퇴한 경우도 있었고, 변화에 탄력적으로 대응해 오랜 기간 번영을 누린 경우도 있었다. 훈족, 타타르족, 몽골족은 짧은 기간만 등장했다가 사라진 반면에 로마제국과 영국은 수백 년 이상 번영을 계속했다. 그것은 규율, 교육, 애국심, 법제도, 우수한 행정력, 군사력 등이 뒷받침했기 때문이다. 반대로 독단적인 정부를 갖고 있고 비공식부문만 발달된 사회들은 지도자의 개인적인 천재성에 의존할 뿐이었다. 그래서 알렉산더, 아틸라, 칭기즈 칸, 쿠빌라이 칸, 티무르, 아크바르가 죽은 뒤에는 그들의 제국이나 도시도 함께 사라졌다.

**미래는 어떨까**

과거에 번영의 중심지에 많은 변화가 있었듯이 미래에도 그럴 것이다. 차이점이라면 변화의 속도가 더 빨라질 것이라는 점이다. 포르투갈이 동방무역을 확대할 때에는 유럽에서 인도네시아의 몰루카 제도까지 갔다 오는 데 3년이나 걸렸다. 18세기 초만 해도 유럽에서 중국까지 갔다가 오는 데 2년이 걸렸다. 1850년에는 런던에서 상하이까지 가는 데만 4개월 이상 걸렸다. 그러나 1869년 수에즈 운하의 개통으로 런던에서 홍콩까지 40일, 상하이까지는 43일로 이동시간이 단축됐다. 오늘날에는 런던에서 상하이까지 가는 데 뱃길로 25일, 비행기로는 13시간이면 충분하다. 전자통신을 이용하면 무시할 만한 비용만으로 즉시 연락하는 것이 가능하다.

이렇듯 세계의 경제지평은 점점 더 빠른 속도로 변하고 있다. 1850년에 미국 동부연안의 부동산 가격은 서부연안보다 100배 이상 비쌌을 것이다. 100년이 지난 후에는 미국 동부연안과 서부연안 사이의 부동산 가격 차이가 거의 없어졌다. 불과 100년 만에 거의 사람이 살지 않던 곳에 새로운 상업도시나 산업도시들이 생겨났다. 우리가 지금 경험하고 있는 변화의 속도를 감안하면, 공산주의 붕괴 이후 개방에 나선 나라들이 산업화해 세계경제의 새로운 중심이 되는 데는 20년이면 족할지도 모른다.

북미의 산업화와 최근 아시아의 발전을 비교해보자. 미국이 산업화하는 데는 100년가량이 걸렸다. 1900년까지도 미국 최대의 산업은 제조업이 아니라 농업과 광업이었다. 일본, 대만, 한국은 40년 만에 산업화를 이룩했다. 중국은 20여 년 만에 산업화를 해냈다. 증권시장을 보자. 중국의 주식거래는 1980년대 말에 비로소 시작됐고, 1990년의 상장주식 시가총액은 10억 달러 정도에 지나지 않았다. 그러나 상장주식 시가총액이 1997년에는 1720억 달러를 기록했고 지금은 5000억 달러를 넘어, 중국의 주식시장이 아시아에서 일본에 이어 두 번째로 큰 시장이 됐다. 이에 비해 과거에 미국 주식시장의 상장주식 시가총액은 거래가 시작된 지 100년 이상 지난 1950년에 860억 달러였고, 1960년대 중반에야 5000억 달러를 넘었다.

중국 금융시장의 성장속도는 역사상 유례가 없을 정도다. 불과 몇 해 전만 하더라도 홍콩의 부동산 가격은 상하이나 베이징에 비해 8~10배였다. 그러나 그 뒤로 중국의 부동산 가격은 올라간 반면 홍콩의 부동산 가격은 점점 떨어져 그 차이가 급격히 줄었다. 우리는 새로운 부의 중심이라는 측면에서 앞으로 십수 년 동안 놀랄 만한 변화를 보게 될 것이다. 상하이의 부동산 가격은 홍콩을 능가할 것이고, 심지어 뉴욕까지 추월할 수도 있다. 인도의 방갈로르는 10년 전만 해도 이야깃거리도 되지 못했지만 앞으로 언젠가는 실리콘밸리를 대신하게 될 수도 있다. 그렇게 된다면 과거에 신흥경제국가 미국이 영국의 맨체스터와 버밍햄, 랭커스터 대신 세계의 제조업 중심이 됐던 것에 비유될 것이다.

19세기 전반에 영국의 랭커셔 지역은 전 세계의 다른 지역들을 다 합친 것보다 더 많은 공업기계를 갖고 있는 세계의 공장이었다. 미래에는 중국의 12억 인구가 세계의 다른 나라들을 다 합친 것보다 더 많은 상품을 생산해낼지도 모른다. 그렇게 되지 말란 법이 없다. 중국의 인구는 랭커셔 지역에 비하면 비교도 안 될 정도로 많다. 1946년에 중국이 공산화되기 전에는 상하이와 만주가 중국의 경제중심 지역이었고, 〈표 11-4〉와 〈표 11-5〉에서 볼 수 있듯이 중국에서 외자유입액이 가장 많은 곳이었다. 중국이 죽의 장막 속에 갇혀 있는 동안에는 홍콩, 대만, 한국이 기회를 누렸다. 그러나 지금은 중국이 놀라운 속도로 발전하고 있어 앞으로 세계 경제지도가 크게 바뀔 것이다. 닝보, 상하이, 톈진을 잇는 지역이 경제활동의 새로운 주축이 될 것이다.

만약 앞으로 10년, 20년, 50년이 지나도 경제환경에 변화가 없을 것이라고 생각하는 투자자가 있다면 그는 조만간 유쾌하지 못한 경험을 할 가능성이 높다. 공산주의와 사회주의의 붕괴와 인도의 고립주의 탈피로 오늘날 세계 경제지평의 확대는 15세기 대항해 시대에 견줄 만하다. 우리는 신대륙과 희망봉 항로의 발견으로 세계질서가 완전히 변했던 사실을 앞에서 살펴봤다. 지중해에 집중돼 있던 경제중심은 미국과 아시아 사이의 교역에 편리한 대서양 연안으로 이동했다. 중국과 인도를 비롯한 아시아

⟨표 11-4⟩

**공산화 이전 중국의 외자 유입**
1931년의 외국인 직접투자

| 지역 | 영국 | 일본 | 러시아 | 미국 | 합계(백만 달러) | 지역별 구성비(%) |
|---|---|---|---|---|---|---|
| 상하이 | 737.4 | 215.0 | – | 97.5 | 1,049.9 | 46.0 |
| 만주 | – | 550.2 | 261.8 | – | 812.0 | 36.0 |
| 기타(홍콩 포함) | 226.0 | 108.9 | 11.4 | 52.7 | 399.0 | 17.6 |
| 합계 | 963.4 | 874.1 | 273.2 | 150.2 | 2,260.9 | 100.0 |

⟨표 11-5⟩

**영국 자본의 중국 진출**
1929년 영국의 대중국 투자 총액

|  | 파운드 | 달러 | 구성비(%) |
|---|---|---|---|
| 상하이 | 151,527,500 | 737,408,000 | 76.6 |
| 홍콩 | 18,455,300 | 89,812,000 | 9.3 |
| 기타 지역 | 27,979,000 | 136,160,000 | 14.1 |
| 합계 | 197,961,800 | 963,380,000 | 100.0 |

의 부상으로 인해 21세기에 세계의 경제적, 사회적, 지정학적 균형에 큰 변화가 일어날 것이다. 러시아를 비롯한 옛 소련 국가들의 부상도 마찬가지 영향을 가져올 것이다.

지금 가장 부유한 도시들이 미래에는 위상이 격하될 수 있다. 그러니 투자자들은 자만하거나 지금 일어나는 변화의 속도를 과소평가해서는 안 된다. 오늘날 아시아의 젊은 모험가라면 상하이, 호치민, 양곤, 울란바토르, 평양에 관심을 가져야 할 것이다.

앞에서 나는 거대한 접시에서 세계로 물이 넘쳐흐르는 메커니즘에 대해 설명했다. 접시에서 넘쳐흐른 물은 수시로 방향을 바꾸면서 다른 지역, 다른 산업으로 흘러간다. 1990년대 후반에는 접시에서 넘쳐흐른 물이 미국으로 가 미국의 무역수지 적자와 경상수지 적자를 메워주었다. 그러나 이런 흐름이 영원히 계속되지는 않는다. 국제 자본흐름에 이미 큰 변화가 시작됐는지도 모른다.

# 12장 | 미국의 리더십이 유지될 수 없는 이유

돈과 관련해 가장 중요한 문제는 그 안정성을 유지하는 것이다.
우리는 금을 믿을 것인지, 아니면 정부를 믿을 것인지 선택을 해야 한다.
나는 자본주의가 유지되는 한 금을 선택하겠다.
– 조지 버나드 쇼(1856~1950).

역사를 통해 인간의 본성과 행동에는 그다지 변화가 없다. 그런데도 사람들이 '새 시대'는 과거와 크게 다르다고 이야기하는 것을 보면 놀라지 않을 수 없다. 최근 나는 버지니아 카울스의 흥미로운 저서 《거대한 사기극-사우스시 거품 이야기(The Great Swindle-The Story of the South Sea Bubble)》(1960)를 읽었다. 이것은 18세기 초반의 서로 비슷한 시기에 존재했던 두 회사, 즉 사우스시 회사와 미시시피 회사의 흥망을 다룬 책이다.

나는 이 책을 읽으면서 자본주의 초기 투기의 시기에 일어난 이 두 사건의 내용과 오늘날의 금융환경이 너무나 비슷하다는 점을 알게 되면서 감탄하지 않을 수 없었다. 특히 그때나 지금이나 지폐, 과도한 신용, 기업과 정부의 의문스러운 행태가 금융과잉 현상에서 하는 역할에서 느끼는 바가 많았다. 나는 최근에 아르헨티나 페소의 가치가 오르내리는 것(〈그림

〈그림 12-1〉

**휴지조각이 될 수 있는 지폐**
금 1온스의 아르헨티나 페소화 가격

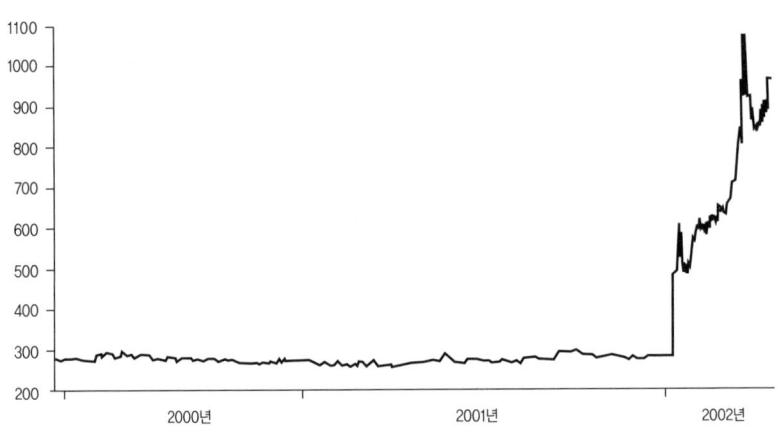

12-1))을 보면서, 오늘날 통화와 관련해 나타나는 현상이 미시시피 계획 때 지폐와 관련해 나타났던 현상과 다를 게 없다는 사실을 확인했다.

2002년 초에는 미국의 학자들과 여론주도층으로부터 미국이 수행하는 역할의 변화를 강조하는 주장이 쏟아져 나와 눈길을 끌었다. 미국은 이제 단순한 슈퍼파워에 그칠 것이 아니라 제국으로서 행동해야 한다는 게 그들의 주장이었다. 9.11 테러사건의 결과로 나온 이런 주장에 대해서는 이 장의 후반부에서 살펴보기로 한다.

앞의 8장에서 보았듯이 종종 낙관론이 들불처럼 세상을 휩쓴다. 사람들이 모두를 부자로 만들어줄 새 시대가 열리고 있다고 믿어버리고, 이어 투자열풍이 몰아치는 것이다. 역사상 새 시대라는 개념을 부각시킨 사건으로는 아메리카 대륙의 발견과 금광의 발견, 미국의 서부개척을 비롯한 새로운 영토의 개척 등을 들 수 있다. 보다 최근의 사례로는 운하, 철도, 자동차, 라디오, 컴퓨터, 인터넷, 무선기기 등의 발명, 20세기 초의 고무 가격 상승이나 1970년대의 석유 가격 상승과 같은 일차산품 가격의 상승, 전쟁의 종식에 따른 평화의 시대 개막, 공산주의의 붕괴, 누구도 예상치 못한 나라들의 경제적 급부상 등을 들 수 있다.

1990년대는 이런 요소들을 모두 갖고 있었다. 공산주의가 붕괴하면서 서방 국가들의 방위예산 지출부담이 적어짐으로써 평화배당금이 생겨나고 세계경제의 지리적 영역이 넓어졌다. 이에 따라 많은 나라들이 문호를 개방했고, 30억 인구가 자본주의 세계경제에 새로이 편입됐다. 전자부문에서 무수한 발명이 이어지면서 하이테크와 통신산업의 붐이 찾아왔다. 세계화의 진전으로 세계 각국이 무역장벽을 낮추고, 관세를 내리고, 외환규제를 없애면서 무역이 크게 늘어났다. 역사상 처음으로 진정한 의미의 세계 금융시장이 열렸다. 세계 금융시장은 지구상의 한 곳에서 다른 곳으로 자본을 쉽게 이동시킬 수 있게 해주고 모든 종류의 투자를 뒷받침함으로써 적어도 세계의 일부 부분에 일시적으로는 강력한 경제성장을 가져다주었다.

**사우스시 거품과 미시시피 회사**

'새 시대 사고방식'의 전형적인 특징은 그것이 번영기의 처음 단계가 아닌 마지막 단계에서 어느 한 나라나 세계 전체에 퍼지면서 투자열풍이나 붐을 불러일으킨다는 데 있다. 1700년대 초에 거의 동시에 일어난 두 가지 사건, 즉 사우스시 회사 사건과 미시시피 회사 사건이 그 전형적인 사례다. 이 두 사건은 오늘날의 금융환경과 관련해서도 참고할 만한 요소를 많이 갖고 있다.

  1711년에 영국의 옥스퍼드 백작인 로버트 할리는 1000만 파운드에 달하는 정부의 부채를 인수하고 그것을 주식으로 전환하는 방법으로 사우스시 회사를 설립했다. 그는 정부의 부채를 인수해주는 대가로 정부로부터 이자를 지급받기로 하는 외에 스페인이 지배하는 남미지역과의 무역에 대한 독점권을 얻었고, 1년 뒤에는 남미의 노예무역에 대해서도 독점권을 획득했다.

  이 회사는 설립될 당시부터 명성이 자자했으나 이윤 실적은 미미했다. 스페인의 왕 펠리페 5세는 한 해에 화물선 한 척만 남미에 보내는 것을 허용했을 뿐 아니라 그 한 척의 무역활동에 대해서도 일정한 이익배분을 요구했다. 노예를 비무장의 배에 싣고 남미로 가서 파는 노예무역 사업도 노예들이 가는 도중에 많이 죽는데다가 스페인 해군과 해적의 위협을 받아가며 해야 하는 위험천만한 일이었다.

  게다가 1715년에 이 회사는 설립자 가운데 볼링브로크 경과 옥스퍼드 백작이 반역죄로 처형당함으로써 어려움을 겪게 됐다. 이에 이 회사의 경영진은 영국 왕 조지 1세의 관심을 끌려고 노력했다. 그로 하여금 스페인으로부터 자사에 보다 유리한 무역의 조건을 끌어내게 하려는 목적에서였다. 그러나 하노버 왕가 출신인 조지 1세는 영국 국내의 상업활동에 말려들기를 꺼렸다. 그러자 회사 경영진은 왕의 두 정부(情婦), 즉 슐렌부르크 부인과 킬만세게 부인에게 눈을 돌렸다. 극도로 탐욕스러웠던 두 부인은 사우스시 회사의 주식을 뇌물로 받고 왕을 이 회사의 총재에 취임하도록 유도했다.

  한편 스코틀랜드인 탐험가인 존 로는 확률의 법칙에 대한 이해를 바탕으로 전문 도박사로 나서서 돈을 벌었다. 그러나 그는 결투에서 사람을 죽인 죄로 영국에서 추방됐고, 나중에는 프랑스에서도 지폐가 금이나 은보다 낫다는 생각을 갖고 있다는 이유로 추방됐다. 그는 피가 돌지 않으면 사람이 죽듯이 화폐가 돌지 않으면 경제가 죽는다는 신념을 갖고 있었다.

존 로는 스페인 왕위계승 전쟁 중이었던 1713년에 프랑스로 돌아가 루이 15세의 섭정인 오를레앙 공작에게 지폐와 신용의 장점을 설득하는 데 성공했다. 오를레앙 공작은 1716년에 방크제네랄이라는 은행의 설립과 금화와 교환되는 지폐의 발행을 허용했다. 섭정의 도움으로 이 은행은 처음부터 큰 성공을 거두었다. 정부는 지폐로 세금을 내는 것을 인정했고, 1718년에는 정부가 이 은행의 채무를 보증하기도 했다.

1717년에 존 로는 섭정을 설득해 북미 프랑스령과의 통상에 대한 독점권을 자신이 설립한 미시시피 회사에 부여하도록 했다. 그 대가로 미시시피 회사는 프랑스 정부의 부채를 인수하고 그 대신 미시시피 회사의 주식을 발행해주었다. 그러나 미시시피 회사는 그다지 이익을 올리지 못했다. 주식발행 대금으로 현금이 아닌 프랑스 정부가 발행한 채권만 받을 수 있었기 때문이다. 이익을 올리지 못한 또 하나의 이유는 북미로 이민을 하려는 프랑스인의 수가 그리 많지 않았던 데 있다. 이에 실망한 존 로는 정부로 하여금 죄수끼리 결혼해 북미로 이주하고자 하는 경우에는 석방해주는 조처를 취하게 하기도 했다.

1719년에 미시시피 회사 주식의 가격은 발행가격 500리브르보다 훨씬 낮은 300리브르까지 떨어졌다. 이때 존 로는 기발한 아이디어를 냈다. 회사 주식을 일정량 사주면 6개월 뒤에 500리브르를 주겠다고 발표한 것이다. 사람들은 이런 발표를 듣고는 무엇인지는 모르지만 굉장한 호재가 있는 모양이라고 생각했다. 투자자들은 내용도 알지 못하는 미래의 호재를 점점 더 확신하게 됐고, 이에 따라 미시시피 회사 주식의 가격은 저절로 올라갔다. 존 로는 섭정의 후원 아래 새로운 사업계획을 속속 발표했다. 담배 무역에 대한 독점권 매수, 프랑스 동인도회사 인수, 동전 제조에 대한 독점권 확보, 세금징수 업무 수탁, 방크제네랄 설립 등이 발표됐다. 이 모든 것은 미시시피 회사가 프랑스 정부의 부채 15억 리브르 전액을 인수하는 대가로 이루어졌다.

미시시피 회사가 정부의 부채를 거래한 방식은 교묘했다. 미시시피 회사는 정부에 15억 리브르를 지급하는 것으로 하고, 정부는 그 돈을 채권자들에게 지급하는 것으로 하며, 채권자들은 그 돈을 미시시피 회사의 주식에 투자하는 것으로 한다는 것이었다. 결국 미시시피 회사는 채권자들에게 주식을 할인가에 발행해주기만 하면 됐다. 정부는 일반 채권자들에게는 연 4%의 이자를 지급했지만 미시시피 회사에는 이보다 낮은 3%의 이자만 지급하면 됐다. 이런 구조는 처음에는 완벽하게 작동했다. 미시시피 회사의 주식은 점점 더 높은 가격에 팔렸다. 엄청난 투기수요가 일어나고 투자 붐이 발생했다.

특히 정부가 지폐발행기를 풀가동함으로써 열풍을 더욱 부채질했다. 1718년에 섭정은 방크제네랄을 인수하고 그 이름을 방크로얄로 바꾸었다. 인수라고 했지만 사실은 존 로가 이권을 제공받는 대가로 방크제네랄을 섭정에게 넘겨준 것이었다. 존 로는 방크제네랄에서 발행한 지폐에 비해 적은 양의 금만을 비축했다. 그는 섭정에게 이제 지폐에 대한 사람들의 믿음이 확고해졌으므로 은행의 금 준비는 더 이상 필요하지 않다고 설득했다. 프랑스 정부는 1719년부터 화폐발행을 급격히 확대했고, 금리를 1~2% 수준으로 인하했다.

미시시피 회사는 주식을 할부로 팔기도 했다. 12개월로 나누어 주식대금을 낼 수 있게 한 이 조처의 목적은 주식가격을 끌어올리는 데 있었던

게 분명하다. 실제로 전례 없는 투기열풍이 프랑스를 휩쓸었고, 유럽 전역의 투자자들이 미시시피 회사의 주식을 사기 위해 모여들었다. 미시시피 회사의 주식 가격이 급등하면서 떼돈을 버는 사람이 속출했다. 거부를 일컫는 백만장자(밀리어네어)라는 말이 바로 이때 만들어졌다. 밀리어네어는 라틴어 '밀레(mille)'를 어원으로 한 당시의 신조어로, 처음에는 1000리브르를 소유한 사람을 가리키는 말이었다.

어떤 귀족이 자기의 요리사가 백만장자가 되자 일을 그만두고 떠나버렸다는 말을 듣고 존 로는 이렇게 대꾸했다. "이제는 누구에게나 부자가 되는 길이 열려있다. 이것이 바로 과거의 행운과 지금의 행운이 다른 점이다." 이 말은 전형적인 '새 시대 사고방식'의 표현이었다. 존 로는 귀족들에게 매우 관대했다. 귀족들이 협조해주는지 여부가 그가 실행에 옮기는 계획의 성패를 좌우했기 때문이다. 그는 자기에게 중요한 사람들을 매수하기 위해 항상 여분의 주식을 따로 떼어 보관해 놓고 있었다.

지폐의 공급이 증가한데다가 미시시피 회사의 주식을 할부로도 구입할 수 있게 되자 1719년 초에 300리브르였던 이 회사의 주식 가격이 같은 해 말에는 2만 리브르 이상으로 치솟았다. 이와 더불어 프랑스 전역에서 물가상승이 이어졌다. 빵, 우유, 고기는 6배, 옷은 4배로 가격이 상승했다. 물가가 이처럼 무서운 속도로 오르자 미시시피 회사의 주식이나 방크로얄이 발행한 지폐를 갖고 있는 사람들은 불안해지기 시작했다.

1720년 1월에 존 로가 정부의 재정총감(재무장관)에 임명된 지 2주 뒤에 이 회사의 거액투자자 몇 명이 주식을 팔고 빠져나가 부동산, 금, 일차 산품 등으로 옮겨가면서 이 회사 주식의 가격이 떨어지기 시작했다. 그들은 실물자산을 살 때 은행권으로만 구입대금을 지불할 수 있었다. 그런데 이미 지폐의 신뢰도가 급격히 떨어지고 있었으므로 땅과 금의 가격이 치솟았다. 아직 섭정의 지원을 받고 있었던 존 로는 이에 대응해 두 가지 비상조치를 취했다. 하나는 사람들의 금 소지와 사용을 제한하는 조치였고, 다른 하나는 미시시피 회사 주식의 가격을 유지하는 조치였다.

존 로는 우선 은행권만 법정 화폐로 삼고, 금과 은으로는 100리브르 이상의 지급을 할 수 없으며, 500리브르 이상의 금 소유는 불법화하는 조치를 취했다. 금과 은으로 화폐를 주조하는 것도 금지했다. 금을 몰래 보유한 사람에게는 무거운 제재가 가해졌다. 금을 감추고 있는 자를 신고하는 사람에게는 보상금이 지급됐고, 그 자가 은닉했던 금은 몰수됐.

미시시피 회사의 주식 가격을 유지하기 위한 조치는 다음과 같았다. 당시 미시시피 회사의 발행주식 수는 62만 4000주였다. 주식 가격이 1만 리브르 정도였으므로 시가총액은 60억 리브르가 넘었다. 이는 당시로서는 엄청난 금액이었다. 그 정도의 회사가치를 유지하는 가장 좋은 방법은 배당을 잘 해주는 것이었지만, 당시 이 회사의 실적은 1%의 배당을 주기에도 부족했다. 그래서 존 로가 취한 방법이 미시시피 회사와 방크로얄을 합병하는 것이었다. 그러면서 미시시피 회사의 주가를 주당 9000리브르로 고정시키고 미시시피 회사의 주식을 은행권으로 사고 팔 수 있는 교환소를 설치했다. 존 로는 이런 조처들이 미시시피 회사가 북미대륙에서 충분한 이익을 만들어낼 수 있게 될 때까지 주주들로 하여금 주식을 계속 보유하게 할 것이라고 기대했다.

그러나 투자자들은 이 회사의 주식에 대한 신뢰를 완전히 잃었고, 이에 따라 주식매도 압력은 더욱 거세졌다. 존 로의 기대와 달리 주식 가격을 고정시킨 조치는 매도를 멈추게 하기는커녕 오히려 더 많은 매도를 초래했다. 이로 인해 존 로는 또 다시 화폐공급을 크게 늘려야 했고, 그 결과는 물가상승의 가속화로 나타났다. 4년 동안 화폐량이 3배로 증가했다.

존 로는 자신이 싸워야 할 대상이 금이 아니라 인플레이션이라는 점을 깨달았다. 그는 은행권과 미시시피 회사 주식을 단계적으로 50% 평가절하하겠다고 발표했다. 이 조치는 대중의 분노를 일으켰고, 존 로는 프랑스를 떠나야 했다. 그 뒤에 금이 화폐의 토대로 복원되고 개인의 금 소유도 다시 인정돼 누구나 얼마든지 원하는 대로 금을 소유할 수 있게 됐다. 그러나 그때는 이미 어느 누구도 금을 갖고 있지 않았다. 금이란 금은 이미 모두 정부의 수중에 들어가 있었다.

초기에는 성공적이었기에 존 로의 계획은 영국에서도 복제됐다. 사우스시 회사의 이사였던 존 블런트는 영국 정부에 750만 파운드를 지급하기로 하고, 정부의 부채를 사우스시 회사의 주식으로 전환시킬 수 있는 권리를 얻어냈다. 영국은행도 비슷한 제안을 했지만 블런트에게 밀렸다. 블런트가 영국은행과의 경쟁에서 이길 수 있었던 것은 사우스시 회사가 당시의 영향력 있는 정치인들과 맺고 있었던 긴밀한 관계가 작용한 덕분이었다. 국왕과 그의 가신들은 사우스시 회사로부터 후한 보상을 받았고, 이는 사실상 매수였다. 미시시피 회사와 달리 사우스시 회사는 애초부터 사기성이 짙었다.

블런트가 정부로부터 획득한 주식전환의 권리는 정부의 부채 100파운드당 사우스시 회사 주식 1주를 발행할 수 있다는 것이었다. 이 권리를 활용해 블런트는 큰돈을 벌었다. 의회가 이 권리를 승인했을 때 사우스시 회사 주식의 가격은 128파운드였다. 따라서 그 뒤에 주식 가격이 300파운드로 올랐을 때 예를 들어 1200파운드의 정부채권을 갖고 있는 사람이 그것을 사우스시 회사 주식으로 바꾸고자 했다면 사우스시 회사는 주식 12주를 더 발행할 수 있지만 정부채권을 가져온 사람에게는 4주만 교부해주면 그만이었다. 사우스시 회사는 12주 중 나머지 8주를 시장에서 팔 수 있었고, 그 매각대금은 자사의 이익으로 잡았다.

이런 블런트의 계략은 주식 가격이 상승해야만 성공할 수 있는 것이었다. 그에게 다행스럽게도, 당시에 모든 사람이 주식 가격의 상승에서 이익을 거둘 수 있기를 바랐다. 사우스시 회사도 주식 가격이 높아지면 높아질수록 이익이 커졌고, 정부도 주식 가격이 올라 이익이 나야만 이 회사가 정부에 지급하기로 약속한 750만 파운드를 받을 수 있는 입장이었다. 더욱이 회사 주식 가운데 일부는 존 아이슬라비 재무장관, 제임스 크래그스 우정국장, 찰스 스탠호프 재무국장, 그리고 국왕의 두 정부에게 비밀리에 배분돼 있었다. 이들은 시장가격에 약간의 프리미엄을 얹은 가격으로 주식을 샀으나 그 대금 지급일은 정해져 있지 않았다. 따라서 이들은 마치 오늘날 스톡옵션을 잔뜩 받은 경영자들처럼 주식 가격에 이해관계를 갖고 있었다.

미시시피 회사가 이미 어려움에 빠져 있던 1720년 4월에 사우스시 회사는 두 번의 주식발행에 성공했다. 첫 번째에는 주당 300파운드, 두 번째에는 주당 400파운드로 주식이 발행됐다. 그러나 존 로와 달리 블런트는 주식 가격을 올리기 위해 통화공급을 늘릴 수 있는 권한을 갖고 있지 않았다. 블런트는 다른 방법을 고안해냈다. 그것은 1720년 6월에 주당 발행가격을 1000파운드로 해서 세 번째 주식발행을 하되 그 주식을 사고자 하는 사람이 매입대금의 10%만 우선 납입하면 주식을 교부해주고, 게다가 그 사람에게 대출도 해준다는 것이었다.

〈그림 12-2〉에서 보듯 사우스시 회사의 주식 가격이 1720년의 연초에는 100파운드였지만 불과 6개월 만에 1000파운드로 상승했고, 이로 인해 투자열풍이 영국 전역으로 번졌다. 이런 와중에 여러 가지 허풍선이 사업계획들이 우후죽순처럼 쏟아져 나와 투자자들을 유혹했다. 이혼을 막고

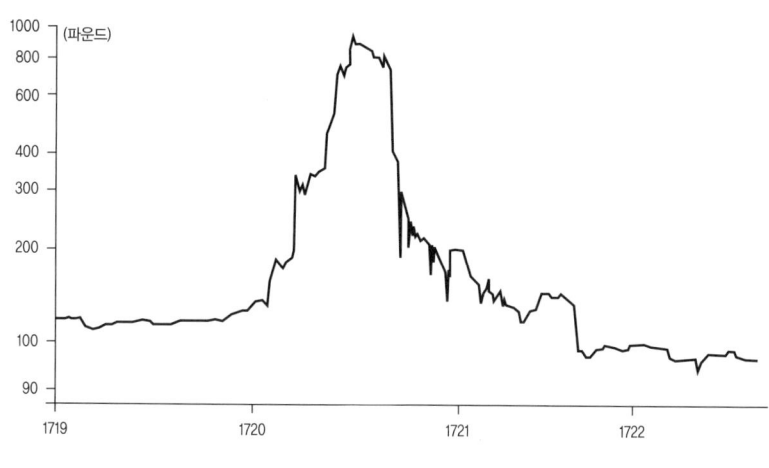

〈그림 12-2〉

**희대의 거품**
사우스시 회사의 주가 추이

결혼을 지키는 사업, 영원히 계속 돌아가는 바퀴를 만드는 사업, 공원에 뽕나무를 심어 누에를 키우는 사업, 그 내용은 아직 아무도 모르지만 어쨌든 놀라운 사업을 준비하는 사업 등 애초부터 터무니없는 사업들이 투자자들의 호주머니를 노렸다. 심지어는 '테라 아우스트랄리스(남쪽의 땅)', 즉 호주대륙에 식민지를 개척하겠다는 회사도 나타났지만, 실제로 호주가 제임스 쿡에 의해 발견된 것은 그로부터 50년 뒤의 일이었다. 또 자동소총을 만들어 팔겠다는 회사도 등장했지만, 실제로는 19세기에 가서야 자동소총이 발명됐다.

끊임없이 자본을 끌어들여야만 파티를 계속할 수 있는 사우스시 회사로서는 이런 거품성 회사들의 투자유치 경쟁을 걱정하지 않을 수 없었다. 존 블런트는 여러 회사들을 불법영업 혐의로 고발했고, 법원은 일부 회사들에 대해 불법 판결을 내렸다. 해당 회사들의 주가는 곤두박질했다.

그런데 그 여파가 사우스시 회사에도 미쳤다. 그런 회사들에 투자한 사람들은 모두 신용으로 투자를 한 상태였기 때문에 신용상환 압박을 받게 됐고, 그 결과로 사우시 회사 주식을 비롯해 모든 주식의 가격이 급락했다. 7월까지만 해도 1000파운드에 팔리던 사우스시 회사 주식의 값이 9월에는 190파운드까지 떨어졌다.

블런트는 사우스시 회사 주식의 가격을 400파운드에서 안정시키기 위해 영국은행에 긴급 구제금융을 요청했다. 그러나 그 뒤에도 주식 가격은 계속 하락했고, 영국은행은 결국 구제금융 요청을 거부했다. 청문회가 열렸고, 엄청난 손실을 본 대중은 희생양을 찾았다. 결국 사우스시 회사의 경영진은 그동안 개인적으로 거둔 이익을 전부 다 회사로 되돌리라는 명령을 받았다. 블런트는 청문회에서 자신은 아무것도 기억나지 않는다고 변명했다. 회사의 재무이사는 도망쳤다. 블런트는 처벌의 경감을 보장받고서야 증언에 나섰다. 사우스시 회사가 저지른 모든 사기행위가 백일하에 드러났다. 회사의 경영진과 이해관계자들이 주주들을 속이면서 그들에게 불이익을 안긴 반면에 자신들의 이익은 챙겼던 것이다. 결국 회사는 청산됐고, 주주들은 한 주당 33파운드씩을 돌려받았다.

그 뒤로 300년 이상의 자본주의 역사 속에서 일어난 투자열풍은 그 배경이 매번 달랐다. 그러나 거품의 연극을 만들어낸 대본, 소품, 배우들의 본질은 거의 같았다. 이 연극의 시작 부분에서는 비정상적인 초과이익의 기회, 과다한 거래량, 과다차입, 과도한 투기, 번드르르한 사업계획 등이 등장한다. 이어 대규모 사기극이 펼쳐지고 위기가 따라온다. 연극의 마지막 장면에서는 분노한 대중이 범인을 처벌하라고 요구한다. 거품이 일어날 때마다 과도한 통화공급과 신용창출이 비이성적 투기의 불길에 기름을 붓는다. 그리고 점점 더 많은 사람들이 자신들이 하는 투기의 대상이 뭔지도 모르는 채 그저 부자가 되려는 생각만으로 욕망의 불 속으로 뛰어든다.

미시시피 회사와 사우스시 회사의 드라마는 그 뒤에 발생한 모든 투자 열풍의 특징을 다 갖고 있었다. 비열한 인물, 부패, 사기, 의심스러운 행위, 화폐공급과 신용창출의 증가, 투기의 잔치를 지속시키려는 고위험 대출의 확대, 사기의 폭로에 따른 최초의 추락, 대규모 신용거래를 한 투기자들의 마진콜 부응능력 상실, 내부자 부당이익의 폭로, 불리한 정치경제 뉴스, 탐욕과 자기도취에서 깨어난 투자자들의 패닉과 투매…. 실제로 지난 10년간 특히 미국에서 일어난 여러 가지 상황이나 사건들과 미시시피 회사 사건은 많은 공통점을 갖고 있다. 무엇보다 최근에 진행된 공기업 민영화의 과정은 담배사업을 비롯한 각종 국유사업에 대한 독점권을 인수하려고 한 존 로의 작업과 상당히 비슷한 측면이 있다.

사우스시 회사 사건과 미시시피 회사 사건은 주식 가격을 인위적으로 유지하려고 했다는 점에서 같고, 그럼에도 결국은 시장의 힘이 어떠한 가격부양 조치보다 더 강력하다는 사실을 입증했다는 점에서도 같다. 특히 미시시피 회사의 경험에서 보듯이 화폐공급의 증가는 결국 지폐에 대한 대중의 신뢰를 파괴한다. 그러나 오늘날에도 정부와 중앙은행들은 때때로 화폐공급을 늘려서 모든 문제를 해결하려고 한다. 이런 식의 통화정책은 대중이 갖고 있는 금을 몰수하는 것과 같다. 실제로 미국 정부는 대공황이 한창이던 1933년에 개인의 금 소유를 불법화한 적이 있다.

미시시피 회사 붐과 사우스시 회사 붐 때 비판적인 의견을 낸 사람들도 있었음을 지적해두고 싶다. 그러나 그들의 의견에 관심을 기울이는 사람은 거의 없었다. 영국의 프랑스 주재 대사였던 스테어 백작은 미시시피 회사 주식에 대한 투자 붐을 경계했다. 그는 존 로와의 논쟁에서 미시시피 회사의 계획은 결국 프랑스를 망치고 말 것이라고 주장했다. 그러나 그와 존 로의 대결은 영국 정부가 스테어 백작을 소환함으로써 존 로의 승리로 끝났다. 당시 유럽에서 존 로는 오늘날의 앨런 그린스펀과 비슷한 위상을 갖고 있었다. 그는 유럽을 통틀어 가장 성공적인 재무장관이었고, 영국 안에서 폭넓은 존경을 받고 있었다. 스테어 백작과 존 로 사이의 반목을 난처하게 생각한 영국 정부는 결국 스테어 백작을 소환하는 결정을 내렸다.

사우스시 회사에 대해서는 저명한 하원의원인 아치볼드 허치슨이 경고의 목소리를 냈다. 그는 실질적인 사업내용은 아무것도 없는 사우스시 회사의 주식을 사는 것은 상식과 이성을 상실한 행위이며, 따지고 보면 뒷사람이 앞사람에게 돈을 갖다 바치는 것일 뿐이라고 지적했다.

아일랜드에서 태어난 프랑스의 경제학자이자 최초의 진정한 통화주의자로 불리는 리샤르 캉티용도 사우스시 회사 주식의 가격이 몇 년간은 더 유지될 수 있을지 모르지만 끝까지 사우스시 회사 주식을 붙들고 있는 사람은 결국 우울한 결과를 맞을 것이라고 생각했다. 캉티용 자신은 미시시피 회사 주식을 샀다가 주가가 정점 부근이었던 1720년 초에 팔아 큰돈을 벌고 난 뒤에 현명하게도 파리를 떠나 네덜란드로 이사함으로써 재산을 보존할 수 있었다. 캉티용은 화폐공급의 증가가 낳는 결과가 무엇인지를 완전히 이해하고 있었음에 틀림없다. 10년 뒤에 그가 파리로 돌아오자 그와의 거래에서 손해를 봤던 사람들이 그를 고소했지만, 그것은 이미 지난 일이어서 '재판을 할 의미가 없어졌다'는 이유로 그에 대한 모든 고소가 기각됐다.

투자 붐이 불 때에는 언제나 그렇지만, 당시에도 이렇게 드물게나마 회의론과 신중론이 나왔으나 그것에 귀를 기울이는 사람은 아무도 없었다.

## 남겨진 교훈들

존 로의 미시시피 계획은 결국 실패했지만 경제사에 중요한 사건으로 남았다. 특히 미시시피 회사와 관련해 지폐의 대량유통이 시도되어 그 효과로 이 회사가 일시적으로나마 성공적으로 운영됐다는 점에서 그렇다. 방크제네랄은 원래 예금기관이었을 뿐 대출은 하지 않았다. 그러나 방크제네랄은 미시시피 회사와 관련해 금 준비를 바탕으로 해서 제한적으로 지폐를 발행했다. 이 지폐는 파리와 리옹과 같은 대도시에서 멀리 떨어진 지방에서도 지불수단으로서 훌륭하게 기능해 상업과 산업의 발전에 긍정적인 기여를 했다.

문제는 섭정이 은행을 인수하면서부터 생기기 시작했다. 섭정은 은행의 이름을 방크로얄로 바꾸고 이를 통해 무제한으로 지폐를 발행했다. 그러자 프랑스의 대중이 방크로얄에 대한 신뢰를 버리게 되어 결국은 아무도 지폐를 원하지 않게 됐고, 지폐의 가치는 실물자산에 비해 급속히 떨어졌다.

지폐에 근거를 둔 금융시스템은 전적으로 통화당국에서 발행한 지폐에 대한 대중의 신뢰가 유지돼야만 가동된다. 신뢰가 무너지면 고통스러운 결과가 불가피하게 초래된다. 여기서 우리는 오늘날 미국의 무역수지와 경상수지 적자를 메워주고 있는 다른 나라의 투자자들이 얼마나 더 오랫동안 미국의 주식과 채권, 그리고 달러를 매수하거나 보유할 것인가를 묻지 않을 수 없다. 언젠가는 마치 '행운의 편지'와 같은 미국 연준의 통화운영이 더 이상 효과를 발휘하지 못하게 되어 달러의 가치가 급락하는 때가 올 게 분명하다. 달러가 다른 나라들의 통화에 대해서가 아니라 일차산품과 부동산 등 실물자산에 대해서 평가절하될 수도 있다. 미시시피 회사 사건의 경우를 보면, 방크로얄이 과다하게 발행한 지폐의 가치가 결국은 평가절하될 것이라고 프랑스의 대중이 생각하게 된 순간 일차산품과 부동산의 가격이 폭등하기 시작했다.

주식시장 거품이 꺼진 뒤에는 부동산 가격이 일정 기간 오르는 경향이 있다. 이런 경향이 나타나는 데는 두 가지 이유가 있다. 우선 주식시장이 정점에 이르렀다고 판단하게 되면 투자자들이 다른 투자대상을 찾기 시작한다. 투기의 파도가 온 세상을 휩쓸게 되면 그 파도는 갑자기 끝나지 않는다. 투기의 파도는 당분간 더 계속되면서 주식이 아닌 부동산, 일차산품, 예술품 등 다른 대상으로 옮겨간다. 주식시장의 투기판이 끝날 때쯤이면 똑똑한 투자자들과 기업의 내부자들은 기업들의 펀더멘털에 비해 주식의 가격이 지나치게 올랐다는 것을 알아차리게 된다. 그래서 그들은 주식을 팔아 이익을 실현하고, 투기열풍에 아직 휘말려들지 않아 가격이 상대적으로 저평가 상태에 있는 자산들로 자금을 옮긴다.

일본의 경우에도 〈그림 12-3〉에서 보듯이 주식시장은 1989년 12월 29일에 이미 정점을 찍고 하락세로 돌아섰지만, 부동산 가격은 이듬해인 1990년에도 계속 상승했다. 호주에서도 1987년에 주식시장이 정점을 지나 하락하기 시작한 뒤에도 부동산 가격은 2년 더 상승세를 보였음을 〈그림 12-4〉에서 확인할 수 있다.

따라서 2000년대에 들어와 미국의 주식시장이 정점을 지난 뒤 부진한 모습을 보이는 동안에도 부동산시장은 계속 상승세를 보인 것은 전혀 이상한 현상이 아니다. 그러나 주식시장의 거품이 꺼진 후 부동산시장이 상승하는 동안에 부동산시장에도 거품이 생겨난다. 부동산시장의 가격도 수요공급의 법칙에 굴복하게 되어 주가의 전철을 밟게 된다. 부동산시장이 정점을 찍고 하락세를 보이기 시작하는 때가 정확하게 언제인지는 단

〈그림 12-3〉

### 주가와 부동산 값의 시차
일본 주가거품 붕괴 시점과 집값 추이

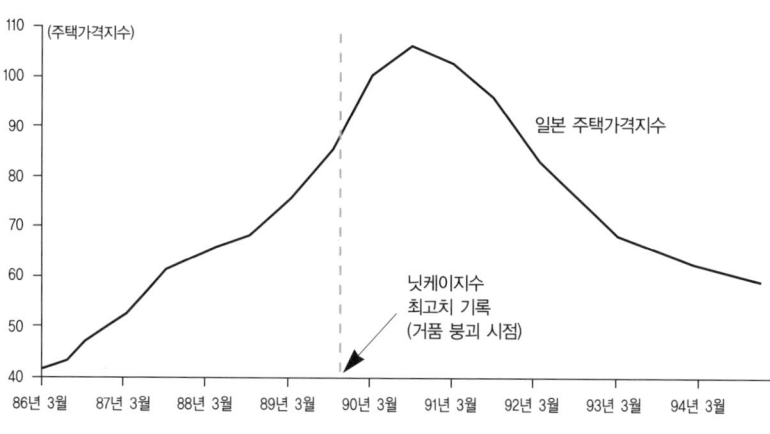

〈그림 12-4〉

### 주식시장이 붕괴한 뒤에도
호주 시드니의 집값 추이

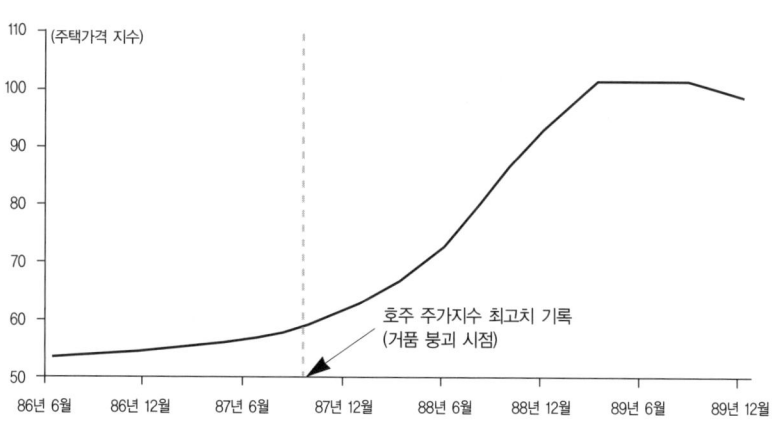

언하기 힘들지만, 대체로 주식시장이 정점을 지난 뒤 6개월부터 24개월 사이에 그 때가 온다고 말할 수는 있다.

미시시피 회사와 사우스시 회사의 거품은 또 다른 관점에서도 흥미를 끈다. 1717~1720년에 투기열풍이 전 유럽에 퍼졌고, 이에 따라 그 뒤에 일어난 위기가 국제적인 성격을 띠었다. 미시시피 회사가 처음에 성공하는 것처럼 보이자 영국을 비롯한 전 유럽의 투자자들이 파리로 몰려들었다. 사우스시 회사를 비롯한 영국의 새로운 사업계획들도 유럽대륙 전체에서 투자자금을 빨아들였다. 스위스에서 보수적인 주로 이름난 베른 주도 당시에 공공자금 20만 파운드를 런던에서 투자해 200만 파운드의 이익을 남기기도 했다.

1720년 초에 국제 투자자들 사이에 엄청난 규모의 자산재배분 현상이 벌어졌다. 1720년 1월에 미시시피 회사의 주식은 이미 폭락하기 시작했지만, 사우스시 회사의 주식은 그때서야 비로소 상승을 시작했기 때문이다. 투자자들은 존 로의 미시시피 회사가 실패했음에도 불안해하지 않았다. 투자자들은 단지 존 로가 스코틀랜드 출신이라는 이유로 정치적인 탄압을 받는 것이라고 생각했다. 1720년 여름에 사우스시 회사의 거품이 극에 달하자 투기자들은 자금을 영국에서 빼내어 네덜란드나 독일에서 보험회사 주식을 사기 시작했다.

이처럼 어느 한 곳에서 일단 과잉유동성이 만들어지면 돈이 이 부문, 저 부문, 이 나라, 저 나라를 재빨리 옮겨 다니면서 다른 곳들에도 투기 붐을 일으킨다. 캉티용이 프랑스를 떠나 네덜란드로 감으로써 사우스시 회사 거품의 붕괴를 피하고 자신의 재산을 온전히 보존할 수 있었던 것은 우연한 일이었을지도 모르지만, 그가 결과적으로 중요한 투자의 지혜, 즉 투자의 열풍이 끝나면 그 열풍이 일어났던 부문이나 나라에서 완전히 빠져나가 그 열풍과 전혀 또는 거의 관계가 없는 다른 부문이나 국가로 옮겨가야 한다는 지혜를 결과적으로는 실천했던 셈이다.

1718년에 지폐의 과다발행으로 프랑스에서 일차산품 가격이 크게 올랐음은 앞에서 이야기한 바와 같다. 나는 앞으로 일차산품 가격이 투자자들의 예상을 뛰어넘는 급등세를 보일 가능성이 높다고 생각한다. 특히 미국의 경제가 침체에 빠지고 소비가 줄어들면 그렇게 될 것이다. 왜냐하면 그때에는 연준이 유동성을 다시 쏟아 부을 것이 확실하기 때문이다. 그렇게 해서 늘어난 유동성은 조만간 일차산품 시장으로 흘러갈 것이고, 그렇게 되면 미시시피 회사 사건 때나 1960년대 말 이후에 그랬듯이 일차산품 가격과 부동산 가격이 늘어난 유동성에 의해 조만간 급등할 것이다.

특히 돈과 신용이 너무 많이 풀려서 금융자산에 대한 사람들의 신뢰가

〈그림 12-5〉

**일차산품 가격의 극적인 상승**
CRB 일차산품 지수의 움직임

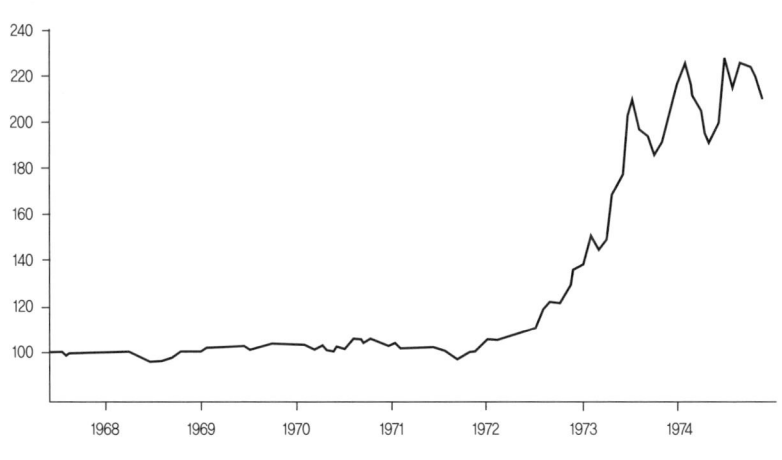

흔들리는 경우라면 그 어떤 시나리오에서도 일차산품 가격이 크게 오를 수 있다는 점을 다시 강조해두고자 한다. 1970년대 전반에 세계경제가 1930년대 이래 최악의 침체를 겪을 때에도 일차산품 가격이 급등했다. 당시 일차산품 가운데 가격상승이 가장 두드러졌던 것은 농산물이다. 1968~1969년의 바닥에서 1973~1974년의 정점까지 밀은 465%, 대두유는 638%, 면화는 317%, 옥수수는 295%, 설탕은 1290%나 가격이 상승했다.

1930년대의 디플레이션 시기도 돌이켜볼 필요가 있다. 당시 은의 가격은 1919년 이래의 약세에서 벗어나지 못하고 있었다. 그러나 1931년 2월 16일의 0.2575달러로 첫 바닥을 형성한 데 이어 1932년 12월 29일에 0.2425달러를 기록한 것을 새로운 바닥으로 해서 은의 가격이 급등하기 시작했다. 그 뒤로 은의 가격은 1935년까지 3배 이상인 0.81달러까지 올랐고, 1980년에는 50달러로 치솟았다. 만약 1929년에 다우지수에 투자하기보다 은을 사둔 사람이 있었다면 그는 1980년까지 200배나 되는 수익을 올렸을 것이다. 물론 배당까지 포함하면 다우지수 기준으로 할 때 주식투자의 수익률이 더 높았을 것이고, 1980년의 은 가격은 2000년 3월에 5000을 넘은 나스닥 지수와 마찬가지로 한 세대에 한 번 나올까 말까 한 거품 가격이었다. 하지만 어쨌든 은에 투자했다면 대박을 터뜨렸을 것이다.

금 관련 주식은 대공황 시절에도 강세였다. 예를 들어 1929~1936년에 금광회사인 '돔 마인스'의 주가는 6달러에서 61달러로, '홈스테이크 마이닝'의 주가는 65달러에서 544달러로 올랐다. 같은 기간에 홈스테이크 마이닝이 주주들에게 지급한 배당금 누적액은 주당 171달러였고, 이는 1929년 주가의 2배가 넘는 금액이었다.

내가 여기서 일차산품 시장에 대해 다시 이야기하는 것은 여러 가지 이유에서다. 무엇보다 주목해야 할 점은 일차산품 시장의 가장 극적인 상승

⟨그림 12-6⟩

**은 가격의 움직임**
1915-1948년 국제 은 가격

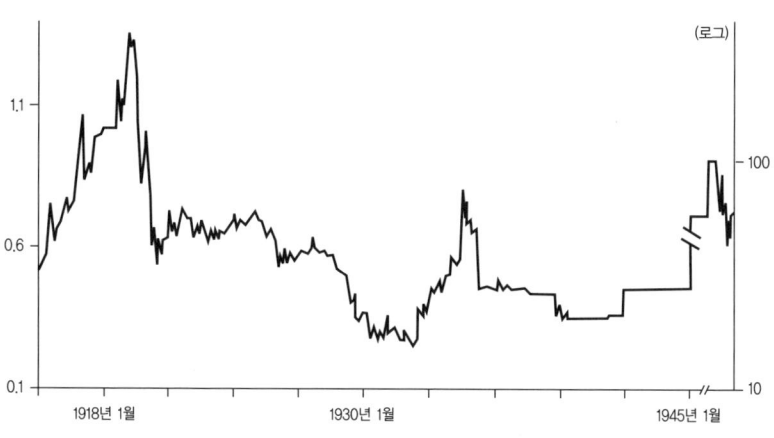

⟨그림 12-7⟩

**떨어질 만큼 떨어졌다**
커피의 최근월물 선물 가격

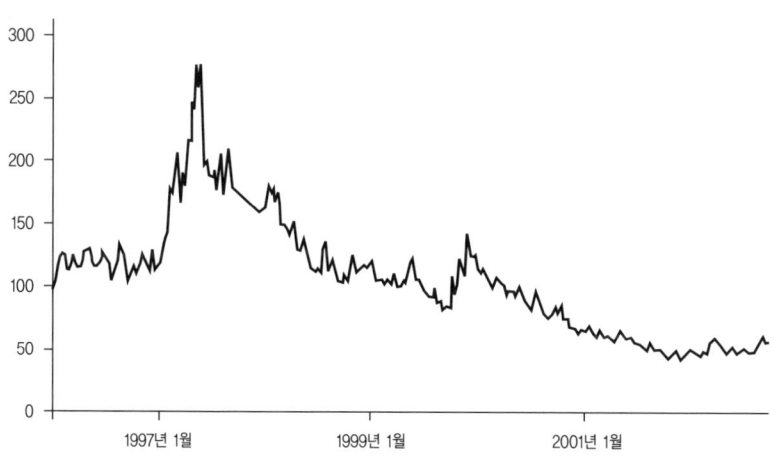

은 장기간에 걸친 약세장 끝에 온다는 사실이다. 지금은 일차산품 가격이 1980년대 이후 계속돼온 하락에 이어 2001년에 아시아 위기를 겪으면서 더욱 하락한 상황이다.

예를 들어 커피의 가격은 1976년에 정점을 지난 뒤 약세를 지속해 2002년 10월에 42.75센트로 바닥을 쳤고, 최근에야 다시 회복해 60센트 이상으로 오른 상태다. 20세기 중 10여 차례 되풀이된 커피 가격의 등락 사이클들을 돌이켜 보면, 바닥으로부터 반등한 뒤에는 평균적으로 12개월 안에 88%의 상승이 있었다. 이런 점을 감안하면 커피의 가격은 앞으로 더 많이 상승할 여지가 얼마든지 있다. 곡물의 가격 역시 최근에 상승세로 반전한 것을 볼 때 장기간에 걸친 약세시장이 거의 끝난 것으로 여겨진다.

나는 경기침체가 끝났다는 생각에는 동의하지 않는다. 그러나 앞으로라도 경기침체가 끝난다면 자원에 대한 수요가 늘어나면서 일차산품 가격이 오를 것이다. 반대로 세계경제가 당분간 회복되지 못한다 해도 일차산품의 가격은 오를 것이다. 경기가 회복되지 않을 경우에는 각국의 중앙은행에서 추가적으로 유동성을 공급하고 각국 정부도 확대 재정정책을 펼 것이기 때문이다.

게다가 미국의 경제상황과 미국 금융자산에 대한 투자의 여건이 개선되지 않는다면 미국 달러가 아주 많이 평가절하될 것이다. 그런데 투자자들은 유로와 엔은 그다지 신뢰하지 않는다. 이런 상황에서 투자자들이 달러에 대한 신뢰를 상실한다고 하면 돈이 어디로 갈까? 아시아의 중앙은행들은 자산의 대부분을 달러 표시 자산으로 유지하고 있다. 그들의 금 보유 비중은 1980년에는 30%였지만 최근에는 3%에 지나지 않는다. 달러에서 탈출한 돈이 유로나 엔으로 갈 수도 있겠지만, 그보다는 금으로 더 많이 몰릴 것이라고 나는 생각한다.

〈그림 12-8〉

### 앞서거니 뒤서거니 같이 가기
신흥시장 주가와 일차산품 가격 변동률

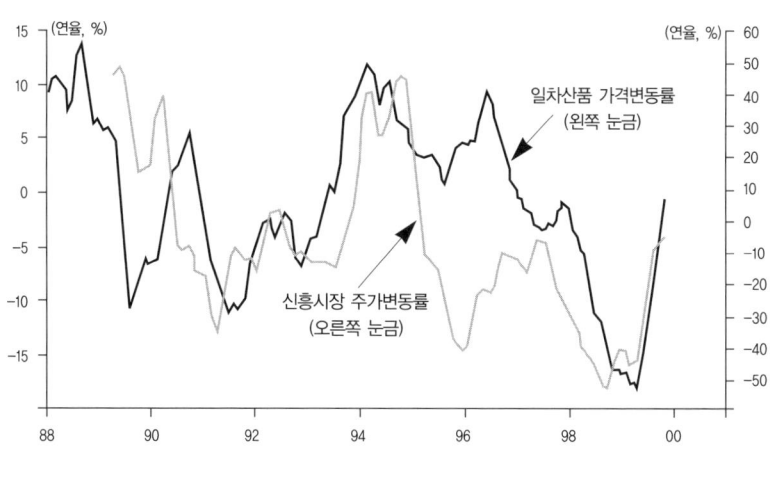

〈그림 12-8〉에서 보듯이 일차산품의 가격과 아시아 신흥시장 자산의 가격은 연관성이 아주 높다. 일차산품의 가격이 조만간 극적으로 오를 것이라는 내 말에 동의하는 투자자에게는 자원이 풍부한 신흥시장에 더 많이 투자할 것을 권하고 싶다.

나는 내 친구인 로버트 프렉터가 2002년 4월에 뉴스레터 〈엘리어트파동 이론가(The Elliott Wave Theorist)〉에 쓴 '연준이 디플레이션을 막을 수 있을까?'라는 글을 재미있게 읽었다. 프렉터는 연준은 디플레이션을 막을 수 없다는 결론을 내리면서 다음과 같이 글을 마무리했다.

디플레이션을 막을 수 있는 세력도 없지만, 디플레이션 이후도 문제다. 바닥에 도달해 더 이상 무너질 신용이 존재하지 않게 되면 인플레이션, 아마도 초인플레이션이 나타날 것이다. 사실 나는 다음번의 콘드라티예프 장기순환 국면에서 이런 현상이 나타날 가능성이 높다고 생각한다. 1860년대의 미국 남부연합이나 1920년대의 독일 바이마르 정부와 같이 정부가 유동성을 마구 증가시켜 초인플레이션을 만들어낸다면 금융시장의 모습이 디플레이션의 경우와는 완전히 달라지겠지만 궁극에는 역설적이게도 디플레이션 때의 모습과 비슷해질 것이다. 초인플레이션 아래서는 모든 은행계좌 잔액의 가치가 전보다 많이 떨어지고, 심지어는 완전한 깡통계좌도 생겨날 것이다. 채권도 휴지조각이 된다. 이런 의미에서 초인플레이션의 결과는 돈과 신용의 파괴이며, 그것은 바로 디플레이션이다.

우리는 10장에서 1980년대에 멕시코를 비롯한 중남미에서 초인플레이션과 동시에 외환시장의 메커니즘을 통한 디플레이션이 함께 일어났던 사례를 알아보았다. 프렉터는 당분간은 인플레이션이 가속화될 것 같다고 말하고 있다.

아직은 디플레이션 국면이라는 내 말이 틀리고, 대신 인플레이션이나 초인플레이션이 이미 시작되고 있다고 말할 수 있을까? 금융시장에는 이런 의문에 답을 주는 두 가지 민감한 지표가 있다. 하나는 외환시장에서 형성되는 달러의 가치다. 달러의 가치가 급락하면 시장이 인플레이션이나 달러에 대한 신뢰의 감퇴로 달러의 가치가 회복되지 못할 것을 두려워하게 된다. 그러나 이보다 더 중요한 지표는 금의 가격이다. 나는 투자자들에게 금의 가격이 조금 더 떨어지면 금을 사둘 것을 권한다. 만약 금의 가격이 400달러를 넘으면 장기저점을 확실히 지난 것이라고 확신해도 좋다.

연준이 디플레이션을 막지 못할 것이라는 프렉터의 말에는 나도 의견을 같이한다. 그러나 1930년대처럼 물가가 30% 이상 하락하는 형태의 디플레이션이 미국에 닥친다고는 생각할 수 없다. 대신 나는 앞으로 2~3년 안에 프렉터의 말대로 외환시장에서 달러의 가치가 급락할 가능성은 매우 높다고 생각한다. 그 이유는 미국이 거대한 부채를 안고 있는 현 상태에서는 디플레이션이 경제시스템을 거의 즉각적으로 붕괴시킬 것이므로 미국이 디플레이션을 감당할 능력이 없다는 데 있다. 최근 미국의 국내총생산 대비 부채 비율은 1929년 대공황 때에 비해 크게 높아져 있다는 사실을 잊지 말자. 따라서 오늘날 디플레이션에 의해 국내총생산이 줄어들 경우 그 파괴력은 대공황 때에 비해 엄청나게 클 것이다.

금 관련 주식은 물론이고 실물 금과 외환도 보유하고 있는 나로서는 프렉터가 말한 대로 미국에 정말로 디플레이션이 오기를 바란다. 그러면 경제는 엉망이 될 것이고 기업의 부도율은 급상승할 것이다. 연준과 그린스펀에 대한 투자자들의 맹목적인 신뢰는 완전히 무너져 패닉상태가 빚어질 것이다. 그럴 경우 금값이 천정부지로 치솟을 것임은 누구나 쉽게 상상할 수 있을 것이다. 그러니 인플레이션이 오든 오지 않든 투자자라면 금과 은, 금이나 은 관련 주식, 일차산품 선물, 자원이 풍부한 신흥시장의 주식을 어느 정도는 사두기를 권한다.

존 로의 지폐발행 실험은 초기에는 대단한 성공을 거두었고, 프랑스 경제에도 도움이 됐다. 그의 실험이 정점에 달했던 1719년만 해도 존 로는 유럽에서 가장 존경받는 사람이었다. 그러나 그는 은행을 통해 지폐를 무한정 공급하면 모든 문제가 다 해결될 것이라는 잘못된 신념에 빠졌다. 이 때문에 미시시피 회사가 망하고 그 자신도 개인적인 명예를 완전히 잃어버렸다. 존 로가 자신의 적이 인플레이션과 그로 인한 지폐의 신뢰성 추락이라는 사실을 깨달았을 때에는 모든 것이 너무 늦어버린 상태였다.

   오늘날에도 각국 정부는 미시시피 회사의 주가를 떠받치려고 한 존 로의 노력과 같은 방식의 시도를 한다. 2002년 1월에 열린 연방공개시장위원회에서 연준의 한 관리는 통상적인 금융정책이 실효를 거두지 못할 때에는 연준이 주식을 매입하는 특단의 조치를 고려해야 한다고 주장했다. 그는 나중에 자신의 이런 발언에 대해 연준이 경제시스템에 돈을 주입해서 주식뿐 아니라 공채, 부동산, 금광 등 모든 자산을 다 매입할 수 있다는 점을 지적한 것이라고 말했다.

   만약 연준이 그의 말대로 한다면 미시시피 회사 주식의 가격을 유지시키려고 했다가 실패한 존 로의 전철을 그대로 되밟게 될 것이다. 그런데 존 로의 경험으로부터 교훈을 얻지 못하는 연준이 실제로 그렇게 할 것 같아 걱정스럽다. 연준이 실제로 그렇게 하면 프렉터가 말한 초인플레이션과 통화가치 급락이 동시에 현실화될 것이다. 자유시장과 자본주의 체제를 신봉하는 나는 공개시장위원회에서 그런 식의 특단의 조치가 공식적으로 거론됐다는 사실에 오싹한 느낌을 갖게 된다.

   그러나 연준의 메시지는 분명하다. 연준은 이미 금리를 전례 없는 속도로 내리고 통화공급을 크게 늘림으로써 디플레이션을 막기 위해서는 어

〈표 12-1〉

**'새로운 시대'의 밑불 지피기**
미국의 정책금리(재할인율) 인하

| '새로운 시대'의 중심 연도 | 금리인하의 기간과 횟수 | 금리인하 폭 |
| --- | --- | --- |
| 2000년 | 12개월 간 11번 인하 | 4.75%P (6% → 1.25%) |
| 1929년 | 18개월 간 8번 인하 | 4.50%P (6% → 1.5%) |
| 1873년 | 8개월 간 9번 인하 | 6.50%P (9% → 2.5%) |

〈그림 12-9〉

**곡물가격의 상승 조짐**
CRB 곡물 선물가격 지수

떤 조치라도 다 취하겠다는 의지를 보여주었다. 투자자들은 이제 그러한 정책이 낳을 자멸적인 결과에 대해 스스로 알아서 대응해야만 한다.

결론적으로 나는 일차산품의 가격, 특히 금과 은의 가격은 앞으로 크게 오를 것으로 생각한다. 달러의 가치 하락, 특히 일차산품의 가격에 대한 달러 가치의 하락은 불가피하다. 〈그림 12-9〉에서 알 수 있듯이 곡물의 가격은 이미 큰 폭의 상승이 이미 시작된 것 같다. 달러 기준으로 일차산품 가격이 전반적으로 상승하면 자원이 풍부한 신흥시장 국가들, 다시 말해 브라질, 아르헨티나, 인도네시아, 러시아, 말레이시아, 태국, 베트남 등이 혜택을 볼 것이다.

## 제국에 내리는 저주

과잉통화와 부채증가로 생긴 거품이 마침내 터질 때 가격을 지지하거나 디플레이션을 막기 위해 통화를 더 늘리면 인플레이션과 화폐가치의 하락이 온다. 이런 현상은 1919~1923년의 바이마르 공화국, 1980년대의 중남미, 미시시피 회사 등의 사례에서 분명히 보았다. 허약한 경제에서 정부가 재정적자와 과도한 통화공급 정책으로 경기를 활성화시키려고 하면 결국은 인플레이션의 가속화와 화폐 가치의 하락이 오고 만다. 여기서 나는 미국의 경우를 살펴보면서 달러의 가치 급락이 불가피한 이유를 이야기해보고자 한다.

최근 미국의 언론에 실린 많은 글들이 미국은 이제 단순한 초강대국이나 헤게모니 국가가 아니라 로마제국이나 대영제국과 같은 완전한 제국이 됐다고 주장했다. 칼럼니스트인 찰스 크라우서머는 "로마제국 이래 어떤 국가도 지금의 미국처럼 문화적, 경제적, 기술적, 군사적으로 압도적인 지배력을 가진 적이 없었다"고 지적했다. 예전에 미국이 과잉팽창의 결과로 곤경에 빠질 것이라고 예측했던 폴 케네디조차도 《강대국의 흥망(The Rise and Fall of the Great Powers)》(1987)에서 "지금까지 이렇게 큰 힘의 불균형이 존재한 적은 없었다"면서 다음과 같은 의견을 밝혔다.

팍스 브리태니카는 저렴한 비용으로 유지됐다. 당시 영국의 육군은 다른 유럽 국가들의 육군보다 규모가 작았고, 영국의 해군은 프랑스의 해군과 독일의 해군을 합친 것과 대등한 정도였다. 그러나 오늘날에는 세계 모든 나라들의 해군을 다 합해도 미국 해군의 우위에 흠집을 내지 못한다. 나폴레옹 치하의 프랑스와 펠리페 2세 치하의 스페인은 다수의 강력한 경쟁국들이 공존하는 다극체제의 일부였다. 카를 대제 치하의 프랑크 제국은 서유럽에 국한됐다. 로마제국의 영토는 광대했지만, 당시 페르시아에 또 다른 제국이 있었고 중국에는 더 큰 제국이 존재하고 있었다. 그러니 비교해볼 전례가 없다.

미국의 언론인인 로버트 카플란은《전사의 정책(Warrior Politics; Why Leadership Demands a Pagan Ethos)》(2001)에서 미국이 적극적으로 제국주의 노선으로 나아가야 한다고 주장했다.

우리의 미래 지도자들은 온건한 제국주의 정책을 펴서 끈기 있고 지성적이며 세계 곳곳에 번영을 가져다줄 능력을 갖추었다는 칭송을 들어야 할 것이다. 우리의 외교정책이 더 성공적일수록 미국의 영향력은 더 커진다. 그러면 미래의 역사학자들이 21세기의 미국을 공화국이었다고만 보지 않을 것이다. 그들은 미국이 로마제국을 비롯해 지구상에 존재했던 다른 제국들과 차이가 있긴 하지만 어쨌든 하나의 제국이었다고 평가할 것이다.

그런가 하면 〈월스트리트 저널〉의 편집자인 맥스 부트는 미국은 누구나 참여하고 싶어 하는 매력적인 제국이라고 주장했다. 더 이상 공산주의는 아니지만 전체주의적인 성격을 여전히 갖고 있는 중국의 제국이나 러시아의 제국보다는 미국의 팍스 아메리카나가 전 세계에 경제적, 사회적으로 더 나은 희망을 줄 수 있다고 생각할 수 있을지는 모른다.

유럽의 학자들은 이런 견해에 그다지 뜻을 같이 하지 않는 듯하다. 하지만 티베트, 사우디아라비아, 인도네시아, 그리고 아프리카의 여러 나라들에 사는 보통 사람들은 자기 나라의 정부나 지배계급 또는 전제적인 외국인 침략자에 의해 통치를 받기보다는 미국 정부의 온건한 제국주의적 영향을 어느 정도는 받는 편이 더 나을 것이라고 나는 생각한다. 물론 미국으로부터 융단폭격을 받은 캄보디아 사람들은 미국에 대해 '온건한' 제국주의라는 표현을 쓰는 데 대해 동의하지 않을 것이다.

그러나 경제적인 측면에서 문제가 있다. 거대한 제국들은 모두 다 시간이 흐르면서 인플레이션이 가속화되어 금리가 올라가고 통화가 평가절하되는 상황을 맞았다.

시드니 호머는 《금리의 역사(History of Interest Rates)》(1977)의 서문에서 한 국가의 문화수준은 금리의 수준으로 알 수 있다고 한 오스트리아의 경제학자 뵘바베르크(1851~1914)의 글을 인용했다. 뵘바베르크에 따르면 사회의 지적, 도덕적 힘이 강해질수록 금리는 더 낮아진다. 여기서 뵘바베르크가 말한 금리는 인위적으로 통제된 금리가 아니라 시장에서 자유로이 정해지는 금리, 다시 말해 통화당국의 간섭에 의해 정해지거나 정부의 보증으로 낮게 책정되지 않은 자유시장의 금리를 가리킨다. 호머는 계속해서 다음과 같이 설명했다.

만약 뵘바베르크가 도덕적 힘 대신 금융적 힘을, 문화적 수준 대신 기술적 수준을 이야기했다면 오늘날 더 많은 사람들이 그의 주장을 수긍할 수 있었을 것이다. 그러나 어쨌든 그는 자기가 하고자 한 말을 정확하게 표현했다고 나는 생각한다. 그가 살아있다면 도덕적 힘은 금융적 힘의 필요조건이고, 높은 문화적 수준은 높은 기술적 수준의 필요조건이라고 설명할 것이다.

정말로 옳은 말이다. 호머는 《금리의 역사》를 쓴 목적에 대해 다음과 같이 밝혔다.

나는 금리 변동의 사회적, 경제적 원인과 결과를 탐구하려는 것이 아니라 장기간에 걸친 금리의 역사를 찾아서 기록하고 분석하려고 했다. 그럼에도 독자들은 수백 년 동안 유지된 추세와 반복된 패턴을 간파할 것이다. 그리고 독자들은 그것을 나라의 흥망, 더 나아가서는 문명의 성쇠와 연결 지을 수도 있을 것이다. 바빌로니아, 그리스, 로마와 같은 고대 국가들의 금리 추이를 보면 국가가 발전하고 번영하는 동안에는 금리가 꾸준히 하락한 반면에 국가가 쇠퇴하게 되면 금리가 상승하기 시작했다. 우리의 문명(서유럽과 미국)을 보면 중세 이래로 금리가 하락해왔다. 지금은 어떠한가? 지금의 높은 금리는 금리의 추세가 바뀌었다고 단정할 정도로 오래 지속된 것이 아니다. 앞으로 그렇게 단정할 수 있을 정도로 높은 금리가 오래 지속될까?

금리의 장기추세라는 관점에서 미국의 제국이 이미 정점을 지났는지는 아직 확실치 않다. 그러나 7장의 〈그림 7-4〉에서 보았듯이 1940년대까지 확실한 하락추세였던 미국의 금리는 1981년까지 급하게 상승했다. 그 뒤에는 미국의 금리가 다시 하락해왔지만 장기금리가 2%에 불과했던 1940년대로는 다시 돌아갈 수 없을 것이다. 오히려 앞으로 미국에서 인플레이션이 가속화하고 금리가 더 상승할 가능성을 우리는 진지하게 고려해야 한다.

사람들이 미국과 로마제국을 자주 비교하고 있으니 로마제국 통화의 역사에 대해 간단히 살펴보는 것도 도움이 될 것이다. 기원전 27년에 로마제국의 첫 황제가 된 아우구스투스가 통치한 기간에 로마는 오직 순도 100%의 금화와 은화만을 통화로 사용했다. 아우구스투스 황제는 막대한 규모의 사회간접자본 투자계획을 실행하기 위해 스페인과 프랑스의 광산에서 하루 24시간 쉬지 않고 금과 은을 생산하게 했다. 이런 조치로 인해 화폐공급이 늘어남에 따라 아우구스투스 황제의 집권 전반기에 해당하는 기원전 27년부터 기원전 6년까지 로마의 물가가 두 배로 올랐다. 아우구스투스 황제는 문제점을 인식해서 기원전 6년부터 서기 14년까지의 집권 후반기에는 화폐 주조량을 급감시켰다.

서기 14년에 아우구스투스가 사망하자 그의 양자이자 사위인 티베리우스가 황제로 취임했다. 티베리우스 치하에서 시중 통화량은 더욱 줄어들었지만, 황제의 금고에 축적된 화폐의 양은 늘어났다. 37년에 티베리우스가 암살됐고, 그의 후계자이자 광포한 황제로 알려진 칼리굴라가 7억 데나리우스를 유산으로 받았다. 티베리우스가 아우구스투스로부터 받은 유산의 30배나 되는 금액이었다. 그러나 칼리굴라는 낭비벽으로 인해 돈을 다 써버렸고, 금고가 바닥을 드러내자 무고한 반역죄를 만들어내어 부유한 귀족가문들의 재산을 몰수했다.

칼리굴라의 뒤를 이어 역시 광포한 성격을 가진 클라우디우스가 황제 자리를 넘겨받았고, 그 다음 황제는 네로였다. 네로에 와서는 로마의 재정이 완전히 고갈됐고, 속주와의 무역수지 적자도 커졌다. 64년에 네로는 금화 아우레우스의 금 순도를 낮춰 무게를 10% 줄이는 방식으로 평가절하를 실시했다. 그 전에는 금 1파운드로 41개의 금화만 만들 수 있었지만 이제는 45개를 만들 수 있게 됐다. 네로는 은화 데나리우스도 새로 만들었다. 새로운 은화는 무게도 가벼웠지만 동이 10% 섞였기 때문에 실제로는 종전의 은화보다 25%나 가치가 떨어진 것이었다. 이처럼 네로는 로마가 불타는 동안 화폐를 갖고 장난을 치고 있었다.

네로의 새로운 주화는 처음부터 종전의 주화에 비해 할인된 가치에 거래됐고, 이는 곧 인플레이션으로 이어졌다. 네로는 이전의 주화를 다시 주조해보기도 했지만, 부자들이 재산을 숨기거나 아예 재산을 갖고 변방이

⟨표 12-2⟩

**로마 황제들의 화폐 물타기**
로마 은화 '데나리우스'의 실제 은 함량

|  | 연도 | 은 함량(%) |
|---|---|---|
| 네로 | AD 54 | 94 |
| 비텔리우스 | 86 | 81 |
| 도미티아누스 | 81 | 92 |
| 트라야누스 | 98 | 93 |
| 하드리아누스 | 117 | 87 |
| 안토니우스 피우스 | 138 | 75 |
| 마르쿠스 아우렐리우스 | 161 | 68 |
| 셉티무스 세베루스 | 193 | 50 |
| 엘라가발루스 | 218 | 43 |
| 알렉산데르 세베루스 | 222 | 35 |
| 고르디아누스 | 244 | 28 |
| 필리푸스 | 244 | 0.5 |
| 클라우디우스 고티쿠스 | 268 | 0.02 |

나 시골로 잠적하는 방식으로 세금징수원의 눈을 피하는 바람에 그와 같은 네로의 시도는 그리 큰 성과를 거두지 못했다. 어쨌든 네로의 화폐 물타기는 로마가 망할 때까지 선례로 작용했다. ⟨표 12-2⟩와 ⟨그림 12-10⟩에서 보듯 네로부터 시작해 그 뒤의 로마 황제들은 주화의 금 또는 은의 함량을 점점 더 떨어뜨렸다. 이로 인해 268년에 로마에서 발행된 은화에 실제로 들어있는 은의 비중은 0.02%에 불과하게 됐다.

팍스 아메리카나가 팍스 로마나에 자주 비유되니 로마제국에 대해 좀 더 알아보자. 아우구스투스 황제 시절에 로마제국은 전성기였고, 그때에는 제국 내 대부분의 지역에서 평화가 유지됐다. 그러나 비교적 짧았던 이때의 전성기를 제외하면 로마는 끊임없이 변경의 전쟁과 속주의 반란 등에 시달렸다. 제국이 존속한 대부분의 기간에 해상수송은 결코 안전하지

〈그림 12-10〉

**로마의 화폐 물타기를 그래프로 보면**
은화 '데나리우스'의 실제 은 함량

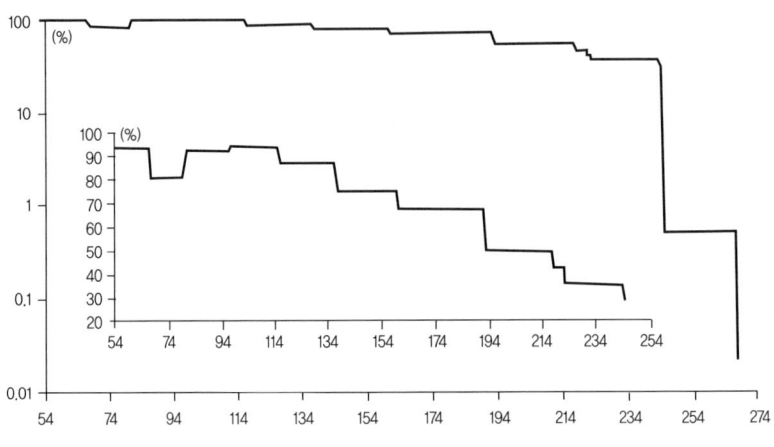

않았다. 지중해에 해적들이 들끓었기 때문이다. 이런 관점에서 보면 팍스 로마나는 현실이었다기보다는 하나의 신화라고 말할 수도 있다. 어쨌든 네로의 화폐 물타기와 로마제국 쇠퇴의 시작이 동시에 일어난 것은 우연의 일치가 아니었다.

 1971년 8월에 미국의 닉슨 대통령은 달러의 금 태환을 중지시켰다. 더 이상 달러를 금으로 바꿀 수 없게 된 것이다. 이 조치는 경제적 헤게모니의 관점에서 볼 때 미국이 이미 정점을 지나 하락세로 접어들었음을 보여준 것이라고 나는 생각한다. 그 뒤에 인플레이션이 가속화하고 달러의 가치는 점점 더 떨어졌다. 시드니 호머의 지적대로 미국 제국의 쇠락은 미국 금리의 상승추세로 확인된다. 금리의 추세로 볼 때 미국의 정점은 1940~1950년대였던 것으로 봐야 할 것이다.

미국의 군사력 우위에 관한 폴 케네디의 지적이나 냉전에서 미국이 승리한 것에서 알 수 있듯이 미국은 군사적으로 분명히 압도적이다. 그러나 이것만으로 미국의 지위를 판단해서는 안 된다. 로마제국은 트라야누스 황제(98~116년) 때 영토가 가장 넓었다. 하지만 그때는 이미 영토를 방어하기 위한 전쟁이 인명손실의 측면에서 매우 비싼 대가를 요구했고, 본토인 이탈리아 반도의 경제상황도 매우 악화된 상태였다.

역사학자 윌리엄 맥네일은 《서구 문명의 역사(History of Western Civilisation)》(1986)에서 도미티아누스 황제(81~96년) 시절에 대해 다음과 같이 기술하고 있다.

심각한 경제위기가 이탈리아 반도를 휩쓸었다. 포도주의 가격은 급락했다. 포도재배 기술이 서부, 특히 갈리아 지역에 전파됐고, 이에 따라 판매시장이 사라졌기 때문이었다. 로마제국 서부의 경제, 적어도 그 지역의 지주계급은 번영했지만, 로마제국의 본토인 이탈리아 반도의 경제는 쇠퇴하기 시작했다. 이탈리아 반도의 인구는 더 이상 늘어나지 않고 오히려 줄어들기 시작했다. 군대에 지원하는 시민 수가 부족해졌고, 병사와 관료가 서부의 속주 주민들로 점점 더 많이 채워졌다. 아우구스투스 등 제국 초기의 황제들 치하에서 이탈리아 반도가 누렸던 지위는 허물어져갔다.

여기에서 우리는 로마제국과 지금의 미국 사이의 유사점을 또 하나 발견할 수 있다. 로마제국의 본토였던 이탈리아 반도의 포도주 산업이 제국 서부의 생산자들에게 밀렸던 것과 마찬가지로, 한때 세계 최고를 자랑하던 미국의 제조업은 지금 중국 등 아시아 지역과 멕시코의 제조업에 의해 침식당하고 있다. 카플란은 미국의 미래 지도자들에 대해 "온건한 제국주의 정책을 펴서 끈기 있고 지성적이며 세계 곳곳에 번영을 가져다줄 능력을 갖추었다는 칭송을 들어야 할 것"이라고 했지만, 내가 장담하건대 트라야누스, 하드리아누스, 마르쿠스 아우렐리우스, 세베루스, 디오클레티아누스, 콘스탄티누스를 비롯한 상당수의 로마 황제들은 정말로 끈기 있고 위대한 지성을 갖추었을 뿐 아니라 용감했고, 전장에 나가 직접 군대를 지휘하기도 했다. 그렇게 했기 때문에 발레리아누스 황제는 페르시아의 왕 샤푸르 1세에게 포로로 잡혀 살다가 죽었고, 카이사르와 함께 삼두정치를 이끌던 크라수스는 파르티아의 왕 미트리다테스 3세에 의해 죽임을 당했다.

로마제국을 서서히 붕괴로 몰아간 근본원인은 세계의 변화에 적응하는 데 실패한 데 있었다. 역사학자 듀랜트는 "문명의 쇠퇴는 집단적 삶에 내재한 어떤 신비로운 한계 때문이었다기보다는 문명의 정치적, 정신적 지도자들이 변화의 도전에 제대로 대응하지 못했기 때문"이라고 지적했다.

로마제국 이후에 등장한 두 개의 거대한 제국, 즉 스페인제국과 대영제국에 대해서도 간단히 살펴보자. 카를로스 1세(카를 5세)와 그의 후계자인 펠리페 2세 때의 스페인, 특히 포르투갈을 병합한 1580년 이후의 스페인은 서유럽, 아프리카 해안의 대부분, 필리핀, 인도네시아, 멕시코, 남미 대륙 전체에 걸쳐 그 어떤 국가도 가져보지 못한 광대한 영토를 구축했다. 펠리페 2세는 말 그대로 '해가 지지 않는 제국'을 건설했다. 그러나 스페인제국의 번영은 매우 짧았다. 그 이유는 멕시코와 포토시의 광산에서 캐내어 스페인으로 실어 나른 금과 은이 모두 제국을 방어하기 위한 전쟁을 수행하는 데 탕진됐고, 이베리아 반도의 농업과 제조업도 무너졌기 때문이다.

스페인 왕실은 1557년에 최초로 부도를 낸 이후 1575년, 1596년, 1607

년, 1627년, 1647년에도 부도를 냈다. 스페인 왕실의 잇따른 부도로 인해 스페인에 자금을 대주었던 안트베르펜, 제노바, 리옹 등 유럽의 주요 금융 도시들도 덩달아 위기를 맞았다.

게다가 16세기는 인플레이션의 시대였다. 신대륙으로부터 막대한 양의 은이 유입됨으로써 통화량이 급증한 결과로 1500년부터 1600년까지 유럽 대륙의 물가가 5배로 올랐다. 1580년부터 은의 유입량이 감소하기 시작했고, 스페인 전역은 17세기 내내 심각한 침체를 겪었다. 동방무역에서 네덜란드의 세력이 확장된 것을 비롯해 오늘날의 테러리스트와 비슷한 해적의 창궐, 영토 내의 반란, 거의 모든 유럽 국가 및 투르크족과 잇달아 벌인 전쟁, 그리고 이런 이유들로 인한 인명과 자연자원의 손실 등으로 스페인 제국은 결국 쇠락의 길로 접어들었다.

대영제국은 많은 점에서 역사상 가장 성공적인 제국이었다. 이전의 두 제국, 즉 로마와 스페인과는 달리 영국은 부를 식민지에만 의존하지 않았다. 산업혁명을 주도한 영국은 제조업에서 타의 추종을 불허하는 발전을 거듭했다. 1830년 당시에 영국의 랭커셔 지역은 전 세계의 다른 지역들을 다 합한 것보다 더 많은 생산설비를 보유하고 있었다. 또한 영국은 전 세계에 법과 질서를 전파했다.

그러나 시간이 흐르면서 대영제국의 영토를 유지하는 데 너무 많은 비용이 들어가는 것으로 드러났고, 20세기에 들어서는 식민지를 다른 나라들에 빼앗기기 시작했다. 〈그림 12-11〉은 대영제국의 쇠퇴에 따른 파운드의 가치 하락을 잘 보여준다. 시드니 호머가 지적한 제국의 쇠퇴와 금리 상승 사이의 관계도 대영제국의 경우에 그대로 되풀이됐다. 〈그림 12-12〉에서 볼 수 있듯이 영국 장기국채의 수익률은 1896년의 2.21%를 바닥으로 해서 상승하기 시작했다. 그 뒤로 영국의 금리가 다시 이 수준까지

〈그림 12-11〉

### 대영제국 화폐의 쇠락
1파운드와 교환된 스위스 프랑의 단위

〈그림 12-12〉

### 채권 수익률로 본 대영제국의 쇠퇴
영국 영구공채의 수익률 추이

떨어진 적이 없다. 영국의 금리는 대공황 때와 1940년대에도 이 수준까지는 떨어지지 않았는데, 이는 미국 금리의 움직임과 대조적이었다. 미국 금리는 1940년에 사상 최저치를 경신했다.

제국이라는 멋진 말은 알고 보면 실패할 수밖에 없는 거대국가의 야심을 반영하는 것이고, 조만간 거대한 부채를 안게 된다는 뜻을 내포하고 있다. 제국을 유지하기 위해 부담해야 하는 막대한 비용에도 불구하고 그렇게 많은 사람들이 제국을 원하는 것에 나는 놀라지 않을 수 없다. 제국에는 인플레이션의 가속화, 금리의 상승, 화폐의 가치 하락, 대외부채의 급증이라는 저주가 반드시 따르는데도 사람들은 제국을 원한다.

그렇다고 해서 제국에는 좋은 투자기회가 없다는 말을 하고자 하는 것은 아니다. 제국이 쇠퇴하더라도 제국의 몇몇 도시와 산업은 계속 번성할 수 있다. 로마제국이 무너지고 있을 때 안티오키아는 중동에서 가장 중요하고 번성한 도시가 됐고, 동로마제국의 수도가 된 콘스탄티노플은 인구가 급증하기 시작해 이미 쇠락하기 시작한 로마를 인구수에서 곧 능가하게 된다. 스페인제국에서도 마찬가지였다. 멕시코와 바이아, 아바나, 키토, 오루프레투, 마나우스는 제국이 어려움에 빠져있을 때에도 계속 번영했다. 대영제국의 하락기에도 영국의 몇몇 회사와 부동산시장은 대박의 투자기회를 만들어냈다. 그러나 물가와 금리가 오르고 화폐의 가치가 떨어지는 제국보다 더 나은 투자기회를 주는 다른 곳들도 얼마든지 있었다.

## 팍스 아메리카나

미국의 제국이 이미 전성기를 지났다고 가정해보자. 즉 로마제국의 전성기인 아우구스투스 황제의 집권기에 해당하는 시기가 미국에서는 1950년대 또는 1960년대 초반이었다고 가정해보자. 그렇다고 미국이 당장 나락의 구렁텅이에 빠진다는 뜻은 아니다. 단지 다른 제국들이 쇠퇴기에 보여주었던 모습과 마찬가지로 미국에서도 이미 인플레이션의 가속화, 금리의 상승, 통화의 가치 하락이 시작됐고, 미국이 아닌 지구상의 다른 곳에 더 나은 투자기회가 얼마든지 존재한다는 말을 하고 싶을 뿐이다.

인플레이션은 간단한 현상이 아니다. 인플레이션 시기에는 많은 자산들의 가격이 오르지만, 그 와중에도 어떤 자산들은 가격이 떨어진다. 지금 중국, 인도, 베트남과 같은 신흥국가들이 저임금을 바탕으로 제품의 가격을 떨어뜨려 세계 각국에 디플레이션을 수출하고 있는 게 사실이다. 그러나 다른 한편으로 거대한 접시의 물이 넘쳐흐른다면 세계의 어떤 곳에서는 인플레이션이 일어나고 주식시장의 활황 장세가 펼쳐질 수도 있다.

사람들은 일차산품 가격과 임금이 오르면 그것을 인플레이션이라고 부르지만, 주식시장에서 주가가 오르면 인플레이션이라는 말을 사용하지 않고 대신 활황장세라는 표현을 사용한다. 하지만 둘 다 가격의 상승을 의미하기는 마찬가지다. 여기서 인플레이션이 무엇인지, 그리고 그 징후는 무엇인지를 알아볼 필요가 있다. 루트비히 폰 미제스에 따르면 예전부터 인플레이션이란 "유통되는 돈의 양과 언제든지 꺼내 쓸 수 있는 저축의 양이 증가하는 것"을 의미했다. 《경제적 자유와 개입주의(Economic Freedom and Interventionism)》(1990) 중 '효과가 없는 재정정책'이라는 부분에서 그는 인플레이션이라는 개념에 대해 이렇게 설명했다.

오늘날 사람들은 인플레이션의 결과로 모든 자산의 가격과 임금이 상승하는 현상을 인플레이션으로 착각하고 있다. 이러한 유감스러운 혼동 때문에 자산의 가격과 임금을 상승시키는 원인을 지칭할 용어가 없어져버렸다. 다시 말해 그동안 인플레이션이라고 불러온 현상을 가리키는 데 사용할 낱말이 없어졌다. 이름이 없는 것에 대해서는 말할 수가 없기 때문에 그것에 대항해 싸울 수도 없다. 인플레이션과 싸운다는 행동도 알고 보면 인플레이션이 아닌 인플레이션의 결과, 즉 가격의 상승과 싸우는 것에 지나지 않는다. 그것은 악의 근원을 공격하는 것이 아니므로 실패할 게 분명하다. 흔히 정부와 통화당국은 물가상승과 싸운다고 하면서도 물가상승을 필연적으로 초래하는 화폐량 증대 정책을 고수한다. 이런 개념상의 혼동이 완전히 제거되지 않는 한 우리는 결코 인플레이션을 이길 수 없다.

미제스가 말한 대로 인플레이션을 재화와 서비스 가격의 일반적인 상승이 아닌 '화폐량의 증가'라고 정의한다면, 미국에서는 벌써 상당한 정도로 인플레이션이 진행돼왔다고 할 수 있다. 단지 화폐량의 증가가 제품 가격의 증가로 아직 이어지지 않았을 뿐이다. 그 이유는 수입물가가 하락해왔기 때문이다. 특히 강한 달러를 배경으로 중국 등에서 생산되는 제품들이 달러 표시로 점점 더 낮은 가격에 수입되고 있다는 점이 중요하게 작용해왔다. 그러나 미국 경제의 어떤 부문들에서는 이미 상당한 가격상승이 일어나고 있다. 주택의 가격은 2001~2002년의 1년여 동안 10% 이상 상승했고, 1995년부터 계산하면 2002년 말 현재 이미 40% 이상 올랐다. 특히 보스턴, 샌프란시스코, 샌디에이고, 덴버와 같은 도시들의 부동산 가격 상승 폭이 컸다.

개인적으로 나는 경제의 시나리오가 어떻게 진행되든 미국에서 자산의 가격 상승은 당분간 더 이어질 가능성이 매우 크다고 생각한다. 만약 앞으로 세계의 경기가 회복된다면 자원에 대한 수요가 늘어날 것이므로 비철

금속과 곡물 등 일차산품의 가격이 오를 것이다. 아직까지도 많은 일차산품들의 가격이 물가상승률을 감안하면 역사상 최저수준에 있으며, 일부는 생산원가 이하에 머물러 있다. 미국 농무부에 따르면 1999년에 면화의 미국 내 평균 생산원가는 1파운드당 84센트였다. 그동안의 에너지 가격 상승을 감안하면 지금은 면화의 생산원가가 90센트 정도일 것이고 여기에 3~5% 정도의 이윤마진을 고려한다면 면화의 적정한 가격수준은 95센트일 것이지만 지금 면화의 실제 가격은 45센트에 지나지 않는다.

게다가 일차산품의 가격은 디플레이션 환경 속에서도 오를 수 있다. 대공황 시기인 1932년부터 1934년까지 일차산품의 가격은 평균 100% 올랐다. 경제가 다시 침체로 접어든다고 해도 물가가 상승할 가능성이 높다. 경기침체를 우려하는 연준이 돈을 더 풀 것이기 때문이다. 2001년에 연준이 실시한 강력한 부양정책은 성공적으로 소비를 부추겼고 부동산 가격도 끌어 올렸다. 그러나 이러한 인위적인 부양은 오래 계속되지 못한다. 그런 식이라면 조만간 다시 새로운 침체가 오고 만다.

나의 견해는 경기전망이 어떻든 간에 2003년부터 미국은 물가와 금리의 상승이 불가피하다는 것이다. 특히 일차산품의 가격 상승과 달러의 가치 하락이 동반되면 틀림없이 그렇게 될 것이다. 미국 채권의 가격은 크게 내릴 것이다. 미국 채권의 주요 수요자였던 외국인 투자자들이 미국 채권에서 큰 손해를 보고 달러 표시 채권에서 빠져나갈 것이다.

거짓된 신화 하나의 정체를 폭로하고자 한다. 1930년대 대공황과 1990년대 일본의 경험 때문인지 사람들은 흔히 경기가 나쁘면 디플레이션, 경기가 좋으면 인플레이션이라는 공식을 받아들이고 있다. 그러나 오히려 그 반대가 맞는 경우가 더 많다. 경기가 나쁠 때 통화당국과 정부는 통화완화 정책을 쓰고 적자재정을 운영한다. 자본의 유출과 외국인 투자의 감소로 통화의 가치도 하락하게 된다. 이처럼 경기가 나쁠 때 금융완화 정책을 쓰고 적자재정 처방을 하는 것은 1980년대의 중남미에서 증명됐듯이 재앙적인 결과를 초래한다.

〈표 12-3〉은 심각한 경기침체, 높은 물가상승률, 환율의 급등이 특징이었던 1979~1988년의 멕시코 주식시장의 상황변화를 보여준다. 초기에는 페소 기준으로 주가에 큰 변동이 없었다. 그러나 그 뒤 주식 가격이 크게 상승했는데, 그 원인은 금융완화 정책으로 인해 빨라진 물가상승에 있었다. 1979년과 1988년의 주가지수를 비교해보면 페소 기준으로는 엄청나게 올랐지만, 달러 기준으로는 거의 그대로였다. 따라서 멕시코의 1980년대는 페소 기준으로는 엄청난 인플레이션 시기였지만, 달러 기준으로는 적어도 1980년대 중반까지는 오히려 심각한 디플레이션 시기였다고 말할 수 있다. 이는 국내 가격의 상승보다 화폐 가치의 하락이 더 컸기 때문이다. 일차산품의 가격을 봐도 명확하다. 1980년 이후 일차산품의 가격은 달러 기준으로는 크게 하락했지만 페소 기준으로는 7배로 상승했다. 요점을 다시 정리하면, 경기침체가 올 경우에 화폐의 가치 하락이 수반되면 소비자물가와 일차산품 가격이 크게 오른다는 것이다.

〈표 12-3〉

**페소 기준 주가와 달러 기준 주가의 차이**
멕시코 주가지수의 연중 최고·최저치

| | 1979 | 1980 | 1981 | 1982 | 1983 | 1984 | 1985 | 1986 | 1987 | 1988 |
|---|---|---|---|---|---|---|---|---|---|---|
| **페소 기준** | | | | | | | | | | |
| 최고치 | 1,651 | 1,432 | 1,479 | 786 | 2,452 | 4,366 | 11,197 | 47,101 | 343,545 | 214,154 |
| 최저치 | 1,066 | 1,107 | 862 | 496 | 837 | 2,885 | 3,710 | 12,802 | 60,281 | 86,606 |
| **달러 기준** | | | | | | | | | | |
| 최고치 | 70 | 62 | 63 | 29 | 15 | 24 | 25 | 51 | 234 | 93 |
| 최저치 | 48 | 48 | 34 | 5 | 5 | 16 | 16 | 25 | 50 | 38 |

〈그림 12-13〉

**멕시코의 주가지수**
달러 기준으로 볼 경우

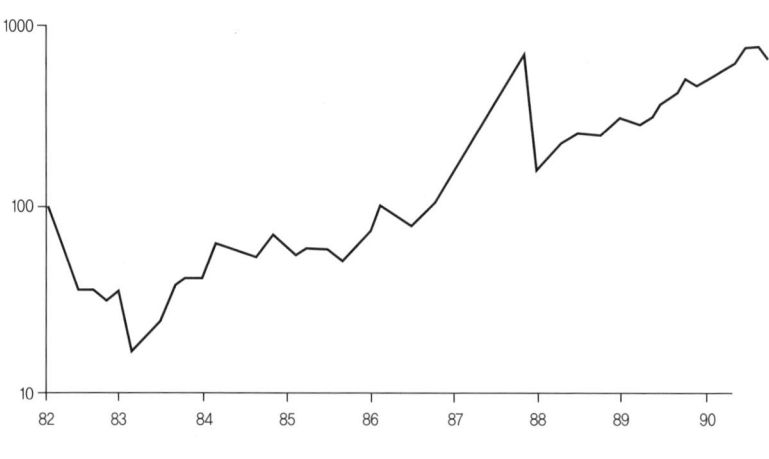

 1980년대의 중남미에 대해 한가지 더 말하고 싶은 것이 있다. 1980년대 초에 중남미 국가들이 고인플레이션적 침체에 들어설 때에 투자자들로서는 중남미 주식시장에서 발을 빼는 것이 최선이었다. 왜냐하면 그 뒤에 통화의 가치 하락이 국내통화 기준의 주가상승 차익보다 컸기 때문이다. 그러나 10장에서도 살펴보았지만 고인플레이션, 경기침체, 빠른 속도의 통화가치 하락이 치명적으로 결합된 것이 1980년대 중반의 멕시코와 칠레, 1980년대 후반의 아르헨티나와 콜롬비아, 페루, 브라질에서 대박의 투자기회를 열어주었던 것도 사실이다. 〈표 12-3〉과 〈그림 12-13〉에서 볼 수 있듯이 1984년 이후 불과 몇 년 만에 멕시코의 주가는 달러 기준으로 50배 이상으로 치솟았다. 요컨대 오늘날의 투자자들은 미국이 다시 불경기에 빠지면 소비자물가는 그다지 오르지 않을 것이라고 단순하게 생각하지만, 이런 생각은 중대한 오류가 될 수 있다고 나는 말하고 싶다. 연준의 정책으로 미루어보건대 경제가 완전히 회복되지 못하는 기간이 길어질수록 통화증가율과 인플레이션율이 더 높아질 공산이 크다.

중국의 개방이 세계에 디플레이션적 충격을 가져다준다고 하더라도 인플레이션을 통화량의 증가로 보는 오스트리아 학파의 견해를 받아들인다면 미래에 가격상승 압력이 새로이 강화될 가능성을 간과해서는 안 된다. 특히 일차산품의 가격은 최근에 크게 억눌려진 상태이므로 앞으로 상당히 큰 폭으로 오를 것 같다. 채권의 가격도 1981년 9월 이래 상승세가 지속돼왔으므로 이제는 장기적인 고점에 가까워진 것으로 보인다. 장기적인 관점에서 보면 미국 국채에 대해서도 더 이상 낙관하기 어렵다. 왜냐하면 연준이 경제를 부양하기 위해 특단의 조치를 취할 것이고, 그 조치는 물가상승으로 이어질 것이기 때문이다. 미국이 제국의 환상에 젖어있는 점으로 미루어 재정흑자도 과거지사가 되고 미국 달러의 가치는 곧 상당한 정도로 하락할 것이라고 나는 예상한다. 그러나 앞에서도 설명했듯이 달러의 상대적 가치가 다른 통화들에 대해 크게 하락하기는 어려워 보이므로 결국은 일차산품, 특히 금에 대해 하락하게 될 것이다. 금은 중앙은행 사람들이 갖고 놀 수 없는 유일한 통화여서 중앙은행이 금을 매각하는 방식으로 일시적으로 그 가격을 낮출 수는 있을지 몰라도 영구히 그렇게 할 수는 없는 게 분명하기 때문이다.

사실 나는 경기가 상대적으로 부진할 때 통화공급이 늘어나고 재정지출이 확대되면 가장 가능성 높은 결과는 '스태그플레이션'이라고 생각한다. 장기적으로 보면 연준에서 돈을 찍어내는 방식으로는 그 어떤 경제문제도 해결할 수 없다. 그런 식의 조치는 기껏해야 앞에서 살펴본 멕시코의 경우와 같이 인플레이션을 가속화시키는 것을 통해 통화의 가치를 하락시킬 것이고, 결국은 디플레이션을 초래할 뿐이다. 그리고 그러한 환경은 미국의 금융자산에 좋은 환경일 수가 없다. 게다가 미국의 금융자산은 이미 과대평가된 상태여서 강력한 수익성 회복의 전망이 흐려진 상황이다.

다음 장에서 나는 다시 아시아로 돌아가려고 한다. 위에서 말한 여러 가지 이유 때문에 나는 지금 전 세계에서 투자자들에게 가장 좋은 전망을 아시아에서 본다. 나는 앞으로 중국의 세계적인 부상에 초점을 맞추고자 한다. 그 다음에 에필로그에서 나는 앞으로 몇 년간 우리가 대응해야 할 가장 심각한 경제적 도전에 대한 논의를 하는 것으로 이 책을 마무리하려고 한다. 그 도전은 미래에 대한 나의 낙관적 전망을 흐리게 만드는 것으로, 바로 부와 소득의 지구적 불평등이다.

## 13장 | 변혁기의 아시아

> 국가를 가장 저열한 미개에서 가장 수준 높은 풍요로 이끄는 데는
> 평화, 낮은 세금, 관대한 법집행 외에 더 필요한 것이 거의 없다.
> — 애덤 스미스(1723~1790)

1990대 초반에 아시아는 경제적, 사회적, 정치적 변혁기에 접어들었다. 나는 아시아가 새로운 시대에 진입한 것이라고 확신한다. 2차대전 이전에 아시아를 방문한 적이 있는 사람이 지금 다시 아시아를 방문한다면 그 발전과 변화에 경탄을 금치 못할 것이다.

앞으로 20년 후 아시아는 또 한 번 완전히 다른 모습을 보여줄 것이다. 그때에는 지금까지 전체주의 체제에서 경제적 동면 상태에 있었던 중국, 미얀마, 베트남, 라오스, 캄보디아, 북한, 그리고 외국인 투자에 대한 극단적 거부감으로 인해 경제발전에서 뒤처졌던 인도와 같은 나라들이 아시아의 다른 경쟁국들을 따라잡고 새로운 번영의 중심지가 될 것이다. 지금 성공모델로 여겨지고 있는 일부 국가들은 이들 신참 국가와의 경쟁에서 도태될 수도 있다. 변화란 그런 것이다. 변화는 승자와 패자를 낳을 수밖에 없다.

2차대전 이후 아시아에는 몇 가지 확실한 조류가 생겨났다. 식민주의 시대는 막을 내렸고, 새로운 주권국가들이 생겨났으며, 그 가운데 일부는 공산주의를 채택했다. 전쟁 후 식민지배는 끝났지만 과거의 제국주의 국가들에 대한 적대감이 남아있었고, 경제발전에 필수적인 외국자본은 환영받지 못했다. 독립 직후의 아시아는 외국자본을 잠재적인 불안정 요인으로 인식했고, 경제성장보다는 국가 자체를 구축하고 유지하는 것을 무엇보다 우선시했다.

식민지배에서 벗어난 많은 나라들에서 정치지도자들이 군부와 밀접한 관계를 가진 특이한 정치시스템이 나타났다. 그 배경을 보다 잘 이해하기 위해서는 독립을 쟁취하는 원동력이었던 무장투쟁 또는 민중항쟁의 과정을 살펴볼 필요가 있다. 식민주의에 대한 저항을 주도한 세력은 매우 제한된 자원밖에 갖고 있지 못했다. 중국에서 마오쩌둥의 붉은 군대가 그랬듯이 그들은 식량을 비롯한 모든 물자를 스스로 조달해야 했다. 그들에게는 예산으로 전투에 필요한 보급품을 제공해줄 능력을 갖춘 정부가 없었다. 그래서 그들의 전투부대 보급장교들은 병사들을 먹이고 입힐 물자를 스스로 구해야 했다. 그런 환경으로 인해 해방군이 활동하는 지역에서 직접 세금을 징수할 권리를 갖는 일종의 봉건적 시스템이 나타났다.

독립 이후에도 군대가 이런 권리를 계속 보유하게 된 것은 그렇게 놀랄 일이 아니다. 일부 아시아 국가들은 이런 역사적 유산을 정치제도 안에 갖게 됐다. 정치지도자는 자신을 추종하는 기업가, 정치인, 군장성에게 독점사업권, 세제상의 우대, 금융특혜 등 이권을 나누어 주는 대신 그들로부터 충성이라는 대가를 받았다. 정치세력, 재계, 군부가 상층에 위치하면서 배타적인 권리를 향유하는 이런 봉건적 체제를 국민은 대체로 수용했다. 포악한 식민주의의 수탈로 인해 겪어야 했던 고통스러운 경험이 아직 기억에 남아있는데다가 공산주의의 위협도 두려웠기 때문이다. 평화와 국가 안보가 무엇보다 우선시된 1950년대부터 1980년대 중반까지는 이런 시스템이 잘 작동했다. 국민의 개인적 자유는 희생됐지만 평화와 안정이 보장됐기 때문이다.

1990년대에 들어서자 공고해 보이던 아시아의 봉건적 시스템에 균열이 생기기 시작했다. 점점 더 많은 나라들이 경제개방에 나섰고, 직접투자 또는 간접투자의 형태로 외국자본도 유입되면서 자본주의 체제로 나아가기 시작했다. 자유시장, 자본주의, 외국인 투자자는 아시아의 봉건적 시스템을 무너뜨리는 힘으로 작용했다. 자본주의란 보다 체계적인 정치제도, 법제도, 경제제도를 구비하도록 요구하기 마련이다. 인도네시아의 수카르노 대통령이 1963년에 선언한 '말레이시아 분쇄' 정책이 3년 뒤인 1966년에 폐기되고 인도네시아와 말레이시아 사이에 평화협정이 체결된 데 이어 베트남전쟁이 끝나고 공산주의가 붕괴해 아시아에서 정치적, 사회적 긴장이 완화됨에 따라 국가안보를 위해 경제를 통제한다는 논리는 정당성을 잃게 됐다. 그 결과로 1990년대에 아시아는 법에 의한 지배가 기존의 전제권력과 군부독재를 대체하는 가운데 보다 다원화된 사회로 나아가는 정치적 변혁기에 접어들게 됐다.

과거에 서구세력, 특히 미국은 공산주의의 위협에 대항한다는 명분으로 아시아의 독재권력들을 지원했다. 그러나 1980년대 이후에는 공산주의의 위협은 퇴조하고 아시아에서도 시장개척이라는 이해관계가 더 부각됐다. 그러자 특권과 독점에 기초한 봉건적 시스템은 장애물이 돼버렸다. 시장경제와 자유무역의 요구에 부합하는 경제개혁이 아시아 국가들의 최우선 과제로 떠올랐다. 한때 아시아의 봉건적 시스템을 옹호하던 서구세력도 이제는 자유시장 경제와 제도화된 법치주의의 충실한 전도사로 변신했다.

**중국의 역할**

앞에서 공산주의의 붕괴가 아시아의 긴장완화에 도움이 됐다는 긍정적인 측면을 살펴보았다. 그러나 현실은 그렇게 간단하지 않다. 소련이 붕괴됨으로써 중국은 근현대 역사상 처음으로 북쪽 국경으로 가해오던 위협에서 벗어났다. 그러자 중국의 군부는 동남아시아 지역으로 관심을 돌리고 이 지역에서 전략적 이익을 추구하기 시작했다. 동남아시아 지역에 대한 중국의 전략적 이해관계가 무엇인지를 좀 더 잘 이해하기 위해 서구의 관점에서 벗어나 중국 지도자들의 입장이 돼보자. 중국 지도자들은 대체로 다음과 같이 생각하고 있을 것이다.

우리 중국은 이제 소련의 위협에서 자유롭게 됐다. 러시아와의 국경무역이 급속히 증가하고 있다. 러시아와의 새로운 우호관계는 양국이 모두 바라던 것이며, 미국을 비롯한 서구세력에 대한 두 나라의 불신이 낳은 결과이기도 하다. 두 나라는 시장 기반의 경제가 국가계획 기반의 경제보다 우월함을 인정하지만 냉전에서 서구세력이 승리한 것에 대해서는 유감으로 생각한다.

중국의 경제는 빠르게 성장하고 있고, 서방의 언론들은 20년 뒤에는 중국이 세계 제일의 경제대국이 될 것이라고 보도하고 있다. 그러나 최근 중국의 경제성장은 잠재적인 불안정 요소를 몇 가지 낳고 있다. 국내 경제발전과 성장은 중앙정부의 권한을 제한하고 지방정부와 기업인들에게 더 큰 권한과 자율성을 가져다 주고 있다. 그리고 중동산 석유와 같은 수입자원에 대한 의존도가 커지고 있다. 미국은 중국의 경제발전 속도와 태평양 지역에 대한 중국의 영향력 증대를 우려의 시선으로 바라보고 있다. 중국이 이 지역에서 주도권을 장악하게 될 것이라는 두려움에서 미국은 대만의 독립을 지지하고 일본과의 전략적 동맹을 통해 중국을 봉쇄하려고 한다.

이런 잠재적인 문제들에 대한 중국의 대응방향은 명백하다. 어떤 경우에도 중국은 중앙정부의 권한을 유지해야 한다. 이를 위해 필요하다면 성공적인 기업인들에게 공산당의 문호를 개방해야 하고, 국내에서 일어나는 민주적 정치의 흐름을 통제할 수 있어야 한다. 군의 현대화를 계속 추진해 대만과 홍콩을 중국의 정치적 영향권 안에 묶어두어야 한다.

특히 적대적인 세력이 석유수입 경로를 차단하는 것은 용납할 수 없다. 중동으로부터의 석유수입 경로를 보호하기 위해서는 페르시아 만에서 중국 북부지역의 항구에 이르기까지 강력한 군사기지의 망을 구축해야 한다. 유사시에 대비해 중국은 미얀마를 통해 태국 서쪽의 안다만 해로 연결되는 직접통로와, 파키스탄을 경유해 아라비아 해에 이르는 연결통로를 확보해놓고 있어야 한다. 중국이 티베트를 해방시킨 뒤로 이런 통로에 인접한 국가들과 중국은 국경을 맞대게 됐다.

아울러 중국의 앞마당인 동남아시아에서 미국의 영향력을 제거해야 한다. 이를 위해 중국은 동남아 국가들에게 경제적으로 가장 중요한 교역상대국이자 투자국이 돼야 한다. 이것은 어려운 과제가 아니다. 우선 부족한 자원을 이웃의 국가들로부터 구매하면 된다. 인도네시아와 러시아 극동지역에서는 석유와 목재, 베트남에서는 커피, 말레이시아에서는 야자유, 태국에서는 쌀, 필리핀과 몽골에서는 구리, 호주와 뉴질랜드에서는 농산물을 수입하면 되는 것이다.

중국의 경제가 현재와 같은 속도로 성장을 계속해 나간다면 조만간 중국은 대부분의 일차산품을 세계에서 가장 많이 수입하는 나라가 될 것이다. 또한 중국은 아시아 최대의 소비국가가 됨으로써 그 대가로 공산품을 수출할 해외시장을 확보하는 것도 가능할 것이다. 서방에서 흔히 생각하는 바와 달리, 중국이 경제성장을 위해 미국에 대한 수출에 의존하는 정도보다는 미국이 값 싸고 질 좋은 중국의 제품에 의존하는 정도가 더 커질 것이다. 그렇게 중국에 의존해야 미국이 수입물가의 하락을 통해 인플레이션과 금리상승을 억제할 수 있을 것이기 때문이다.

중국의 내수시장도 확대될 것이다. 중국의 수출은 국내총생산의 10%에 불과하며, 중국의 내수시장은 성장의 잠재력이 크다. 특히 주택시장과 소비재시장은 아직 공급부족 상태여서 성장의 여지가 그만큼 더 크다.

지금 아시아는 엄청난 경제적, 정치적 소용돌이 속에 있다. 지역 내 긴장은 약화되고 있는 반면에 중국의 경제적, 군사적 영향력은 아시아에 점점 더 큰 위협요소가 되는 동시에 기회도 되고 있다. 앞의 9장에서 나는 1990년대에 세계시장에서 중국이 다른 아시아 국가들을 밀어내고, 외국인 투자의 물결이 다른 아시아 국가들에서 중국으로 방향을 돌리는 변화가 일어났다는 사실을 이야기했다.

그러나 이와 동시에 중국은 아시아의 최대 원자재 수입국이 됐고, 중국인 관광객은 아시아의 많은 나라에서 이미 최대의 고객집단이 됐다. 〈그림 13-1〉에서 보듯이 해외관광에 나서는 중국인의 수가 최근 6년간 3배로 늘어났지만 비중으로 보면 여전히 중국의 전체 인구 중 1% 미만이다. 일본, 한국, 대만은 이 비율이 10%를 넘고, 영국은 100% 이상이다. 중국의 전체 인구 중 해외관광객의 비율이 앞으로 10~20년 안에 5~10%로 높아지리라는 것은 전혀 비현실적인 예상이 아니다. 실제로 그렇게 되면 중국인 해외관광객 수는 연간 6000만~1억 명에 이를 것이다. 또한 중국 기업의 해외진출도 크게 증가할 것으로 예상된다.

〈그림 13-1〉

**늘어나는 해외관광**
중국인 해외관광객 수 (만 명)

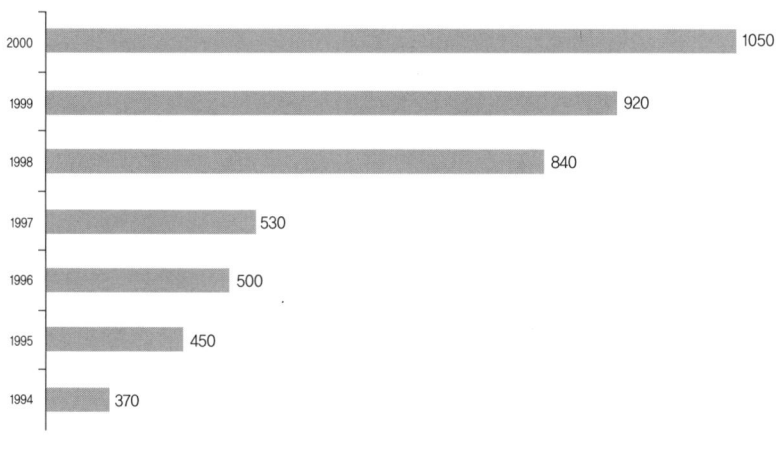

이런 변화는 아시아에서 중국의 경제적, 정치적 영향력의 증대를 가져올 것이다. 러시아 극동지역이나 미얀마와 같은 곳에서 중국인들의 활동이 활발해질 것이다. 중국은 아시아 지역에서 독보적인 경제적, 정치적 세력으로 부상하고, 그에 따라 이 지역에 여러 가지 문제를 일으키게 될 것이다.

중국의 소득수준이 높아지면서 12억 인구의 중국시장이 많은 종류의 재화와 서비스 부문에서 세계 최대의 시장이 될 것이 분명하다. 이미 중국은 미국보다 냉장고, 휴대폰, 텔레비전, 오토바이를 더 많이 보유하고 있다. 다른 상품들에서도 중국시장이 미국시장보다 커지는 것은 단지 시간상의 문제일 뿐이다. 중국의 천연자원 수요도 그 규모가 급증하고 있다. 석유, 커피, 구리, 곡물 등 일차산품 시장에서 중국의 구매비중이 나날이

〈그림 13-2〉

**늘어나는 석유 소비**
중국의 하루 평균 석유 소비량 (12개월 평균)

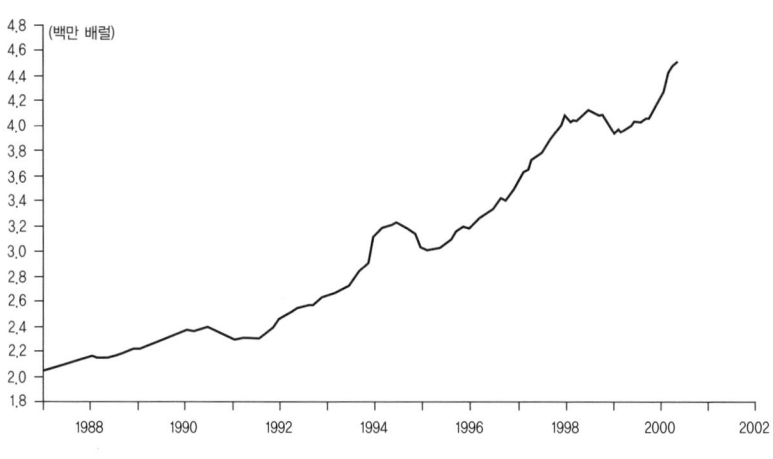

확대되고 있다.

　석유의 경우를 보자. 현재 30억 아시아 인구가 하루에 소비하는 석유의 양은 1900만 배럴이다. 이에 비해 미국의 2억 8500만 명 인구는 하루 2200만 배럴을 소비한다. 1인당 소비량에서 미국이 아시아의 10배를 웃돈다. 그러나 아시아의 석유 사용량은 최근에 급격히 증가하고 있다. 〈그림 13-2〉에서 볼 수 있듯이 1992년 이후 10년간 중국의 석유 사용량은 2배로 증가했다.

　나는 아시아의 석유 소비가 앞으로 10년간 다시 2배 이상으로 증가해 하루 소비량이 3500만~4500만 배럴에 이를 것으로 예상한다. 하지만 그렇게 되더라도 1인당 소비량으로 계산하면 여전히 중남미보다 낮은 수준일 것이다. 따라서 아시아의 성장 잠재력이나 빠른 산업화, 그리고 중국과 베트남 같이 새로 개방한 아시아 국가들의 생활수준 향상 속도를 감안하면 아시아의 석유 소비가 앞으로 10년간 2배 이상으로 늘어날 것이라는 나의 예상은 충분히 현실적이라고 생각한다.

아시아의 석유 소비량 증가는 석유의 수급과 관련된 지정학적 환경에 큰 변화를 초래할 것이다. 중국은 몇 년 안에 중동이나 중앙아시아에 훨씬 더 적극적으로 개입하게 될 것이고, 이런 중국의 개입은 이들 지역에 추가적인 긴장의 요인으로 작용할 것이다. 특히 중동과 중앙아시아 지역에서 중국과 미국 사이, 그리고 중국과 러시아 사이의 이해관계 충돌이 불가피하다고 본다. 아시아의 석유수요 증가는 앞으로 5~6년 뒤로 예상되는 세계 석유생산의 정점 통과와 결합되면서 석유가격을 크게 상승시킬 것이 분명하다고 나는 생각한다.

중국의 경제성장이 일으키는 파급영향은 석유시장에 국한되지 않을 것이다. 중국의 1인당 식량 소비량을 보자. 비만이 오히려 정상이 돼버린 서구의 국가들과 중국을 평면적으로 비교하는 것은 무의미할 것이다. 그러나 중국을 아시아의 보다 부유한 지역인 대만이나 홍콩과 비교해보면 어떤 결과가 발생할지를 알 수 있다. 중국, 대만, 홍콩을 대상으로 육류, 우유, 생선, 과일, 가금류의 소비량을 비교해본 〈표 13-1〉을 보면 굳이 추가적인 설명이 필요하지 않을 것이다.

커피의 경우 중국의 연간 1인당 소비량은 0.2킬로그램으로 독일의 8.6킬로그램, 스위스의 10.1킬로그램, 일본의 2.3킬로그램에 훨씬 못 미치는 수준이다. 중국의 커피 소비량이 지금의 한국보다 조금 낮은 수준인 연간 1인당 1킬로그램 정도로만 증가해도 중국 전체의 연간 커피 소비량이 12억 킬로그램이 되어 스위스의 7000만 킬로그램에 비해 17배가 된다.

이런 예들을 통해 내가 강조하고자 하는 것은, 중국의 생활수준이 계속

〈표 13-1〉
**중국의 식량 소비**
중국 본토와 대만, 홍콩의 1인당 소비량

|  | 중국 | 대만 | 홍콩 |
|---|---|---|---|
| 육류(kg) | 15 | 81 | 91 |
| 가금류(kg) | 2 | - | 29 |
| 어류(kg) | 4 | 59 | 57 |
| 쌀(kg) | 154 | 85 | 60 |
| 과일(kg) | 12 | 92 | 92 |
| 우유(kg) | 6 | 39 | 52 |
| 채소(kg) | 19 | 70 | 78 |
| 과일주스(ℓ) | 0 | 19 | 3 |

상승하면 세계의 일차산품 시장에 큰 영향을 미치게 되고 당연히 일차산품 가격이 상당히 오를 것이라는 점이다. 그러므로 중국이 세계의 주도적인 경제주체로 등장하는 환경 속에서 가장 안전한 투자방법은 일차산품 선물을 매입하는 것이라고 나는 생각한다.

물론 어떤 독자들은 중국의 성장전망에 대한 나의 낙관론이 지나치다고 하면서 중국이 직면하고 있는 여러 가지 문제를 거론할 것이다. 그것은 낙후된 금융시스템, 국영 은행들의 부실채권, 연금제도의 부실화, 부패, 도농 간 빈부격차 등일 것이다. 나 역시 그런 문제들에 대해 잘 알고 있다. 중국 정부가 그런 문제들을 해결하는 데 별로 성공적이지 못했고, 금융시스템을 개혁하는 데 소극적이라는 점도 인정한다. 더 나아가 나는 장래에 언젠가는 중국이 심각한 금융위기를 겪게 될 것이고, 실제로 그렇게 되면 중국의 정책 담당자들이 그동안 드러난 문제들을 해결하지 않으면 안 되는 입장이 될 것이라고 생각한다.

나는 아시아에서 열리는 국제회의에 참석해 중국에 관한 이야기를 해

달라는 초청을 종종 받는다. 그런 자리에서 나는 중국의 시장전망에 대해 다소 비관적인 이야기를 하곤 했다. 그러나 나의 비관론은 외국인이 중국에서 큰돈을 벌기는 지극히 어렵다는 점에 초점을 맞춘 것이었다. 왜냐하면 중국은 디플레이션의 상황 속에 있는 고도로 경쟁적인 시장이며, 이런 시장에서는 19세기의 미국에서처럼 외국인은 호주머니를 탈탈 털리기 십상이기 때문이다.

그러나 중국이 지금 직면하고 있는 문제들은 거의 모든 신흥경제국가에서 공통으로 나타나는 현상들이며, 나는 중국이 그런 문제들을 능히 다뤄나갈 수 있을 것이라고 확신한다. 나는 독자들에게 중국에서 금융위기가 일어날 가능성에 너무 집착하지 말 것을 충고한다. 앞의 4장, 6장, 7장에서 설명했듯이 19세기의 미국 역시 남북 간 내전을 포함한 심각한 위기를 여러 차례 겪었지만 19세기 내내 미국의 경제는 놀라운 성장을 했다. 그 시기의 미국 역시 디플레이션 환경 속에 있었다. 급성장하는 경제는 단기적으로 심각한 위기와 침체를 겪기도 한다. 이와 관련해 경기순환론의 아버지 클레망 쥐글라가 한 말은 시사해주는 바가 있다. 그는 어느 한 국가의 부는 그 국가가 겪은 위기의 격렬함이 어느 정도였는가로 측정될 수 있다고 말했다.

19세기 후반에 미국이 놀라운 경제발전을 이루는 데 기여한 요소는 인구의 급속한 증가, 새로운 영토의 개척과 철도망의 구축, 새로운 산업기술의 발명과 응용으로 인한 생산성 향상 등이었다. 19세기 후반의 미국과 현재의 중국을 비교할 경우에는 1850년에 미국의 공업화 수준이 유럽에 비해 매우 뒤처진 상태였다는 사실을 놓치지 말아야 한다. 그러나 그 뒤에 따라잡기가 전개됐다. 1875~1890년에 미국은 공업생산에서 연평균 4.9%로 성장함으로써 성장률에서 영국의 1.2%와 독일의 2.5%를 크게 앞질렀다. 19세기 미국의 급성장은 신흥경제의 전형적인 모습이었다. 우리는 1978~1995년의 중국에서 같은 모습을 보았다. 이 기간에 1인당 국내총생산에서 중국은 세계의 연평균 성장률 1.1%를 훨씬 능가하는 연평균 5% 이상의 성장률을 보였다.

19세기 초에 거의 무에서 시작한 미국의 산업은 1885년에 이미 세계 총생산의 28.9%를 차지하게 된다. 1800년만 해도 미미했던 미국의 면화 생산량은 1860년에는 세계 전체 생산의 6분의 5를 차지하기에 이르렀다. 요점은 간단하다. 미국이 불과 100년 만에 세계 최고의 경제강국으로 성장했듯이 중국도 도중에 어떤 시련을 겪더라도 10~20년만 더 현대화와 경제발전 노력을 기울이면 세계에서 가장 중요한 경제로 성장할 가능성이 충분히 있다는 것이다.

그러나 나는 중국이 그 규모나 경제적, 군사적 중요성이 증대하면서 아시아에서 힘의 균형을 해칠 가능성이 있다는 우려도 한다. 중국이 아시아 국가들에 최대의 수출입 상대국이 된다면 아시아에서 경제적인 주도권을 갖게 될 뿐 아니라 지금 아시아에서 미국이 행사하고 있는 정치적 위상도 넘겨받게 될 것이다. 그렇다면 미래의 어떤 시점에서는 일본과 미국이 한 편이 되고 중국이 그 상대편이 되어 심각한 대치 상황을 빚을 것이 분명하다. 나는 이렇게 되는 추세는 피할 수 없는 것이라고 생각한다.

일본과 중국 사이의 긴장은 경제적인 측면에서도 일어날 것이다. 〈그림 13-3〉에서도 볼 수 있듯이 세계의 모든 시장에서 중국의 수출증가는 일본의 몫을 줄이면서 이루어지고 있다. 일본은 제조업 생산기지를 중국이나 다른 저비용 국가로 이전할 수밖에 없고, 이는 일본 국내의 경제활동을 위축시킬 것이지만 일본 기업들의 수익성은 개선될 것이다. 이런 이유에서 나는 지금 일본 주식시장에 대해 지나치게 부정적인 생각을 가질 필

⟨그림 13-3⟩

**일본을 밀어내는 중국**
미국 총수입에서 일본 제품과 중국 제품의 비중

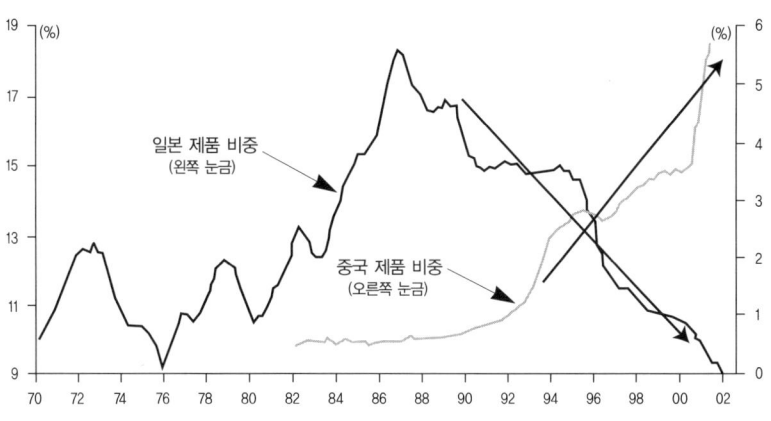

요는 없다고 본다.

 게다가 일본 국민의 금융자산 가운데 주식의 비중은 역사상 최저수준이다. 따라서 일본의 주식시장은 반전을 이루어 놀랄 만한 수익을 낳아줄 수도 있다. 특히 인플레이션 상황이 연출되면 역사상 최저수준의 수익률을 보이고 있는 일본의 채권시장이 붕괴하면서 채권에서 주식으로 자금이 이동하게 될 것이다.

 10~20년 뒤에는 서방 국가들에 대한 아시아 각국의 수출 의존도가 지금보다 많이 낮아질 게 분명하다. 아시아 국가들끼리의 교역이 늘어나고 서방 국가들의 제품에 대한 의존도는 매우 낮아질 것이다. 반면에 서방 국가들은 아시아 국가들의 제품을 외면할 수 없다. 특히 아시아의 제조업과 정보기술서비스 부문은 경쟁력을 잃지 않을 것이다.

나는 여기서 서양인들 사이에 폭넓게 퍼진 잘못된 신화 하나를 깨뜨리고자 한다. 그들은 아시아 사람들은 혁신과 발명의 능력이 부족하기 때문에 서양의 지식과 기술에 의존할 수밖에 없다는 이야기를 자주 한다. 그때마다 나는 실소를 금치 못한다.

영(0)이라는 개념은 인도에서 발견됐고, 만약 이 개념이 없었다면 서양의 과학은 훨씬 더 늦게 발전했을 것이다. 프랜시스 베이컨은 근대사회를 성립시킨 3가지 주요 발명으로 종이와 인쇄술, 나침반, 화약을 꼽았다. 이 3대 발명은 역사상 그 어떤 종교적 신념, 천문학적 지식, 정복의 성과보다도 세계가 근대로 이행하는 데 큰 영향을 끼쳤다. 그런데 이 세 가지가 모두 중국인의 발명이다. 지난 30여 년간 제조업 분야에서 일본이 이룬 업적을 봐도 아시아인들은 얼마든지 위대한 발명과 혁신을 할 능력을 갖고 있다는 생각을 하게 된다. 서구의 어느 하이테크 기업이나 연구소에 가 봐도 인도인 과학자나 중국인 과학자를 만날 수 있다.

아시아에서 혁신과 도약이 정말로 필요한 부문은 정치와 사회다. 서유럽을 암흑의 중세에서 산업혁명의 시대로 발전하게 만들고, 미국을 19세기 초의 농업국가에서 20세기의 세계적인 헤게모니 국가로 성장하게 만든 정치적, 사회적 환경이 아시아에도 조성돼야 하는 것이다. 서유럽의 진보와 경제발전에는 다양한 요소들이 작용했다. 그 내용을 살펴보면 지금 아시아에 부족한 것이 무엇인지를 알 수 있다.

나는 아시아가 특유의 봉건적 자본주의 체제에서 벗어나 잘 제도화된 시장경제 체제로 전환할 시기가 무르익었다고 생각하는 동시에 그러한 전환에 대해 낙관한다. 아시아의 봉건적 자본주의 체제에서는 정치적, 경제적, 군사적 지배세력이 분리되지 않았고, 성장보다는 사회적 안정과 국가안보가 구성원들에게 더 중요한 가치였다. 반면에 시장경제와 자본주의 체제는 평등과 개인의 자유, 그리고 신뢰할 수 있는 법과 규칙 등의 제도에 의해 유지된다. 그 목적은 착취가 아니라 혁신과 창의성 발휘를 통한 성장과 진보이며, 막스 베버 식으로 이야기한다면 합리적인 자본주의적 기업을 통한 이윤추구일 것이다.

오늘날의 아시아에는 중세 유럽의 도시국가들에 존재했던 상인계급과 유사한 기업가계급이 형성되고 있다. 중세의 상인계급은 경제개혁을 일으켰고, 그 경제개혁은 폭넓은 정치개혁으로 파급되면서 군주의 권력을 밀어내고 대신 자유주의적 대의정부를 실현했다. 지금 아시아의 신흥 기업인들 가운데 다수는 봉건적 자본주의 체제의 기득권 계급 출신이 아니며 부자가문 출신도 아니다. 그들은 기업을 일으키는 데 필요한 자본을 대줄 친척도 갖고 있지 않고 정부나 은행에 연줄도 갖고 있지 않다.

인도에서는 끔찍한 관료주의, 부패, 계급주의적 정부에도 불구하고 소프트웨어와 제네릭 의약품 산업이 발달했다. 이는 정부가 아무리 질이 낮거나 제 역할을 수행하지 못하더라도 시장의 힘은 그 어떤 장애도 극복할 수 있음을 보여준다. 중국에서는 공산당이나 국가부문의 밖에서 완전히 새로운 종류의 기업가계급이 생겨나고 있다. 그들 가운데 다수는 외국에서 공부한 사람들이다. 그들은 처음에는 오로지 돈을 벌어서 부자가 되어 사회적으로 인정받으려는 일념뿐이었다. 그러나 그들이 돈을 벌어 세금을 많이 낼 때가 되면 어떤 형태로든 정부에 자신들의 대표자를 앉히려고 할 것이다. 그때가 되면 중국에도 막스 베버가 말한 체계화된 자본주의 시스템이 자리를 잡게 될 것이고, 그 시스템은 기업들의 투명성을 높이게 될 것이다.

이런 점과 관련해 나는 대만의 정치발전 과정에서 큰 감동을 받았다. 홍콩에서 활동하는 서양인을 비롯한 홍콩의 주요 기업인들, 특히 중국과 긴밀한 사업상의 관계를 갖고 있는 홍콩의 기업인들은 오늘날에도 여전히 중국인들은 민주주의에 적합하지 않은 민족이라고 주장하지만, 이미 1996년에 대만의 리덩후이는 그런 주장이 사실이 아님을 증명했다. 진정한 의미에서 자유롭게 치러진 당시의 대만 총통 선거는 아시아의 정치사상 기념비적인 사건이었다. 리덩후이와 대만의 2100만 시민들은 대만의 자유와 민주화에 대한 강력한 의지를 보여주었다. 총통에 당선된 리덩후이는 활기찬 경제발전이 독립적인 사고를 낳는다면서 이렇게 말했다.

"사람은 자신의 자유의지가 완전히 존중되고 자신의 권리가 완전히 보장되기를 원한다. 바로 이런 희망이 정치개혁을 가져온다. 정치개혁에 의해 분출된 역동성과 에너지는 경제성장의 원동력이 된다. 따라서 정치개혁과 경제개혁은 병행한다."

리덩후이는 중국의 개방과 자유화 정책은 필연적으로 중국을 정치개혁으로 나아가도록 압박하게 될 것으로 보았다. 그러나 대만의 민주적인 정치는 인민을 통제하고 반체제 인사를 투옥하던 당시 중국의 전제주의와 화해할 수 없었다. 중국이 홍콩식 일국이제 방식의 통일을 대만에 제의하자 리덩후이는 자유와 민주주의에 입각해 통일이 이루어져야 한다는 견해를 밝혔다.

대만의 독립 문제와 관련해 긴장이 계속되고 있는 것은 대만은 중국의 일부라는 중국의 입장이 확고하기 때문이다. 이런 중국의 입장은 역사적인 근거가 거의 없는 것이지만, 중국으로서는 전략상 대만의 독립을 절대로 인정할 수 없다. 적대적인 세력이 대만을 교두보로 사용할 수 있을 뿐 아니라 대만의 독립은 티베트나 신장 등의 중국 내 분리주의 세력들에게 선례가 될 수도 있기 때문이다.

서구에서 말하는 정치체제로서의 민주주의에 대해서도 중국 정부는 부정적인 입장이다. 리펑 전 중국 총리는 그러한 민주주의를 '악의 씨앗'이라고 부르면서 그런 씨앗이 중국에 뿌려지도록 허용하지 않겠다는 태도를 보였다. 중국의 언론들은 홍콩과 대만의 '부르주아 민주주의'를 공격해왔다. 중국 인민해방군의 기관지인 〈해방군보〉는 서구식 대의민주주의는 자본주의적 착취를 위한 제도이며, 사회적 소요를 예방하기 위해서는 공산당의 지도 아래 온 국민이 단결해야 한다는 주장을 펴왔다.

그러나 당장 대만과 중국 사이에 군사적 충돌이 일어날 위험은 크지 않다고 나는 생각한다. 무엇보다도 중국은 대만을 공격하기에 충분한 군사적 능력을 갖추고 있지 않다. 게다가 대만의 기업인들이 중국 본토 사람들과 손을 잡고 합작사업에 나서는 등 중국과 대만 사이의 경제적 관계가 긴밀해지고 있다. 그러므로 정치인들은 대만의 운명에 대해 계속 갑론을박할지 모르지만 그러는 동안에도 기업인들은 보다 실용적인 태도를 취할 것이고, 그러한 기업인들의 태도는 양쪽 인민들 사이의 관계를 더욱 긴밀하게 만들 것이다. 이런 관점에서 보면 양안 간 직항 항공편이 추진되고 있는 것은 바람직한 일이며, 이는 경제적인 고려를 바탕에 두고 어느 정도 독립적인 대만의 정부와 전체주의적인 중국의 지도부가 공존할 수 있음을 보여준다. 대만의 주권 문제에도 볼테르가 한 말, 즉 "돈 문제에 관한 한 모든 사람이 같은 종교의 신도"라는 말이 적용될 수 있을 것이다.

결론적으로 말하자면, 나는 민주주의와 진정한 시장경제, 그리고 자본주의 체제를 향한 아시아의 움직임은 역사적으로 볼 때 돌이킬 수 없는 대세라고 확신한다. 전환의 과정에서 긴장이 생기는 것은 어쩌면 당연하다. 강력하고 전향적인 리더십이 존재하는 한국, 싱가포르, 대만 등은 지금의 어려운 국면을 슬기롭게 잘 넘길 것이다. 수카르노와 수하르토 치하에서 매우 봉건적인 방식으로 제도화된 인도네시아에서도 2001년의 공정선거에 의해 메가와티 수카르노푸트리가 대통령에 당선됐다. 변화를 거부하는 정부를 가진 나라는 불확실한 미래에 직면하지 않을 수 없다.

조만간 중국의 정치제도에도 커다란 변화가 일어날 가능성이 높다. 나는 조만간 중국이 금융위기를 겪는 게 불가피하며, 그 금융위기는 중국에 금융시장과 경제의 개혁을 요구하는 동시에 정치제도의 변화도 촉진할 것이라고 본다.

1980년대와 1990년대 초에 공산주의나 사회주의 국가들이 개방조치를 취할 때 그들은 시장경제와 기업부문의 경쟁에 대한 준비가 돼있지 않았다. 사회간접자본도 부족했고, 자본주의가 성공하는 데 필요한 제도도 갖춰져 있지 않았다. 공산주의 국가의 계획경제 체제에는 조세제도가 존재하지 않았다. 노동자들은 받은 임금에서 세금을 떼어 내야 한다는 생각을 할 필요가 없었고, 기업은 모두 국가 소유였다. 그런데 갑자기 시장경제가 도입되자 노동자건 기업이건 세금을 내야 했다. 이러니 전환기의 혼란이 불가피했다. 게다가 공산주의 국가들이 개방을 했을 때 그 기업부문은 국제경쟁에 대한 준비가 전혀 돼있지 않았다. 기업들은 자본도, 경영의 노하우도, 마케팅기술도, 현대적 생산기술도, 유통망도 갖고 있지 않았다. 국영기업 외에는 은행 등 금융기관에서 대출을 받는 게 불가능했다.

그렇게 전환 중이던 나라들의 시장에 진출한 서구의 다국적기업들은 엄청난 경쟁력 우위를 누렸다. 서구의 다국적기업들은 제품의 우수한 품질, 마케팅 능력, 국제 자본시장에서 무한정 차입을 할 수 있는 자본동원력으로 무장하고 전환 중인 나라에 진출해 순식간에 50~70%의 시장점유율을 확보했다. 1990년대에 이런 이득을 누린 대표적인 서방의 기업으로는 코카콜라, 질레트, 포록터앤갬블, 유니레버, 네슬레, 나이키, 맥도널드, 켈로그, 스타벅스 등을 꼽을 수 있다. 다국적기업들은 아웃소싱의 측면에서도 전환경제 시장을 활용했다. 그들은 생산비용이 높은 본국의 공장을 폐쇄하는 대신 아시아에 공장을 설립하고 그곳에 생산을 아웃소싱함으로써 수익성을 한층 더 높였다.

그러나 얼마 지나지 않아 아시아 기업들의 반격이 시작됐다. 외국회사와 합작회사를 설립해 제조기술과 경영의 노하우를 전수받은 아시아의 기업들이 서서히 자사 브랜드로 제품을 만들기 시작했다. 이러한 현상은 점점 더 보편화됐고, 그에 따라 점점 더 많은 지역 브랜드들이 아시아시장에서 점유율을 높이고 세계시장에서도 기존의 브랜드와 경쟁을 벌이게 됐다. 30년 전에는 이름조차 생소했던 삼성, 현대, 기아차, 대우, 에이서, 슈우에무라, 잇세이미야케, 야마모토, 시세이도, 레드불, 닥터레디스, 위프로, 인포시스, 릴라이언스, TSMC, UMC, 삼포에르나, 포스코, 레전드(렌샹), 콘카, 하이어, 싱가포르에어라인 등이 이제는 당당히 자기 브랜드로 경쟁에 나서고 있다. 이에 따라 앞으로는 다국적기업들이 점점 더 사업하기가 어려워질 것이며, 예전에 비해 다국적기업들의 주가가 신통치 않은 것은 부분적으로 이런 그들의 처지를 반영하는 것이다.

다국적기업과 관련해 한 가지 더 염두에 둬야 할 점이 있다. 최근까지 다국적기업들은 아시아 등 신흥경제 기업들로부터 특허권 사용료를 거둬들이는 데 별다른 문제가 없었다. 그러나 반세계화 운동이 격화됨에 따라 특허권이 격렬한 논쟁의 대상이 되고 있다. 특히 다국적 제약회사들은 특허권과 관련해 엄청난 비난에 직면해 있다. 그들의 특허권으로 인해 약값이 너무 비싸게 되어 가난한 나라 사람들이 필요한 약을 구하지 못하고 있기 때문이다.

나는 이미 판도라의 상자는 열렸다고 본다. 앞으로는 점점 더 많은 신흥경제국가들이 다국적기업과 특허권 사용 조건을 재협상하든지, 아니면 아예 특허권을 무시해버릴 것이다. 중국이나 인도 같은 나라에서 1달러면 만들 수 있는 소프트웨어나 프린터 토너에 대해 마이크로소프트에 수백 달러를 계속 지급하거나 휼렛패커드에 수십 달러를 계속 지급할 것으로 생각되지 않는다.

아시아를 비롯한 신흥경제국가들에 대해 낙관하게 하는 또 하나의 요소는 그들의 해외자산이다. 봉건적 자본주의의 시기에 신흥경제국가들에서는 심각한 자본도피가 일어났다. 1990년대 미국의 경기호황도 신흥시장에서 자본이 이탈하도록 했다. 그 결과 신흥경제국가들의 일부 개인들과 중앙은행들은 막대한 달러 표시 자산을 해외, 특히 미국에 갖고 있다. 만약 정치적, 사회적, 경제적 전환이 더욱 진전된다면 이런 해외자산이 속속 되돌아올 것이다. 되돌아온 자금은 투자를 활성화시키고 자산의 가치

〈그림 13-4〉

**동남 아시아에 대한 국제 은행융자 잔액**
인도네시아, 말레이시아, 필리핀, 태국 등 4개국 합계

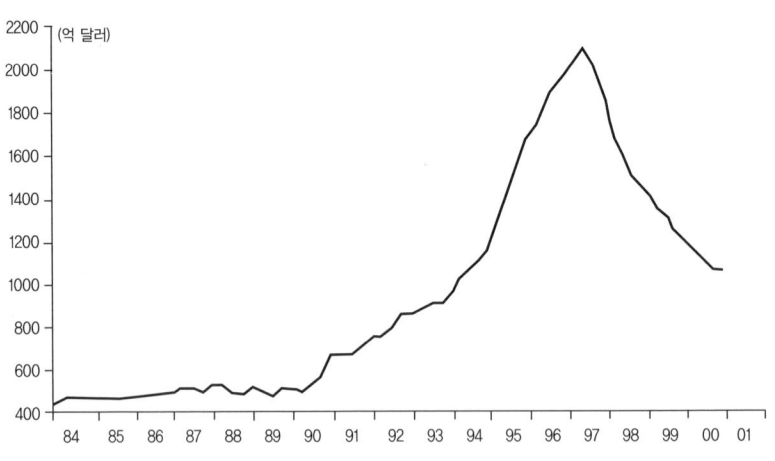

를 상승시킬 것이다. 나는 현재 인도네시아는 1000억 달러 이상, 아르헨티나는 500억 달러 이상의 해외자산을 갖고 있고, 러시아도 역시 상당한 규모의 해외자산을 갖고 있다고 본다.

나는 아시아 위기 이후에 아시아 자산의 가치가 선진국 자산에 비해 극도로 저평가됐고, 이 점이 아직도 좋은 투자기회를 제공해주고 있다는 사실을 다시 한 번 지적해두고 싶다. 이런 상황에서 아시아 각국의 해외자산이 환류되면 아시아 지역의 자산 가격 상승세는 더욱 확실해질 것이다. 아시아 위기 이전에 아시아에 대한 대출에 열을 올렸던 국제 금융회사들은 위기 이후에는 아시아에 대한 여신의 규모를 절반으로 줄였다(〈그림 13-4〉). 그러나 앞으로 '안전한 자산도피처'인 미국시장을 기준으로 한 '아시아 리스크'가 줄어드는 변화가 생긴다면 그들은 다시 아시아에 대한 융자에 적극적으로 나설 것임을 나는 의심하지 않는다. 해외자산의 환류, 국제 금융회사들의 대아시아 여신 재확대, 아시아의 차입자들에 대한 국제 자본시장의 분위기 개선 등이 결합되면서 새로운 아시아의 시대가 펼쳐지기에 충분한 유동성 여건이 창출될 것이다.

# 에필로그 | 부의 불균형, 그 거대한 그림자

아시아의 장기전망에 대한 낙관론의 이유를 대자면 훨씬 더 많이 댈 수 있다. 그러나 아무리 철저하게 분석한다 하더라도 완벽한 전망을 하기란 어렵다. 고려해야 할 사항들이 너무 많고 복잡하며, 특히 아시아는 사회적, 경제적 특성이 나라별로 크게 다르기 때문이다. 일본, 한국, 대만, 싱가포르와 같이 개발에 앞선 나라들과 낙후된 농촌부문의 규모가 큰 중국과 인도, 그리고 1억 1천만 명의 인구를 갖고 있음에도 인구가 300만 명에 불과한 싱가포르보다도 국내총생산 규모가 작은 방글라데시 등의 상황을 일반화한다는 것은 사실상 불가능한 일이다.

아시아와 달리 서유럽은 과거에도 국가들 사이에 사회적, 경제적 발전의 차이가 그렇게 크지 않았다. 물론 유럽에서도 영국과 독일과 같이 경제가 발달한 나라들과 이탈리아, 그리스, 포르투갈을 비롯한 저개발 국가들 사이에 오랜 기간 차이가 있었다. 그러나 서유럽에서의 소득, 부, 산업화의 수준 차이는 아시아에 비해 아주 작은 편이었다.

경제발전 정도의 불균형은 심각한 문제가 되기도 하지만 커다란 투자 기회를 만들어내기도 한다. 무엇보다 재화와 서비스의 무역에서 기회가 생긴다. 특히 완전히 서로 다른 비교우위를 지닌 국가들 사이의 무역은 그들 모두에게 이익이 된다.

200년 전에 데이비드 리카도가 자유무역을 옹호하면서 보여준 통찰을 빌어 설명해보자. 독일과 프랑스와 같이 유사한 산업구조를 가진 국가들 사이의 무역은 가능하기는 하지만 그 거시경제적 영향은 제한적이다. 독일이 프랑스 차 10만 대를 더 수입하고 프랑스가 독일 차 10만 대를 더 수입하는 경우를 예로 들어보자. 이 경우 프랑스 차를 몰고 싶었던 독일인과 독일 차를 몰고 싶었던 프랑스인이 각각 그와 같은 욕구를 충족시킬 수 있게 되므로 두 나라 소비자의 만족도는 높아질 수 있지만, 무역이 성장률을 상승시키는 효과는 거의 없다. 그러나 일본과 방글라데시 사이의 무역이라면 상황이 다르다. 일본은 방글라데시가 만들지 못하는 제품을 만들고 있고, 임금수준이 낮은 방글라데시는 일본에서는 엄청난 비용을 들여야 만들 수 있는 제품을 낮은 비용으로 만들 수 있다. 따라서 이 경우 두 나라 사이의 무역은 두 나라 모두의 경제성장률을 높이고 두 나라 국민 모두의 생활수준을 향상시킨다.

아시아 경제 전체가 완전한 자유시장이 될 경우에 아시아 지역에 어떤 효과가 나타날까? 무역과 투자의 흐름이 비교우위를 찾아 업종과 지역을 넘나들게 되고, 그렇게 되면 아시아 지역 전체의 경제성장이 촉진될 것이다. 이런 이유로 나는 앞으로 아시아의 경제발전이 서구 국가들에 대한 수출에 의존하는 정도가 줄어들 것으로 예상한다. 그러나 국가 간 소득과 부의 불균형은 아시아를 포함한 세계 전체에 그대로 남아 많은 정치적, 사회적 문제를 낳을 것이다. 사실 소수의 부자 나라들과 다수의 가난한 나라들 사이의 부와 소득 불균형은 앞으로 우리가 다뤄나가야 할 가장 큰 문제다. 이 문제는 나의 낙관론을 억제한다.

1998년에 인구가 2억 명인 인도네시아의 1인당 국내총생산은 300달러였고, 인구가 700만 명인 스위스의 1인당 국내총생산은 4만 달러였다. 따라서 스위스는 인도네시아에 비해 1인당 국내총생산으로는 133배이고, 국내총생산 총액으로는 4배가 넘는다. 인구가 10억 명인 인도의 1인당 국내총생산은 400달러였다. 따라서 인도의 국내총생산 규모는 스위스보다 조금 더 큰 정도에 지나지 않는다.

미국 주식시장의 상장주식 시가총액은 11조 달러로 세계 주식시장 전체의 53%에 해당한다. 그러나 미국의 인구는 2억 8500만 명으로 세계 전체 인구의 5%를 넘지 못한다. 사람들의 평균수명도 선진국에서는 80세에 가깝지만 아시아나 아프리카의 빈곤한 나라들 가운데는 50세를 넘지 않는 경우가 많다. 영아사망률도 마찬가지다. 신생아 1000명당 사망자 수가 빈곤한 나라들에서는 100명을 넘는 데 비해 선진국에서는 10명 이하다. 인구 100만 명당 의사 수는 미국의 경우 2000명이 넘지만 인도네시아는 100명도 안 된다. 중급학교 진학률을 보면 미국은 98%이지만 빈곤한 나라들은 10%에도 미치지 못한다. 선진국에서는 수백만 달러의 보수를 받는 경영자가 흔하지만, 전 세계 인구의 25%에 해당하는 15억 명의 사람들은 하루 소득이 1.6달러 미만이다.

사실 부와 소득의 불균형이 갑자기 생긴 문제는 아니다. 그러나 역사를 통틀어 세계 전체에 걸쳐 빈부의 격차가 지금처럼 격심한 적이 없었다. 미국의 오하이오 주립대학에서 비교경제학을 연구하는 리처드 스테켈은 "20세기에 나타난 가장 두드러진 변화는 유럽과 미국, 그리고 아시아의

⟨표 에필-1⟩

**지난 2000년간의 세계**
세계 전체의 경제성장 추이

| 연도 | 1 | 1000 | 1500 | 1820 | 1995 |
|---|---|---|---|---|---|
| 세계 인구 (백만 명) | 250 | 273 | 431 | 1,067 | 5,671 |
| 세계 GDP (억 달러) | 1,060 | 1,150 | 2,350 | 7,200 | 294,230 |
| 서구 인구 (백만 명) | 25 | 33 | 65 | 156 | 739 |
| 서구 GDP (억 달러) | 110 | 130 | 400 | 1,790 | 147,730 |
| 비서구 인구 (백만 명) | 226 | 241 | 367 | 911 | 4,932 |
| 비서구 GDP (억 달러) | 950 | 1,020 | 1,950 | 5,410 | 146,510 |

일부 선진국 국민들이 세계의 다른 사람들보다 삶의 수준에서 월등하게 앞서게 된 현상"이라고 지적했다. 이런 전례 없는 부와 소득의 불균형은 무엇 때문이며, 그것이 세계경제에 끼치는 영향은 무엇일까? 평균회귀의 법칙이 아직도 타당하다면 이런 불균형은 과연 어떻게 해소될까?

역사적으로 세계의 인구와 경제가 어떻게 성장해왔는지를 ⟨표 에필-1⟩에서 살펴보면, 서기 1000년까지는 그다지 성장이 없었음을 알 수 있다. 그 뒤 1750년까지도 성장이 완만했고, 그 뒤에야 성장속도가 빨라졌다. 서기 1년부터 19세기 초까지 약 2000년 동안 세계의 총생산은 7배 이하의 성장에 그쳤다. 그러나 그 뒤로 200년이 채 안 되는 기간에 총생산이 40배로 증가했다. 세계의 인구도 비슷한 성장추세를 보였다. 1000년까지는 별다른 변화가 없었고, 그 뒤 19세기 초까지도 완만하게만 증가했다. 하지만 19세기 초 이후로 세계의 인구가 6배 가까이로 급증했다. 산업생산과 무역의 규모도 1700년 이전에는 극히 완만하게만 증가했다. 하지만 1700년 이후에는 그 증가속도가 엄청나게 빨라졌다.

마치 19세기 초에 마법의 지팡이가 세계경제를 건드린 것처럼 그 뒤로 세계경제가 아주 빠른 속도로 성장하기 시작했고, 이에 따라 수천 년간 지속돼온 경제적 균형의 상태가 종식됐다. 19세기 초반까지는 농업이 세계의 주된 산업이었다. 도시화율은 서유럽에서도 1750년에 15%에 불과했다. 이는 그보다 2000년 전의 도시화율 9~12%에 비해 큰 차이가 없는 수준이었다. 그러나 산업화의 진전으로 도시화가 급진전돼 지금은 경제협력개발기구 소속 선진국들의 평균 도시인구 비중이 80%에 이른다.

산업혁명 이전에는 대도시의 수가 많지 않았다. 1800년에 인구가 50만 명 이상이었던 도시는 베이징, 런던, 광저우, 도쿄, 콘스탄티노플, 파리 등 6개에 지나지 않았고, 그 가운데 인구가 100만 명을 넘은 곳은 베이징뿐이었다. 이는 토지활용 기술이 발달되지 못해 농업생산이 충분하지 못했던 데다가 수송수단이 비효율적이어서 농산물을 도시로 운반하는 데 비용이 많이 들었기 때문이다. 그 뒤에 산업화가 진전되고 수송수단이 발달하면서 대도시의 수가 늘어났다. 오늘날에는 전 세계에서 인구가 100만 명이 넘는 도시가 350개 정도나 된다.

그러나 지역별로 그 발전의 정도는 차이를 보이고 있다. 1820년부터

〈표 에필-2〉

**지난 1000년간의 세계**
세계 전체 생산 및 무역의 증가

| | 총량 | | 1인당 | |
|---|---|---|---|---|
| | 1000-1700 | 1700-1990 | 1000-1700 | 1700-1990 |
| 곡물 생산 | 2-4배 | 14배 | 1-2배 | 2배 |
| 철강 생산 | 4-9배 | 2,000배 | 2-3배 | 260배 |
| 섬유 생산 | 2-4배 | 29배 | 1-2배 | 4배 |
| 에너지 생산 | 2-6배 | 280배 | 1-2배 | 36배 |
| 국제무역 | 6-12배 | 920배 | 3-4배 | 120배 |
| 총 생산 | 2-4배 | 44배 | 1-2배 | 6배 |
| 인구 | 2-3배 | 8배 | – | – |

1995년까지 서구 국가들의 국내총생산은 80배 이상으로(1790억 달러에서 14조 7730억 달러로) 성장한 데 비해 그 밖의 국가들의 국내총생산은 27배 정도로(5410억 달러에서 14조 6510억 달러로) 성장하는 데 그쳤다. 따라서 지난 180년 정도의 기간에 서구 국가들이 그 밖의 다른 나라들에 비해 3배의 속도로 성장한 셈이다. 그동안 산업혁명과 그에 따른 발전이 서유럽과 미국에서 집중적으로 진행됐다는 점을 고려하면 이러한 차이가 생긴 것은 놀라운 일이 아니다. 정작 우리를 당황하게 하는 것은 산업혁명 이후에 선진국들과 개발도상국들 사이의 1인당 국민소득 격차가 점점 더 커졌다는 점이다. 〈표 에필-3〉을 보면 1800년에는 1인당 국민소득이 최상위 선진국들은 242달러, 개발도상국들은 190달러여서 소득격차가 그리 크지 않았다. 그러나 그 뒤로 최근까지 약 200년 동안 최상위 선진국들의 1인당 국민소득은 21배 이상으로 증가한 데 비해 개발도상국들의 1인당 국민소득은 2.5배로 증가하는 데 그쳐서 소득격차가 커졌다. 이에 따라 최상위 선진국들과 개발도상국들 사이의 소득격차가 1.2배에서 10배 이상으로 확대됐다.

1800년에 최고의 부자 나라인 영국의 1인당 국민소득은 가장 가난한 나

〈표 에필-3〉

**확대돼온 세계의 빈부격차**

지난 250년간 선진국과 개발도상국의 1인당 GDP 비교(단위:달러, 1960년 불변가치 기준)

| 연도 | 최상위 선진국 | 선진국 | 저개발국 | 세계 전체 |
|---|---|---|---|---|
| 1750 | 230 | 182 | 188 | 188 |
| 1800 | 242 | 198 | 188 | 190 |
| 1860 | 575 | 324 | 174 | 218 |
| 1913 | 1350 | 662 | 192 | 560 |
| 1950 | 2420 | 1050 | 200 | 590 |
| 1995 | 5230 | 3320 | 480 | 1100 |

라의 두 배에 조금 못 미쳤다. 그런데 지금은 세계에서 가장 가난한 다섯 개 나라의 국민소득은 부자 나라들의 평균에 비해 구매력 평가 기준으로 50분의 1 수준이다. 경제발달의 지표인 영아사망률, 평균수명, 칼로리 소비량, 곡물 생산량, 도시화율, 에너지 소비량, 철강 생산량 등 모든 지표에서 그동안 선진국들과 개발도상국들 사이에 격차가 확대됐다.

1800년 당시에도 유럽이 세계의 다른 지역들보다 부유했다. 그러나 당시의 평균수명을 보면 유럽은 40살, 유럽 이외의 다른 지역들은 35살로 그리 차이가 나지 않았다. 영아사망률이나 도시화의 정도, 곡물 생산량에서도 그다지 차이가 없었다. 1800년까지는 소수의 귀족, 지주, 상공인들을 제외하고는 세계가 다 기본적으로 가난했기 때문에 가장 부자인 나라와 가장 가난한 나라 사이에 2~3배의 차이가 있었다고 해도 그런 차이 때문에 빈부격차가 문제가 되지는 않았다.

역사학자인 찰스 싱거는 《기술의 역사(A History of Technology)》(1954)에서 16세기까지는 서아시아가 서유럽에 비해 오히려 기술이나 발명의 수준이 더 높았다고 했다. 그리고 동아시아는 서유럽은 물론 서아시아에 비해서도 기술이나 발명의 수준이 더 높았다. 유럽은 동양에 줄 것이 별로 없었다. 산업혁명 이전인 17세기만 해도 인도의 1인당 또는 토지 단위당 생산성은 서유럽의 어느 나라보다 높았다. 인도의 영토도 유럽에 비해 훨씬 광활했다. 그러나 온화한 기후와 풍부한 자원 때문에 인도에서는 생산성을 높이려는 노력이 중시되지 않았다. 반면에 북유럽에서는 가혹한 기후와 급증하는 인구로 인해 농업의 생산성을 높이는 것이 절박한 과제가 됐고, 그 결과로 근대기술의 발달이 이루어졌다. 마르크스도 《자본론》에서 서구의 산업발전은 자연을 극복하려는 사회적 노력의 결과였다고 지적했다.

이처럼 산업혁명과 서구의 부상은 농업의 생산성이 현저하게 개선된 데 힘입은 바 크다고 할 수 있다. 농업기술의 발달로 농민들이 농촌을 떠나 도시로 가서 제조업 생산에 종사할 수 있게 됐다. 100부셸의 밀을 생산하기 위해 필요한 노동시간이 1750년에는 3500시간이었지만 1840년에는 250시간으로 줄어들었고, 1925년에는 74시간, 1990년에는 7시간으로 더욱 더 줄어들었다. 오늘날에는 농업을 대박산업이라고 생각하는 사람이 거의 없지만, 사실 지난 200년 동안 농업만큼 생산성이 증가한 산업은 거의 없다. 〈그림 에필-1〉을 보면 1950년 이후에 비농업생산보다 농업생산의 생산성 증가가 훨씬 빨랐음을 알 수 있다. 내가 이런 이야기를 하는 것은 미국의 주식이 과거보다 높은 평가를 받는 것을 미국의 생산성 증가속도로 정당화하는 학자들에게 이의를 제기하고 싶기 때문이다.

〈그림 에필-1〉

**농업부문의 더 빠른 생산성 증가**
시간당 실질생산 추이(1947=100)

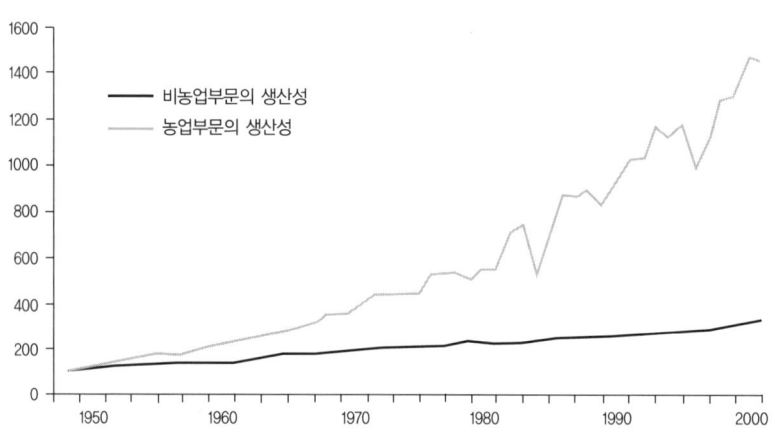

기회의 균등 사상이 퍼진 것도 서유럽의 발전에 기여한 중요한 요소였다. 서유럽에서는 개인의 잠재력이 최대한으로 발휘될 수 있게 해주는 기회의 균등을 실현하기 위해 19세기 초에 의무교육이 도입됐다. 산업혁명 초기의 유럽은 다른 세계에 비해 아직 크게 부유하지는 않았지만 지식이 확산된 정도에서는 압도적으로 앞섰다. 1800년에 영국에서는 90% 정도의 사람들이 글을 읽고 쓸 줄 알았다. 그러나 저개발 국가들에서는 인구의 90%가 문맹이었다. 유럽과 미국이 경제발전에서 앞설 수 있었던 것은 지식의 확산이 토대가 돼주었기 때문이라고 해도 과언이 아니다. 사회 전체로 보아 교육수준이 높았기 때문에 농촌 사람들도 도시로 옮겨가 산업활동에 쉽게 적응할 수 있었다. 간단히 말해 19세기 초에 유럽의 국가들은 변화에 대한 적응에서 앞섰고, 바로 이 점이 경제성장의 기반이 됐다. 오늘날 저개발 국가들에서 국민들이 경제활동에 통합되지 못하게 가로막는 가장 커다란 장애물은 바로 낮은 교육수준이다.

19세기에 유럽과 미국에서 전개된 산업혁명은 저개발국들에게는 달갑지 않은 결과를 가져다주었다. 선진국들의 공업화로 생산성 격차가 확대됨으로써 저개발국들은 경쟁력을 더 많이 잃게 됐다. 예를 들어 1830년에 면방적 부문에서 영국은 이미 인도보다 14배나 높은 생산성을 갖추었다. 여기에 식민지 정책까지 가세하면서 19세기에 인도는 오히려 탈공업화 과정을 밟게 된다. 한 연구에 따르면 인도 동부의 비하르 지방에서는 공업에 종사하는 인구의 비율이 1809~1813년의 18.6%에서 1901년에는 8.5%로 떨어졌다. 인도 전체로 봐도 1881년부터 1911년까지 제조업과 건설업에 종사하는 인구의 비중이 35%에서 17%로 떨어졌다.

선진국들에서 새로운 발명이 이어지면서 저개발국들의 자원에 대한 선진국들의 수요가 감소한 것도 지난 100년간에 걸쳐 저개발국들이 상대적

〈표 에필-4〉

**늘어나는 인조제품 생산**
전세계 생산에서 차지하는 비중

| 연도 | 생산된 고무 중 인조고무의 비중(%) | 생산된 섬유 중 인조섬유의 비중(%) |
| --- | --- | --- |
| 1913 | 0.0 | 0.2 |
| 1928 | 0.0 | 1.4 |
| 1936 | 0.5 | 5.0 |
| 1950 | 29.0 | 12.0 |
| 1960 | 48.0 | 16.0 |
| 1970 | 63.0 | 24.0 |
| 1980 | 65.0 | 40.0 |
| 1990 | 65.2 | 39.0 |

으로 더 위축된 원인이었다. 20세기에 합성수지 기술의 발달에 힘입어 개발된 인조고무와 인조섬유는 천연고무와 천연섬유에 대한 수요를 크게 잠식했다. 노동자의 일당과 구매력을 나라별로 비교해본 경제사학자 폴 베어로크는 《산업혁명 이후 경제발전의 불균형》에서 임금 불평등의 확대에 대해 다음과 같이 지적했다.

1780년에 영국 도시노동자의 하루 임금은 밀 6~7킬로그램 수준이었고, 인도와 같은 제3세계 국가들의 노동자 임금은 밀 5~6킬로그램 수준이었다. 그러나 1910년에 영국 노동자의 임금이 밀 33킬로그램을 살 수 있는 수준으로 크게 상승한 반면에 인도 노동자의 임금은 1780년의 수준에 그대로 머물러 있었다. 구매력의 관점에서 보면 인도 노동자의 임금은 사실상 하락했던 셈이다. 오늘날 하루에 100달러를 버는 선진국 노동자는 그 돈으로 1250킬로그램의 밀을 살 수 있지만, 하루 임금이 3달러 수준인 인도 노동자는 그 돈으로 밀을 37킬로그램밖에 사지 못한다.

부자 나라들과 가난한 나라들 사이의 부와 소득 불균형 문제는 너무나 복잡해서 수많은 연구들이 각각 다른 결론을 내리고 있다. 앞에서 보았듯이 유럽과 미국이 다른 지역보다 먼저 농업생산성의 향상과 산업화를 이룩한 것이 부와 소득 불균형의 원인 가운데 하나였던 것은 분명하다. 그렇다면 19세기에 서구에서 일어난 그와 같은 산업화가 왜 더 일찍 다른 곳에서는 일어나지 못했던 것일까? 19세기에 서구에서 산업혁명이 일어난 것은 단순한 역사적 우연이었다고 설명하는 학자들도 있다. 서구에 앞서 로마와 중국도 세계의 다른 지역들에 비해 기술적으로 앞섰던 적이 있고, 그때 앞선 기술을 이용해 산업화를 이룰 수 있는 위치에 있었다. 그런데 그들은 왜 산업화를 이룩하지 못했을까? 산업혁명 이후에는 다른 나라들 모두가 영국과 미국의 산업화를 그대로 모방해 따라갈 수 있었는데 왜 일본 외에는 어느 나라도 그렇게 하지 못했을까?

앞에서 우리는 우월한 지식과 유리한 정신적 배경 덕분에 서유럽이 19세기 초에 앞서나가기 시작했음을 보았다. 지식과 기술은 일본의 산업화에서도 중요한 요인으로 작용한 것이 분명하다. 또 다른 요인은 변화의 능력이다. 풍요로운 나라에 비해 가난한 나라는 변화의 능력에서 뒤떨어진다. 서구는 세계의 다른 어느 곳보다도 변화에 대한 적응이 뛰어났기 때문에 산업화에 앞설 수 있었다. 물론 선점의 이점도 중요한 요소로 작용했을 것이다. 먼저 부를 획득한 자는 후발 경쟁자에 비해 추가적인 번영을 이루는 데서 유리한 위치에 서게 된다. 부유한 나라 또는 부유한 기업은 협상에서도 유리하다. 선진국 기업은 저개발국의 정부관리나 영향력 있는 개인에게 뇌물을 제공하고 유리한 조건의 계약을 따내는 방식으로 큰 수익을 거둘 수도 있다. 부의 불평등이 큰 상태에서는 선진국 기업이 저개발국에서 일차산품 시장, 대규모 사회간접자본 투자, 자원개발 사업 등에 대해 큰 영향력을 행사해줄 수 있는 인사를 뇌물로 매수해 그로 하여금 국익에 반하는 결정을 내리게 하기가 쉽다.

우리는 지금까지 19세기 초부터 선진국들이 저개발국들보다 훨씬 빠른 속도로 성장해왔음을 살펴보았다. 어떤 연구에 따르면 그 어느 때보다 1990년대 후반에 미국경제가 세계경제에 비해 빨리 성장했다고 한다. 이런 이유들로 인해 그동안 부자 나라들과 가난한 나라들 사이의 격차가 대단히 커졌지만, 아주 길게 보면 어떤 지역, 어떤 국가, 어떤 기업도 혼자서는 계속 성장할 수 없다. 나는 앞으로 개발도상국의 성장속도가 더 빨라지든지, 아니면 선진국, 특히 미국의 경제성장 속도가 느려질 것이며, 이 두 가지 흐름이 적절히 결합될 수도 있다고 생각한다.

**균형의 회복**

그렇다면 저개발국의 경제성장은 어떻게 촉진될 수 있을까? 9장에서 살펴보았듯이 신흥경제의 성장은 수출, 외국인 직접투자, 국내 소비와 투자의 활성화에 의존한다. 앞으로 국제 일차산품 가격이 오른다는 내 예상이 맞는다면, 자원이 풍부한 신흥경제의 수출은 성장속도가 빨라질 것이다. 반면에 제조업 제품의 가격은 하락하고 선진국의 수요는 당분간 부진할 것으로 보이기 때문에 제조업 제품의 수출이 크게 증가하기를 기대하기는 어렵다. 중국, 소련, 베트남에 대한 투자를 제외하고는 1997년 이후에 감소해온 외국인 직접투자의 흐름은 안정적인 증가세로 돌아서겠지만, 기존의 과잉 생산능력 상태를 감안하면 직접투자가 극적으로 증가할 것 같지는 않다. 그러나 국내 소비와 투자는 많이 개선될 것으로 보인다. 특

〈그림 에필-2〉

**거대도시가 많아지는 아시아**
인구 1천만 명 이상 도시의 수

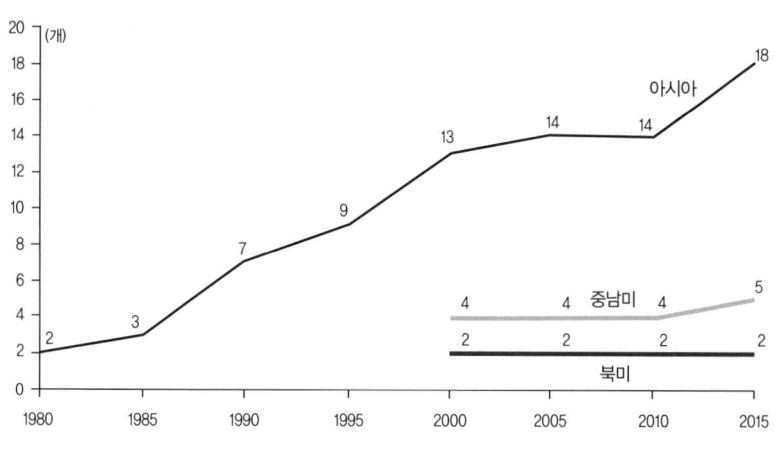

히 아시아에서는 지난 5년가량 부채는 줄어들고 부동산 수요는 늘어나는 추세였고, 급속히 진행되고 있는 아시아의 도시화는 주택산업에 큰 도움이 될 것이다. 1997년의 경제위기 이후 가라앉았던 아시아의 경기는 이제 바닥은 지난 것으로 보인다. 그러나 가까운 장래에 아시아의 성장률이 크게 오를 것 같지는 않다.

나는 저개발 국가들에서뿐만 아니라 세계 전체적으로 미숙련 노동자를 비롯한 저소득층의 소득이 개선되지 못하고 있는 점이 지금의 가장 큰 문제라고 생각한다. 6장에서 홉슨의 이론을 통해 살펴보았듯이 저소득층의 소득이 불충분하면 경제 전체로 보아 구매력이 부족해지고 과소소비가 초래된다. 1990년대에 선진국들은 활발하게 저개발국들에 대한 대출을 늘렸고, 이는 저개발국들의 경기를 북돋우고 소비를 증가시켰다. 그러나 이런 대출이 줄어들기 시작하자 저개발국들의 국내 소비수요는 거의 붕괴돼버렸고, 그 뒤로는 단지 조금씩만 회복되고 있을 뿐이다. 저개발국 미숙련 노동자들의 임금이 극히 낮은 수준이라는 것이 지금의 가장 큰 문제라면 우리는 무엇을 해야 할까? 세계화가 진전되면서 저개발국들에서도 임금이 오르고 있지 않느냐고 반문하는 사람도 있을 것 같다. 그러나 불행하게도 현실은 그렇지 않다.

다국적기업의 출자로 설립된 자동화된 공장에서는 노동력을 많이 필요로 하지 않는다. 저개발국에 들어선 이런 공장은 작은 규모의 현지 기업들보다 낮은 원가로 제품을 만들 수 있다. 게다가 대기업은 시장점유율을 높이거나 경쟁자들을 시장에서 아예 몰아내기 위해 덤핑도 서슴지 않는다. 여러 나라에서 막대한 독점이익을 올리고 있는 다국적기업은 국제 자본시장에서 자본을 동원할 수 있는 능력을 바탕으로 특정한 한두 개 시장에서는 큰 손해도 감수할 수 있다. 그러다가 현지의 경쟁기업이 도산해 사라지면 바로 그 시장에서 다국적기업은 다시 가격을 크게 올려 그동안 감수한 손해를 한순간에 메운다. 이처럼 신흥경제국가에 대한 다국적기업의 직접투자는 현지 기업들의 도산으로 이어져 그 나라의 고용을 오히려 줄일 수도 있다.

산업화의 성과를 낙관적으로 보는 사람들은 19세기에 유럽에서 이루어진 농업의 생산성 향상이 노동자들을 농업에서 해방시켜 공장으로 갈 수 있게 했듯이 오늘날 저개발국에서 추진되는 산업화도 공업의 생산성을 향상시켜 노동자들을 소프트웨어 개발자, 디즈니랜드 공원의 종업원, 조사회사의 조사요원과 같은 서비스업 종사자가 되게 할 것이라고 주장한다. 그러나 산업화의 성과에 대해 비판적인 사람들은 19세기에 영국에서 생산성이 증가한 결과로 인도에서 탈공업화가 일어났던 것과 비슷한 현상이 오늘날 저개발국들에서 일어날 것이라고 우려한다.

현대의 노동력 절감형 생산방식은 문제가 있다. 중국의 예를 들어보자. 중국의 국유기업들은 엄청나게 비효율적이긴 하지만 1억 1000만 명에게 일자리를 제공하고 있다. 만약 중국에 완전한 시장경제가 도입되고 정부의 보조가 없어진다면 그 가운데 80%의 노동자들은 일자리를 잃게 될 것이다. 이미 15%를 넘고 있는 중국 도시근로자들의 실업률을 감안하면 이것은 엄청난 사회문제를 초래할 것이다. 진실은 두 가지 극단적인 관점의 중간 어디쯤에 있을 것이다. 그러나 어쨌든 중국에서 국유기업 체제를 갑자기 해체한다면 단기적으로 엄청난 혼란이 빚어질 수밖에 없음은 분명하다. 바로 이 점이 중국에서 개혁이 미루어지고 있는 이유다.

저개발국의 저임금 문제를 바로잡는 하나의 방법은 제품과 서비스의 가격을 극적으로 낮추어 가난한 사람들도 제품과 서비스를 소비할 수 있게 만드는 것이다. 만약 컴퓨터, 휴대폰, 의약품, 자동차 등의 가격이 크게 낮아진다면 수요가 증가해 '디플레이션 붐'이 일어날 수도 있다. 이런 경향은 실제로 이미 부분적으로 나타나고 있다. 이것이 부의 불균형이라는 문제를 해결하는 유일한 방법이라고 생각하는 사람도 있을 수 있다. 그러나 나는 선진국 정부나 다국적기업들이 자기들의 이익에 해로운 이런 상황이 계속되도록 방치하지는 않을 것이라고 생각한다.

만약 부자 나라들과 가난한 나라들 사이에 부의 불균형이 더욱 심화된다면 어떤 일이 일어날까? 세계경제가 더 침체하게 되거나 사회적, 정치적 긴장이 더 고조될 것이다. 옛날에는 부의 불균형이 지나치게 커지면 혁명이 일어나거나 최소한 대규모 소요가 일어났다. 부의 불균형은 로마가 멸망한 원인 가운데 하나이기도 했다. 역사학자인 윌 듀랜트는 이렇게 말했다. "부의 집중은 가난한 다수의 '수의 힘'이 부유한 소수의 '능력의 힘'에 맞설 수 있을 때까지 계속되지만, 그때 사회적 균형의 상태가 깨지고 치명적인 상황이 온다. 그러면 두 가지 상황전개가 가능함을 역사는 보여준다. 하나는 부를 나누는 법이 만들어지는 것이고, 다른 하나는 가난을 나누는 혁명이 일어나는 것이다."

역사상 전례가 없을 정도에 이른 부와 소득의 불균형은 오늘날 경제정책 담당자들이 직면하고 있는 문제들 가운데 가장 시급하게 해결해야 할 문제다. 아직도 많은 사람들이 이 문제가 얼마나 심각한 것인지를 깨닫지 못하고 있거나, 일부 깨닫긴 했더라도 불균형을 바로잡을 방법을 찾지 못하고 있는 것 같다. 심지어는 세계적으로 부의 불균형이 줄어들고 있다고 주장하는 학자들도 있다. 그러나 최근에 신흥경제국가들에서 통화의 가치 하락으로 인해 달러 기준의 소득이 크게 줄어든 상황을 감안하면 그것은 옳지 않은 주장임이 분명하다.

1914년에 포드자동차의 헨리 포드는 노동자의 임금을 대폭 올렸다. 9시간 근무에 2달러 34센트였던 하루 임금을 8시간 근무에 5달러로, 연봉 기준으로는 1250달러 정도로 올렸다. 당시 포드의 모델 T 자동차 한 대의 값은 대략 360달러 수준이었다. 〈월스트리트 저널〉이 경제적 범죄행위라고 비난한 이 임금인상으로 포드자동차에서 일하는 노동자는 한 해에 2대 이상의 자동차를 살 수 있는 입장이 됐다. 이와 대조적으로 오늘날 신흥경제국가의 제조업 노동자들 대부분은 소득이 연간 600달러에도 미치지 못한다. 이는 1990년대 말에 내 사무실이 있었던 홍콩 뉴월드타워의 한 달 주차료에도 미달하는 수준이다. 오늘날 한 대에 1만 5000달러인 자동차를 구입한다는 것은 저개발국 노동자들 대부분에게는 그저 꿈일 뿐이다.

오늘의 세계에서 부자와 가난한 자를 나누는 협곡은 깊고도 험하다. 우리는 경제발전과 더불어 부의 균형을 어떻게 이룰 수 있을지를 더 심각하게 고민해야 한다. 이 문제가 해결되지 않으면 이 세상의 수많은 사람들이 절망한 나머지 자신들의 슬픔을 뭔가 대담한 방법으로 표출하게 되는 비극을 피할 수 없을 것이다.

\* \* \*

그 모든 우려와 미국 경제에 대한 비관적인 생각에도 불구하고 나는 미래에 대해 여전히 낙관한다. 비관론자라는 뜻의 '닥터 둠 앤드 글룸(Dr. Doom & Gloom)'으로 나를 기억하고 있는 사람들은 이런 나의 낙관론을 의외라고 생각할 것이다. 앞에서 여러 번 말했듯이 이 책은 경제적 재앙이나 엄청난 붐을 예언하기 위한 것이 아니다. 나는 단지 경제적, 정치적, 사회적 환경이 점점 더 빨리 변하는 환경 속에 투자기회가 있다는 점을 강조하고자 했다.

나는 공산주의가 붕괴하고 세계화가 진전되면서 예전에 존재했던 세계의 경제적 균형상태는 이미 깨져버렸으며, 지금 우리는 과거의 대항해 시대나 산업혁명 시대에 견줄 수 있는 변화의 시기를 맞고 있다는 점을 누누이 설명했다. 옛 소련, 중국, 인도 등의 수십억 인구가 자유시장 경제와 자본주의 시스템에 새로이 참여하게 된 변화로 인해 진정한 의미의 '새로운 세계질서'가 만들어지고 있다.

아시아는 '자기발견의 새 시대'를 맞아 엄청난 변화가 일어나고 그것이 여기저기에 윈윈의 상황을 만들어낼 것이라고 기대해도 좋다. 그러나 어떤 부문과 지역은 도태될 것이고, 어떤 부문과 지역은 살아남아 번영할 것이다. 새로운 도시, 저비용의 산업중심지, 역동적인 기업들이 등장해 그동안 번영을 누리던 도시와 산업중심지들을 밀어내고 그동안 성공적이었던 기업들을 압도할 것이다. 금융시장도 어떤 곳은 정체하거나 쇠퇴하고 어떤 곳은 번영을 구가할 것이다.

새로운 세계질서가 디플레이션을 불러올지, 아니면 인플레이션의 새로운 파동을 불러올지는 아직 분명치 않다. 내 생각은 이렇다. 가격의 절대적인 하락과 통화의 가치 하락으로 인해 어떤 부문이나 지역은 디플레이션을 경험하게 되겠지만, 이미 가격이 많이 떨어진 부문에서는 가격이 오를 것이다. 그래서 앞으로 상당 기간 인플레이션과 디플레이션이 공존하는 상황이 전개될 가능성이 있다. 그러나 여기서 독자들이 잊지 말아야 할 점이 있다. 그것은 강력한 디플레이션 상황 속에서도 어떤 일차산품이나 자산의 가격은 급격히 오를 수 있다는 점이다. 전반적인 거시경제적 물가추세와는 무관하게 특정 시장에서는 특이한 수요공급의 변화가 일어날 수 있기 때문이다. 1882~1886년에 미국 캘리포니아 남부를 휩쓴 부동산 붐은 1864년에 시작돼 30년 이상 지속된, 미국 역사상 가장 길고 두드러진 디플레이션 기간에 나타났다. 그러므로 채권 등 금리가 고정된 증권의 소유자와 주가에는 미래의 전반적인 물가추세가 큰 의미를 갖겠지만, 투자자가 이보다 더 중요하게 고려해야 할 것은 시장의 가격이란 어떠한 거시경제적 시나리오에서도 상승할 수 있다는 점이다. 이런 관점에서 나는 일차산품 가격의 전망과 신흥경제의 상황을 살펴보면서 투자자들에게 나의 의견을 전했다. 오늘날과 같은 고도로 경쟁적인 상황에서는 적자생존의 법칙이 관철되므로 최악의 경제 시나리오에서도 저비용 생산자를 골라내는 것이 투자자에게는 매우 중요하다.

나는 2장에서 중앙은행들이 세계경제의 돈줄을 쥐고는 있지만, 일단 시장으로 흘러들어간 돈의 움직임을 제어할 수는 없다는 점을 이야기했다. 그 돈이 어디로 움직이게 될지는 오직 시장에서만 정해진다. 지금 이런 관점을 갖는 것은 매우 중요하다. 왜냐하면 현재 미국의 연준을 비롯한 세계 각국의 중앙은행들이 경기침체와 디플레이션을 피하기 위해 극단적인 금융완화 정책을 채택하고 있는 상황이기 때문이다. 국경 없는 지구적 경제체제에서 그런 금융완화 정책은 디플레이션 압력을 더욱 강하게 만들고 말 것이다.

인위적으로 억제된 저금리는 중국, 베트남, 인도와 같이 물가수준이 극히 낮은 나라들이 아주 낮은 가격의 제품을 만들어 세계시장에 공급함으로써 디플레이션이 전파되는 것을 막지 못한다. 낮은 금리는 오히려 이런 나라들의 생산능력을 더욱 확대시켜 이미 공급과잉 상태인 세계시장에 더 많은 공급을 불러올 뿐이다. 이런 상황에서 유일한 처방책은 세계의 생산능력을 가능한 한 신속하게 줄이는 것이다. 그러나 이를 위해서는 그렇게 하겠다는 의지가 존재해야 한다. 일본의 경우는 그러한 의지가 존재하지 않았기에 장기간의 경기침체를 비롯한 경제적 어려움을 겪어야 했다.

만약 통화금융정책과 중앙은행들의 개입이 실패한다면, 금융정책과 재정정책을 경제학의 주축으로 삼은 2차대전 이후의 모든 경제학 교과서는 다시 씌어져야 한다. 그런데 나는 지금의 통화금융정책과 중앙은행들의 개입이 결국 실패할 것이라고 생각하며, 중앙은행들의 권한에 중대한 제한이 가해져야 한다고 생각한다. 통화금융정책은 항상 효과가 있다는 생각에 빠져있는 가장 완고한 중앙은행 지지자들도 연준의 이사를 지낸 웨인 앤젤이 최근에 지적했듯이 오직 시장만이 유효한 힘을 갖고 있다는 사실을 차츰 깨닫게 될 것이다.

시장에 대한 개입은 항상 또 다른 부조화와 전혀 예상치 못한 결과를 가져온다. 지금 대중은 엄청나게 쏟아져 나오는 시장 관련 뉴스와 어쭙잖은 경제학자들의 궤변에 휘둘리고 있다. 그러나 그들이 청산유수로 떠들어

대듯이 중앙은행이 전지전능하지는 않으며, 그린스펀은 결코 신이 아니다. 사람들이 마침내 중앙은행 사람들을 비롯한 통화금융정책 담당자들이 옛 공산주의 계획경제의 정책담당자들보다 결코 더 현명하지 않다는 사실을 알게 되면 분위기가 일변해 금융개혁을 요구하는 주장이 표면화될 것이다.

지금의 느슨한 통화금융 체제는 견제와 균형의 자동안정장치가 내장된 규율 잡힌 시스템으로 교체돼야 한다. 중앙은행과 의문투성이인 정부 경제통계의 변덕에 더 이상 좌지우지돼서는 안 된다. 나는 미래의 통화금융 체제에서는 유일하게 무한정 공급되지 못하는 화폐인 금이 중요한 역할을 맡게 될 것이라고 생각한다.

세계질서는 앞으로 세계경제에 일어날 엄청난 변화들의 결과로 새로이 구축될 것이며, 그 과정에서 오스트리아 학파의 경제학에 보다 부합하는 경제이론이 정책에 반영될 것이라고 나는 믿는다. 왜냐하면 전체주의 정부의 관리든 중앙은행 사람이든 중앙계획자들이 아닌 시장의 힘만이 경제를 움직일 수 있다고 생각하기 때문이다. 내가 이 책에서 펼친 장기적인 낙관론의 바탕에는 바로 이런 신념이 있다.

## 한국어판 1판 머리말 | 긴 호흡, 큰 승부

《내일의 금맥(Tomorrow's Gold)》 한국어판이 나오게 되어 대단히 기쁘게 생각한다.

나는 오래전부터 한국과 관계를 가져왔다. 1970년대에 나는 일본이 높은 수준의 번영을 이룬 것처럼 한국도 시일이 좀 더 흐르면 경제적 성공스토리를 반드시 만들어낼 것이라고 생각했다. 그래서 나는 당시에 한국 주식들을 사서 보유하고 있다가 1990년대에 한국 주가가 과도한 수준까지 올랐을 때 매각했다.

오늘날 한국은 제조업 부문에서 중국으로부터 경쟁압력을 점점 더 많이 받고 있다. 이와 동시에 한국의 수출기업들에게 중국인들은 아주 중요한 고객이 됐고, 한국의 많은 기업들이 생산비용 절감을 위해 제조공장을 중국으로 옮기고 있다. 이런 측면에서 볼 때 한국에서는 지금 구조적인 전환이 일어나고 있고, 이는 앞으로 여러 가지 다양하고 새로운 기회들을 창출해낼 것이다.

《내일의 금맥》 원고를 탈고한 뒤 1년이 지났다. 그러나 세계경제와 금융시장에 대한 나의 견해는 전혀 바뀌지 않았다. 다만 2003년의 몇 가지 상황전개로 인해 미국 금융자산의 미래수익에 대한 나의 기대치가 더욱 떨어졌을 뿐이다.

**이라크 전쟁과 사스**

이라크 전쟁과 중증급성호흡기증후군(사스)은 지정학적으로나 경제적으로나 오래도록 부정적인 영향을 가져올 것이라고 나는 생각한다. 또 2002년 10월 이래 오늘날까지 강세를 보여온 미국 주가는 이제 적정수준보다 높아졌다고 본다. 2003년 6월부터 시작된 채권시장의 하락세를 보면서 그렇다고 더욱 확신하게 된다.

미국에서 하이테크 통신부문 투자에 의해 주도된 자본지출 붐이 끝난 뒤 전개된 저성장 또는 경기침체 상황이 2000년에 종료됐다는 점도 반추해볼 필요가 있다. 통상 경기침체란 붐 시기에 생겨난 불균형이 해소되는 과정이지만, 최근 미국의 경기침체 시기에는 불균형이 오히려 심화됐다. 이로 인해 미국 경제는 고도로 불안정하고 장기적으로 지속불가능한 상태에 빠졌다.

미국이 사담 후세인을 상대로 전쟁에 나서려고 할 때 나는 과거에 레바논 국민들이 이스라엘에 등을 돌린 것과 마찬가지로 이라크 사람들도 미국에 등을 돌릴 것이라고 예상했다. 이라크 사람들은 미국을 해방자가 아닌 점령자로 볼 것이며, 미국에 대한 이라크 사람들의 반감과 저항은 국민적 정체성과 관련된 그들의 자기인식을 강화시켜 사회적으로 통합된 새로운 이라크를 창출하는 토대가 될 것이라고 봤다. 이라크 사람들이 미국에 등을 돌리는 행동은 이미 시작됐다.

이라크 전쟁의 가장 위험한 부분은 바그다드가 아니라 워싱턴에 있다. 이라크에서 미국의 처지가 심각한 상황에 빠짐에 따라 부시 행정부는 마치 법정에서 수세에 몰려 항변에 나서는 피고인과 같은 입장이 됐다. 바그다드와 바스라에서 벌어지고 있는 약탈과 미국 병사들의 피살이 미국의 이라크 점령에 항거하는 조직적 반대운동 때문임이 점점 더 분명해지고 있다.

지금 미국은 이라크에서 저강도 분쟁, 다시 말해 게릴라 전쟁에 휘말려 있는 게 분명해 보인다. 미국인 살해는 고립되고 불만으로 가득 찬 후세인의 충성분자들이 하는 행동이 아니다. 그것은 점령자인 미국을 쫓아내겠다는 결의에 찬 이라크 내 저항세력의 행동이다. 미국 정부가 새로 이라크 사령관에 임명한 존 아비자이드도 미국이 게릴라 전쟁에 휘말려 있다는 견해를 갖고 있다. 아비자이드가 최근에 한 발언들을 보면 도널드 럼스펠드 국방장관이 그동안 해온 말들과는 완전히 다르다. 미국이 이라크에서 게릴라 전쟁을 벌이고 있는 것이라면 이 전쟁에서 미국이 승리하기는 쉽지 않을 것이다.

나는 1960년대에 코르시카 섬에 주둔하고 있던 프랑스의 외국인 군단에 소속된 한 프랑스 군인과 만났던 일을 지금도 생생하게 기억하고 있다. 그는 1954년에 베트남의 디엔비엔푸에서 전투에 참가했고, 1962년에 알제리가 독립을 쟁취하기 전에 알제리인들이 봉기했을 때 그곳에서 복무한 경험도 갖고 있었다.

그가 소속된 연대가 베트남에서 철수하게 되자 병사들 모두가 안도감을 느꼈다고 한다. 연대원들은 베트남에서 철수한 다음에는 알제리에 주둔하게 되기를 바랐다. 그들 생각에 치열한 전쟁을 벌이고도 결국은 몸서리쳐지는 패배를 당한 베트남에 비하면 알제리는 마치 천국과 같았기 때문이다. 그러나 그들의 이런 생각은 환상이었음이 드러났다. 알제리 전쟁은 베트남 전쟁보다 더 힘들었다. 알제리인들 가운데 누가 친구이고 누가 적인지를 분간할 수 없었기 때문이다. 프랑스군은 알제리인들의 잦은 매복공격, 파괴행위, 외국군 부대 습격 등으로 엄청난 인명피해를 입었다.

게릴라 전쟁에서 가장 큰 문제는 적이 눈에 보이지 않는다는 것이다. 따라서 전쟁지역 주민들이 점령군 세력을 무조건적으로 지지해주지 않는 한 점령군은 주민들 속에 숨거나 주민들의 지원을 받기 쉬운 게릴라들을 상대로 싸우기가 여간 어렵지 않다. 1832년에 처음 발간된 고전 《전쟁론》에서 저자인 클라우제비츠는 평화로 이어지지 않는 공격은 반드시 수세에 몰린다고 지적했다. 또 수세에 몰린 상황 자체가 공격력을 약화시킨다고 했다. 그의 이런 지적은 궤변이 아니다. 운신하기 곤란한 수세의 위치에 몰리는 것 자체가 공세를 펴는 데 최대의 장애물이 된다.

지금 이라크에서 미국을 중심으로 한 연합국 세력은 바로 이런 '곤란한 수세의 처지'에 있다. 새로 수립된 이라크 정부에서 시아파에 비해 수적으로 밀리게 된 수니파만 미국의 이라크 점령에 저항하고 있는 게 아니다. 시아파 가운데서도 일부 급진적인 분파가 이란의 지원을 받아 점령군에 대항해 전투에 나설 가능성이 있다. 그렇게 될 경우 미국이 2004년에 이란을 공격하게 될지도 모른다고 이라크 상황을 잘 아는 한 정보통은 말했다. 상황이 어떻게 전개되든 미국의 이라크 점령이 가까운 시일 안에 끝날 것 같지는 않다.

일찍이 서기 9년에 게르만 케루스키족 족장인 아르미니우스는 로마군을 토이토부르크 숲으로 유인해, 로마의 푸블리우스 퀸틸리우스 바루스 장군이 이끄는 3개 군단을 궤멸시킨 적이 있다. 당시의 로마 황제 아우구스투스는 패전소식을 듣자 "바루스, 바루스…. 짐의 군사들을 돌려 달라"고 외쳤다고 한다. 지금 이라크인들이 채택하고 있는 전략이 점령군에게 '토이토부르크의 패배'를 안겨줄 것 같지는 않다. 그러나 이라크의 게릴라 전쟁이 알제리 전쟁처럼 비용이 많이 드는 지구전으로 이어지면서 엄청난 인명피해가 계속될 가능성은 배제할 수 없다.

아르미니우스는 독일에서 게르만 민족을 해방시킨 영웅으로 추앙받고 있다. 로마의 역사가 타키투스에 따르면 토이토부르크 숲에서 대패한 로마군은 라인 강 서쪽과 도나우 강 남쪽으로 퇴각했다. 바로 이런 역사적인 사건으로 인해 갈리아 민족(프랑스)과 달리 독일의 문화와 종교는 로마화되지 않았다.

또한 이 사건은 아우구스투스 황제 때 절정에 달했다는 이른바 '팍스 로마나'가 하나의 신화라는 점을 보여준다. 당시 로마의 군사들은 제국의 영토 곳곳에서 제국을 지키기 위한 값비싼 전쟁을 치르고 있었다. 내가 여기서 로마시대 이야기를 하는 것은, 지금 너무도 많은 미국의 논평가와 정책결정자들이 중동지역뿐 아니라 세계의 여러 곳에서 '팍스 아메리카나'를 유지하고 확대하기 위한 미국의 군사적 개입을 정당화하려고 애쓰고 있기 때문이다.

요약해 말하자면, 이라크에서 미국 등 연합국 세력이 봉착한 상황은 아주 심각하다. 금융시장은 일시적으로 이라크 상황에 대해 호의적인 반응을 나타낼 수도 있다. 그러나 만약 상황이 악화된다면 미국의 재정적자 문제는 더욱 심각해지고, 부시의 재선 가능성도 낮아질 수 있다. 지정학적 영향도 있을 것이다. 왜냐하면 중동산 석유에 대한 의존도가 점점 더 높아지는 러시아와 중국이 이라크에서 미국이 하고자 하는 일이 성공하는 데서 얻을 이익이란 거의 없기 때문이다.

사스 문제에 대해서는 전염병의 경제적, 사회적 영향을 충분히 이해하는 것이 중요하다. 역사적으로 부유했던 도시들은 무역로 상에 있었거나 숙련노동자와 천연자원이 풍부한 지역 근처에 있었다. 유리한 지리적 위치가 도시의 발달을 뒷받침했던 것이다. 지리적 이점은 도시의 산업화를 촉진했고, 자연자원의 활용도 가능하게 했다. 예수 그리스도가 생존했던 시절의 로마에서는 군사력이 번영의 토대였지만, 도시의 발달에는 능숙한 행정능력, 잘 정비된 법률제도와 상업제도, 낮은 세금도 필요하다. 특히 역동적인 소수집단이나 과학자, 예술가, 학자, 교사, 철학자, 과학자 등을 유인할 만한 종교적 관용과 자유도 도시가 발달하는 데 기본적인 요건이다.

반면 도시가 쇠퇴하는 이유로는 내부의 갈등, 사회적 분쟁, 무역제국의 운영이나 각종 상업적 이익을 위해 벌이는 값비싼 전쟁, 보호주의, 경제여건의 변화에 대한 적응 실패, 상인의 가문이나 종교적 소수자들을 떠나게 하는 관용의 부재 등을 꼽을 수 있다. 영토, 산업, 도시가 새로이 개척됨으로써 새로운 경쟁압력이 발생하는 것도 도시의 쇠퇴에 중요한 원인으로 작용했다. 뿐만 아니라 전염병의 발생도 도시 쇠퇴의 중요한 원인이었다.

예를 들어 흑사병은 1346년 킵차크한국의 지도자 자니베크에 의해 포위된 흑해 연안의 항구도시 카파에서 처음 발생했다. 자니베크는 수많은 주검들을 이 도시 안으로 집어넣어 거리 곳곳에 버려 놓았다. 이는 역사상 최초의 생물학적 전쟁이었다. 흑사병은 지중해와 유럽의 모든 무역도시들에 빠른 속도로 확산됐고, 14세기 후반에 유럽 인구 전체의 40%에 가까운 희생자를 냈다. 인구가 밀집한 무역항들에서 흑사병 희생자가 많이 발생한 것은 당연했고, 이로 인해 무역항의 역할을 하던 도시들의 경제적 몰락이 가속화됐다. 유럽의 인구가 흑사병 발생 이전의 수준으로 회복된 때는 카파에서 첫 희생자가 난 지 200년 이상이 지난 1550년이었다.

스페인의 신대륙 정복자들이 미주대륙으로 옮긴 천연두와 인플루엔자도 중남미에 엄청난 경제적, 사회적 영향을 끼쳤다. 코르테스가 멕시코를 정복하기 전에 멕시코 문명권의 인구는 2000만 명이 넘었다. 그러나 멕시코의 아스텍족은 정복자들이 유럽에서 옮겨온 이들 새로운 전염병에 대해 전혀 면역이 돼있지 않았다. 이로 인해 멕시코의 인구는 불과 50년 만에 300만 명으로 줄어들었다.

이런 역사적인 사례에 비춰볼 때 홍콩의 앞날은 장담하기 어렵다. 홍콩은 최근 중국의 시장개방과 그에 따른 중국 내 주요 상업 중심도시들의 부상으로 인한 세계 경제지리의 구조적 전환에 직면해 있다. 아울러 홍콩은 그 발병의 위력, 지속기간, 재발의 잠재력 등이 거의 확인되지 않은 사스라는 전염병에 시달리고 있다. 두 가지 위협을 동시에 받고 있는 셈이다.

### 아시아 경제지리의 변화

중국에서 사회주의와 공산주의 이데올로기가 붕괴한 뒤로 세계경제의 지리적 넓이는 2배 이상으로 확대됐다. 중국은 물론이고 베트남과 인도까지도 글로벌 시장경제와 자본주의 체제에 편입됐기 때문이다. 이런 최근의 상황은 그동안 중국이 폐쇄된 사회주의 국가였다는 점으로부터 혜택을 본 홍콩, 대만, 한국, 일본 등 아시아의 기존 '번영의 중심'들에 새로운 경쟁자들이 등장했음을 뜻한다.

아울러 19세기에 미국에서 운하와 철도가 건설되면서 제조업의 중심이 동부연안 지역에서 오대호 지역으로 옮겨갔던 것과 마찬가지로 오늘날 중국의 개방은 생산, 상업, 금융시장의 중심이 아시아의 다른 곳들에서 중국 본토로 옮겨가는 대규모의 경제지리적 재조정으로 이어질 것이다. 그리고 그 과정에서 상하이가 중국 공산주의 혁명 이전에 누렸던 정도의 위상을 되찾을 것이며 대만, 한국, 일본, 홍콩 등의 경제는 잠식당할 것이다.

아시아의 경제지리에 이런 큰 변화가 진행되고 있는 상황 속에서 홍콩은 더욱 더 전염병에 취약한 곳이 되어가고 있다. 사람들이 야생의 조류나 가축과 섞여 살고 있는 중국 남부지역은 전염병의 원인이 되는 병균들에게 아주 좋은 서식환경을 제공하고 있다. 홍콩은 바로 이 지역과 인접해 있다. 1997년에 발생한 홍콩의 조류독감은 다행스럽게도 사람에서 사람으로 직접 전염되지는 않는 것이었고, 덕분에 100만 마리의 닭이 죽는 정도에 그쳤다. 그러나 최근에 홍콩을 덮친 사스는 돼지와 조류에서 사람으로 전염될 뿐만 아니라 사람과 사람 사이에서도 직접 전염되는 것이다. 이래저래 지금 홍콩은 1967년 폭동사건 이래 가장 심각한 위기에 직면해 있다.

물론 중국 본토의 다른 상업 중심도시들로부터 점점 더 강하게 가해져오는 경쟁압력과 사스 등 신종 전염병에도 불구하고 홍콩이 살아남긴 할 것이다. 그러나 중국 본토로부터의 경쟁압력은 앞으로도 계속될 것이고, 전염병도 시시때때로 되풀이될 것이다. 이런 두 가지 외부적 충격으로 인해 홍콩은 아시아의 다른 도시들, 특히 중국 본토의 다른 도시들에 비해 그 경제력과 금융력이 상대적으로 위축될 가능성이 높다.

우리는 사스가 주는 교훈을 간과해서는 안 된다. 오늘날의 세계경제 속에서 우리가 누리는 현대적 수송기술과 교통수단으로 인해 전염병이 그 어느 때보다 빠른 속도로 전파될 수 있다. 게다가 국제적인 언론매체들의 영향으로 인해 사스와 같은 전염병이 세계적으로 엄청난 패닉을 불러올 수 있고, 그럴 경우 경제의 일부분이 완전히 붕괴할 위험도 있다. 예를 들어 홍콩에서 사스가 발생하자 홍콩의 관광산업이 거의 마비돼 한때 호텔의 공실률이 90%로 상승하기도 했다. 당시 소매점과 레스토랑은 텅텅 비다시피 했고, 기업들도 활동을 거의 멈췄다.

나는 테러리스트와 군사전략가들이 사스 바이러스가 보여준 파괴력과 그로 인한 혼란을 간과했을 리 없다고 생각한다. 오늘날 가공할 만큼 압도적인 공습능력을 갖춘 미국은 징벌해야겠다고 생각한 나라라면 그게 어디든 쑥대밭으로 만들 수 있다. 하지만 언젠가는 미국을 비롯한 서구에 대해 적대적인 세력이 서구 세계의 기반을 뒤흔들기 위한 수단으로 생물학적 전쟁을 일으킬 수도 있다. 사스와 같은 전염병이 뉴욕과 같은 대도시에서 발생할 경우 어떤 상황이 벌어질지를 상상해보라!

그다지 주목되고 있지 않지만 내가 생각하기에 아주 중요한 하나의 경제적인 추세가 2003년에 분명해졌다. 그것은 바로 중국이 다른 아시아 수출국들에게 중요한 고객이자 시장으로 떠올랐다는 점이다.

중국은 1990년대 전반에 세계의 제조업 제품 수출시장에서 다른 아시아 국가들에게 중대한 경쟁자였고, 1997년 아시아 위기 때는 일시적으로 위기를 증폭시키는 역할도 했다. 그랬던 중국이 이제는 일차산품을 비롯한 원자재를 갈수록 더 많이 필요로 하게 되면서 자원이 풍부한 아시아 국가들에게 점점 더 중요한 고객이 되고 있다. 2001년 이후 세계 경제환경이 취약한 가운데서도 일부 일차산품의 가격이 급등한 것은 부분적으로는 중국의 원자재 수요 증가가 작용했기 때문이다. 2003년에 중국의 수입 증가율이 수출증가율을 앞선 현상도 이와 무관하지 않다.

중국 경제의 실제 규모는 공식 통계가 보여주는 것보다 훨씬 더 크다는 사실을 이해하는 것도 중요하다. 명목 국내총생산(GDP)으로 계산한 공식 경제규모를 보면 미국은 11조 달러인 데 비해 중국은 1조 2000억 달러에 지나지 않는다. 미국 경제가 중국 경제에 비해 10배인 셈이다. 그러나 오늘날 많은 산업부문들에서 이미 중국의 생산규모가 미국의 생산규모보다 훨씬 크다. 중국은 미국과 일본을 합친 것보다 더 많은 철강을 생산하고 있으며, 국내의 생산만으로 충족되지 못하는 철강 수요를 외국에서 철강을 수입해 충족시키고 있다. 중국은 미국보다 더 많은 냉장고, 오토바이, 텔레비전, 비디오 플레이어, 휴대폰, 세탁기 등을 생산하고 소비한다. 화폐가치가 아닌 생산물량으로 재거나 구매력 평가지수로 조정해 보면 중국 경제는 전 세계에서 미국 경제에 이어 2위의 규모를 갖고 있으며, 그 절대 규모가 미국의 60% 수준은 될 것으로 나는 생각한다.

2003년 상반기에 태국의 수출은 전년 상반기에 비해 13% 증가했으나, 그 가운데 주로 식료품인 중국으로의 수출은 82%나 급증했다. 나는 중국이 미국 대신 아시아 각국의 주된 수출처가 되는 것은 시간문제일 뿐이며 그 경제적, 지정학적인 의미는 크다고 생각한다. 중국이 아시아의 최대 수출처가 되면 아시아 각국의 경제는 미국의 경기변동보다 중국의 경기변동에 더 많이 의존할 것이다. 그리고 전 세계의 경제전문가들은 지금처럼 미국의 산업생산, 주택신축 건수, 통화량 증가율, 실업률, 소매판매지수 등을 모니터하는 데 집중하기보다는 중국의 경제지수들을 먼저 살필 것이다.

그렇게 되면 빈곤한 방글라데시에서부터 선진국인 일본에 이르기까지 생활수준도 사회환경도 다양한 아시아 국가들은 활발한 무역관계를 통해 경제적으로 서로 긴밀한 관계를 갖게 될 것이다. 일본을 포함한 아시아는 이미 유로랜드나 미국보다 더 큰 경제블록이 돼있으며, 앞으로는 전 세계 생산, 상업, 금융의 진앙지가 될 것이다.

이 책의 독자들 가운데 "그렇게 되는 것은 불가능하다"고 말하고 싶은 이도 있을 수 있다. 이런 반론을 제기하고 싶은 독자는 앞으로도 상당 기간 미국이 세계 최대의 경제대국이자 성장엔진으로 남을 것이라는 생각을 갖고 있을 것이다.

그러나 현실은 아시아가 압도적인 경제세력이 되어가고 있음을 보여준다. 세계인구의 56% 이상을 차지하는 36억 인구의 아시아 전체를 고려하지 않고 단지 일본과 중국 두 나라만의 산업생산 규모를 봐도 이미 미국이나 유럽을 넘어섰다. 중국과 동남아국가연합(아세안) 사이에 최근 체결된 무역협정은 앞으로 5년 안에 국가간 관세를 철폐하도록 규정하고 있다. 일단 모든 관세가 철폐되면 아시아가 공동통화를 채택하는 데 그다지 긴 시일이 필요하지 않을 것이다.

아시아에 공동통화가 도입되면 그 통화는 지금 아시아 각국 통화들의 평균 가치에 비해 달러화 대비로 평가절상될 것이다. 오늘날 중국에 위안화의 평가절상을 요구하는 목소리가 높다. 나는 위안화의 평가절상 그 자체는 별 문제가 되지 않는다고 본다. 중국 위안화는 달러화에 대해 지금보다 50% 이상 평가절상될 수 있고, 그렇게 되더라도 중국은 미국과의 무역에서 큰 폭의 무역흑자를 계속 유지할 수 있다. 가격경쟁력에서 중국이 미국보다 훨씬 강하기 때문이다.

그러나 중국의 위안화만 평가절상되고 아시아의 다른 나라 통화들은 기존의 가치를 유지하게 된다면 상황이 다르다. 이 경우에는 중국이 다른 아시아 나라들에게 수출시장을 하나둘 빼앗길 수밖에 없다. 중국은 물론이고 아시아의 어느 나라도 독자적으로 자국 통화를 평가절상할 여지는 거의 없다. 그러나 아시아의 모든 나라가 동시에 통화가치 평가절상을 한 다면 달러에 대해 30%나 그 이상의 평가절상도 얼마든지 가능하다고 나는 생각한다. 그렇게 하더라도 아시아는 유럽이나 미국에 대해 큰 폭의 경쟁력 우위를 유지할 수 있다. 게다가 이 같은 아시아 통화들의 동시 평가절상이 아시아의 기존 경제적 균형을 흔들 것이라고 생각해야 할 이유도 없다.

**불균형 속의 기회들**

내가 아시아의 통화 문제를 언급하면서 균형 이야기를 한 것은 오늘날의 세계경제에 엄청난 경제적 불균형이 존재하고 있기 때문이다. 특히 미국의 신용거품은 2003년에 더욱 커졌고, 이제는 그 전체 모습을 파악하기조차 어려워졌다. 모기지(주택담보대출) 시장을 중심으로 한 급격한 신용팽창의 과정에서 미국의 주택 소유자들은 기존의 모기지 채무를 갚고 새로운 모기지 대출을 받는 리파이낸스를 할 수 있었다. 덕분에 미국인들은 주택에서 돈을 끄집어내어 소비를 늘릴 수 있게 됐다. 이렇게 해서 미국의 소비는 비교적 높은 수준으로 유지될 수 있었지만, 산업생산은 정체상태를 지속했고 제조업 분야의 고용도 계속 위축됐다.

그러나 같은 시기에 중국의 산업생산은 급증했다. 미국인들의 소비수요 증가에 따라 미국으로의 수출이 크게 늘어난 것도 그 중요한 배경으로 작용했다. 그러나 중국이 미국 제품을 더 많이 사지는 않았다. 대신 중국이 다른 아시아 국가들로부터 수입하는 물량이 늘어났다. 그 결과로 미국의 대외불균형은 더욱 더 심해졌고, 이는 다시 미국의 무역적자와 재정적자 확대, 그리고 아시아 국가들의 대외준비자산 급증 등으로 이어졌다.

  나는 이런 불균형이 앞으로도 당분간 더 지속될 것이라는 점을 인정하지만, 그것이 영구히 지속될 수 있다고는 생각하지 않는다. 특히 미국의 거대한 경상수지 적자로 인해 미국에서 아시아로 대규모의 자산이동이 일어나고 있다는 점에서 그렇다. 또한 미국에는 그린스펀도 있지만, 돈을 무제한으로 찍어내 헬리콥터에서 뿌릴 수도 있고 만약 미국 경제가 회복되지 않으면 이보다 더 극단적인 정책도 실시할 수 있다고 공언하는 벤 버냉키 연준 이사와 같은 정책결정자들도 있다. 그런 인플레이션적인 통화정책은 언젠가는 심각한 문제를 일으킬 것이다.

  실제로 전 세계의 자산시장이 팽창적인 통화신용정책의 문제점을 눈치채기 시작한 게 분명하다. 1981년 9월 이후 상승세를 보여온 전 세계의 채권시장이 2003년 6월에 장기고점을 찍은 것처럼 보인다. 돌려 말하면 이제부터는 디플레이션 압력이 완화되는 대신 인플레이션이 가속화되면서 금리가 상승추세를 보일 것이란 얘기다.

  금 가격도 그간 지속적으로 올라, 2001년 봄에 258달러였던 온스당 금값이 지금은 370달러 근처의 시세를 보이고 있다. 금값 상승은 투자자들의 선호가 금융자산으로부터 실물자산 쪽으로 전환되고 있음을 보여주는 것이다. 중앙은행에서 얼마든지 무제한으로 찍어낼 수 있는 지폐에 대해 투자자들이 점점 더 불신하게 되면서 금값 상승 추세가 앞으로 몇 년간 더 지속될 것이라고 나는 생각한다. 법정 불환지폐와 달리 실물 금의 추가적인 공급은 연간 2500톤 정도인 세계 금광산업의 생산능력에 의해 제약된다. 물론 각국 중앙은행이 보유 중인 금을 매각할 수는 있지만, 미국의 금 매각은 아시아 중앙은행들의 매입으로 얼마 지나지 않아 상쇄돼버릴 것이다. 따라서 나는 앞으로 금값이 지금보다 훨씬 높은 수준까지 오를 것으로 예상한다.

2003년에 전 세계 채권시장이 지난 22년간 계속된 장기 상승장을 마치고 고점을 찍었다는 내 판단이 맞는다면, 1989년 이래 70% 이상 주가가 하락한 일본 주식시장은 2003년에 장기저점을 지났을 가능성이 높다. 실제로 2003년 6월 이래 일본 국채의 수익률은 0.5% 미만에서 1.5% 이상으로 상승했고, 일본 주가는 저점으로부터 40% 가까이 상승했다. 아직도 일본의 기관투자가와 개인투자자들은 주식의 보유비중이 낮고 채권과 예금의 보유비중이 높은 상태다. 따라서 앞으로 일본에서는 주식으로의 전환이 진행되면서 주가를 지금보다 훨씬 더 높은 수준으로 띄워 올릴 것이다.

모건스탠리 세계지수도 일본의 편입비중을 8.7%, 다른 아시아 국가들의 편입비중을 3.4%로 각각 잡아놓고 있다. 만약 투자자가 이 모건스탠리 세계지수를 벤치마크로 삼아 그대로 자산운용을 한다면 보유자산 중 54%를 미국에 투자하고 아시아 지역에는 12.4% 밖에 투자하지 않게 될 것이다. 이는 세계에서 가장 큰 경제블록이자 성장잠재력도 가장 큰 아시아를 소홀히 취급하는 투자배분이다.

미국 경제는 전망이 상대적으로 좋지 않은 반면 아시아 지역은 전체적으로 유망한 성장잠재력을 갖고 있다는 점이 더 비중 있게 고려돼야 한다. 이런 점에서 나는 전 세계의 투자자들에게 지금 보유자산 가운데 적어도 절반 이상은 아시아에 투자해 놓아야 한다고 조언하고 싶다.

2003년 11월 1일
마크 파버

## 원서 1판 추천사 | 새로운 아시아 붐의 예고

1990년대 말에 언론인과 정치인들은 물론이고 신중하지 못한 중앙은행 사람들까지 나서서 미국의 경기순환은 이제 죽었다고 떠들기 시작했다. 컴퓨터 혁명으로 인해 세계경제는 이제 모든 정보가 실시간으로 완벽하게 흐르는 곳이 되었기 때문이라는 게 그런 주장의 이론적 근거였다. 그들은 경기순환이 정보의 흐름이 늦고 불완전했던 과거에나 가능한 일이었다고 생각했던 것이다.

이제는 그들도 그렇지 않음을 알 것이다. 지금 국제금융체제가 앓고 있는 증세는 경기순환 중 마지막 단계에서 나타나는 자기도취의 후유증이다. 너무 많이 풀린 돈이 과도한 투기를 일으키는 것은 붐 말기의 전형적인 특징이다. 이는 언제 어디서나 들어맞는 진리다. 그동안의 역사 속에서도 수없이 많은 거품이 일어났다가 꺼졌다.

파버 박사는 다양한 사례를 들어 설명한다. 그는 이 책에서 기업활동,

신용, 투자심리 등의 측면에서 단기적 경기순환에 대해서도 말하지만 장기적 추세도 설명한다. 우리가 경험하는 모든 경제에서 단기적 순환은 장기적 추세를 배경으로 진행된다. 산업혁명이나 정치적 변혁 같은 큰 사건은 말할 것도 없고 단지 사고방식의 변화가 경기순환이나 장기추세에 변화를 가져오기도 한다. 단기적 순환과 장기적 추세가 같은 방향으로 움직여 더 큰 힘을 발휘할 수도 있고, 반대 방향으로 움직여 투자자들에게 혼란스런 신호만 줄 수도 있다.

일본이 좋은 예다. 일본 경제는 지난 10여 년 동안 계속 하락하기만 했다고 아는 사람들이 많지만, 사실은 일본에서도 1995~1996년과 1999~2000년 등 두 번에 걸쳐 단기적인 반등이 있었다. 두 경우 모두에 일본의 주가는 30~40% 상승했다. 하지만 일본은 금융개혁에 실패함에 따라 장기적인 추세를 바꾸지 못했고, 성장회복의 기운은 이내 시들어 버렸다. 투자자들은 장기추세가 바뀌지 않았음을 알아차리지 못하고 단기 사이클에만 관심을 기울였다. 똑똑한 이들은 돈을 벌었지만, 대부분은 단기반등을 추세전환으로 착각함으로써 큰 손해를 보았다. 장기적 추세야말로 궁극적으로 더 힘이 세지만, 현실적으로 돈을 몰고 다니는 것은 단기순환이다. 비슷한 상황이 역사에서 거듭됨에도 불구하고 투자자들은 유행과 열풍만 쫓아다닌다. 역사에서 배우는 현명함을 갖추지 못한 채 투자실패라는 아픈 경험만 되풀이한다.

이 책이 투자자들에게 거품의 징조를 미리 알아차리게 해주는 동시에 현재 무시되고 있지만 대박을 터뜨려줄 자산을 찍어주는 족집게의 역할도 할 수 있기를 바란다. 그것은 곧 장기적 추세와 단기적 사이클을 식별하는 문제와 관련된다. 파버 박사는 현재 가장 유망해 보이는 자산을 두 가지 꼽았다. 그것은 아시아, 특히 중국의 자산과 일차산품이다.

파버 박사가 지닌 통찰력의 바탕에는 오스트리아 학파의 경제학 이론이 놓여 있다. 오스트리아 학파는 복잡한 수학적 방식을 버리고 인간의 본성에 대한 이해와 연역적인 논리에 근거해 이론을 전개한다. 이러한 오스트리아 학파의 방법은 주관적이라는 비판을 피할 수는 없지만 매우 현실적이다. 궁극적으로 탐욕과 공포가 대부분의 투자결정을 좌우하는 오늘날의 현실에서는 더욱 그러하다.

앞으로 아시아 경제는 소비의 여건이 나아지면서 경기순환 상 강력한 상승기에 접어들 것이 확실하다. 그런데 더 중요한 것은 아시아 경제의 장기적인 추세가 그러한 경기순환의 흐름을 뒷받침한다는 점이다. 아시아의 용, 즉 중국은 이미 속박에서 벗어났다. 활기 넘치는 민간부문이 용의 경제를 힘차게 이끌어나가고 있다.

파버 박사가 지적했듯이 중국은 조만간 자원의 최대 수요국이 될 것이며, 아시아 지역으로의 관광객 출국자 수가 가장 많은 나라가 될 것이다. 중국은 아시아 지역으로의 투자진출과 이 지역의 기업 인수에서도 주도적인 역할을 할 것이다. 용의 등에 성공적으로 올라 탄 국가들은 함께 승천할 것이다.

나는 이러한 세기적 추세를 '수십억 아시아인의 붐'이라고 부르고자 한다. 이 붐은 아시아 인구구조의 변화에 의해 뒷받침될 것이지만 단순한 베이비붐과는 다르다. 새로운 붐은 금융위기로부터의 회복이며, 오늘보다 내일이 더 나을 것이라는 신념과 관련이 있다. 아시아에 대한 확신이 다시 커지고 있다. 소비와 투자의 증가가 곧 뒤따라 일어날 것이다.

이 책은 아시아에 관한 그러한 이야기에 새로운 차원을 추가한다. 이 책은 아시아, 그리고 신흥시장 일반을 역사적 맥락 속에 위치시킨다.

사람들이 큰 투자테마가 없다고 불평하지만, 중국을 비롯한 신흥시장이 바로 그동안 간과돼온 자산이다. 파버 박사는 "바로 그럴 때 신흥시장이 가장 매력적"이라고 외친다. 아시아가 다시 강한 성장세를 보이게 되면 일차산품 가격도 오랜 하락세에서 벗어날 것이다. 아시아는 대체로 재화소비의 수준이 아직 낮은 지역이다. 따라서 앞으로 아시아의 소득수준이 오르면 서비스보다 재화에 대한 수요가 더 빠르게 늘어날 것이다. 재화에 대한 수요의 증가는 일차산품에 대한 수요의 증가로 직결된다. 다가오는 아시아 경제의 상승은 오래 지속되면서 일차산품 가격을 끌어 올릴 것이고, 이는 일차산품 생산자들에게 좋은 소식이 될 것이다.

아시아에 대한 파버 박사의 결론은 반가운 것이지만, 그것만이 이 책의 목적은 아니다. 이 책은 어떻게 하면 투자를 잘 할 수 있는지를 가르쳐주는 책이다. 역사의 교훈이 맞는다면, 내일의 금맥은 대부분의 사람들은 예상하지 못한 시점과 장소에서 그 모습을 드러낼 것이다. 독자들이 내일의 금맥을 찾는 데 이 책이 도움이 되기를 바란다.

2002년 11월 홍콩

짐 워커 / CLSA(크레디리요네증권) 수석 이코노미스트

## 원서 2판 머리말 | **두 나라 이야기**

《내일의 금맥》의 초판이 발간된 지 2년이 넘었다. 그동안 아시아태평양 지역, 특히 중국, 인도, 베트남의 경제가 빠르게 성장하면서 이들 나라의 일차산품 수요가 가세함에 따라 일차산품의 가격이 상승하는 현상이 더욱 분명해졌다. 그러는 동안에 미국 경제의 성장은 급속한 신용팽창에 의존해왔다. 내가 보기에 지속불가능한 미국의 신용팽창이 미국의 주택 붐을 부추기고 미국인들의 분에 넘치는 소비를 뒷받침해왔다.

미국이 빚을 내어 소비를 늘리는 동안에 아시아에서는 자본형성과 산업생산이 증가했지만, 세계경제의 불균형은 더욱 심화됐다. 미국이 재화와 서비스를 점점 더 많이 수입함에 따라 미국의 무역수지 적자와 경상수지 적자는 점점 더 커지고 있다. 아시아 국가들은 제조업 제품을 점점 더 많이 생산하고 있고, 연구개발(R&D)을 비롯해 부가가치가 높은 서비스를 점점 더 많이 공급하고 있으며, 저축을 점점 더 늘려 미국의 저축 부족분을 메워주고 있다. 나는 이와 같은 지속불가능한 추세가 궁극적으로 어떤 결과로 이어질지, 그리고 미래의 역사가들이 지금의 시대를 어떻게 평가할지가 궁금해지곤 한다. 미래의 언젠가는 경제사 책에 오늘날의 시대를 다음 이야기와 비슷하게 묘사하지 않을까?

**두 나라 이야기**

옛날에 다른 나라들보다 훨씬 큰 두 개의 나라가 있었다. 두 나라 다 매우 커다란 섬에 자리 잡고 있었다. 두 나라 가운데 '즐기자 나라'는 경제적, 군사적 성취에서 뛰어난 나라였고, '일하자 나라'는 문화유산이 풍부하고 국민이 모두 열심히 일하고 검소해 저축을 많이 한다는 점에서 다른 나라들의 부러움을 샀다. 두 나라가 위대한 업적을 이루고 부와 힘을 갖춘 시기는 서로 달랐다.

사실 '즐기자 나라'라는 나라이름은 잘못 붙여진 것이었다. 이 나라도 처음에는 아주 가난했다. 그러나 그 국민이 열심히 일하고, 아껴서 저축을 많이 하고, 자유를 위해 싸우고, 잘 다듬어진 법률제도, 상업제도, 금융제도를 갖춤으로써 20세기에 경제적, 군사적 강대국이 됐다. 이 나라는 자본주의 체제를 받아들였다. 당시에는 자본주의 체제가 국민 모두에게 최대의 편익을 가져다줄 수 있는 궁극적인 사회조직화 방식으로 여겨졌다. 이와 달리 일하자 나라는 19세기에 다른 강대국들로부터 착취와 굴욕을 당한 결과로 오랜 기간 내부갈등에 시달렸다. 이 때문에 일하자 나라는 사회주의와 공산주의라는 이름으로 20세기에 전 세계로 퍼진 다소 비현실적인 이데올로기를 받아들였다.

자본주의와 재산소유권에 기초를 둔 체제를 가진 즐기자 나라를 비롯한 전 세계의 자유국가들은 공산주의를 억압적이고 대단히 위험한 것으로 여겼다. 그래서 세계적으로 압도적인 헤게모니 국가인 즐기자 나라는 스스로 멀리 떨어진 곳에서까지 공산주의의 확산을 막는 것을 사명으로 삼았다. 그렇게 하기 위한 싸움에서 분명한 군사적 승리를 거두고자 했지만 실패한 즐기자 나라는 엄청난 비용을 들여 대대적인 군비강화에 나섰다. 그것은 공산주의 국가들이 즐기자 나라와 그 동맹국들을 위협하지 못하게 하기 위한 것이었다.

중앙계획 경제에 토대를 두고 개인의 개성과 자발성을 억제하는 공산주의가 실제로 즐기자 나라와 그 동맹국들에 위협이었는지는 오늘날까지도 분명하게 밝혀지지 않았다. 공산주의 체제를 채택한 나라들은 경제발전에 그다지 성공하지 못해 오히려 빈곤해졌다. 게다가 통치자들이 기본적으로 억압적이었기 때문에 사회는 늘 불안정했다. 개인의 자발성에 대한 보상, 근면, 개인주의에 토대를 둔 즐기자 나라를 비롯해 보다 잘 사는 나라들의 군사력에 비해 공산주의 나라들의 군사력은 약했다.

그런데 어느 날부터 즐기자 나라도 뭔가 잘못되기 시작했다. 즐기자 나라의 국력이 쇠퇴하게 된 원인이 무엇이었는지는 아직도 완전히 밝혀지지 않았다. 즐기자 나라의 국민은 당시에는 물론이고 그 뒤에도 한동안은 뭔가 잘못되고 있다는 사실을 깨닫지 못했다. 상황을 예의주시하던 몇몇 사람들은 통화량을 통제하는 중앙은행이 경제시스템에 법정화폐를 너무 많이 주입한 것이 즐기자 나라의 국력 쇠퇴에 적어도 부분적으로는 원인이 되고 있다고 생각했다.

즐기자 나라가 그토록 격렬하게 반대한 공산주의 국가들의 중앙계획 경제와 즐기자 나라의 중앙은행 제도가 여러 모로 공통점을 갖고 있었을 뿐 아니라 똑같은 결함도 다수 갖고 있었다는 사실은 참으로 역설적이다. 중앙계획 경제와 같은 통제경제의 단점 가운데 하나는 정책당국이 누가 무엇을 얼마나 많이 생산할지를 결정했고, 그래서 생산되는 제품이 그것을 구매해 사용하려는 사람이 필요로 하는 바나 그런 사람의 입맛에 잘 맞지 않는다는 점이었다. 그런가 하면 중앙은행 제도의 단점 가운데 하나는 중앙은행이 멋대로 얼마든지 지폐를 찍어낼 권한을 갖고 있었지만 자유 국가의 국민이나 정부가 그 지폐를 어떻게 사용하는지에 대해서는 통제할 입장에 있지 않다는 점이었다.

게다가 공산주의 국가의 정부와 중앙계획자들이 한 몸이었던 것과 마찬가지로 자본주의 국가의 중앙은행도 그 원래의 의도와 달리 정치적으로 독립되지 못했다. 중앙은행의 우두머리를 정부가 정했기 때문이다. 시간이 갈수록 중앙은행은 돈을 찍어내는 권한을 점점 더 남용하게 됐다. 바나나 나무의 잎과 같은 색깔의 종이에 인쇄된 돈이라고 해서 '바나나 돈' 이라고 불리게 된 즐기자 나라의 지폐는 전 세계에 걸쳐 유통됐다. 1914년에 즐기자 나라의 중앙은행이 생긴지 80년 만에 바나나 돈의 구매력은 무려 95% 이상 감소했다.

바나나 돈의 구매력은 즐기자 나라가 공산주의의 확산을 막기 위해 많은 돈을 들여 전쟁을 벌였을 때 처음으로 대폭 하락했다. 이 전쟁에서 즐기자 나라는 '대포와 버터 정책'을 채택했는데 이로 인해 임금과 물가의 급속한 상승이 초래되는 한편 4년마다 새로운 정부를 구성하기 위한 선거를 치러야 하는 즐기자 나라의 민주주의 제도가 지닌 약점이 노출됐다. 선거를 통해 새로 구성된 정부는 다음 선거에서 또 승리하기를 원했고, 이 때문에 국민의 장기적인 복리를 위해서는 필요하지만 인기가 없는 정책은 감히 채택하려고 하지도 않았다. 즐기자 나라는 이미 성공을 거두었고,

그 국민은 세계의 어느 나라도 상대가 되지 않을 정도의 번영을 누리는 생활에 젖어 있었다. 이 때문에 즐기자 나라 국민은 공산주의에 대항해 전쟁을 벌이는 데 필요한 대포를 만들려면 버터의 생산과 소비를 줄일 수밖에 없다는 사실을 잊어버렸다.

문제는 공산주의에 대항하는 전쟁에 사용될 자금을 대고 국민의 높은 생활수준을 유지시키기 위해 즐기자 나라의 중앙은행이 돈을 너무 많이 찍어낸 데 있었다. 이로 인해 물가가 급등했고, 다른 나라들과의 거래관계에서 적자가 커졌다. 그 전에 즐기자 나라에 의해 거의 완전히 파괴됐던 '해 뜨는 나라'의 기업들이 1960년대와 1970년대에 즐기자 나라 기업들의 제품보다 값이 더 싸고 질은 더 좋은 제품을 점점 더 많이 만들어 수출함에 따라 즐기자 나라의 산업기반이 잠식되기 시작했다. 처음에는 즐기자 나라 정부의 정책담당자들이 해 뜨는 나라가 불공정한 무역관행을 이용하고 인위적으로 저임금을 유지하는 것이 즐기자 나라 산업의 위용을 깎아내리고 있다고 비난했다. 그러나 시간이 흐르면서 즐기자 나라의 중앙은행이 돈을 너무 많이 찍어내 인플레이션을 부추겨서 스스로 국제경쟁력을 떨어뜨린 게 문제라는 사실이 점점 더 분명해졌다. 그러던 어느 날 즐기자 나라의 지도자가 다른 나라들의 통화에 대한 바나나 돈의 환율을 유동화시켰다. 이 조치로 인해 산업의 효율성이 높은 교역상대국들의 통화에 대한 바나나 돈의 상대적인 가치가 1970년대에 무려 70%나 떨어졌다.

당시에 나온 설명에 따르면 다른 나라들에 대한 즐기자 나라의 경제력 우위가 상대적으로 줄어든 데는 잘못된 통화금융정책 외에 다른 이유도 있었다. 즐기자 나라의 성공은 부분적으로는 석유를 비롯한 풍부한 천연자원 덕분이었다. 20세기에는 산업과 자동차의 주된 에너지원으로 아직 석유가 사용되고 있었다. 즐기자 나라의 땅에서 워낙 많은 양의 석유가 발견되다보니 19세기 말에 석유가 처음으로 에너지원으로 이용되기 시작한 지 80년이 채 안 되는 기간에 즐기자 나라의 1인당 석유 사용량이 30배 이상으로 늘어났다. 오랜 기간에 걸쳐 석유가 풍부하게 공급됐기에 1920년대 이후로는 생활하는 데 드는 비용이 엄청나게 늘어났음에도 불구하고 석유의 가격은 거의 오르지 않았다. 게다가 석유가 풍부하다 보니 사람들이 석유를 물 쓰듯 낭비했다. 인구가 점점 더 늘어나고 경제가 풍요로워지면서 즐기자 나라 사람들은 국내에서 생산되는 것보다 더 많은 양의 석유를 소비하기에 이르렀다.

즐기자 나라는 이제 다른 나라에서 생산되는 석유를 수입할 수밖에 없었다. '검은 황금 나라'의 지도자들이 이런 사실을 알아차렸다. 황폐하고 빈곤했던 검은 황금 나라의 지도자들은 1970년대 초에 석유의 공급과 가격을 통제하기 위한 조직을 결성했다. 얼마 지나지 않아 그들은 석유의 가격을 실제로 끌어올리기 시작했고, 10년이 지나기도 전에 석유 가격이 거의 20배로 올랐다. 검은 황금 나라의 지도자들이 석유수출 카르텔을 결성할 즈음에 즐기자 나라에서는 석유와 천연가스의 생산이 줄어들기 시작했고, 이는 검은 황금 나라의 지도자들이 강경한 고유가 정책을 강행하는 데 도움이 됐다. 즐기자 나라의 석유 및 천연가스 생산량은 계속 줄어들었고, 21세기 초에 이르자 즐기자 나라는 결국 필요한 화석연료의 거의 전부를 나라 밖에서 사올 수밖에 없게 됐다.

오늘날에도 만약 에너지의 가격이 20배로 오른다면 사람들의 생활수준이 즉각적으로 충격을 받을 것이다. 이 때문에 2015년에 전 세계의 통화공급을 여러 가지 귀금속들로 구성된 바스켓의 가치에 연계시키는 개혁조치가 취해졌다. 이 개혁조치의 효과로, 만약 태양열 에너지나 수력 에너지를 포함한 에너지에 대한 지출이 늘어나면 그 밖의 다른 재화와 서비스에 대한 지출은 그만큼 즉각적으로 줄어들 것으로 기대할 수 있게 됐다. 그러나 과거에 즐기자 나라의 중앙은행은 단순히 돈을 찍어내는 것을 통해 석유 가격의 상승분만큼 돈을 더 공급했다. 이 때문에 석유 가격의 상승이 즐기자 나라의 산업계와 소비자들에게 끼친 영향은 그 규모와 지속기간의 측면에서 제한적이었다. 그런데 중앙은행이 돈을 더 많이 찍어낸 것의 부작용으로 1970년대 후반에 즐기자 나라의 물가가 놀라운 속도로 오르기 시작했다. 그런가 하면 검은 황금의 나라에 쏟아져 들어간 과잉유동성 가운데 상당부분은 무기를 구입하는 데 사용되는 형태로 낭비됐다. 경제가 굴러가게 하기 위해서는 석유에 의존하지 않을 수 없게 된 즐기자 나라 등 다른 나라들은 검은 황금의 나라가 사고자 하는 무기를 얼마든지 기꺼이 공급하고자 했다. 검은 황금 나라에 무기를 파는 것은 자기 나라의 군수산업을 발전시키는 동시에 수출도 늘릴 수 있는 방법이었기 때문이다.

이때의 1차 석유가격 급등 기간에 즐기자 나라가 검은 황금 나라에 무기를 판 것은 검은 황금 나라의 경제력이 커지는 것을 막기 위한 음흉한 계책이기도 했다. 즐기자 나라는 자국이 공급하는 무기가 결국은 검은 황금 나라의 다양한 봉건적 부족들 사이에 싸움을 부추길 것이라고 생각했다. 그러한 싸움이 민주적으로 선출된 정부가 통치하는 자본주의 자유국가들에 대해 다소 적대적인 태도를 갖게 된 검은 황금 나라가 세계적인 영향력을 갖게 되는 것을 방해해주기를 즐기자 나라의 지도부는 은밀히 기대했다.

과거에도 제국을 이룬 나라들은 다 그랬듯이 거대한 무역 및 상업 제국을 구축한 즐기자 나라도 영향력과 부가 쇠퇴하는 과정에서도 간간이 번영의 시기를 누렸다. 이 때문에 앞에서도 말했듯이 즐기자 나라의 국민은 자신감에 넘쳐 자기 나라가 쇠퇴하고 있다는 사실을 거의 알아차리지 못했다. 예를 들어 1980년대에 석유 가격이 하락세를 멈추고 횡보하다가 다시 급락한 뒤에도 즐기자 나라는 또 한 차례의 번영기를 맞았다. 이렇게 된 데에는 몇 가지 요인들이 시기적으로 우연히 일치했기 때문이다. 인플레이션이 통제불가능한 상태가 되려고 할 때 새로 임명된 즐기자 나라 중앙은행의 우두머리는 뚝심이 대단한 사람이었다. 그는 경제시스템에서 돈을 거둬들여 인플레이션을 아예 몰아내는 것을 사명으로 삼았다. 마침내 인플레이션이 잡혔지만 그것이 그가 취한 조치 때문이었는지, 아니면 석유를 비롯한 천연자원 사용의 효율성을 높이는 새로운 기술의 도입으로 수요의 증가세가 둔화됐기 때문인지는 논란의 여지가 있다. 어쨌든 일차산품의 가격이 20년 이상 지속될 하락국면에 접어들면서 물가상승률이 낮아지기 시작했다.

이에 더해 1980년대에 즐기자 나라가 시간을 벌면서 번영, 영광, 위엄을 더 오래 누릴 수 있게 해주는 사건들이 일어났다. 앞에서 본 바와 같이 즐기자 나라가 경제적 헤게모니의 정점에 도달했을 때 일하자 나라는 잘못된 공산주의 제도로 인해 대책 없이 퇴보하면서 빈곤해지고 있었다. 그러나 즐기자 나라의 지도자는 일하자 나라가 갖고 있는 경제적 잠재력을 간과하지 않았다. 즐기자 나라의 소비재 시장은 대체로 포화상태에 이른 반면에 일하자 나라의 소비재 시장은 공급이 부족한 상태였다. 따라서 일하자 나라의 막대한 인구가 즐기자 나라의 소비재 산업과 서비스 산업에 엄청난 판매확대의 기회를 제공해줄 수 있을 것이라고 즐기자 나라의 지도자는 생각했다. 그러나 즐기자 나라와 일하자 나라 사이에 무역과 외교적 접촉이 거의 없는 상태가 오래 전부터 계속되고 있었다. 그러던 어느 날 즐기자 나라의 지도자가 갑자기 일하자 나라를 방문해 그곳의 관리들에게 서로 좀 더 잘 지내보자고 제안했다. 그는 서로 간에 무역과 투자가 이루어지게 되면 양쪽 모두 엄청난 이익을 거둘 수 있을 것이라고 설득력 있게 주장했다.

일하자 나라의 공산주의 이데올로기와 전체주의적 지도부를 맹렬하게 비난하던 즐기자 나라의 지도자가 이렇게 갑자기 태도를 바꾼 이유가 뭔지는 확실하게 밝혀지지 않았다. 그러나 경제문제가 하나의 중요한 원인이었던 것은 분명하다. 왜냐하면 즐기자 나라의 다국적기업들이 이미 지구상의 거의 모든 나라에 촉수를 뻗치고 자사의 성장률을 떠받치기 위해 자사 제품을 갖다 팔 수 있는 새로운 시장을 찾고 있었기 때문이다. 어쨌든 그 결과로 화해가 성립됐다. 일하자 나라가 경제력과 외교력의 측면에서 얼마나 형편없이 뒤처졌는지를 깨닫게 된 이 나라의 지도자가 이제부터는 문호개방 정책을 채택해서 외국 투자자들이 일하자 나라에 와서 사업을 벌일 수 있게 하겠다고 선언했다.

즐기자 나라와 일하자 나라 사이의 새로운 관계는 처음부터 불편하긴 했지만 서로에게 득이 되는 것으로 여겨진 것은 틀림없었다. 전 세계의 기업들이 일하자 나라로 가서 제품을 만들기 시작했다. 일하자 나라는 생산비용이 아주 저렴하고 노동자들이 검소하고 정직한데다가 일도 아주 열심히 하기 때문이었다. 게다가 일하자 나라의 정부는 권한도 막강했지만 멀리 내다보는 안목도 갖고 있었다. 일하자 나라의 정부는 제조업 부문을 발전시켜 경제를 성장시키려면 물리적 기반시설을 잘 갖추는 것이 중요하다는 사실을 알게 됐다. 일하자 나라는 재산에 대한 소유권을 인정하지 않고 있었으므로 항구, 다리, 고속도로, 공항 등을 건설하는 것은 아주 쉬운 일이었고, 국토 전역에 걸쳐 공단을 얼마든지 조성할 수 있었다. 일하자 나라의 공단들은 입주기업에 엄청난 생산성의 이득을 주었기 때문에 얼마 지나지 않아 세계의 공장처럼 됐다. 일하자 나라의 급속한 공업화는 즐기자 나라에도 이득을 가져다주었다. 하지만 그 이득은 일시적인 것에 그쳤다.

일차산품 가격은 1970년대에 크게 오른 뒤에는 20년 동안에 걸쳐 서서히 가라앉았다. 전반적인 물가상승률은 하락했다. 이는 사람들이 예상했던 바와는 정반대였을 것이다. 왜냐하면 1970년대 후반에 잠시 긴축정책이 취해지긴 했지만, 즐기자 나라 중앙은행의 우두머리가 새로 임명된 뒤로는 통화금융 정책이 지극히 팽창적인 쪽으로 바뀌었기 때문이다. 당시의 물가안정에 일차산품 가격의 움직임과 거의 같은 정도로 중요하게 작용한 것이 또 하나 있었다.

그것은 즐기자 나라에서 점점 더 많은 기업이 일하자 나라로 공장을 옮기거나 제품의 자체생산을 아예 중단하고 생산비용이 저렴한 일하자 나라나 이 나라와 인접한 국가들, 예를 들어 '포르모사(아름다운 섬) 나라'나 '은둔의 나라'의 기업들에 생산을 아웃소싱한 것이었다. 그 결과로 이들 나라로부터 즐기자 나라가 제품을 수입하는 규모가 늘어나기 시작했고, 이런 수입은 즐기자 나라의 국내 소비재 물가를 떨어뜨렸다. 일차산품 가격의 하락에 값싼 소비재의 수입 증가가 겹치면서 즐기자 나라의 물가상승률이 점점 더 낮아졌고, 그 덕분에 여러 해에 걸쳐 즐기자 나라의 실질임금이 오르고 가계의 구매력이 커졌다.

즐기자 나라가 번영을 누리는 기간을 연장시킨 두 번째 요인은 즐기자 나라가 외부세력의 침공에 대한 방어력 강화를 위해 방위비 지출을 크게 늘린 것이었다. 이는 공산주의의 위협을 완전히 제거하려는 노력의 일환이었다. 이와 동시에 즐기자 나라는 대대적인 조세삭감을 통해 기업활동과 경제를 부추기려고 했다. 그 결과로 즐기자 나라의 번영은 여러 해 더 계속될 수 있었다. 하지만 이로 인해 국가, 기업, 가계의 빚이 경제성장률보다 더 빠른 속도로 늘어나게 됐다. 이렇게 해서 엄청나게 늘어난 빚이 즐기자 나라의 번영에 곧바로 손상을 입히지는 않았고, 오히려 즐기자 나라의 번영을 놀라울 정도로 길게 연장시키는 데 기여했다. 어마어마한 규모로 빚이 쌓이는 것에 대해 즐기자 나라의 정책담당자들 가운데 극소수는 신경을 썼으나 대부분의 다른 사람들은 주목하지도 않았다. 번영의 기간이 연장되기도 했지만, 무엇보다도 1980년 이후에 일차산품 가격과 함께 금리도 크게 떨어지는 경향을 보였기 때문이다. 늘어나는 빚의 부담이 낮아지는 금리가 가져다주는 이익으로 상쇄되어 빚이 그다지 큰 부담으로 느껴지지 않았던 것이다. 금리가 하락한 덕분에 나라의 경제규모에 대한 이자지급액의 비율이 일정하게 유지되는, 거의 기적과 같은 현상이 나타났다.

20세기 말에 즐기자 나라의 번영을 연장시킨 세 번째로 중요한 요인은 정책담당자들이 경제에 대한 규제를 완화하고 그동안 정부가 소유하고 있었던 기업들을 사유화(민영화)하는 조치를 취한 것이었다. 이런 조치는 즐기자 나라 경제의 효율성을 높이는 동시에 금리와 일차산품 가격의 하락 및 임금상승률의 둔화와 맞물리면서 기업들의 이익도 크게 증가시켰다. 금리의 하락과 기업 이익의 증가는 주식과 채권의 가격을 급등시켰고, 기업들의 혁신이나 발명과 관련된 자금융통에는 물론이고 가계부문의 소비자금 조달에도 매우 유리한 여건을 조성했다. 특히 가계부문의 소비는 금융자산이 창출해주는 부의 증가에 의해 더욱 부추겨졌다.

앞에서 우리는 즐기자 나라의 팽창적 통화금융정책이 소비자물가 상승으로 이어지지 않았고, 그 이유는 일하자 나라로부터의 저렴한 제품 수입의 급증, 일차산품 가격의 하락, 금리의 하락, 경제시스템의 효율성 제고 등에 있었음을 보았다. 그러나 느슨한 통화금융정책은 부채를 급속히 증가시키는 동시에 자산가격 인플레이션을 초래했다. 자산가격 인플레이션은 처음에는 주식과 상업용 부동산의 가격 상승으로 나타났고, 이는 '부 효과' 라는 것을 통해 추가적인 소비증가로 이어졌다. 이런 부 효과가 바로 즐기자 나라의 번영을 연장시킨 네 번째 요인이었다.

우리는 자산가격의 상승이 소비에 미치는 영향을 정확하게 수량화해 측정하려면 어떻게 해야 하는지를 아직 잘 모른다. 하지만 부채의 급속한 팽창에 의해 주도된 자산의 가치 상승이 즐기자 나라 국민에게 부에 대한 완전한 환상을 심었고, 그 결과로 이 나라 전체에 걸쳐 소비지출이 늘어나게 만든 것은 분명하다. 부에 대한 환상은 잘 속아 넘어가는 즐기자 나라의 국민들 사이에 자신감을 불러일으켜 그들로 하여금 소비를 더 많이 하게 했다. 또한 몇 년간에 걸쳐 해마다 금융자산에서 자본이득이 발생하다 보니 그러한 자본이득이 영원히 계속 발생할 것이라는 기대심리가 자리를 잡았다. 돈을 벌어 저축하던 습관은 점점 더 멍청한 짓으로 치부됐고, 이로 인해 1980년대와 1990년에 즐기자 나라의 저축률은 크게 하락했다.

즐기자 나라의 번영을 연장시킨 요인으로 마지막으로 들어야 할 것은 발명과 혁신의 파도였다. 발명과 혁신은 노동생산성을 높이고 사업의 비용을 낮추어 이익을 늘려주었다. 특히 통신과 데이터전송 분야의 신기술 덕분에 일하자 나라를 비롯한 저비용 국가들로 제조업 공장을 옮기거나 생산을 아웃소싱하기가 쉬워졌을 뿐만 아니라 생산비용이 훨씬 저렴한데다가 노동자들이 교육수준과 숙련도가 높고 일도 열심히 하는 나라들로 교역이 가능한 서비스나 연구개발과 관련된 시설을 옮기는 것도 가능해졌다.

즐기자 나라가 이처럼 저비용 국가들로 경제활동을 옮기면서 이익을 거두는 상황이 오랫동안 계속됐다. 즐기자 나라의 통화금융정책이 느슨했음에도 불구하고 그러한 경제활동 이전의 효과로 소비자물가 상승이 억제되고 기업들의 이익이 증가했기 때문이다. 이에 따라 즐기자 나라는 저축되는 돈의 전부를 곧바로 소비자들에게 되돌려야 할 필요가 없게 됐다. 또한 기업 이익의 증가는 주가를 상승시키고 주가의 상승은 부를 증가시킴으로써 즐기자 나라 사람들이 그 부를 가지고 소비재 구입을 위한 지출을 늘릴 수 있게 됐다. 일하자 나라로의 생산설비 이전이 한창 진행될 때 즐기자 나라의 대기업들은 발전이 뒤처진 일하자 나라를 비롯한 옛 공산주의 국가들의 소비재 시장에 적극적으로 진출하기 시작했다. 그런 곳의 현지 기업들은 아직 자본이 부족하고 제조기술과 마케팅 기법도 갖추지 못해 즐기자 나라 대기업들에게 경쟁상대가 될 수 없었다. 즐기자 나라의 대기업들은 그러한 새로운 시장에서 어렵지 않게 점유율을 높이고 많은 이익을 거둘 수 있었다.

그런데 안 된 일이었지만, 기원 후 세 번째 천 년의 첫 번째 세기에 접어들자 즐기자 나라의 경제에 금이 가기 시작했다. 공교롭게도 대중매체들이 21세기는 즐기자 나라의 세기가 될 것이라고 떠들어댄 직후에 이런 일이 벌어졌다. 마른하늘에 날벼락처럼, 거의 아무도 예상하지 못한 가운데 당시에 '신경제'라고 불리던 신기술 산업과 관련된 기업들의 주가가 하락하기 시작했고, 그 뒤 1년 반 사이에 무려 70%나 폭락했다.

＊ ＊ ＊

그때 신기술 기업들의 주가 하락을 촉발한 것이 무엇인지는 오늘날까지도 확실하게 밝혀지지 않았다. 하지만 다음과 같은 크고 작은 이유들이 있었던 것으로 보인다. 거의 20년간 계속해서 주가가 빠르게 오르는 동안에 즐기자 나라의 투자자들은 시장에 대해 지나치게 낙관적인 생각을 갖게 됐다. 그래서 그들은 미래에도 주가가 계속 오를 것이라고 확신해 높은 가격에도 주식을 사다보니 주가를 매우 높은 수준까지 끌어 올렸다. 문제는 가장 유리한 경제여건 아래서도 가능하지 않을 정도의 빠른 속도로 신경제 기업들의 이익이 앞으로 증가할 것이라고 즐기자 나라의 투자자들이 기대했다는 데 있었다. 그런 과도한 기대에 부응하지 못하는 신기술 기업들이 하나 둘 생겨났고, 그러다보니 주식시장에서 매도세가 매입세를 압도하게 되어 주가가 곤두박질하기 시작했다. 신경제 부문에서 많은 기업들이 실망스러운 실적을 낸 것은 느슨한 통화금융정책과 신용팽창에 힘입어 전 세계에 걸쳐 생산능력이 크게 늘어나고 그 결과로 경쟁압력이 고조되어 신경제 부문의 가격설정 능력을 약화시킨 탓이었다. 그 시절에는 낡은 것으로 치부되어 오늘날만큼 널리 받아들여지지 않았던 오스트리아학파의 경제학은 당시의 상황을 '신용이 팽창해 돈 구하기가 쉬워져서 초래된 과잉투자 상태'라고 진단했다. 그리고 그 필연적인 결과는 기업 이익의 급감이었다.

게다가 기원 후 세 번째 천 년이 시작된 직후부터 즐기자 나라의 경제성장 속도가 느려지기 시작했다. 이는 신경제 붐 기간에 생겨난 과잉 생산능력으로 인해 순 자본형성이 줄어드는 동시에 당시 경제에서 차지하는 비중이 압도적이었던 소비의 증가세가 둔화되기 시작했기 때문이었다. 당시에는 이와 같은 성장감속이 왜 일어났고 어떤 의미를 가진 것인지가 충분히 이해되지 못했다. 하지만 지금 돌이켜보면 거기에는 두 가지 큰 이유가 있었다. 규제완화와 민영화를 통해 만들어진 새로운 경쟁적 환경 속에서 기업들은 매우 공격적으로 비용절감에 나섰다. 비용절감의 방법에는 노동자들을 노골적으로 해고하지는 않더라도 적어도 노동자들의 임금 상승을 억제하는 것도 포함됐다. 그 결과로 임금소득의 증가율이 낮아지기 시작했고, 가계의 구매력이 위축됐다. 일하자 나라로 공장시설을 옮기거나 생산을 아웃소싱해온 것이 이즈음에 즐기자 나라 안의 노동력 수요를 감소시키기 시작했고, 이것이 바로 즐기자 나라의 고용사정이 나빠지고 노동자들의 협상력이 약해진 원인이었다. 협상력이 약해진 노동자들은 임금인상 요구를 관철시키기가 어려웠다. 신경제 부문의 투자지출 붐은 그동안 수많은 창업을 불러왔고, 창업자들은 마치 19세기 말에 유전을 찾아 땅을 마구 파헤치던 사람들처럼 벼락부자가 되려고 동분서주했다. 그러나 신경제 붐이 꺼지자 무수한 기업들이 문을 닫았고, 신경제 기업 창업자들 가운데 소득을 조금밖에 올리지 못하거나 소득이 아예 전무한 사람이 늘어났다.

그러나 거의 기적적으로 즐기자 나라의 번영은 또 다시 연장됐다. 세 번째 천 년이 시작된 직후에 주식시장 거품이 꺼지자 즐기자 나라 중앙은행의 우두머리는 주가의 폭락으로 인해 디플레이션이 무서운 위협이 됐음을 알아차렸다. 그 우두머리는 당시만 해도 명성에 아무런 손상도 입지 않고 있었다. 그동안의 주가상승이 사람들에게 부에 대한 환상을 갖게 해서 소비를 떠받쳐주었다는 점을 그는 알고 있었다. 문제는 그가 15년 전에 중앙은행의 우두머리가 된 이래 펴온 '느슨한' 통화금융정책, 아니 보다 정확하게 말하면 '무책임한' 통화금융정책으로 인해 즐기자 나라의 부채가 경제규모에 비해 지나치게 많아졌다는 데 있었다.

그로부터 한참 뒤인 21세기에 통화금융제도가 붕괴하자 새로운 금본위제도가 도입됐고, 그때 다행스럽게도 중앙은행이 돈을 찍어낼 수 있는 권한을 박탈당했다. 이와 같은 변화를 거친 뒤인 오늘날에는 지폐의 공급에 엄격한 규율이 가해진다. 이런 규율이 작동하는 체제에서는 강력한 경제성장과 디플레이션이 동시에 일어날 수도 있다. 19세기에 보잘 것 없었던 즐기자 나라가 눈부시게 발전해 번영을 누리게 되고 세계적인 지배력을 갖게 되는 과정이 진행되는 동안에도 그러했다. 그러나 세 번째 천 년의 초입에 즐기자 나라의 물가가 전반적으로 떨어진 것은 그동안 부풀려진 자산가격과 기업이익으로 인해 과도한 수준으로 늘어난 부채의 부담을 크게 증폭시켰을 것이다. 디플레이션이라는 환경 속에서는 악성 부채가 말썽을 일으키게 돼있으므로 즐기자 나라의 시스템 전부가 악성 부채의 위협을 받았을 것이다. 악성 부채가 문제가 된 것은 당시에 즐기자 나라의 시스템이 부채에 의존하는 성장에 중독된 상태였고, 따라서 인위적으로 만들어진 그 나라의 번영은 급속한 신용팽창에 의해서만 계속 유지될 수 있었기 때문이다. 게다가 일하자 나라의 비용구조가 즐기자 나라의 비용구조보다 훨씬 더 저렴했으므로 즐기자 나라의 제조업은 이미 가망이 없을 정도로 경쟁력을 상실해버린 상태였고, 경제가 급속히 팽창하는 일하자 나라가 즐기자 나라의 일자리를 점점 더 많이 빼앗아가고 있었다. 이런 점들을 고려하면 당시에 디플레이션은 즐기자 나라에 그 전 50년의 기간 중 어느 때보다도 무서운 위협이었을 것이다.

 즐기자 나라 중앙은행의 우두머리는 2001년부터 금리를 전례 없는 속도로 잇달아 급격히 내리는 것 외에는 현실적으로 다른 도리가 없다고 판단했다. 그의 금리인하 조치로 즐기자 나라의 단기금리가 물가상승률 이하로 떨어졌다. 겉으로만 보면 자유로운 화폐시장의 수요공급 메커니즘에 대한 이러한 개입은 곧바로 경제에 유익한 충격으로 작용해 즐기자 나라의 번영을 연장시켰다고 생각될 수 있다. 주가도 세기가 전환하는 시기에 기록된 최고치까지 회복되지는 못했지만 다시 오르기 시작했다. 그러는 동안에 기업들이 노동비용을 더 삭감하고 투기적 금융거래에서 차익을 거두면서 그들의 이익이 과거의 기록을 경신할 정도로 늘어났고, 이에 따라 산업계 지도자들과 투자자들 사이에 자신감이 되살아나기 시작했다. 이와 동시에 금리가 인위적으로 너무 낮은 수준으로 떨어지자 부동산 가격이 크게 오르기 시작했고, 즐기자 나라의 전국에서 주택투기의 파도가 일어났다. 금리가 큰 폭으로 낮아지자 주택소유자들이 그동안 갖고 있었던 고금리 모기지 채무를 금리는 훨씬 더 낮고 금액은 더 큰 채무로 전환하는 것이 가능해졌기 때문이다.

이리하여 21세기 초입에 즐기자 나라에서는 주택 관련 대출이 매우 빠르게 늘어났고, 이는 전반적인 물가상승보다 훨씬 더 빠른 속도로 주택을 비롯한 부동산의 가격을 상승시켰다. 게다가 모기지 대출이 크게 늘어나면서 주택가격이 끊임없이 오르자 즐기자 나라 사람들은 그러한 주택가격의 상승이 영원히 지속될 것이라고 생각하게 됐다. 이에 따라 주택에 대한 거대한 투기의 파도가 일어난 것이다. 이제 사람들은 주택을 되팔 목적으로만 샀고, 되팔 때에는 살 때의 가격보다 더 높은 가격으로 자기보다 더 바보인 사람(지금 돌이켜보면 이렇게 말하지 않을 수 없다)에게 팔고자 했다. 이런 현상의 배후에 깔린 생각은 다음과 같았다. 즉 주택가격의 지속적인 상승은 어떤 근본적인 인구통계학적 변화와 토지의 부족 때문이고, 그 의미는 주택의 담보가치가 상승하면서 주택 구매자가 주택담보대출을 점점 더 많이 받을 수 있게 된다는 것이었다. 어쨌든 즐기자 나라 중앙은행의 느슨한 통화금융정책은 또 다시 경제를 위기에서 구해냈고, 부의 환상을 더 널리 퍼뜨렸다. 이제는 주택소유자들이 더 비싸진 주택을 담보로 잡히고 더 낮은 금리의 모기지 채무로 갈아타는 방식으로 주택에서 점점 더 많은 돈을 끄집어내어 소비재를 구입하는 데 사용할 수 있게 된 것이었다.

겉으로만 보면 좋은 것으로 비치기도 한 이런식의 소비자금 조달에 정부의 대규모 조세삭감이 가세했다. 정부의 조세삭감은 일시적으로 개인들의 가처분소득을 늘리는 효과를 냈지만, 이와 동시에 정부의 재정적자와 부채도 증가시켰다. 21세기 초에 즐기자 나라가 누린 이런 식의 번영이 오래가지 못할 것이라는 점은 사리를 판단하는 데 필요한 최소한의 정보만이라도 갖고 있는 사람이라면 누구나 알았을 것이다. 왜냐하면 그 번영은 기업부문의 자본투자 확대에 따른 고용의 증가나 산업생산의 증가가 주도한 것이 아니라 거의 전적으로 주택가격의 상승이 주도한 것이었기 때문이다.

그럼에도 즐기자 나라의 인위적인 번영은 예상보다 훨씬 더 오래 지속됐다. 이렇게 된 데는 몇 가지 이유가 있었다. 즐기자 나라가 느슨한 통화금융정책으로 자산의 가격을 부풀리는 동안에 일하자 나라는 놀라운 속도로 산업을 발전시키고 생산능력을 키웠다. 일하자 나라 자체의 저축과 투자도 물론 이런 성장을 뒷받침했지만, 즐기자 나라의 기업부문이 일하자 나라에 대규모의 투자를 한 것도 이 나라의 고성장에 기여했다. 당시에 일하자 나라의 수출 가운데 절반 이상이 즐기자 나라를 비롯한 고비용 국가들의 기업이 일하자 나라에 설립한 공장에서 생산된 것으로 추계됐다. 이에 따라 21세기 초에 일하자 나라의 제조업 생산능력이 크게 확대됐고, 결국은 이 나라의 제조업 부문에 상당한 과잉설비가 초래됐다.

이와 관련해 주목할 만한 사실은, 당시에는 일하자 나라를 포함한 많은 나라들이 자국 통화의 환율을 바나나 돈에 고정시키고 있었고 이 때문에 즐기자 나라의 느슨한 통화금융정책과 인위적으로 낮춰진 금리를 따라가지 않을 수 없었다는 것이다. 세 번째 천 년의 처음 몇 년 동안에 금리가 급락하는 가운데 일하자 나라가 제조업체들에게 엄청난 비용상의 이점을 제공하자 일하자 나라에 거대한 규모의 자본투자가 집중됐다. 과잉설비와 대대적인 생산성 개선이 겹친 결과로 일하자 나라에서 생산돼 즐기자 나라로 수출되는 상품의 가격은 지속적으로 가파르게 떨어졌다.

이처럼 일하자 나라에서 생산되어 즐기자 나라로 수출되는 상품의 양이 점점 더 증가하고 그 가격이 점점 더 떨어진 것은 결국은 무역수지 불균형이라는 바람직하지 못한 결과를 초래할 수밖에 없는 것이었다. 하지만 즐기자 나라의 오만한 지도자들과 자신감이 지나친 투자자들은 이런 문제점을 간과했다. 즐기자 나라는 자국과 일하자 나라 사이의 무역관계와 투자관계가 빠르게 확대되는 것은 자국에 더 큰 이익이 된다고 자랑하기까지 했다. 즐기자 나라는 갈수록 가격이 떨어지는 상품을 사는 입장이었고, 그러므로 느슨한 통화금융정책에도 불구하고 즐기자 나라의 소비자물가는 별로 오르지 않았다. 그러나 자산, 특히 부동산의 가격은 점점 더 높아졌고, 이에 따른 막대한 미실현 소득을 토대로 즐기자 나라 사람들은 일하자 나라에서 생산되어 점점 더 저렴한 값에 수출되는 소비재를 점점 더 많이 소비하게 됐다.

오늘날 우리가 운영하고 있는 새로운 금본위제도 아래에서라면 그러한 상황이 계속 유지되는 게 과연 가능하냐는 질문을 얼마든지 던져볼 수 있다. 무엇보다도 즐기자 나라가 일하자 나라로부터 상품의 수입을 점점 더 많이 하게 되면서 즐기자 나라의 무역수지 적자가 점점 더 커졌기 때문이다. 우리의 새로운 통화금융 제도 아래에서라면 무역수지 적자가 커지면 외환보유액이 줄어드는 동시에 물가가 하락하거나 통화가 평가하락됨으로써 무역불균형이 시정될 수 있는 조건이 형성될 것이다. 그러나 과거의 통화금융 제도 아래에서는, 특히 즐기자 나라의 경우에는 무역수지 적자가 얼마든지 더 커질 수 있었다. 왜냐하면 일하자 나라는 물론이고 비슷한 저비용 구조를 가진 이 나라 인근 국가들 모두와 심지어는 해 뜨는 나라까지도 자국의 급증하는 외환보유액을 가지고 즐기자 나라의 신기루와 같은 번영을 뒷받침하는 데 필요한 자금을 기꺼이 빌려주고 있 었기 때문이다.

* * *

일하자 나라의 정책담당자들은 제조업 부문의 생산과 수출을 통해 힘들 게 벌어들인 바나나 돈을 왜 다시 즐기자 나라에 기꺼이 빌려주었을까? 즐기자 나라의 수입증가는 중단될 줄 모르고 계속 늘어났고, 일하자 나라 가 그렇게 돈을 빌려줘도 모자라 즐기자 나라는 바나나 돈을 계속 더 많이 찍어냈다. 그렇다면 즐기자 나라는 조만간 바나나 돈의 가치가 크게 떨어 질 것이 뻔하다는 점을 몰랐던 것일까? 어쨌든 즐기자 나라의 무역수지 적자와 경상수지 적자가 계속 늘어난 결과로 바다 건너에 있는 교역상대 국들에 대한 즐기자 나라의 마이너스 순자산 규모가 크게 늘어났다.

무역과 투자의 흐름이 확대되면서 즐기자 나라와 일하자 나라의 관계 가 점점 더 긴밀해졌지만, 이는 양쪽 모두에 불편한 것이었다. 무역관계의 확대가 양쪽 모두에 커다란 이익을 가져다준 것은 분명했지만, 즐기자 나 라는 그로 인한 일하자 나라의 경제력 강화와 번영이 자국의 지구적 헤게 모니에 위협이 된다고 생각하기 시작했다. 또한 일하자 나라의 지도부도 즐기자 나라를 경계하기 시작했다. 왜냐하면 즐기자 나라가 툭하면 일하 자 나라의 내정에 개입하려고 했기 때문이다. 게다가 일하자 나라의 주변 에 있는 다른 나라들을 놓고 두 나라 사이에 거듭 마찰이 일어났다. 일하 자 나라는 그 나라들을 자국의 영토에 포함되는 속국으로 간주했지만 그 나라들이 사실상으로는 독립성을 갖고 있었는데, 즐기자 나라가 그 독립성을 군사적으로 지원했기 때문이다. 하지만 일하자 나라가 경제강국의 위상을 차지하면서 빠른 속도로 세계의 공장이 돼가고 있었지만, 이 나라의 군사력은 즐기자 나라의 엄청나게 우월한 군사력에는 비교도 되지 않았다.

세 번째 천 년의 초입에 일어난 두 가지 상황변화가 즐기자 나라와 일하자 나라 사이의 불편한 관계를 더욱 긴장시켰다. 그 가운데 한 가지는 다음과 같다.

1970년대의 석유가격 급등 시기에 즐기자 나라는 검은 황금 나라의 여러 부족들에게 무기를 신나게 팔아먹었다. 그렇게 하면 돈도 벌 수 있지만 검은 황금 나라의 여러 부족들 가운데 어느 부족도 지배력을 갖지 못하게 되므로 그들 사이에 일종의 힘의 균형을 유지시킬 수 있다는 기대도 갖고 있었기 때문이다. 즐기자 나라는 특히 사담 부족을 강력히 지원했다. 사담 부족은 특별한 이유도 없이 페르시아 부족과 격심한 전투를 벌였다. 게다가 즐기자 나라는 검은 황금 나라와 인접한 '스푸트니크 나라'에 맞서 싸우는 자유의 전사들을 군사적으로 지원했다. 당시에 스푸트니크 나라는 여전히 공산주의 나라였고, 검은 황금 나라의 석유에 점점 더 많이 의존하게 된 즐기자 나라는 스푸트니크 나라가 검은 황금 나라에 위협을 가하면서 안정을 파괴하고 있다고 보았다. 즐기자 나라는 자유를 사랑하고 민주적으로 조직화된 사회였지만, 검은 황금 나라는 가부장적인 봉건가문들이 지배하는 사회였다. 그럼에도 즐기자 나라의 지도부는 위와 같은 상황 속에서 검은 황금 나라의 봉건가문들과 긴밀한 관계를 유지했다.

검은 황금 나라는 석유를 수출해서 번 돈의 대부분이 소수의 봉건귀족들에게 돌아가고 인구의 대부분은 석유가 창출해준 부의 혜택을 쥐꼬리

만큼만 받는다는 문제점을 안고 있었다. 이 때문에 검은 황금 나라에서 부의 불평등이 커지고 국민들 사이에 불만이 들끓게 되어 사회가 갈수록 더 불안정해졌다.

즐기자 나라가 검은 황금 나라의 내정에 개입하고 그 부패한 지배계급과 가깝게 지낸 것이 결국은 심각한 반작용을 불러왔다. 즐기자 나라의 지도부와 각별한 관계를 갖고 있는 검은 황금 나라의 한 지배가문에 강력히 맞서던 일부 자유의 전사들이 즐기자 나라에 등을 돌리고 즐기자 나라 영토의 심장부에 있는 빌딩 몇 채를 폭파해버렸다. 즐기자 나라의 지도부는 세계를 보다 안전한 곳으로 만들려고 한다는 명분 아래 사담 부족이 점거하고 있는 지역을 침공하기로(즐기자 나라 지도부의 표현으로는 '해방시키기로') 결정했다. 사담 부족은 즐기자 나라의 빌딩이 폭파된 사건에 관여했을 것이라는 의심을 받고 있었다.

검은 황금 나라에서 이처럼 사회적, 정치적 긴장이 높아지는 동안에 또 하나의 상황변화가 즐기자 나라와 일하자 나라 사이의 불편한 관계를 더욱 긴장시키고 두 나라 간 관계의 미래를 규정하는 작용을 했다. 새로운 천 년에 접어들 시점의 일하자 나라는 성장세가 강력했고, 산업생산이 급증하면서 생활수준이 빠르게 높아지고 있었다. 이런 상황은 곧 일하자 나라가 석유, 비철금속, 식량을 비롯한 천연자원을 점점 더 많이 수입해야 함을 뜻하는 것이었다. 왜냐하면 일하자 나라는 거대한 인구에 비해 천연자원이 부족했기 때문이다. 일하자 나라의 지도부는 특히 충분한 양의 석유를 확보하는 데 신경을 써야 했다. 왜냐하면 이 나라는 이제 빠른 속도로 산업화하는 가운데 국민들이 예전과 달리 여름철에는 냉방, 겨울철에는 난방이 가능한 집에서 살게 되고 자동차도 점점 더 많이 사용하게 됐기 때문이다. 이러한 상황에서 사담 부족이 다스리는 지역을 '해방'시키려고 하는 즐기자 나라의 움직임은 일하자 나라에 위협이 된다고 이 나라의 지도부는 판단했다. 즐기자 나라와의 관계가 악화되어 적대적으로 된다면 그것은 일하자 나라의 석유확보 능력에 곧바로 타격을 가할 것이라고 생각했기 때문이다.

게다가 석유가격이 다시 급등하고 있었다. 일하자 나라는 이미 전 세계에서 두 번째로 석유를 많이 수입하는 나라가 돼있었다. 산업화에 따른 이 나라의 석유수입 확대가 전 세계의 석유수요를 추가적으로 증가시킴에 따라 국제유가가 급등하게 된 것이었다. 이제는 우리가 알고 있듯이 이때의 두 번째 석유가격 급등 국면은 이미 새 천년의 초입부터 시작된 것이었다. 일하자 나라의 석유수요 증가, 석유공급에 존재하는 제약, 석유에 대한 투기의 확산이 석유가격을 기록적인 수준으로 끌어올렸고, 전문가들은 석유가 부족한 상황이 앞으로도 계속될 것이라고 전망했다. 일하자 나라에는 또 하나의 걱정거리가 있었다. 그것은 급속한 산업화와 도시화로 인해 농업에 사용될 수 있는 땅의 양이 줄어드는 바람에 일하자 나라가 역사상 처음으로 식량수입이 식량수출보다 더 많은 식량 순수입국이 된 것이었다.

일하자 나라는 산업화를 위해 반드시 필요하지만 국내에서는 조달할 수 없는 자원을 멀리 있는 나라들에서 수입해 와야 했다. 그런데 즐기자 나라가 훨씬 더 우월한 군사력을 갖고 있는 상황에서 일하자 나라가 그런 자원을 영구적으로 안전하게 수입할 수 있으려면 어떻게 해야 하는가가 문제였다. 당시에는 일하자 나라가 즐기자 나라와 군사적으로 충돌하는 것은 자멸적인 결과만 자초할 것이 뻔했다. 그때 일하자 나라의 우두머리가 일련의 기발한 전략적, 경제적 대책을 생각해냈다. 21세기 초에 일하자 나라의 고위 지도부가 비밀리에 연 회의에서 그 우두머리는 다음과 같이 주장했다.

* * *

우리의 위대한 지도자가 우리의 영토를 개방하고, 외국과의 무역과 투자를 시작하고, 우리의 시장을 자유화한 이래 우리나라는 경제적으로 많이 발전했고, 총 5천억 바나나 돈 이상의 외국인 직접투자를 유치했다. 그럼에도 불구하고 우리는 여전히 즐기자 나라에 볼모로 잡혀 있는 형국이다. 즐기자 나라는 앞으로 적어도 10년 내지 20년 동안은 그 압도적인 군사력으로 우리를 지정학적인 궁지에 묶어둘 것이다. 우리나라는 여러 가지 천연자원을 세계에서 가장 많이 소비하는 나라가 됐다. 우리나라는 전 세계에서 채굴되는 구리의 22%와 철의 27%를 소비한다. 게다가 우리나라는 역사상 처음으로 식량 순수입국이 됐다. 우리나라는 이미 즐기자 나라에 비해 6배나 되는 시멘트를 생산하고 있고, 알루미늄 소비량에서 우리나라는 앞으로 얼마 지나지 않아 즐기자 나라를 넘어서게 될 것이다.

 우리나라는 경제의 물리적 규모가 거대하고 인구도 즐기자 나라보다 훨씬 많은데다가 그런 인구가 수요를 늘려가고 있다. 그럼에도 불구하고 우리나라의 정치적 지위가 아직 미약하고 즐기자 나라와 그 동맹국들의 변덕에 우리나라가 휘둘려야 한다는 것은 문제다. 이것은 우리나라의 군사력이 형편없기 때문이다. 게다가 우리가 즐기자 나라와의 군사적 대결에서 승리를 거둘 수 있는 수준까지 우리의 군사력을 강화하는 데는 아주 긴 세월이 필요하다.

 그러므로 군사적으로 즐기자 나라에 맞서는 것은 현실적인 대안이 아니다. 그러나 우리가 경제발전을 위해 필요한 천연자원을 확보하는 일은 미룰 수 없다. 천연자원 조달의 측면에서 일어날 수 있는 충격에 우리가 취약하다는 문제를 곧바로 해결해야 할 필요가 있다. 이 문제에서는 오래 기다릴 여유가 없다. 이것이

내가 본 계획을 마련한 이유다.

즐기자 나라는 군사적으로 우리보다 훨씬 우세하고 경제규모나 생활수준에서도 여전히 우리를 크게 능가하지만 우리보다 훨씬 더 취약한 점도 많이 가지고 있다. 특히 검은 황금 나라의 일부를 그들 말로 해방시킨 뒤로 세계 대부분의 지역에서 즐기자 나라는 인기가 없는 나라가 되면서 그동안 누려왔던 위엄을 많이 상실했다. 그리고 우리가 우리 자신을 비판적인 동시에 현실적으로 돌아다면, 우리를 100% 믿는 나라는 없다는 사실도 인정해야 한다. 왜냐하면 우리가 공산주의 이데올로기 아래에 있을 때 오랜 기간 평화에 대한 위협으로 간주된 적이 있기 때문이다. 최근에는 즐기자 나라에 비해 우리의 상대적 위상이 상당히 개선됐다. 그러나 이것은 즐기자 나라가 '함포외교'와 '폭탄투하외교'를 일삼고 검은 황금 나라의 인권문제에 대해 거듭해서 눈감아주는 태도를 취해왔기 때문일 뿐이다.

우리의 개선된 위상 가운데 일부는 우리가 다른 많은 나라들에 가장 큰 무역 상대국이 됐다는 사실 덕분이다. 우리는 다른 많은 나라들로부터 반제품, 기계장비, 천연자원을 수입한다. 따라서 지금은 우리가 즐기자 나라의 정치적, 군사적 행동에 의해 위협을 받고 있는 나라들과 동맹관계를 구축할 수 있는 좋은 기회다. 우리는 즐기자 나라에 대해 노골적으로 적대행위를 하거나 위해를 가할 수 있는 집단이라면 그 어떤 집단도 조용히, 그러나 적극적으로 지원해야 한다. 지금 내가 생각하고 있는 집단은 특히 페르시아의 부족들이다. 그들은 우리가 필요로 하는 에너지 자원을 상당량 공급해줄 수 있다. 그러나 동시에 그들은 검은 황금 나라에 대한 즐기자 나라의 팽창정책에서 주된 표적이 돼있다. 우리나라의 동쪽에 있는 빈곤한 나라, 즉 국제사회에서 세계평화를 위협하는 '악당국가'로 간주되는 나라를 다스리는 '친애하는 지도자'의 핵무기 프로그램에 대해서도 우리는 지지해주는 태도를 취해야 한다고 나는 생각한다. 우리가 볼 때 그는 바보일지는 모르지만 우리에게 위협이 되지는 않는다. 왜냐하면 우리는 언제든 단번에 그를 권좌에서 밀어낼 수 있기 때문이다.

나는 '만달레이 나라'도 염두에 두고 있다. 만달레이 나라는 자원이 풍부할 뿐 아니라 우리나라로 물자를 수송해오는 모든 배가 통과하는 안다만 해역의 수로를 관할하고 있기 때문에 우리에게 전략적으로 중요하다. 또한 우리는 '힌두 나라'와도 보다 친밀해져야 한다. 힌두 나라는 우리와 마찬가지로 즐기자 나라를 잠재적 적국으로 보면서 그 정책을 불신하고 있는데다가 인구도 많다. 그 어떤 충돌에서도 힌두 나라는 우리에게 강력한 동맹국이 돼줄 수 있다. 마지막으로 나는 영토가 광대한 '흑인 나라'와의 외교관계를 대폭 강화할 때라는 점을 강조하고 싶다. 그 어떤 두 개의 나라도 우리와 흑인 나라만큼 서로 보완이 되지는 않는다. 우리는 지식, 소비재, 노동력을 가지고 있고, 흑인 나라는 우리가 필요로 하는 천연자원을 가지고 있다. 게다가 흑인 나라의 정부는 매수하기가 쉽다. 우리는 이미 전체 석유수입량의 25%를 흑인 나라에서 사오고 있다는 사실을 존경하는 내각 동지들에게 상기시키고 싶다. 게다가 흑인 나라는 검은 황금 나라와 인접해 있을 뿐 아니라 검은 황금 나라에서 즐기자 나라로 석유를 수송하는 바닷길과도 인접해 있다. 이는 우리에게 전략적으로 매우 중요한 점이다! 흑인 나라와의 외교관계를 강화해두면 우리가 즐기자 나라와 충돌하게 될 경우에 즐기자 나라로 가는 석유의 수송로를 차단할 수도 있을 것이다.

즐기자 나라는 경제적으로도 취약하다. 즐기자 나라는 재정, 무역수지, 경상수지에서 막대한 적자를 내고 있다. 즐기자 나라는 해외에 갖고 있는 자산보다 훨씬 더 많은 빚을 전 세계에 지고 있고, 그 정부는 국내의 사회적 책무를 이행할 능력을 상실한 것으로 보이며, 그 통화는 우리나 우리 이웃나라들의 통화에 비해 크게 과대평가돼있다.

내가 외환당국으로 하여금 우리의 급증하는 외환보유액을 가지고 바나나 돈에 투자를 하게 한다고 해서 존경하는 동지들이 나를 비판하고 있다는 사실을 나는 잘 알고 있다. 그러나 그렇게 하는 데에는 이유가 있다. 우리는 지금 즐기자 나라와 군사적 충돌을 벌일 수는 없지만 즐기자 나라를 경제적으로 파괴할 수는 있다. 그렇게 하기 위해서는 통념에 반할지는 몰라도 우리가 나서서라도 바나나 돈의 가치를 오히려 더 높여야 한다.

언젠가는 우리의 통화나 금에 대한 바나나 돈의 상대적인 가치가 절반 이하로 떨어지겠지만, 지금은 그 가치를 일시적으로 높이는 것이 우리에게 득이 되고 즐기자 나라에는 실이 된다. 우리나 우리 이웃나라들의 개입으로 바나나 돈의 가치가 인위적으로 높은 수준으로 유지되는 기간이 길어질수록 즐기자 나라에서 제조업 부문의 공동화는 물론이고 서비스 부문의 공동화도 더욱 촉진될 것이다. 그러므로 우리가 지금 쌓는 바나나 돈이 미래의 언젠가는 거의 또는 전혀 가치가 없는 것이 돼버리겠지만, 그러는 사이에 즐기자 나라는 물론이고 '해 뜨는 나라'와 '유포파 나라'와 같은 선진국들이 우리나라에 공장을 계속 지을 것이고, 그 과정에서 우리가 아직 갖고 있지 못한 기술과 노하우를 우리에게 모두 이전하게 될 것이다.

게다가 19세기에 서방의 강대국들이 우리나라 사람들을 마약에 중독시켰던 것과 똑같이 오늘날 우리는 즐기자 나라의 통화를 충성스럽게 보일 정도로 열심히 사줌으로써 그 나라 사람들을 계속 감당해가기 어려운 수준의 빚에 중독시키고 있다. 지금 우리는 즐기자 나라의 채무증서를 사들임으로써 그 나라의 금리를 낮추고 있으며, 이는 주택가격 상승에서 생겨난 그 나라 사람들의 부에 대한 환상과 소비를 유지시키고 있다.

바나나 돈의 강세를 유도하는 우리의 정책은 또 다른 이점도 갖고 있다. 우리가 보유하고 있는 바나나 돈을 일부 팔아 예를 들어 유포파 나라의 돈인 '유포'

를 더 사서 보유외환을 다각화한다면 이미 강세인 유포의 가치를 더 끌어올릴 수 있겠지만, 그렇게 하면 즐기자 나라 경제에 비해 유포파 나라 경제의 상대적인 건강도를 떨어뜨릴 것이다. 유포파 나라는 군사적인 야망을 갖고 있지 않으며 우리와 마찬가지로 즐기자 나라를 불신하므로 유포파 나라 경제의 건강은 우리에게 위협이 되지 않는다. 게다가 유포파 나라는 그동안 우리 편을 들어주면서 우리의 친구가 됐고, 자기네가 개발한 최신의 기술을 우리에게 좋은 조건으로 제공해주기를 주저하지 않았다. 그러므로 당분간은 바나나 돈에 대해 상대적으로 유포의 가치를 떨어뜨림으로써 유포파 나라의 경제력이 더 커지게 하는 것이 우리에게 이익이 된다.

우리의 외환정책에 단기적으로 변수가 될 것이 있다. 그것은 곧 다가올 즐기자 나라의 선거. 이번 즐기자 나라의 선거에 나선 두 명의 후보자는 머리를 거의 쓸 줄 모르는 야만인이라는 점에서는 서로 다르지 않다. 민주주의가 가져다주는 게 이런 것이라면, 그동안 우리나라의 현명한 지도부가 사회를 다스린답시고 민주주의라는 한심한 사상에 굴복한 적이 결코 없다는 점에 대해 우리는 고맙게 생각해야 할 것이다. 그러나 이것은 여기서 우리가 다뤄야 할 문제가 아니다. 우리가 다뤄야 할 문제는 즐기자 나라를 경제적으로 파괴하려는 우리의 계획에 이로운 역할을 즐기자 나라의 두 후보자 가운데 어느 쪽이 더 잘 해줄 것인가 하는 점이다. 이런 관점에서 보면 즐기자 나라의 지금 우두머리가 우리의 목표에 이상적으로 부합하는 후보자다. 그가 만약 우두머리에 다시 당선되면 돈만 많이 들고 성과는 없는 자신의 외교정책적 야망을 계속 추구하라는 국민의 뜻에 따라 자기가 선거에서 이긴 것이라고 생각할 것이다. 그러나 그런 야망의 계속적인 추구는 즐기자 나라의 빚과 적자를 더욱 증가시킬 것이고, 결국은 즐기자 나라의 지구적 위엄과 국제금융상의 위상을 더욱 약화시킬 것이다. 그리고 그 과정에서 우리나라의 지구적 위엄과 국제금융상의 위상은 더욱 높아질 것이다.

지금의 즐기자 나라 우두머리가 재선되면 즐기자 나라의 정치상황은 더욱 양극화되고 사회적 단결은 약해질 것이다. 그래서 우리는 바나나 돈과 즐기자 나라의 채권시장을 더욱 강력하게 떠받치기 시작했을 뿐 아니라 즐기자 나라의 주가도 띄워 올리고 있다. 이렇게 하는 것은, 즐기자 나라의 금융시장이 호황을 이루고 바나나 돈의 가치가 상승하게 되면 그 나라의 대중이 모든 게 잘 돼가고 있다고 믿고 지금의 우두머리를 다시 뽑을 것이라고 생각해서다.

지금은 바나나 돈의 강세가 우리에게 유리한 효과를 내주고 있지만, 언젠가는 물론 우리가 바나나 돈과 즐기자 나라의 채권시장, 주식시장에서 김을 빼야 할 것이다. 그때에는 그동안 바나나 돈의 가치를 떠받치는 과정에서 우리를 도왔던 우리의 이웃나라들도 자연스럽게 우리와 보조를 맞출 것이다. 그러니 당분간은 즐기자 나라의 취약성이 최고도에 달할 때를 기다릴 필요가 있다. 즐기자 나라의 취약성은 시간이 흐르면서 더욱 고조될 것이 틀림없다. 시간은 우리 편인 것이 분명하다!

바나나 돈의 강세를 유도하는 나의 정책과 관련해 두 가지를 더 말하고 싶다. 바나나 돈이 강세를 보이는 동안에는 금의 가격이 억눌릴 것이다. 우리는 대외 준비자산 가운데 상당부분을 금으로 축적하기 시작했다. 우리는 이런 사실을 대외 준비자산에 관한 공식 통계에서는 드러나지 않게 감추고 있다. 그렇게 하지 않으면 시장이 반응을 보여 금의 가격이 치솟을 것이기 때문이다. 금과 은을 매우 조심스럽고 은밀하게 사들여야만 그것을 저렴한 가격으로 사들여 축적해나갈 수 있다. 축적되는 금 가운데 일부는 우리가 검은 황금 나라에 공급한 무기의 대금으로 우리에게 지급된 것이다.

우리가 바나나 돈과 즐기자 나라의 금융시장에서 김을 빼기 시작하면 우리 자신도 그로 인해 커다란 손실을 보게 될 것이다. 그러나 그 과정에서 우리가 축적한 금의 가치가 바나나 돈에 비해 상당히 큰 폭으로 오르게 될 것으로 나는 예상한다. 그렇게 되면 우리가 보게 되는 손실 가운데 일부는 금의 가치 상승으로 상쇄될 것이다. 이렇게 상쇄된 뒤에도 손실이 남을 수 있지만, 그것은 우리가 지금 바나나 돈의 강세로부터 얻고 있는 이익에 비하면 미미한 수준일 것이다. 설령 우리가 수천억 바나나 돈의 손실을 보게 된다 하더라도 그것은 지금 진행되고 있는 우리의 산업화, 선진국으로부터의 기술이전, 전쟁이 아닌 경제적 조치를 통해 즐기자 나라를 파괴할 수 있는 기회의 창출 등에 비하면 얼마든지 감수할 수 있는 적은 금액의 대가일 것이다. 특히 즐기자 나라와 군사적 충돌을 해봐야 우리가 이길 수는 없으며 그런 충돌은 지금 우리가 전 세계에서 서서히 얻어가고 있는 존경과 신뢰의 기반을 허물어뜨릴 것이 뻔하다는 점을 고려하면, 많은 돈이 들어갈 군사적 충돌을 피하는 대신에 경제적 조치만으로 우리가 즐기자 나라를 파괴할 수 있는 기회가 창출된다면 그것은 소중한 것이 아닐 수 없다.

요컨대 지금 내가 제안하고 있는 정책은 먼저 우리의 적으로 하여금 자만에 빠지게 해서 결국은 제풀에 무너져 내리게 하자는 것이다. 마지막으로 나는 우리가 분명한 비교우위를 가지고 있는 부문에 대해 말하고자 한다. 우리는 바로 그 부문을 이용해 즐기자 나라에 심각한 손해를 입힐 수 있다. 전번의 비밀 내각회의에서 나는 온갖 종류의 투기적 거래가 난무하면서 매일같이 수조 원의 바나나 돈이 거래되는 국제금융시장이 예기치 못한 충격에 얼마나 취약한지에 대해 설명한 바 있다. 헤지펀드는 전 세계를 떠도는 투기적인 지폐가 집결한 거대한 자금 풀에 불과한 것인데, 지금은 모두가 마치 헤지펀드처럼 행동하고 있다.

이제 우리는 우리 자신에게 이런 질문을 던져볼 필요가 있다. 거품이 꺼져 지폐가 휴지조각이 될 때 과연 어떤 나라가 더 큰 피해를 입게 될까? 부가가치를 만들어내는 서비스와 산업생산을 포함한 실물 경제활동에 비해 금융시장의 규모가 큰 나라일수록 더 큰 피해를 입게 될 것이 분명하다. 우리의 금융시장은 실물

경제에 비해 그 규모가 작은 반면에 즐기자 나라의 금융시장은 실물경제에 비해 기형적으로 크다.

가장 중요한 점은, 우리나라의 외환보유액이 세계에서 압도적으로 덩치가 큰 헤지펀드와 같다는 것이다. 게다가 실제 헤지펀드는 투기거래만 하지만 우리는 외환보유액을 가지고 세계의 많은 시장에서 내부자의 역할도 할 수 있다. 또한 실제의 헤지펀드와 달리 우리는 세계에서 일차산품을 가장 많이 사용하는 나라다. 이 때문에 우리는 많은 시장에 대해 그 누구보다도 더 잘 알고 있을 뿐 아니라 뜻하는 대로 각 시장을 움직일 수 있는 위치에 있다. 이런 우리의 위치를 활용하기 위해 나는 전 세계에서 가장 유능한 트레이더들을 고용해 팀을 구성했다. 그들 대부분은 즐기자 나라에서 교육을 받고 그 나라의 헤지펀드에서 일하면서 온갖 종류의 금융상품을 거래하고 운영하는 데 필요한 전문성을 기른 사람들이다.

앞으로 우리가 할 수 있는 일에 대해 예를 들어가며 설명해보겠다. 모두가 알고 있듯이 우리가 일 년 전에 비해 지금 일차산품 구입에 훨씬 더 많은 돈을 지출하게 된 것은 우리의 일차산품 수요가 늘어났기 때문만이 아니라 우리의 늘어나는 수요에 편승해 투기자들이 일차산품 가격을 끌어올렸기 때문이기도 하다. 그래서 최근에 우리는 일차산품 선물시장에서 대규모로 공매도 포지션을 취해놓은 다음에 일차산품에 대한 국내 산업의 수요를 줄이기 위해 신용공여를 축소했다. 한편으로는 우리의 일차산품 수입업자들에게 당분간 일차산품 시장에서 아예 발을 빼고 있으라고 부탁하기도 했다. 그러자 시장정보에 어두운 일부 순진한 헤지펀드들이 우리의 경제가 냉각되기 시작했다고 착각하고 일차산품에 대한 투자 포지션을 청산함에 따라 그동안 그들이 부풀려 놓았던 일차산품 가격이 폭락했다. 그러나 그 과정에서 우리의 이익은 두 배가 됐다. 우리는 공매도 포지션으로부터 막대한 이익을 보았을 뿐만 아니라 이제는 일차산품을 훨씬 더 저렴한 가격에 살 수 있는 이점도 누리고 있다.

국내 경제에 대한 개입을 통해, 그리고 원료, 석유, 식량 등 일차산품 시장에 영향을 끼치는 것을 통해 우리가 행사할 수 있는 힘 덕분에 우리는 모든 투기적 시장에서 큰 폭의 경쟁우위를 누릴 수 있다. 몇 달 동안만 일차산품의 수입이 중단되면 국내의 일차산품 공급이 부족해져 우리나라가 상당한 경제난을 겪을 것이라는 점을 나는 인정한다. 하지만 우리나라의 국민은 즐기자 나라의 국민에 비해 국익을 위해 곤경을 감내하는 능력이 훨씬 뛰어나다. 우리나라의 강점이자 비교우위의 토대인 우리 국민의 이런 능력은 언제나 유지돼왔고, 앞으로도 그럴 것이다.

우리는 수요를 줄이는 것이 유리할 경우에 실제로 수요를 줄여 가격을 상승시킬 수 있을 뿐만 아니라 가격을 높이고 싶을 때 얼마든지 가격을 높일 수도 있다. 예를 들어 그동안 우리의 통화금융정책이 느슨해지면서 한 달 새에 은행의 대출이 35%나 늘어나고 구리의 수입이 30%나 증가했다고 우리가 발표한다면 시장은 어떤 반응을 보일까? 무엇보다 일차산품 가격이 천정부지로 치솟을 것이다! 그런데 우리는 이런 발표를 하기 전에 미리 우리가 필요로 하는 모든 종류의 일차산품을 선물시장에서 사들이거나 그동안 우리와 거래해온 전 세계의 일차산품 공급자들과 비밀리에 장기 공급계약을 체결하는 방식으로 일차산품을 축적해 놓을 수 있다.

그러므로 이제 우리는 즐기자 나라의 금융시장에 엄청난 손상을 입힐 수 있는 입장이 됐다고 나는 믿는다. 이 게임에서 우리는 거의 모든 카드를 다 쥐고 있고, 모멘텀 투자자나 기민한 위험회피자들은 우리가 금융시장을 조작하기 위해 실시하는 거래를 좋든 싫든 따라올 수밖에 없다. 이와 같은 게임에서는 즐기자 나라의 헤지펀드는 물론이고 헤지펀드나 다름없는 기관투자가들도 우리를 이길 수 없다. 지금의 금융거품은 언젠가는 쓰라린 결과를 초래하고 꺼질 것이라는 점을 우리는 모두 알고 있다. 하지만 우리는 실제로 상황이 그렇게 될 경우에 입게 될 손실을 줄이는 데 유리한 위치에 있다. 반면에 헤지펀드나 헤지펀드와 비슷한 태도를 가진 전 세계의 금융회사들은 거품이 꺼질 때 큰 피해를 입을 것이다.

나의 결론은, 지금 우리가 즐기자 나라와 군사적 충돌을 빚으면 우리가 지겠지만 즐기자 나라와 경제전쟁이나 금융전쟁을 벌이면 우리도 물론 고통을 겪긴 하겠지만 결국은 우리가 반드시 이기리라는 것이다. 이제 남은 문제는, 우리가 상대적인 약자의 위치에서 상대적인 강자의 위치로 언제, 그리고 어떻게 이동할 것인지를 결정하는 것뿐이다.

* * *

일하자 나라가 추진한 정책이 기대한 결과를 낳아주는 데는 그리 오래 걸리지 않았다. 즐기자 나라의 빚은 계속 급증했지만, 이것이 즐기자 나라의 성장과 번영에 미치는 부정적인 영향의 크기는 점점 줄어들었다. 즐기자 나라의 일자리와 공장은 계속해서 일하자 나라와 힌두 나라로 옮겨갔다. 시간이 흐르면서 일하자 나라의 자체 브랜드들이 발전해, 이미 시장에 자리를 잡고 있던 즐기자 나라의 유명 제품들과 격심한 경쟁관계에 들어갔다. 그런데 즐기자 나라의 제품들도 따지고 보면 그 대부분이 일하자 나라에서 만들어진 것이었다. 일하자 나라의 브랜드들이 약진함에 따라 즐기자 나라 기업들은 이익이 줄어들었다.

이와 동시에 천연자원에 대한 일하자 나라의 수요가 계속 증가하면서 그 가격이 점점 더 높게 올랐다. 물론 일하자 나라의 경제가 뒷걸음을 칠 때면 재고가 늘어나고 물가가 하락하면서 천연자원 가격의 상승세도 일시적으로 중단되곤 했다. 바나나 돈의 가치를 높이고 금융시장에 개입하는 정책을 내세운 즐기자 나라의 현직 우두머리를 재선시키기 위한 일하자 나라의 노력은 효과가 있었다. 대담한 성향을 가진 그는 결국 재선됐다. 그런데 그가 새로운 임기를 시작한 직후에 즐기자 나라의 경제가 비틀거리기 시작했다.

근본적인 문제는 즐기자 나라의 일자리와 생산이 계속해서 일하자 나라로 옮겨가는 가운데 즐기자 나라의 중앙은행이 돈을 계속 더 많이 찍어냈고, 그럴수록 즐기자 나라의 물가가 더 많이 오른 데 있었다. 이로 인해 즐기자 나라에서 실질임금이 떨어졌고, 가계의 주택유지 능력이 문제가 되면서 논란의 대상이 됐다. 마침내 소비의 증가세가 주춤하게 됐고, 그동안 급등하며 즐기자 나라의 번영을 연장시키던 주택가격이 하락세로 돌아서면서 수많은 부동산 투기자들에게 타격을 입혔다. 이런 상황에서 즐기자 나라는 위험한 공격용 무기를 생산하는 시설로 의심되는 페르시아 부족의 몇몇 시설들을 공격했다. 이로 인해 검은 황금 나라를 둘러싼 국제적인 긴장이 더욱 고조됐다. 왜냐하면 그때 페르시아 부족은 이미 일하자 나라와 몇 건의 중요한 석유공급 계약을 체결해 놓고 있었고, 따라서 일하자 나라도 페르시아 부족이 속한 검은 황금 나라에 걸려 있는 자국의 이익을 지키기 위해 개입하지 않을 수 없었기 때문이다.

일하자 나라는 즐기자 나라와의 직접적인 군사적 대결은 피하려고 했지만 이제 즐기자 나라의 경제에 대한 공격을 시작해야 할 때가 됐다고 판단했다. 일하자 나라는 바나나 돈 표시 채권과 즐기자 나라의 주식을 동시에 내다팔기 시작했고, 바나나 돈으로 쌓아두었던 외환보유액을 금과 은으로는 물론이고 바나나 돈에 비해 가치가 급등하기 시작한 자국의 화폐로도 바꾸기 시작했다. 전 세계의 다른 나라들도 귀금속과 일하자 나라의 돈에 비해 바나나 돈의 가치가 상대적으로 떨어지는 것을 보고 바나나 돈을 내다팔고 대신 자국 통화와 금을 사들이기 시작했다. 대규모 헤지펀드를 비롯한 전 세계의 투기자들이 바나나 돈에 대한 이러한 매도압력과 바나나 돈 자체의 약점을 놓칠 리가 없었고, 이로 인해 바나나 돈의 가치는 더욱 급락했다. 이와 동시에 바나나 돈 표시 채권에 대한 매도세는 금리를 상승시킴으로써 과도한 빚을 짊어지고 있던 즐기자 나라의 소비자들에게 추가적인 타격을 입히고 정부의 재정적자도 확대시켰다.

이런 상황을 맞아 즐기자 나라의 중앙은행은 그 전의 25년 동안 탁월하게 휘둘러온 전가의 보도를 다시 꺼내 들고 본격적으로 휘둘렀다. 더 많은 돈을 찍어내고 그 돈으로 일하자 나라 및 그 밖의 다른 나라 중앙은행들이 내다파는 즐기자 나라 채권을 몽땅 사들인 것이다. 하지만 정부의 부채를 이렇게 화폐증발로 흡수하는 즐기자 나라 중앙은행의 조치는 문제의 해결에 그다지 도움이 되지 않았다. 왜냐하면 즐기자 나라 중앙은행이 채권을 더 많이 사들일수록 바나나 돈과 즐기자 나라의 부채상환 능력에 대한 투자자들의 신뢰가 더 많이 떨어졌기 때문이다. 마침내 즐기자 나라의 정부가 직접 개입하고 나섰다. 즐기자 나라 정부는 국가안보라는 명분 아래 외환거래에 대해 엄격한 통제조치를 취했다. 즐기자 나라 사람들이 해외에 금융계좌를 갖는 것과 귀금속을 사는 것을 불법화하고 금지했다.

바나나 돈의 가치가 추락하면서 즐기자 나라에서 수입품의 가격이 급등했고, 석유를 비롯한 일차산품 생산국들이 결제대금을 바나나 돈으로 받기를 거부했다. 21세기 초에 2차 급등세를 보이다가 주춤했던 석유가격이 바나나 돈 기준으로 갑자기 다시 급등하기 시작했다. 오늘날 3차 석유가격 급등이라고 불리는 이때의 석유가격 급등은 주로 공급의 위축에 따라 일어난 것이었다.

이때의 위기가 발생하기 전에는 바나나 돈이 강세를 보이고 즐기자 나라의 물가가 조금 하락하기도 했지만, 그것은 일하자 나라 통화금융 당국의 개입에 따른 현상이었다. 이제는 물가가 엄청나게 치솟기 시작했고, 그러자 자기 나라의 통화를 더 이상 믿지 못하게 된 즐기자 나라 사람들이 현금과 채권을 귀금속을 제외한(귀금속은 소유가 금지됐기 때문에) 일차산품 등 실물자산과 부동산으로 너도나도 서둘러 바꾸려고 했다.

바나나 돈의 가치 하락은 즐기자 나라의 경쟁력을 개선하는 데 아무런 도움도 되지 않았다. 왜냐하면 가속화하는 국내 물가상승이 바나나 돈의 가치 하락이 가져다주는 경쟁력 개선 효과를 상쇄시켜 버렸기 때문이다. 이리하여 즐기자 나라는 고인플레이션과 불황이 가져오는 고통을 동시에 겪었다. 이는 사반세기도 더 전에 '라티노 나라'가 겪었던 상황과 비슷했다.

그러는 동안에 일하자 나라도 심각한 경제난을 겪었다. 이때에도 여전히 즐기자 나라는 일하자 나라의 최대 수출시장이었다. 그런데 즐기자 나라의 실질소득이 크게 떨어지면서 일하자 나라의 제품에 대한 즐기자 나라의 수요가 급감했다. 유포의 가치가 바나나 돈에 대해서는 급등하고 일하자 나라의 돈에 대해서는 급락함에 따라 일하자 나라의 제품에 대한 유포파 나라의 수요도 줄어들었다. 일하자 나라는 대규모 과잉설비 문제에 부닥쳤고, 이로 인해 자본투자가 크게 줄어들었다. 위기가 시작되기 훨씬 전부터 이미 부실 대출채권을 많이 떠안고 있었던 일하자 나라의 은행들은 이제 새로운 대출을 하지도 못하는 상태가 됐고, 결국은 정부의 구제조치에 매달려야 했다.

일하자 나라의 경제가 침체하기 시작한 것은 곧 다른 나라들의 제품에 대한 일하자 나라의 수입수요가 축소되는 것을 의미했고, 이로 인해 경기침체가 들불처럼 전 세계로 퍼졌다. 세계 각국의 정부와 중앙은행들은 그

동안 겪어본 적이 없는 이런 새로운 종류의 위기에 경악했고, 어떤 조치를 취해야 할지를 몰라 혼란에 빠졌다. 20세기 초반의 대공황 이래 최대 규모의 은행파산 사태가 빚어졌고, 거대하게 팽창했던 파생금융상품 시장은 흔적도 없이 사라졌다.

즐기자 나라는 처참한 국내 상황으로부터 국민의 눈을 다른 데로 돌리고 석유를 확보하기 위해 점점 더 중요한 석유공급 국가로 떠오르고 있었던 '페르시아 나라'와 '수다나 나라'를 침공하기 시작했다. 그러나 이런 움직임이 자국의 국가안보를 위협한다고 본 스푸트니크 나라가 나서서 즐기자 나라의 그러한 침공을 막아냈다. 그러나 스푸트니크 나라 자신도 검은 황금 나라에 개입하기 시작하면서 동쪽 국경이 취약해진 상태였다. 일하자 나라의 지도부가 이것을 놓칠 리 없었다. 일하자 나라는 100년도 더 전에 스푸트니크 나라에 빼앗겼던 영토를 되찾기 위해 스푸트니크 나라의 동쪽 국경을 넘었다. 이 분쟁은 처음에는 국지적인 갈등에 지나지 않았지만 결국은 우리가 지금 3차 세계대전이라고 부르는 전쟁을 촉발시켰다. 이 세계대전은 모든 나라를 빈곤하게 만들었지만, 특히 즐기자 나라에 가장 큰 타격을 주었다.

평화의 시대가 끝나고 전쟁과 갈등의 시대가 계속되면서 일하자 나라가 경제적, 정치적으로 세계에서 가장 중요한 나라로 떠올랐다. 일하자 나라의 경제도 큰 타격을 받았지만 경제규모에 비교한 금융부문의 상대적 크기가 즐기자 나라나 유포파 나라에 비해 훨씬 작았기 때문에 부의 파괴라는 측면에서 입은 피해는 비교적 적었다. 즐기자 나라의 국민은 자신의 건강과 은퇴 후의 삶을 정부가 보살펴주기를 바라면서 정부에 의존하는 습성에 빠져 있었지만 즐기자 나라의 정부는 이제 더 이상 국민에게 그렇게 해줄 수 없는 처지가 됐다. 이와 달리 일하자 나라에는 그동안 그러한 사회적 안전망이 존재한 적이 없었고, 따라서 일하자 나라는 전쟁의 피해와 초인플레이션을 동시에 겪게 된 즐기자 나라만큼 생활수준이 크게 급락하지는 않았다.

\* \* \*

그러나 이런 대혼란과 파괴의 시기에 희망의 빛이 한 줄기 비추었다. 지구상의 모든 나라가 마침내 강화조약을 맺음으로써 평화가 회복됐을 때 중앙은행이 모든 권한을 박탈당한 것이다. 귀금속에 통화의 가치를 고정시킨 새로운 통화금융제도가 무분별하게 돈을 마구 찍어낼 수 있었던 중앙은행의 권한에 종지부를 찍었다. 파생금융상품 거래와 금융투기는 더 이상 존재하지 않게 됐고, 자산가격 상승에 따른 차익으로 먹고 살 수 있는 시대는 종말을 고했다. 그러자 전 세계에서 온갖 종류의 자산에 투기를 하면서 시간을 보내던 사람들이 다시 생산적인 일을 하기 시작했다.

사회적 추세도 극적으로 바뀌었다. 검은 황금 나라에서 온갖 문제를 일으키던 독선적인 정부들은 모두 다 훨씬 더 관대한 정부로 바뀌었다. 그러한 정부를 이끌던 독선적인 지도자들 가운데 다수는 세계가 인정하는 국제법원에서 재판을 받고 전쟁범죄의 유죄판결을 받았다. 검은 황금 나라에서는 대부분의 봉건가문들이 나라 밖으로 도주해 즐기자 나라의 '텍스 휴스턴 구역'에서 난민으로 살아가게 됐다. 그리고 검은 황금의 나라에도 나름대로의 민주적인 정부가 들어섰다. 검은 황금 나라의 경제는 이때부터 장기적인 침체에 들어섰다. 왜냐하면 석유생산이 점점 더 줄어들었을 뿐만 아니라 태양열에너지나 수소에너지와 같은 대체에너지 기술이 발달하면서 석유가 세계의 주된 에너지원 목록에서 밀려났기 때문이다.

마지막으로 하나 더 말한다면, 일하자 나라에서는 경제적, 사회적 위기가 정부의 개혁으로 이어졌고, 이에 따라 훨씬 더 민주적인 정부 시스템이 채택됐다.

## 표와 그림의 출처

**2장**

38쪽 〈그림 2-1〉 신경제 도취증: The Leuthold Group—February 2002.
39쪽 〈그림 2-2〉 대만 주식시장의 상투: Baring Securities.
39쪽 〈그림 2-3〉 인도네시아 주식시장의 파도: Baring Securities.
40쪽 〈그림 2-4〉 때늦은 러브송: Kim Eng Securities.
42쪽 〈그림 2-5〉 놓쳐버린 대박: The Stock Picture.
46쪽 〈그림 2-6〉 미국 대형우량주를 능가한 신흥시장 주식: BCA Research 2002.
49쪽 〈그림 2-7〉 미국 재무부채권의 수익률과 가격: CRB.
55쪽 〈그림 2-8〉 밀접한 상관관계: Bridgewater Associates.
56쪽 〈그림 2-9〉 주택시장의 과열: Federal Reserve Board, flow of funds accounts, Ed Yardeni / Prudential Securities (www.prudential.com).
58쪽 〈그림 2-10〉 바닥으로 떨어진 신흥시장 주가: www.BCAresearch.com, emerging market strategy.
64쪽 〈표 2-1〉 1970년대의 실물자산 붐: Salomon Inc.
65쪽 〈그림 2-11〉 억눌린 일차산품 가격: www.ditomassogroup.com.
66쪽 〈그림 2-12〉 달러화의 고평가 행진: ABN-Amro.

**4장**

86쪽 〈표 4-1〉 19세기 미국의 기적: A Century of Population in the United States 1790-1900, US Department of Commerce and Labour, Washington, 1909.
88쪽 〈그림 4-1〉 19세기 미국의 면화 가격 추이: Samuel Benner, Benner's Prophecies, Washington, 1884.
92쪽 〈표 4-2〉 1837~1841년의 주가 폭락: Sereno Pratt, The Work of Wall Street, and Robert Sobel, Panic on Wall Street.
94쪽 〈그림 4-2〉 철도 붐: Samuel Benner, Benner's Prophecies, Washington, 1884.
94쪽 〈표 4-3〉 19세기 중엽의 금 러시: Historical Statistics of the United States.

96쪽 〈표 4-4〉 철도건설보다 먼저 꺾인 철도주: Smith, Walter & Cole, Arthur, Fluctuations in American Business, 1790-1860.
104쪽 〈표 4-5〉 번영하는 도시에 몰리는 노동자들: The Cambridge Economic History of Europe, Cambridge, 1965.
105쪽 〈그림 4-3〉 주가의 고점과 저점: Samuel Benner's Prophecies of Future Ups and Downs in Prices, Cincinnati, 1884.
106쪽 〈그림 4-4〉 힘 빠진 철도주: Ralph E. Badger, Investment Principles and Practices, New York, 1935.
109쪽 〈그림 4-5〉 완전한 붕괴: The Primary Trend.

**5장**
114쪽 〈그림 5-1〉 신흥시장의 라이프사이클: Marc Faber Limited.
114쪽 〈그림 5-2〉 한국의 사례: Datastream.
118쪽 〈그림 5-3〉 석유달러 붐 전후의 주가: Baring Securities.
127쪽 〈그림 5-4〉 경기정점을 상징하는 고층빌딩들: Dewey, Edward, Cycles - The Science of Predictions, New York, 1947.
137쪽 〈그림 5-5〉 나라별 주식시장 규모: Baring Securities, Unibanco, Veneconomia, La Nota Economica, Argos.
137쪽 〈그림 5-6〉 나라별 주식시장 거래회전율: Emerging Stock Markets Factbook.

**6장**
148쪽 〈표 6-1〉 과소소비의 원인은 고소득층에: John A. Hobson, The Economics of Unemployment, London, 1931.
151쪽 〈그림 6-1〉 점점 느려지는 성장속도: IMF.
152쪽 〈그림 6-2〉 빚꾸러기가 된 미국인들: Federal Reserve Flow of Funds, Bridgewater Associates.
161쪽 〈그림 6-3〉 대공황 수준을 넘어선 빚: The Elliott Wave Theorist, February 2002.

**7장**
166쪽 〈그림 7-1〉 물가의 장기파동: Edward R. Dewey, Cycles - The Science of Predictions, New York, 1947.

168쪽 〈그림 7-2〉 곡물의 가격변동과 곡물혁명: David Hackett Fischer, The Great Wave.
170쪽 〈그림 7-3〉 일차산품 가격의 장기파동: Kondratieff.
170쪽 〈그림 7-4〉 금리의 장기파동: Merrill Lynch.
172쪽 〈표 7-1〉 장기 순환파동의 역사: Nikolai Kondratieff, The Long Waves in Economic Life, London, 1925, translated by Guy Daniels, London, 1984.
174쪽 〈표 7-2〉 호황과 불황의 지속기간: Nikolai Kondratieff, The Long Waves in Economic Life, London, 1925, translated by Guy Daniels, London, 1984.
176쪽 〈그림 7-5〉 제5파동이 시작된다: Marc Faber Limited.
178쪽 〈그림 7-6〉 3개 파동의 종합: J. Schumpeter, Business Cycles, New York, 1939.
184쪽 〈그림 7-7〉 피셔를 현혹시킨 주가: Long-term Perspectives.
187쪽 〈표 7-3〉 지역별 소득증가율 비교: A. Maddison, Monitoring the World Economy, 1995.
203쪽 〈그림 7-8〉 19세기의 실질임금 추이: David Hackett Fischer, The Great Wave.

## 8장

224쪽 〈그림 8-1〉 오래 뜸 들였다가 급등급락: The Business Picture.
224쪽 〈그림 8-2〉 미국 주가를 실질치로 보면: The International Bank Credit Analyst.
226쪽 〈그림 8-3〉 바닥 다지기: Gaveco.
243쪽 〈그림 8-4〉 미국시장을 떠받친 외국자본: Federal Reserve Board, Flow of Funds Accounts, Ed Yardeni / Prudential Securities (www.prudential.com).
244쪽 〈그림 8-5〉 투자자금 풀의 영향: The Bank Credit Analyst.
246쪽 〈그림 8-6〉 일본에서도: The Bank Credit Analyst.
249쪽 〈그림 8-7〉 황홀했던 기술주 파티: Datasteam.
260쪽 〈그림 8-8〉 주도주가 한번 꺾이면: Arnold Investment Counsel, Inc.

## 9장

272쪽 〈그림 9-1〉 홍콩의 사무용 건물 가격상승: Jones Lang Wootton.
274쪽 〈그림 9-2〉 1980년대 후반의 놀라운 주가상승: Baring Securities.
274쪽 〈그림 9-3〉 3년 만에 6배 이상으로: Baring Securities.
281쪽 〈그림 9-4〉 위기 이전 태국의 사무실 붐: JLW Research.
281쪽 〈그림 9-5〉 절벽에서 추락하듯: CLSA Asia-Pacific Markets.

282쪽 〈표 9-1〉 태국의 부동산 관련주 붐: Mark Faber Limited.
283쪽 〈표 9-2〉 선견지명 있는 예측: Condor Advisors LLC.
288쪽 〈그림 9-6〉 위기의 배경: CLSA Asia-Pacific Markets.
290쪽 〈그림 9-7〉 아시아 위기의 타격: Baring Securities.
291쪽 〈그림 9-8〉 통화 평가하락의 효과: World Bank, Indonesia, Bank for International Settlements, Reuters, Peregrine Estimates.
293쪽 〈그림 9-9〉 아시아 수출 회복의 배경: Ed Yardeni / Prudential Securities (www.prudential.com).
294쪽 〈그림 9-10〉 이웃나라 밀어내기: Bank Credit Analyst.
297쪽 〈그림 9-11〉 전자강국이 되어가는 중국: BCA Research.
298쪽 〈표 9-3〉 미국의 경기침체에 취약한 아시아: CEIC / JP Morgan.

## 10장

303쪽 〈표 10-1〉 인플레이션의 역설: Consultores de Inversiones Bursatiles Y Francieras, Buenos Aires.
305쪽 〈그림 10-1〉 바이마르 디플레이션(1): Bresciani-Turroni.
307쪽 〈표 10-2〉 바이마르 디플레이션(2): The Economics of Inflation, Costantino Bresciani-Turroni.
311쪽 〈그림 10-2〉 불안정 속의 기회: Rolf Bertschi, Credit Suisse Private Banking, 1987, Zurich.
312쪽 〈표 10-3〉 구체제 붕괴 직후의 곤경: Vienna Institute for Comparative Economic Studies, Commerzbank Estimates for 1993 and 1994.
316쪽 〈표 10-4〉 옛 소련 지역의 풍부한 자원: International Energy Annual, Energy Information Administration.

## 11장

322쪽 〈표 11-1〉 대도시의 부침: Marc Faber Limited.
325쪽 〈표 11-2〉 대도시의 흥망성쇠: Tertius Chandler, Four Thousand Years of Urban Growth, New York, 1987.
347쪽 〈표 11-3〉 역대 중국 최대의 도시들: Tertius Chandler, Four Thousand Years of Urban Growth, New York, 1987.

365쪽 〈표 11-4〉 공산화 이전 중국의 외자유입: Remer, C. F., Foreign Investments in China, New York, 1933.
365쪽 〈표 11-5〉 영국 자본의 중국 진출: Remer, C. F., Foreign Investments in China, New York, 1933.

## 12장

368쪽 〈그림 12-1〉 휴지조각이 될 수 있는 지폐: Prof. Werner Antweiler, University of British Columbia, Vancouver.
377쪽 〈그림 12-2〉 희대의 거품: Elliott Wave International.
383쪽 〈그림 12-3〉 주가와 부동산 값의 시차: HSBC.
383쪽 〈그림 12-4〉 주식시장이 붕괴한 뒤에도: HSBC.
385쪽 〈그림 12-5〉 일차산품 가격의 극적인 상승: National Institute of Investment Research.
387쪽 〈그림 12-6〉 은 가격의 움직임: National Institute of Investment Research.
387쪽 〈그림 12-7〉 떨어질 만큼 떨어졌다: Super Charts and National Institute of Investment Research.
389쪽 〈그림 12-8〉 앞서거니 뒤서거니 같이 가기: BCA Publications Ltd.
392쪽 〈표 12-1〉 '새로운 시대'의 밑불 지피기: Pivotal Events, 9 August 2002.
393쪽 〈그림 12-9〉 곡물 가격의 상승 조짐: Ed Yardeni / Prudential Securities (www.prudential.com).
399쪽 〈표 12-2〉 로마 황제들의 화폐 물타기: Pivotal Events, 9 August 2002.
400쪽 〈그림 12-10〉 로마의 화폐 물타기를 그래프로 보면: Rolf Bertschi, Credit Suisse Private Banking.
404쪽 〈그림 12-11〉 대영제국 화폐의 쇠락: Datastream.
404쪽 〈그림 12-12〉 채권 수익률로 본 대영제국의 쇠퇴: Sydney Homer, A History of Interest Rates.
409쪽 〈표 12-3〉 페소 기준 주가와 달러 기준 주가의 차이: Acciones y Valores.
410쪽 〈그림 12-13〉 멕시코의 주가지수: Acciones y Valores.

## 13장

419쪽 〈그림 13-1〉 늘어나는 해외관광: China National Tourism Administration.

420쪽 〈그림 13-2〉 늘어나는 석유 소비: Oil Market Intelligence, Ed Yardeni / Prudential Securities (www.prudential.com).

422쪽 〈표 13-1〉 중국의 식량 소비: Consumer Asia 1995.

425쪽 〈그림 13-3〉 일본을 밀어내는 중국: Bridgewater Associates.

432쪽 〈그림 13-4〉 동남아시아에 대한 국제 은행융자 잔액: Bank for International Settlements, Ed Yardeni / Prudential Securities (www.prudential.com).

**에필로그**

438쪽 〈표 에필-1〉 지난 2000년간의 세계: Angus Maddison, Monitoring the World Economy, 1995.

439쪽 〈표 에필-2〉 지난 1000년간의 세계: Paul Bairoch, Victoires et deboires, 1997.

440쪽 〈표 에필-3〉 확대돼온 세계의 빈부격차: Paul Bairoch, Victoires et deboires, 1997.

442쪽 〈그림 에필-1〉 농업부문의 더 빠른 생산성 증가: Bureau of Labor Statistics, Bureau of Economic Analysis and Gary Shilling.

444쪽 〈표 에필-4〉 늘어나는 인조제품 생산: Paul Bairoch, Victoires et deboires, 1997.

447쪽 〈그림 에필-2〉 거대도시가 많아지는 아시아: United Nations.

# 참고문헌

Aftalion, Albert, Les crises périodiques de surproduction, Paris, 1913.
Anderson, History of Commerce, London, 1788.
Ashton, T. S., Economic Fluctuations in England 1700~1800, Oxford, 1959.
Ashton, T. S., Iron and Steel in the Industrial Revolution, Manchester, 1924.
Badger, Ralph E., Investment Principles and Practices, New York, 1935.
Bairoch, Paul and Levy-Leboyer, Maurice, Disparities in Economic Development since the Industrial Revolution, New York, 1981.
Bairoch, Paul, Victoires et déboires, Éditions Gallimard, 1997.
Beer, A., Geschichte des Welthandels, Wien, 1864.
Benner, Samuel, Benner's Prophecies of Future Ups and Downs in Prices, Cincinnati, 1884.
Bernstein, Peter, Against the Gods, New York, 1996.
Bernstein, Peter, The Power of Gold, New York, 2000.
Blanqui, A., Résume de L'histoire du Commerce et de L'industrie, Paris, 1826.
Board of Governors of the Federal Reserve System, International Discussion Paper, Preventing Deflation; Lessons from Japan's Experience in the 1900s, No. 729, June 2002.
Böhm Bawerk, Eugen (von), Kapital und Kapitalzins, Jena, 1921.
Brardel, Fernand, Civilisation and Capitalism 15th~18th Century, New York, 1979.
Braudel, Fernand, The Mediterranean, New York, 1972.
Bresciani-Turroni, Costantino, The Economics of Inflation, August M. Kelley, 1968 (first published by Universita Bocconi in 1931).
Brooks, John, Once in Golconda, New York, 1969.
Bullock, Hugh, The Story of Investment Companies, New York, 1959.
Burton, Theodore, Financial Crises, New York, 1910.
Cambridge Economic History of Europe, The, Cambridge, 1965.
Cambridge Economic History of India, The, Cambridge, 1982.
Cambridge History of China, The, Cambridge, 1980.
Cambridge History of Southeast Asia, The, Cambridge, 1992.

Cannan, Edwin, A History of the Theories of Production and Distribution, London, 1893.
Chancellor, Edward, Devil Take the Hindmost, New York, 1999.
Chandler, Tertius, Four Thousand Years of Urban Growth, New York, 1987.
Chi, C., Key Economic Areas in Chinese History, New York, 1970.
Cipolla, Carlo, Before the Industrial Revolution, New York, 1993.
Cipolla, Carlo, Guns, Sails and Empires, Minerva Press, 1965.
Cipolla, Carlo, The Economic History of World Population, Baltimore, 1962.
Cipolla, Carlo, The Fontana Economic History of Europe, Collins/Fontana Books, 1976.
Clark, John J., and Cohen, Morris, Business Fluctuations, Growth, and Economic Stabilisation, New York, 1963.
Clough, Shephard and Cole, Charles, Economic History of Europe, Boston, 1952.
Cootner, Paul H., The Random Character of Stock Market Prices, Cambridge, MA, 1964.
Cowles, Virginia, The Great Swindle, London, 1960.
Dehio, Ludwig, The Precarious Balance: Four Centuries of the European Power Struggle, London, 1948.
Derry T. K. and Williams, Trevor, A Short History of Technology, Oxford, 1960.
Dewey, Edward, Cycles—The Science of Predictions, New York, 1947.
Diamond, Jared, Guns, Germs, and Steel, New York, 1997.
Doolittle, Justus, Social Life of the Chinese, London, 1868.
Douglas, P. H., Controlling Depressions, New York, 1935.
Dreman, David, Psychology and the Stock Market, New York, 1977.
Durant, Will, The Story of Civilisation, New York, 1954.
Encyclopaedia Britannica.
Engels, Frederik, Socialism: Utopian and Scientific (translated by E. Aveling), London, 1892.
Estey, James A., Business Cycles, New York, 1941.
Etheron, P. T. and Tiltman, Hessell, Manchuria, the Cockpit of Asia, London, 1933.
Evans, Morier D., The History of the Commercial Crisis, 1857~58 and the Stock Exchange Panic of 1859, New York, London 1859 (reprinted New York, 1869).
Faulkner, Harold Underwood, American Economic History, New York, 1935.
Fisher, Irving, Booms and Depressions, New York, 1932.
Fisher, Irving, Inflation?, London, 1933.
Fisher, Irving, The Debt—Deflation Theory of the Great Depression, London, 1933.
Fisher, Irving, The Stock Market Crash—and After, New York, 1930.

Foxwell (ed), Jevons, W. Stanley, Investigations in Currency and Finance, London, 1884.
Frasca, Charles, Stock Swindlers and Their Methods, New York, 1931.
Fridson, Martin S., It Was a Very Good Year, New York, 1998.
Friedman, Milton and Schwartz, Anna, A Monetary History of the United States, 1867~1960, Princeton, 1963.
Gaettens, Richard, Inflationen, München, 1955.
Galbraith, John Kenneth, The Great Crash 1929, Boston, 1988.
Garnier, J., Du Principe de Population, Paris, 1857.
Gayer, A. D., Monetary Policy and Economic Stabilisation, New York, 1935.
Gernet, J., A History of Chinese Civilisation, Cambridge, 1982.
Gibbon, E., The History of the Decline and Fall of the Roman Empire, London, 1780.
Gibson, Alexander, Economic Geography, New Jersey, 1979.
Graham, Frank D., Exchange, Prices, and Production in Hyper-Inflation: Germany, 1920~1923, New York, 1930.
Guyot, Yves, La Science Économique, Paris, 1881.
Haberler, Gottfried, Prosperity and Depression, New York, 1946.
Haberler, Gottfried, Readings in Business Cycle Theory, London, 1950.
Hall, Peter, Cities in Civilisation, New York, 1998.
Halley Stewart Lecture, The World's Economic Crisis, London, 1931.
Harrod, R. F., The Trade Cycle, Oxford, 1936.
Hayek, Friedrich A., Monetary Theory and the Trade Cycle, London, 1933.
Hayek, Friedrich A., Prices and Production, London, 1931.
Hicks, J. R., A Contribution to the Theory of the Trade Cycle, Oxford, 1950.
Hicks, J. R., Essays in World Economics, Oxford, 1959.
Hippocrates, "Influence of Atmosphere, Water, and Situation" in Greek Historical Thought from Homer to the Age of Heraclius, translated by A. J. Toynbee, 1924.
Hobson, John A., Confessions of an Economic Heretic, London, 1938.
Hobson, John A., Free-Thought in the Social Sciences, New York, 1926.
Hobson, John A., The Economics of Unemployment, London, 1931.
Hobson, John A., The Evolution of Modern Capitalism, London, 1894.
Homer, Sydney, A History of Interest Rates, New Jersey, 1977.
Homer, Sydney, The Great American Bond Market, Selected Speeches, Dow Jones-Irwin, 1978.

Hunold, Albert, Vollbeschäftigung, Inflation und Planwirtschaft, Aufsätze von verschiedenen Oekonomen, Zürich, 1951.

Huntington, Ellsworth, World Power and Evolution, New Haven, 1919.

Hyndman, H. M., Commercial Crises of the Nineteenth Century, London, 1892 (reprinted New York, 1967).

Issawi, C., The Economic History of the Middle East, Chicago, 1966.

Jacobs, Jane, The Economy of Cities, New York, 1969.

Jerome, Harry, Migration and Business Cycles, New York, 1926.

Jevons, William Stanley, The Theory of Political Economy, London, 1888.

Jones, Edward, Economic Crises, New York, 1900.

Juglar, Clément, Des crises commerciales et de leur retour périodique en France, en Angleterre et aux États-Unis, 2nd ed., Paris, 1889.

Kaufman, Henry, Interest Rates, the Markets, and the New Financial World, New York, 1986.

Kaufman, Henry, On Money and Markets, New York, 2000.

Kennedy, Paul, The Rise and Fall of the Great Powers, New York, 1987.

Keynes, John Maynard, A Tract on Monetary Reform, London, 1923.

Keynes, John Maynard, A Treatise on Money, London, 1930.

Keynes, John Maynard, The Economic Consequences of the Peace, London, 1919.

Keynes, John Maynard, The General Theory of Employment, Interest and Money, London, 1936.

Kindleberger, Charles, A Financial History of Western Europe, New York, 1993.

Kindleberger, Charles, Manias, Panics, and Crashes, New York, 1978.

Kondratieff, Nikolai, The Long Wave Cycle, (translated by Guy Daniels), New York, 1984.

Landes, David S., The Wealth and the Poverty of Nations, New York, 1998.

Lavington, F., The Trade Cycle, London, 1925.

Le Bon, Gustave, The Crowd, Norman S. Berg Publisher, Sellanraa, Dunwoody, Georgia.

Levy, Jerome, Economics Is an Exact Science, New York, 1943.

Mackay, Charles, Extraordinary Popular Delusions and the Madness of Crowds, New York, 1993.

Maddison, A., Monitoring the World Economy, 1995.

Marx, Karl, Capital, first published posthumously in German in 1885.

McCulloch, J. R., The Principles of Political Economy, 2nd ed. London, 1830.

McCulloch, J. R., Treatises and Essays on Subjects Connected with Economical Policy, Edinburgh, 1833.
McNeill, William, History of Western Civilisation, Chicago, 1986.
McNeill, William, Plagues and Peoples, New York, 1976.
McNeill, William, The Pursuit of Power, Chicago, 1982.
McNeill, William, The Rise of the West, Chicago, 1963.
Meason, Malcolm R. L., The Profits of Panics, London, 1866.
Mill, James, The History of British India, London, 1826.
Mill, John Stuart, Principles of Political Economy, 7th ed., London, 1871.
Mises, Ludwig (von), The Theory of Money and Credit, New York, 1935.
Mitchell, Wesley Clair, Business Cycles, Berkley, 1913.
Mitchell, Wesley Clair, What Happens during Business Cycles, National Bureau of Economic Research, New York, 1951.
Morgenstern, Oskar, The Limits of Economics, London, 1937.
Mulhall, Michael, History of Prices since the Year 1850, London, 1885.
Nairn, Alasdair, Engines That Move Markets, John Wiley & Sons, 2002.
Naisbitt, John, Global Paradox, London, 1994.
National Bureau of Economic Research, Conference on Business Cycles, New York, 1951.
Necker, M., De L'Administration des Finances de France, 1789.
Neill, Humphrey, The Art of Contrary Thinking, Caldwell, 1954.
Nisbet, Robert, History of the Idea of Progress, New York, 1980.
Noel, O., Histoire du Commerce du Monde, Paris, 1894.
North, S. N. D., A Century of Population Growth, Washington, 1909.
Norwich, John J., A History of Venice, New York, 1982.
Olson, M., The Rise and Decline of Nations, New Haven, 1982.
Organski, A. F. K., and Kugler, Jack, The War Ledger, Chicago, 1980.
Pacey, Arnold, Technology in World Civilisation, Oxford, 1990.
Paepke, Owens C., The Evolution of Progress, New York, 1993.
Pares, B., A History of Russia, London, 1949.
Parnell, Henry, On Financial Reform, London. 1830.
Pigou, A. C., Employment and Equilibrium, London, 1949.
Pigou, A. C., Income, London, 1955.
Pigou, A. C., Industrial Fluctuations, London, 1927.

Pigou, A. C., The Economics of Stationary States, London, 1935.
Pigou, A. C., The Economics of Welfare, London, 1920.
Pokrovsky, M. N., Brief History of Russia, London, 1933.
Pratt, Sereno, The Work of Wall Street, New York, 1921.
Prechter, Robert and Frost, Alfred, Elliott Wave Principle, Georgia, 1978.
Prechter, Robert, At the Crest of the Tidal Wave, Georgia, 1995.
Remer, C. F., Foreign Investments in China, New York, 1933.
Riesman, David, The Lonely Crowd, New Haven, 1950.
Rogers, James E., The Economic Interpretation of History, London, 1895.
Roll, Erich, A History of Economic Thought, London, 1938.
Röpke, Wilhelm, Crises and Cycles, London, 1936.
Röpke, Wilhelm, Jenseits von Angebot und Nachfrage, Zürich, 1966.
Rosenberg, Nathan and Birdzell, L. E. Jr., How the West Grew Rich, New York, 1986.
Rothbard, Murray, The Panic of 1819, New York, 1962.
Salvatore, Dominick, World Population Trends and Their Impact on Economic Development, New York, 1988.
Say, Jean-Baptiste, Cours Complet D'Economie Politique, Bruxelles, 1844.
Schumpeter, Joseph, "The Analysis of Economic Change", The Review of Economic Statistics, Vol. 17, No. 4, May 1935.
Schumpeter, Joseph, Business Cycle, Philadelphia, 1939.
Schumpeter, Joseph, Capitalism, Socialism, and Democracy, New York, 1942.
Schumpeter, Joseph, History of Economic Analysis, London, 1954.
Seligman, Edwin, The Economic Interpretation of History, New York, 1924.
Shilling, Gary A., Deflation, New Jersey, 1998.
Singer, Charles, Hall, A. R., and Williams, Trevor, A History of Technology (5 volumes), Oxford, 1954~8.
Slater, F. R., Sir Thomas Gresham, London, 1925.
Smith, Walter and Cole, Arthur, Fluctuations in American Business, 1790~1860, Cambridge, 1935.
Sobel, Robert, Panic on Wall Street, New York, 1968.
Sobel, Robert, The Big Board, New York, 1965.
Sombart, W., Der Moderne Kapitalismus, Leipzig, 1928.
Speck, E., Handelsgeschichte des Altertums, Leipzig, 1906.

Temple, Robert, The Genius of China, New York, 1986.

Temple, William, Observations upon the Provinces of the United Netherlands, 1720 (reprinted Cambridge, 1932).

Thompson, Robert L., Wiring a Continent, Princeton, 1947.

Thornton, Henry, An Inquiry into the Nature and Effects of the Paper Credit of Great Britain, London, 1802.

Timoshenko, V. P., World Agriculture and the Depression, Michigan Business Studies, Vol. V, No. 5, 1953.

Tinbergen, Jan, The Dynamics of Business Cycles, London, 1950.

Tooke, Thomas, A History of Prices, London, 1838.

Tooke, Thomas, Thoughts and Details on the High and Low Prices of the Last Thirty Years, London, 1823.

Toynbee, Arnold J., A Study of History, London, 1947 (see especially "The Comparability of Societies").

Tracy, (Comte) Destutt, Traite D'Economie Politique, Paris, 1825.

Trollope, Anthony, The Way We Live Now, New York, 1996.

Tugan–Baranowsky, Michael, Studien zur Theorie und Geschichte der Handelskrisen in England, Jena, 1901.

US Department of Commerce and Labour, A Century of Population Growth, Washington, 1909.

Veblen, Thorstein, The Higher Learning in America, New York, 1918.

Veblen, Thorstein, The Theory of Business Enterprises, New York, 1904.

Veblen, Thorstein, The Theory of the Leisure Class, New York, 1899.

Von Wieser, Friedrich, Das Gesetz der Macht, Wien, 1926.

Weber, Max, Protestant Ethic and the Spirit of Capitalism, New York, 1930.

Weber, Max, Wirtschaftsgeschichte, Leipzig, 1923.

Wicksell, Knut, Interest and Prices, London, 1936.

Wigmore, Barrie A., The Crash and Its Aftermath, Westport, 1985.

Wirth, Max, Geschichte der Handelskrisen, Frankfurt, 1874.

Wise, Murray, Investing in Farmland, Chicago, 1989.

Wright, Quincy, A Study of War, 1942, reprinted edition Chicago, 1965.

Zahorchack, Michael (ed), Climate, the Key to Understanding Business Cycles, New Jersey, Tide Press, 1980.

## 찾아보기

### ㄱ

가에텐스, 리하르트 306
강도귀족 143, 314
개항 346
객실점유율 116, 119
거품 23, 225, 239, 253, 261, 280
게이어, 아서 149
경기순환 85, 103, 145, 163
경기순환론 146
고아 337, 340
고층빌딩 127
골드 버그 251
골드 붐 243
공동통화 465
공매도 138, 256, 261, 276
공모주 열풍 247
공산주의 186, 284, 313, 369, 415, 475
공황 97, 146
과소소비론 147~153
과잉부채 179
과잉생산 190
과잉유동성 14, 271, 384, 479
과잉투자론 153~160
광란의 20년대 223
광저우 343, 344

9.11 테러 31, 233, 358, 368
구제금융 280
국유기업 449
군중심리 227~230
굴뚝주 43
굼 백화점 317
권력이행 210
균형상태 34
그레이엄, 벤저민 77
그린스펀, 앨런 22, 51, 234, 256
금 22, 45, 237, 266, 374, 388, 390, 411, 467
금리 156~157, 183, 396, 405, 483, 488
금리의 장기파동 170
금본위제도 491
금융 피라미드 254
금융적 과잉투자론 156~160
기독교 81
기술·미디어·통신(TMT) 11, 141, 199, 223, 233, 248
기술주 38, 249
기업금융 180
기요, 이브 153
기회의 균등 443

## ㄴ

나스닥 38, 222, 240, 249, 296
나이스비트, 존 279
나치즘 231
나투라 고갯길 211
낙관론의 오류 124, 134, 154, 270, 360
남북전쟁 97, 190
낭트 칙령 339, 353
네덜란드 동인도회사 74, 340, 341
네덜란드 서인도회사 74
노예무역 370
농산물 가격 193, 198
농업 147, 191, 193, 196, 442
농업혁명 27
뉘른베르크 336
뉴암스테르담 74
뉴욕 75, 90
뉴욕증권거래소 258
뉴턴, 아이작 222
니네베 326
닛케이 지수 273

## ㄷ

다각화 360
다국적기업 430, 431, 448
다우지수 77, 103, 225, 251, 259, 386
달러 65~66, 381, 388, 411
달러의 금 태환 400
대공황 204, 248, 296, 379, 386
대륙세력 209
대륙횡단 철도 99
대만 264, 265, 323, 346, 363, 428
대영제국 357, 403, 404
대중매체 235
대중적 일괄 사유화 315
대포와 버터 정책 476
대항해 시대 72, 322
대형 열풍 223, 240
댈러스 123
더글러스, 폴 148
덩샤오핑 120
데나리우스 398~400
데히오, 루트비히 209
도박 80
도시화 439
독일 306~310
돈의 접시 35
동로마제국 332~333
동방무역 327~328, 362
동서무역 327, 334
동양의 파리 345
둥하오윈 265
듀랜트, 윌 28, 402, 449
들판의 반란 202
디플레이션 48, 149, 158, 178, 182, 204, 389, 452
디플레이션 붐 449
디플레이션적 호황 150, 202

## ㄹ

라이발트, 파울 229
라이트, 퀸시 207

래빙턴, 프레드릭 154
랭커셔 364
러셀, 버트런드 102
러시아 45, 191, 211, 305, 312, 314, 318
러시아 위기 292
런던 343~344, 352
레드칩 126
레버리지 207, 220
레셉스, 페르디낭 드 232
렌텐마르크의 기적 309
로, 로빈 265
로, 존 370~375, 380, 384
로마 329, 332, 352
로마 황제 402
로마제국 323, 327, 329, 352, 357, 399, 401
로마제국의 통화 397~400
로스앤젤레스 322
롱텀캐피털매니지먼트 51, 234, 256, 292
뢰프케, 빌헬름 21, 156
루피아 290, 295
르 봉, 귀스타브 227, 230
리딩후이 428
리스본 73, 338, 339, 352
리카도, 데이비드 436
리콴유 120
리파이낸싱 12, 54
링기트 283

■
마녀사냥 217, 231
마르크스, 칼 146, 441

마약 밀무역 213
마진콜 139
말라카 해협 212, 344, 351
매수 후 보유 103, 109, 144
매카시즘 217
맥네일, 윌리엄 401
맥컬릭, 존 램지 228
맨해튼 74
멕시코 275, 298, 351, 409
멕시코 위기 275
면화산업 87
모건, 헨리 354
모리스 운하회사 90
모멘텀 투자 256
몰수증서 48
몽골 331
무방비 풋옵션 238
무솔리니, 베니토 234
뮤추얼펀드 245~246, 286
미국 357
미국 국채 53
미국 주식시장 47, 249
미국 채권시장 48, 319
미국의 10대 도시 321~322
미국의 경상수지 적자 211
미국의 인구 86
미국의 정점 400
미국의 친구 215
미스매치 288, 312
미시시피 회사 75, 240, 244, 367, 376
미시시피 회사 사건 369~380

미얀마 345
미제스, 루트비히 폰 406
미첼, 웨슬리 85
밀, 존 스튜어트 163

**ㅂ**

바그다드 331
바닥 다지기 226
바빌론 324~326
바우처 315~316
바우처펀드 315
바이마르 디플레이션 305, 307
바타비아 341
바트 283
바트라, 라비 186
방갈로르 212, 364
방크로얄 372, 374, 381
방크제네랄 371, 381
백만장자 373
버냉키, 벤 22
번스, 아서 145
번스타인, 피터 16
법정 화폐 374
베네치아 73, 334, 335, 336, 352, 357, 359
베버, 막스 354, 427
베어링 위기 100
베트남 143
벤처기업 255
보넥스 304
보로부두루 사원 80, 344
보불전쟁 98

보호무역주의 60
복식부기 334
볼테르 429
뵘바베르크, 오이겐 폰 396
부 효과 484
부동산 78, 204, 271, 382~384
부동산시장 57, 220
부실대출 116
부와 소득의 불균형 437, 450
부의 분수 141
부의 불균형 150, 272
부의 피라미드 30, 78
부채 162, 180, 188
부채 디플레이션 178, 284, 290
북미자유무역협정 275
북아프리카 331
불황 105
브레시아니-투로니, 콘스탄티노 301
브로델, 페르낭 338
브뤼주 335
브뤼주 거래소 336
블랑키, 제롬-아돌프 337
블런트, 존 375~378
비관론의 오류 133, 135, 156, 195
비르트, 막스 84, 98
비어즈타운 레이디스 투자클럽 245
비잔티움 330
비잔틴제국 332
비저, 프리드리히 폰 236
비즈니스 위크 250, 279
비투기적 시장 219~220, 247

비합리적 열광 278
빅셀, 크누트 157

## ㅅ

사마르칸트 356
사우스시 회사 75, 221, 244, 367, 376
사우스시 회사 사건 369~380
사유화 315, 317
사회간접자본 89, 106, 121
산업혁명 72, 76, 440, 443, 445
삼포에르나 296
상하이 345, 354, 364
서부개척 99, 155, 196
서브프라임 대출 15, 162
석유 193, 477, 495
석유수출 카르텔 478
석유수출국기구 63, 251
선도부문 174
선전 234, 236
성공투자 82
세계무역기구 190
세계의 경제성장률 150~151
세계의 인구 438
세계화 190, 284, 448
세대간 순환 201
센트럴아메리카 호 97
소비자신용 59
소수집단 361
소형 열풍 240
쇼, 조지 버나드 25
수리정책 348
수에즈 운하 76, 100, 203, 232, 350, 362
슈피트호프, 아르투르 173, 191
슘페터, 조지프 85, 151, 165
스미스, 애덤 84, 413
스태그플레이션 411
스페인 72, 332, 338, 394
시장개방 197
시카고 91
식민주의 10, 414
신경제 38, 100, 126, 485
신시대론 218
신용거래 126
신용의 질적인 배분 162
신용창출 378~379
신용팽창 121, 125, 156, 159~160, 198
신흥 주식시장 20, 113
신흥경제국가 58, 89, 196, 255, 285, 291, 322, 432
신흥시장 투자 141
실물자산 63~64, 79
실크로드 323, 328, 337
심리적 과잉투자론 153~156
십자군전쟁 217, 231, 333, 335
싱가포르 120, 276, 323, 343, 352
싱거, 찰스 441
쌍둥이 적자 117, 199, 219, 303~304

## ㅇ

아말피 334
아맥스 238
아메리칸 증권거래소 258

아시아 경제 275
아시아 낙관론 279
아시아 르네상스 279
아시아 월스트리트 저널 264
아시아 위기 84, 117, 188, 277, 282, 284, 287, 295, 298
아시아 주식시장 226
아시아의 기적 277
아시아의 봉건적 시스템 414~415, 426
아시아의 석유소비 420~421
아시아의 수출 267, 268
아시아의 호랑이 278
아시아적 가치 278
아우레우스 398
아편무역 342~343
아편전쟁 344
아프가니스탄 213
아프탈리옹, 알베르 151~152
악성 부채 488
안달루시아 331
안정공황 309
안트베르펜 73, 336, 338, 339, 352
안트베르펜 거래소 336
안티오키아 328, 405
알렉산드리아 323, 327, 352
암스테르담 73, 339, 341, 352
애널리스트 276, 278
에머슨, 랠프 월도 71
엔 캐리 트레이드 273
역발상 투자 119
연금술 217

연준 11, 15, 51, 389, 392, 453
열풍 223, 239
영국 동인도회사 74, 342
영국은행 91
오르간스키, 에이에프케이 208
오스트리아 학파 411, 454, 471, 486
외국인 직접투자 59, 270, 275
외국인 투자자 93, 102, 242~244
외환보유액 118
운하 76, 79
월마트 42
웰랜드 운하 90
유교 355
유니온퍼시픽 철도 99
융, 칼 230~231
은 221~222, 374
은의 가격 386~387
은행권 374
이라크 전쟁 205, 270, 456
이리호 운하 76, 90
이스탄불 333, 351
이슬람 제국 331
인도 143, 211, 342, 427, 441, 443
인도네시아 276, 281, 290
인플레이션 30, 49, 301, 319, 375, 390, 406, 452
인플레이션의 역설 302, 303, 310
일본 194, 265, 345~346, 363, 426, 470
일본 국채시장 43
일차산품 60, 62, 193, 408, 411
일차산품의 가격 62~65, 169, 206~207,

318, 385, 472
잉카제국 73

## ㅈ

자동안정장치 454
자본가의 시대 186
자본이득세 118, 139
자본재 270, 275
자본주의 186, 341, 415, 474
자연금리 157
자유무역 436
자카르타 341
잘츠부르크 323
장기파동 167, 172, 197, 200
재산권 제도 354
저축대부조합 51
전염효과 239
전쟁 356, 359
전쟁의 사이클 205, 207
전쟁특수 219
정글경제 313
정크본드 247
제1국면 118~121
제2국면 121~124
제3국면 124~129
제4국면 129~131
제5국면 131~133
제5파동(제5순환) 176, 189
제6국면 133~135
제국 394~395, 405
제국주의 395

제노바 73, 334, 352
제로국면 115~118
제록스 77
제번스, 윌리엄 113, 146
제이쿡 101
종교사업 81
종교재판 217
종합주가지수 115
주가수익배율 58, 241
주간통상위원회 105
주룽반도 344
주빌리 165
주식회사 일본 251, 278
주택거품 54
주택담보대출 14, 54, 99, 466
주택투기 489
죽은 고양이의 반등 296
중국 61, 143, 191, 210, 277, 346, 363, 416~424, 462
중국인 해외관광객 418~419
중남미 303, 410
중앙은행 36, 197, 228, 388, 411, 453, 475
쥐글라 파동 164, 169, 177
쥐글라, 조세프 클레망 83, 169
지도자의 위엄 232
지폐 381, 391
지하경제 314
짐바브웨 309

## ㅊ

창안 346, 347

찾아보기 **531**

철도 76, 79
철도 건설 붐 93, 101
철도주 104, 106, 108, 109
체제전환 312~314
초인플레이션 237, 250, 301, 308, 390

ㅋ
카르타고 327
카리스마 232
카울스, 버지니아 367
카이펑 346, 347
카파 335, 460
카플란, 로버트 395
캉티용, 리샤르 142, 380
캘리포니아의 금광 95
캘커타 342, 344
케네디, 폴 394
케인스, 존 메이너드 217
코르도바 323, 331, 332, 352
코르테스, 에르난 72
코모도어 252
콘도르 어드바이저스 283
콘드라티예프 파동 164, 166, 168, 177
콘드라티예프, 니콜라이 85, 166, 174
콘스탄티노플 323, 330, 332, 405
쿡, 제임스 377
크루그먼, 폴 277
크테시폰 331
키친 파동 169, 177
키친, 조지프 169
킨들버거, 찰스 120, 253, 287

ㅌ
타이베이 264
탈레반 213
태국 281~283
테라 아우스트랄리스 377
테러와의 전쟁 214
텍사스 223
토이토부르크의 패배 459
토인비, 아놀드 200, 205
통화금융정책 489~490
투기열풍 181, 261, 308, 372
투기적 과잉 222, 241
투기적 시장 219, 221, 247
투자 풀 244
투자거품 255
투자게임 46, 67
투자열풍 82, 111, 125, 217, 229, 236, 252, 260, 368
투자의 회임기간 155
투자클럽 245
투자테마 33, 217
투크, 토머스 179
트로츠키와 콘드라티예프의 논쟁 173~174
트리플 에이 162

ㅍ
파나마 운하 76
파라오의 꿈 146
파생상품 241
파오위강 265
팍스 로마나 329, 399, 400, 459

팍스 아메리카나 395, 399, 459
패러다임 시프트 278
펀드매니저 277, 287
페니키아 326
페루 304
페름스키 모터스 317
페트라 328
평균 매수단가 129
평화배당금 369
포드자동차 450
포르투갈 337, 338
포토시 73, 346, 350, 361, 402
포트폴리오 투자 59, 275
폭탄투하외교 497
폰지, 카를로 254~256
폰지의 수법 254~256
폴로, 마르코 347
폼페이 359
푸틴, 블라디미르 121
프라이빗 뱅커 278
프랭클린, 벤저민 33
프렉터, 로버트 150, 389
프로이트, 지그문트 229
프로테스탄트 정신 354
플랑드르 335
피구, 아서 85, 123, 147, 154
피렌체 73, 334
피사로, 프란시스코 72
피셔, 어빙 177~182, 250, 285
필라델피아 90
필리핀 302, 338, 346

## ㅎ

하버드 경제연구소 184
하벌러, 고트프리트 149
하이에크, 프리드리히 31, 158
하이테크 붐 158
하이테크주 239, 246, 259
하인드먼, 헨리 98
한국 25, 82, 110, 264, 269, 272, 288, 323, 363, 455
한국전쟁 190
한자동맹 335, 356
함포외교 215, 497
항저우 347
해양세력 209
헌팅턴, 엘스워스 147
헤로도토스 321
헤밍웨이, 어니스트 301
헤지펀드 252, 286
혁신 174
호머, 시드니 396, 403
홉슨, 존 148
홍콩 128, 263, 276, 323, 344~345, 462
화이트헤드, 앨프레드 263
화폐공급 파이프 35
휴스턴 123
흑사병 335, 460, 462
희망봉 328, 350, 337
히틀러, 아돌프 234~235
힉스, 존 162

지은이

**마크 파버(Marc Faber)**_홍콩에 본부를 둔 펀드운용 및 투자자문 회사인 마크파버 리미티드(Marc Faber Ltd., www.gloomboomdoom.com)의 창립자 겸 회장이다. 전 세계에 걸쳐 수많은 기업과 금융회사, 그리고 영향력 있는 거액의 개인투자자들을 고객으로 두고 있는 그는 아시아 지역을 비롯한 신흥시장에 대한 투자에 관한 한 세계최고 수준의 전문가로 꼽힌다. 1987년 미국 뉴욕증시의 블랙먼데이를 일주일 앞두고 고객들에게 보유주식을 현금화할 것을 권유한 데 이어 1990년의 일본경제 거품 붕괴와 1997년의 아시아 금융위기도 사전에 경고했다고 하여 국제금융계에서 '좋지 않은 상황의 도래를 미리 알아맞히는 사람'이라는 뜻의 '닥터 둠(Dr. Doom)'이라는 별명을 얻었다. 스스로는 통념을 거슬러가면서 독자적인 투자판단을 하는 '역발상 투자자(Contrarian)'를 자처해왔다.

1946년 스위스 취리히에서 태어나 취리히대학에서 경제학 박사학위를 받았고, 월스트리트의 정크본드 전문 금융회사였던 드렉셀 번햄 램버트의 트레이더와 홍콩 현지법인 전무이사를 지냈다. 1973년부터 홍콩을 주 무대로 활동하고 있다. 1990년에 자신의 회사인 마크파버 리미티드를 설립했고, 그 뒤로 고객들을 대상으로 월간 투자정보지인 〈글룸, 붐 앤드 둠(Gloom, Boom & Doom)〉을 발행해왔다. 저서로 《거대한 화폐환상-혼돈 중의 혼돈(The Great Money Illusion-The Confusion of the Confusions)》(1988)이 있다. 그의 투자기법에 대해 다른 사람이 쓴 책으로 《새천년 폭풍 타넘기(Riding the Millennial Storm)》(1998, 누리 비타시 지음)가 출간된 바 있다.

옮긴이

**구홍표**_한국M&A 부사장. 부산상고와 서울대 법대를 나왔다. 대학졸업 후 대우증권의 국제부와 홍콩 현지법인에서 해외영업과 주식중개 등의 일을 했고, 한국M&A로 자리를 옮겨 기업인수합병과 관련된 컨설팅 일을 해왔다.

**이현숙**_한겨레경제연구소 연구위원. 〈한겨레〉의 격월간 경제경영 섹션인 '헤리 리뷰(HERI Review)'의 제작에 참여하고 있다. 마산여고와 서울대 사회학과를 나와 대우경제연구소의 연구원과 투자주간지 〈씽크머니〉의 편집장을 거쳤다.

**내일의 금맥(증보개정판)**

지은이 | 마크 파버
옮긴이 | 구홍표 · 이현숙

1판 1쇄 펴낸날 | 2003년 11월 20일
증보개정판 1쇄 펴낸날 | 2008년 11월 1일
증보개정판 12쇄 펴낸날 | 2020년 6월 1일

펴낸이 | 문나영

펴낸곳 | 필맥
출판신고 | 제2003-000078호
주소 | 서울시 서대문구 경기대로 58, 경기빌딩 606호
홈페이지 | www.philmac.co.kr
전화 | 02-392-4491   팩스 | 02-392-4492

ISBN 978-89-91071-62-9 (03320)

* 잘못된 책은 바꿔드립니다.
* 값은 뒤표지에 있습니다.

이 도서의 국립중앙도서관 출판예정도서목록(CIP)은 서지정보유통지원시스템 홈페이지(http://seoji.nl.go.kr)와 국가자료종합목록시스템(http://www.nl.go.kr/kolisnet)에서 이용하실 수 있습니다. (CIP제어번호: CIP2008003073)